도면이 친절한
리얼 종이접기 2

멸종 생물 편

ZETSUMETSU SEIBUTSU NO ORIGAMI by Fumiaki Kawahata
Copyright ⓒ Fumiaki Kawahata, 2021
All rights reserved.

Original Japanese edition published by Seibundo Shinkosha Publishing Co., Ltd.
Korean translation copyright ⓒ 2022 by THE FOREST BOOK Publishing Co.
This Korean edition published by arrangement with Seibundo Shinkosha Publishing
Co., Ltd., Tokyo, through HonnoKizuna, Inc., Tokyo, and BC Agency.

이 책의 한국어판 저작권은 BC에이전시를 통해 저작권자와의 독점계약을 맺은 더숲에 있습니다.
저작권법에 의해 한국 내에서 보호를 받는 저작물이므로 무단전재와 복제를 금합니다.

도면이 친절한
리얼
종이접기 2

가와하타 후미아키 지음 | 이진원 옮김 | 오경란 감수

멸종 생물 편

에밀
E-MEAL

저자의 말

지구에 최초의 생명이 탄생한 이후로 생물은 아주 오랜 세월에 걸쳐 환경에 적응하며 진화를 이루어 왔다. 그 과정에서 환경 변화를 따라가지 못한 많은 생물이 멸종의 길을 걷기도 했다. 따라서 현재 지구에 생존하는 생물은 어떻게든 환경 변화에 적응한 결과 살아남은 것으로 볼 수 있다. 그러나 한편으로는 지금 이 순간에도 인류의 무분별한 포획과 환경 파괴로 인해 수많은 생물이 멸종하고 있다. 이를 생각하면 전 지구적으로 제기되는 생물 다양성에 대한 대처나 지속가능발전목표(Sustainable Development Goals, SDGs)와 같은 환경보존 활동이 더욱더 절실하다고 할 수 있다.

멸종한 생물로는 그 유명한 공룡 외에도 많은 포유류와 조류 등이 있는데 대부분 매우 독특하고 아름다운 모습을 하고 있다. 각자 자신이 생존했던 시대에 적합한 진화를 거듭한 결과임이 분명하다. 이 책은 그런 멸종한 생물들에 관해 살펴보고, 종이를 이용해 생명을 불어넣어 보았다. 순서와 기법이 다소 어려운 난도 높은 작품도 포함되어 있지만 접는 과정을 통해 종이접기와 멸종 생물의 매력을 충분히 즐기는 시간이 될 것이다.

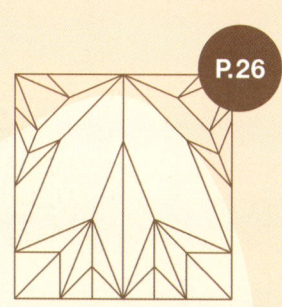

P.26

스텔러바다소
Hydrodamalis gigas

서식 시대 = 신생대 제4기
　　　　　 플라이스토세 ~ 근대
몸길이 = 약 7 ~ 8m

에리바스피스
Errivaspis

서식 시대 = 고생대 데본기
몸길이 = 약 16cm

P.28

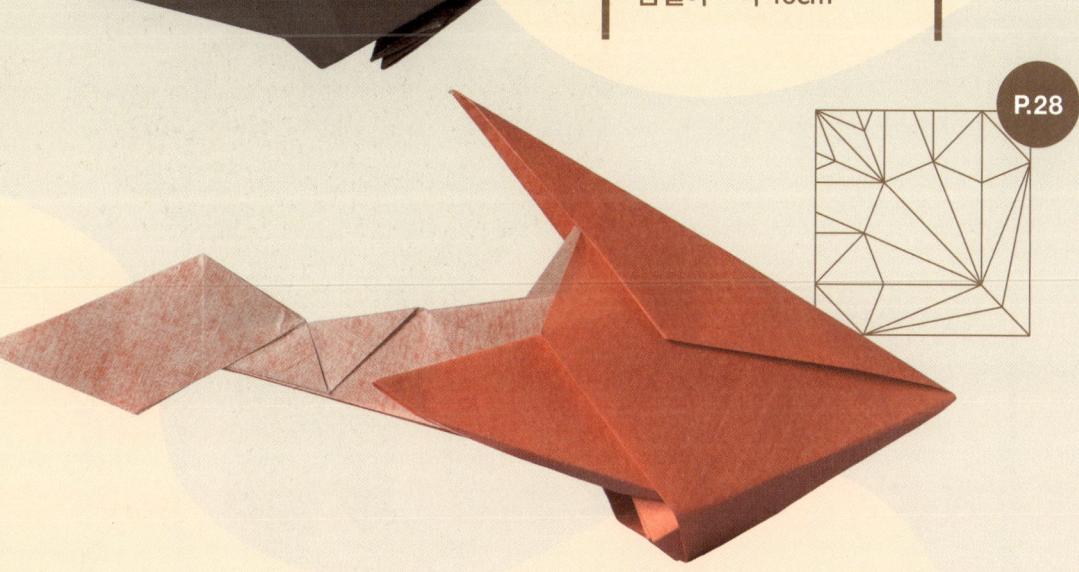

펠라고르니스 샌더시
Pelagornis sandersi

서식 시대 = 신생대 고제3기 올리고세
몸길이 = 전체 날개길이 약 6.4m

에다포사우루스
Edaphosaurus

서식 시대 = 고생대 석탄기 ~ 페름기
몸길이 = 약 3.3m

P.41

에우리노델피스
Eurhinodelphis

서식 시대 = 신생대 신제3기 마이오세
몸길이 = 머리 길이 약 1.1m

P.49

테코돈토사우루스
Thecodontosaurus

서식 시대 = 중생대 트라이아스기
몸길이 = 약 2.5m

모스콥스
Moschops

서식 시대 = 고생대 페름기
몸길이 = 약 2.4 ~ 5m

P.61

글립토돈
Glyptodon

서식 시대 = 신생대 제4기 플라이스토세
몸길이 = 약 2.5 ~ 3m

P.57

아이피카멜루스
Aepycamelus

서식 시대 = 신생대 신제3기 마이오세
몸길이 = 어깨높이 약 2m

P.76

칼리코테리움 *Chalicotherium*

서식 시대 = 신생대 신제3기 마이오세 ~ 플라이오세
몸길이 = 어깨높이 약 1.8m

P.81

메트리오린쿠스
Metriorhynchus

서식 시대 = 중생대 쥐라기
몸길이 = 약 4.2m

 P.103

 P.115

데이노테리움
Deinotherium

서식 시대 = 신생대 신제3기 마이오세 ~ 제4기 플라이스토세
몸길이 = 어깨높이 약 4m

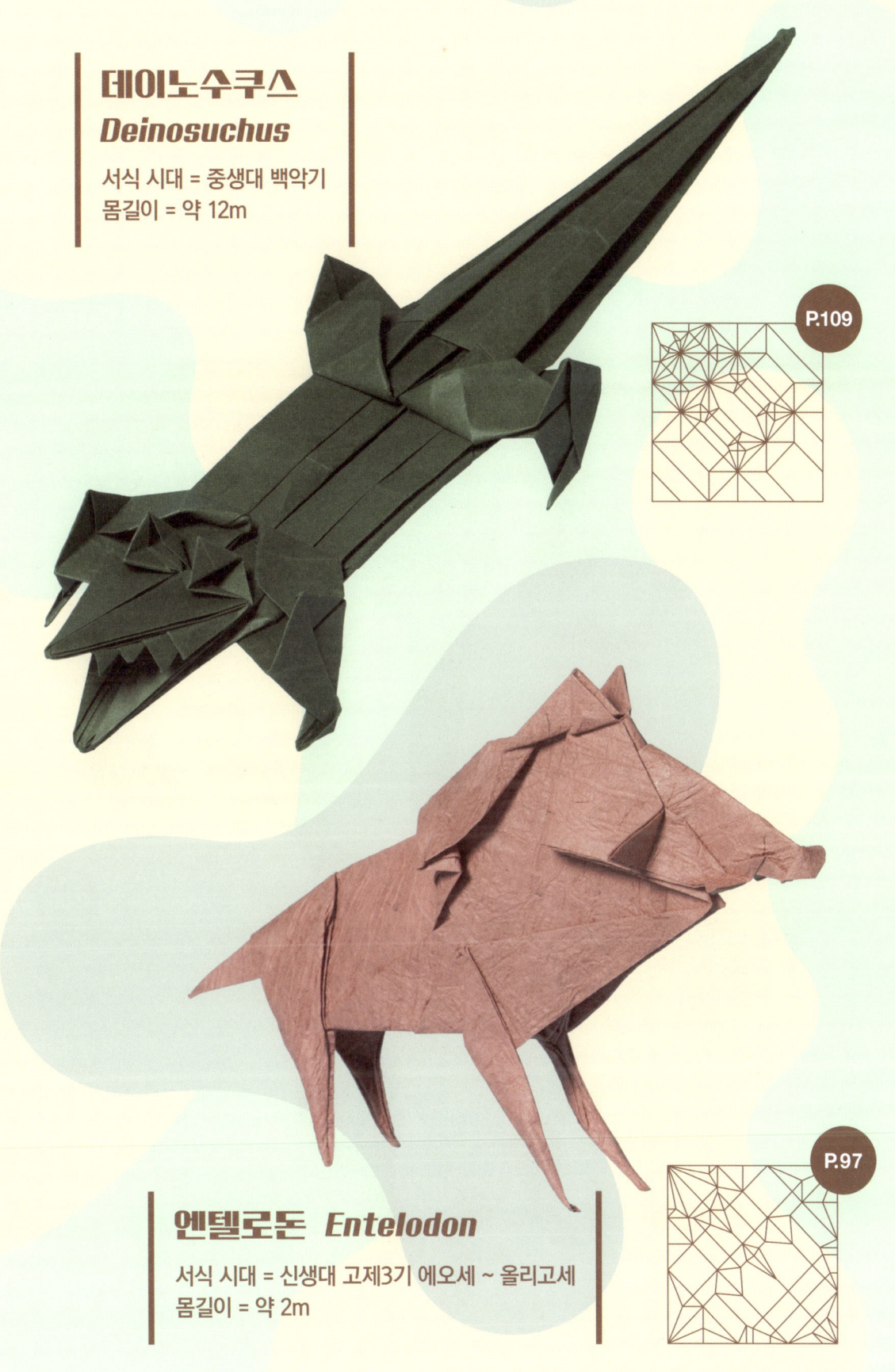

데이노수쿠스
Deinosuchus

서식 시대 = 중생대 백악기
몸길이 = 약 12m

P.109

엔텔로돈 Entelodon

서식 시대 = 신생대 고제3기 에오세 ~ 올리고세
몸길이 = 약 2m

P.97

스밀로돈 *Smilodon*

서식 시대 = 신생대 신제3기 플라이오세 ~ 제4기 플라이스토세
몸길이 = 어깨높이 약 1m

P.122

포루스라코스
Phorusrhacos
서식 시대 = 신생대 신제3기 마이오세
몸길이 = 높이 약 2.4m

P.136

사우로펠타
Sauropelta
서식 시대 = 중생대 백악기
몸길이 = 약 6m

P.129

엘라스모테리움
Elasmotherium

서식 시대 = 신생대 제4기 플라이스토세
몸길이 = 약 4.5m

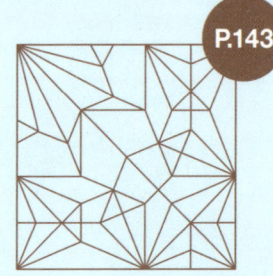
P.143

디플로카울루스
Diplocaulus

서식 시대 = 고생대 페름기
몸길이 = 약 1m

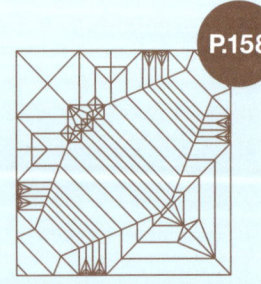
P.158

큰뿔사슴
Megaloceros giganteus

서식 시대 = 신생대 제4기 플라이스토세
몸길이 = 어깨높이 약 1.8m

P.150

아르시노이테리움
Arsinoitherium

서식 시대 = 신생대 고제3기 에오세
몸길이 = 약 3.5m

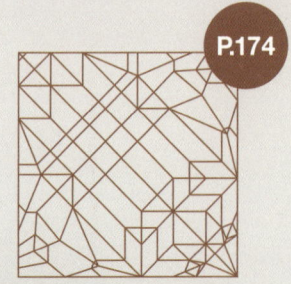

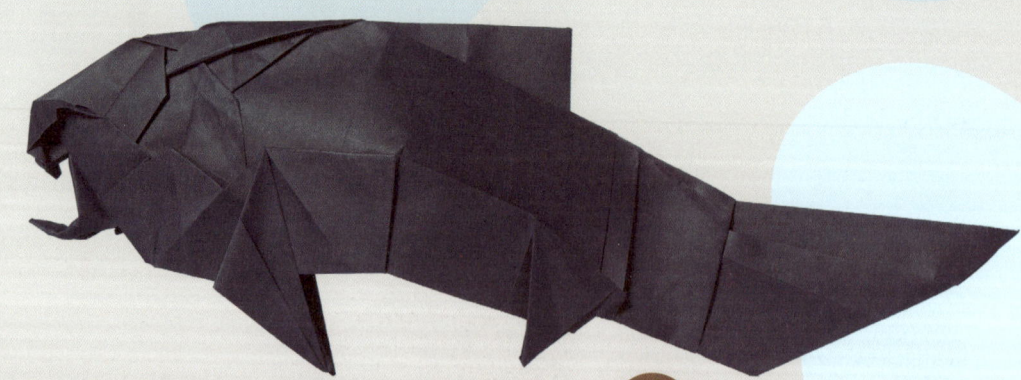

둔클레오스테우스
Dunkleosteus

서식 시대 = 고생대 데본기
몸길이 = 약 8m ~ 10m

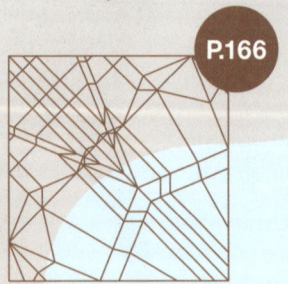

털매머드
Mammuthus primigenius

서식 시대 = 신생대 제4기 플라이스토세
몸길이 = 어깨높이 약 3.5m

P.184

차례

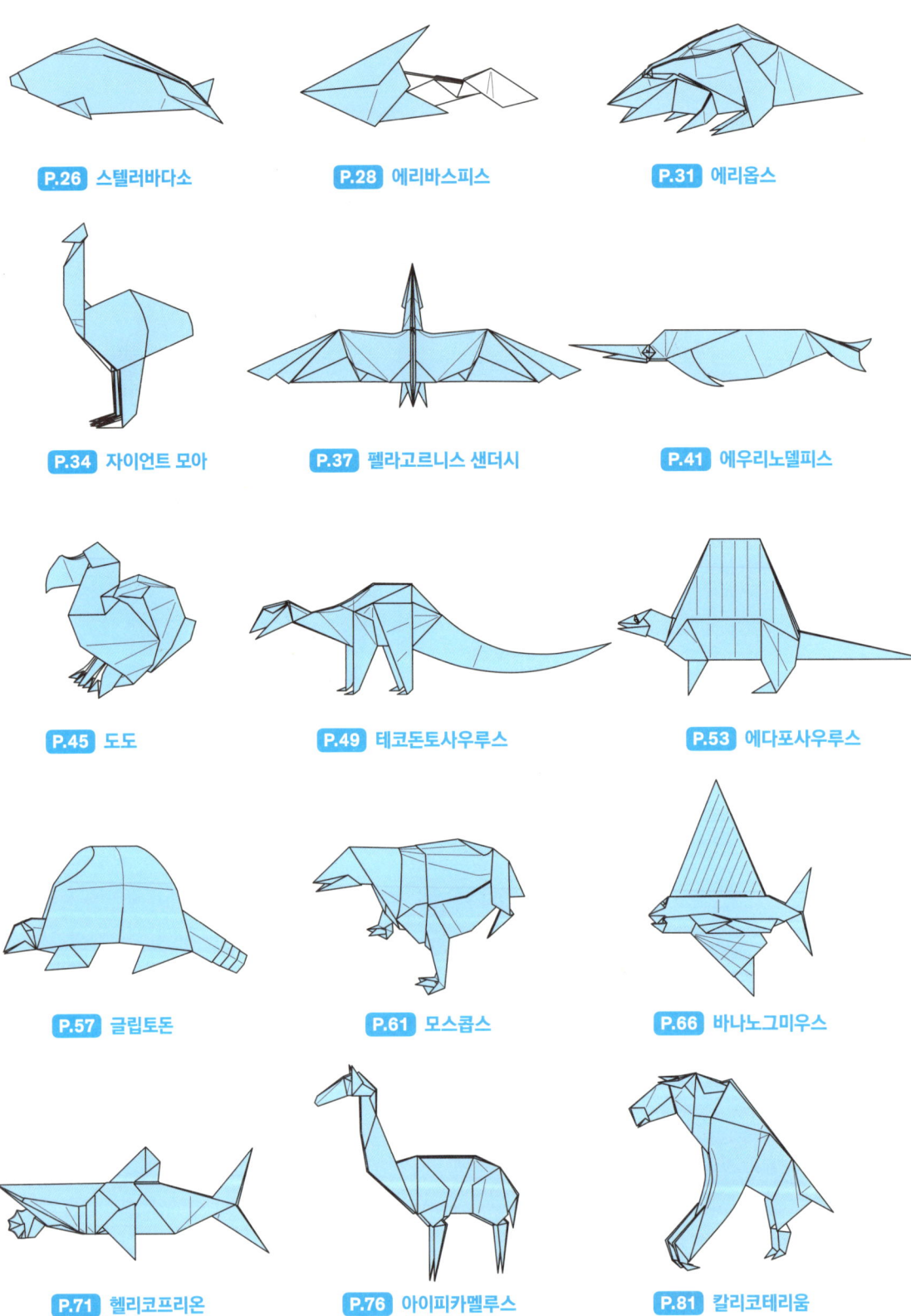

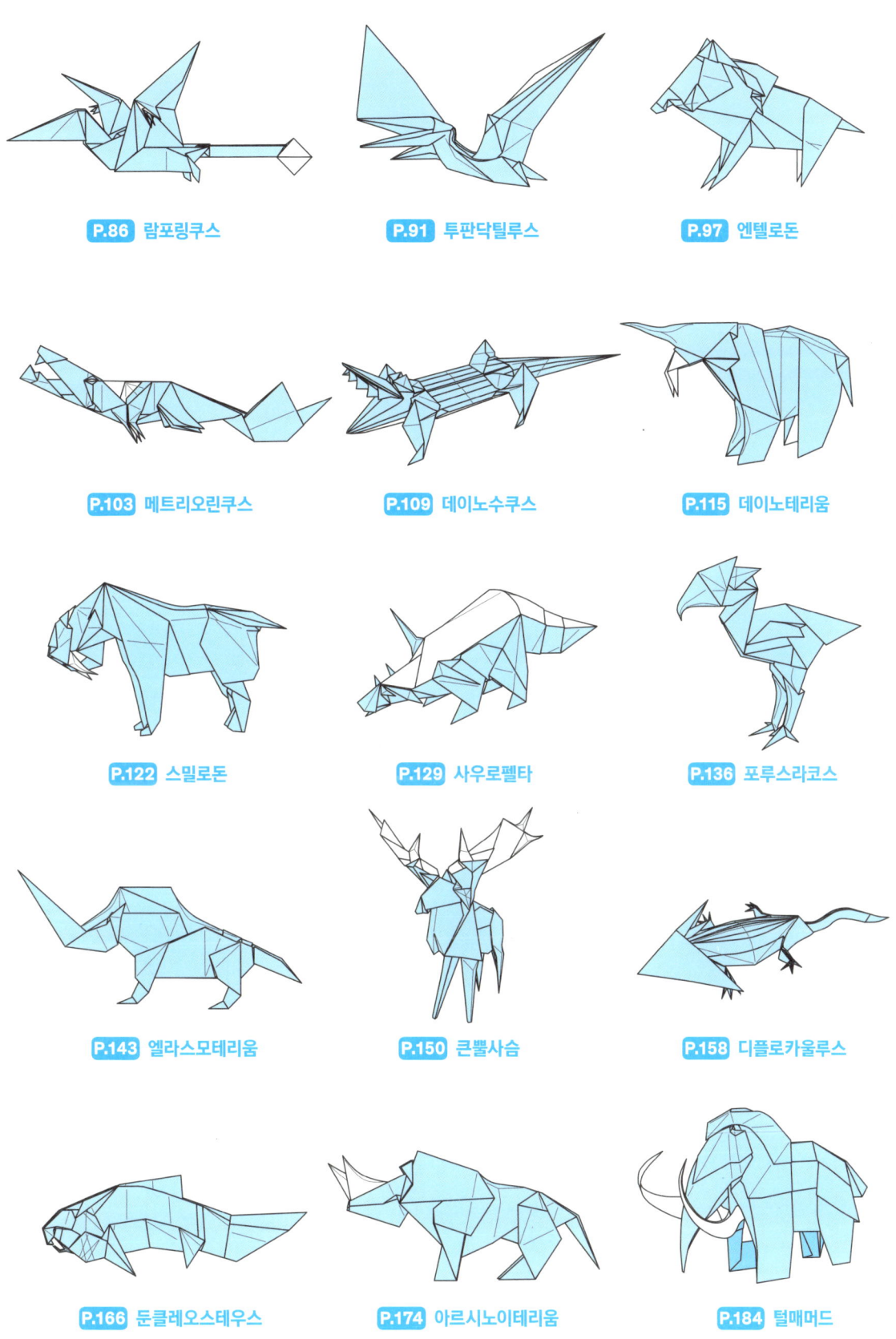

기본 기호

------------	골짜기접기선
――――――	산접기선
············	숨은 선
➔	화살표 방향으로 접는다.
➔	뒤로 접는다.
⇢	접은 부분을 편다.
	접었다 편다.
	○을 맞추어 접는다.
●	기준점
◎	위치를 나타내는 점
	안쪽으로 접어 넣는다.
➡	잡아당긴다.
	부풀린다.
⇨	펼치는 곳을 가리킨다.
➡	누른다.
⌒	곡선으로 다듬는다.
⇨	그림을 확대한다.
▷	그림을 축소한다.
↻	뒤집는다. (위아래는 동일)
↺↻	방향을 바꾼다.
<:	같은 각도
├──┤	같은 길이
⌐	직각
⇉	평행
☞	같은 방법으로 접는다.

크기에 대해

각 작품의 이름 오른쪽에 있는 전개 그림의 길이는 추천 용지의 크기를 가리킨다. 24㎝인 경우 24×24㎝ 이상의 용지가 접기 쉽다. 그리고 완성도 밑의 '%'는 완성 형태가 용지 크기의 몇 퍼센트 정도인지를 나타난다.

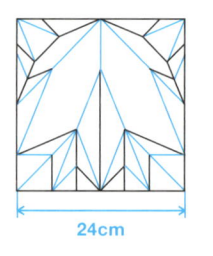

24cm

기본형 접는 방법

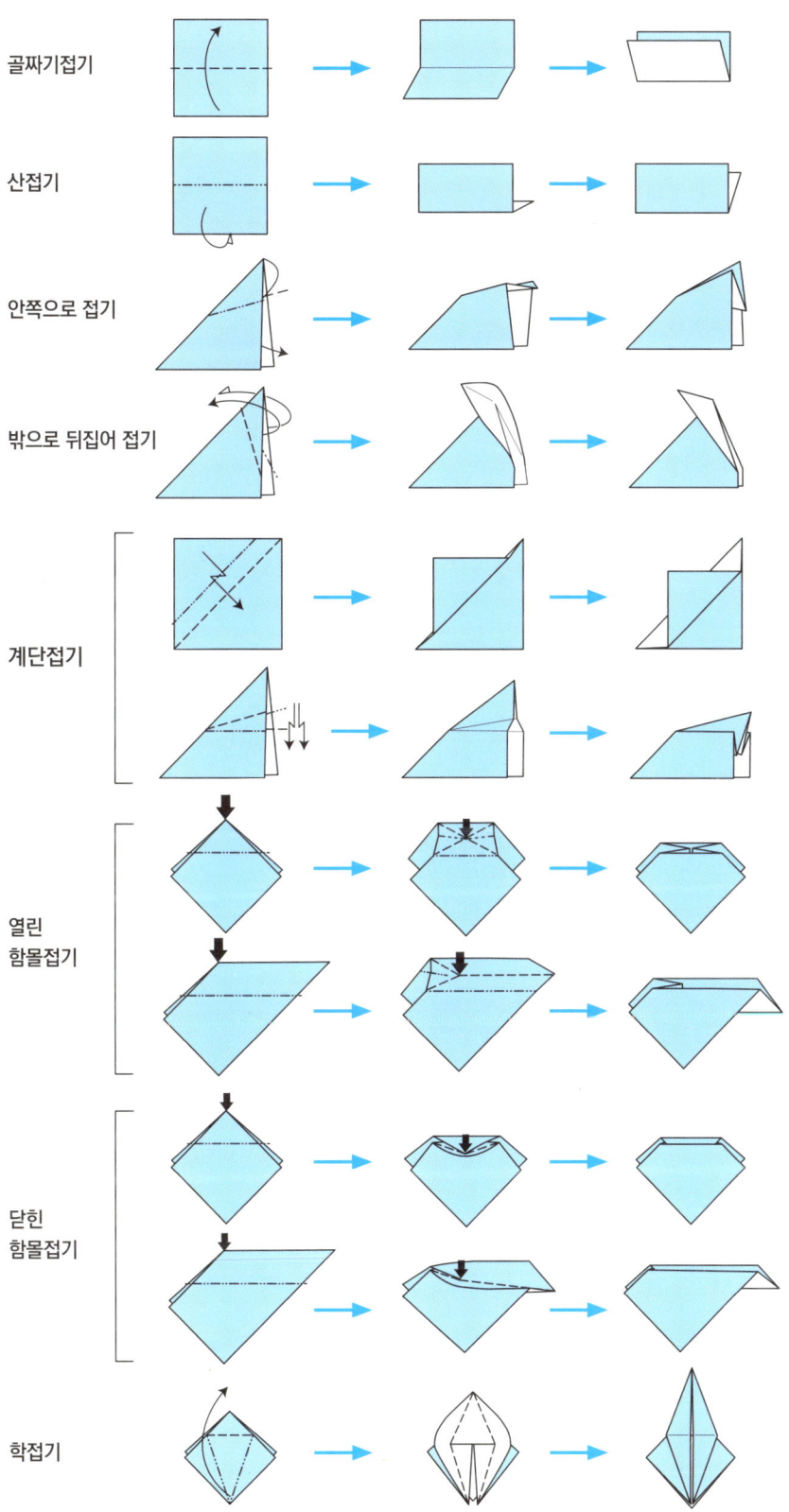

스텔러바다소
Hydrodamalis gigas

1768년에 멸종되었다. 종이접기에서는 몸의 입체감을 살리기 위해 마지막에 곡선을 띠게 다듬어야 하므로 불필요한 선이 생기지 않도록 접어 나간다.

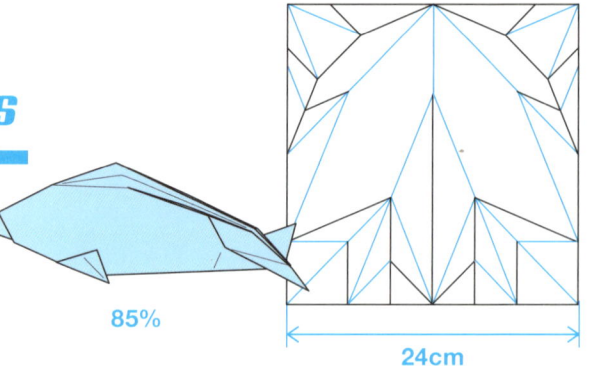

85%   24cm

1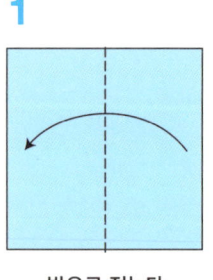
반으로 접는다

2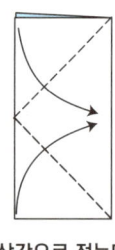
삼각으로 접는다
[반대쪽도 같은 방법으로]

3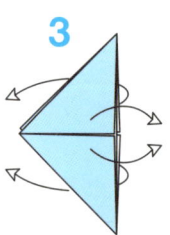
모두 펼쳐
다시 펴준다

4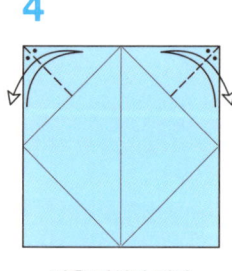
반을 접었다 편다

5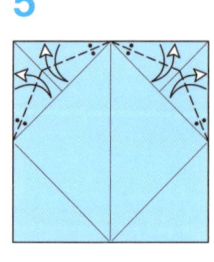
반을 접었다 편다

6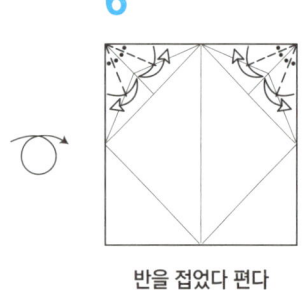
반을 접었다 편다

7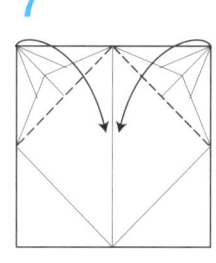
화살표 방향으로
접어 내린다

8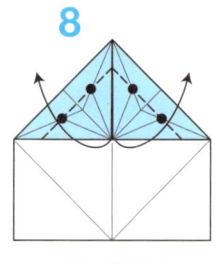
●을 기준으로
접어 올린다

9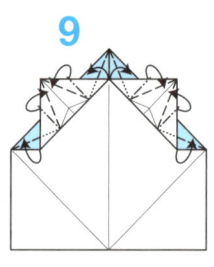
당겨서 접는다

10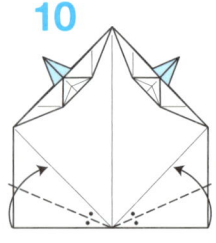
1/2 각도로 접는다

11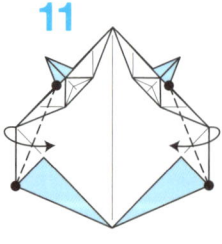
●을 기준으로 접는다

12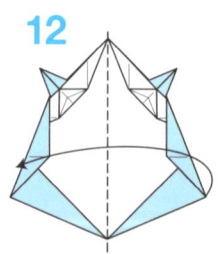
화살표 방향으로
반으로 접는다

13
○을 맞추어 접는다

14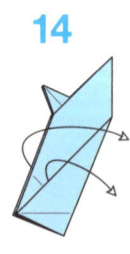
12의 형태로
다시 펴준다

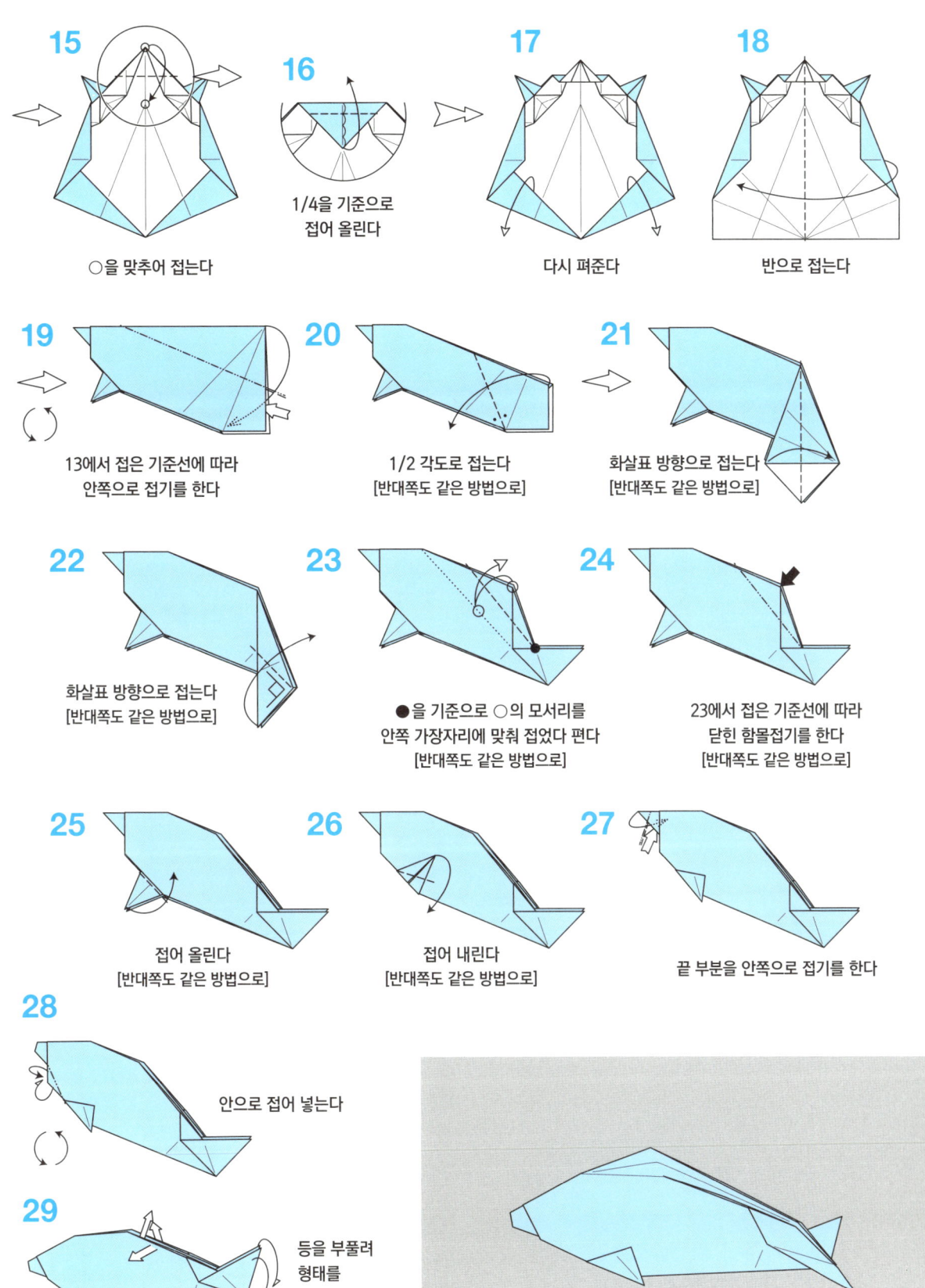

에리바스피스
Errivaspis

데본기 전기에 번성한 생물로, 턱이 없는 물고기이다. 머리부터 어깨에 있는 삼각형 모양의 판과 꼬리 부분을 구분하기 위해 종이 겉과 속의 색상 차이를 이용하는 인사이드 아웃 기법을 사용하였다.

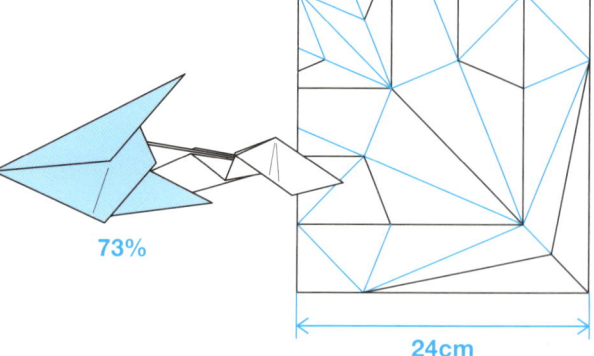

73% 24cm

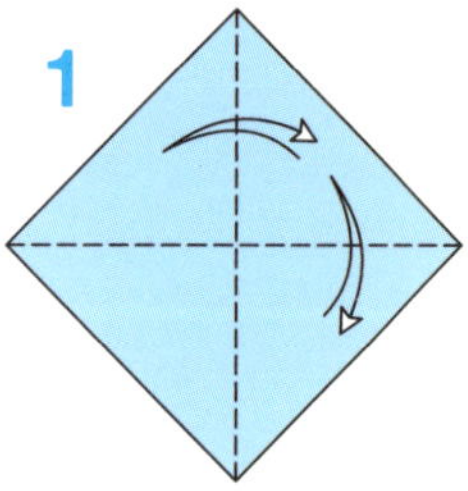

1 접었다 펴서 중심선을 만든다

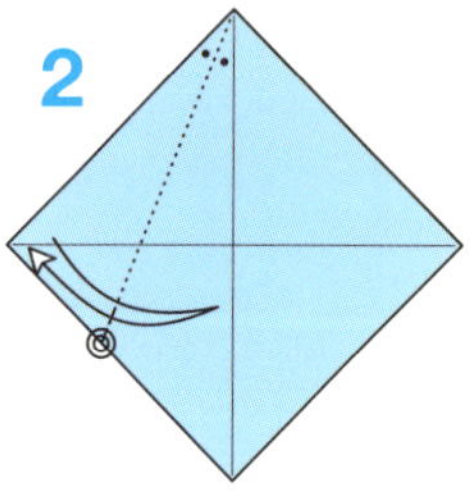

2 ◎위치에 표시를 한다

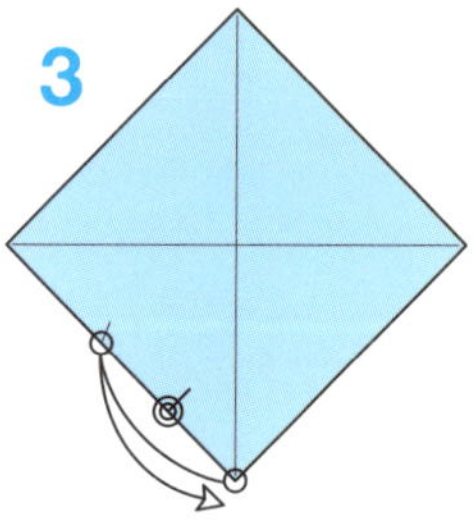

3 ○을 맞추어 ◎위치에 표시를 한다

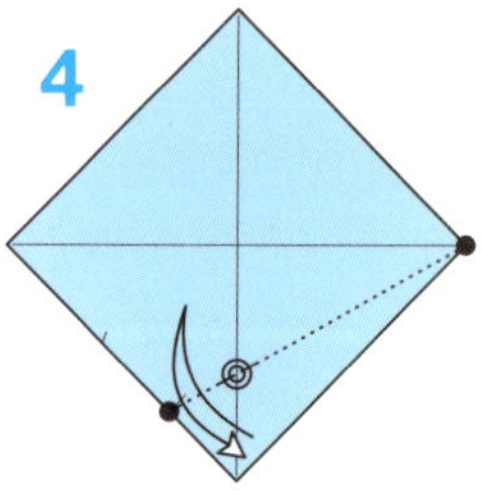

4 ●을 기준으로 ◎위치에 표시를 한다

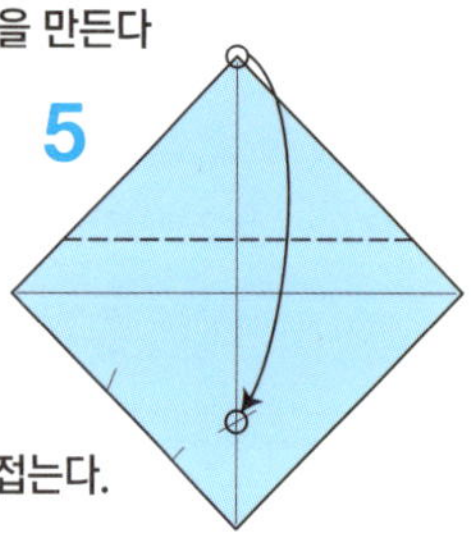

5 ○을 맞추어 접는다.

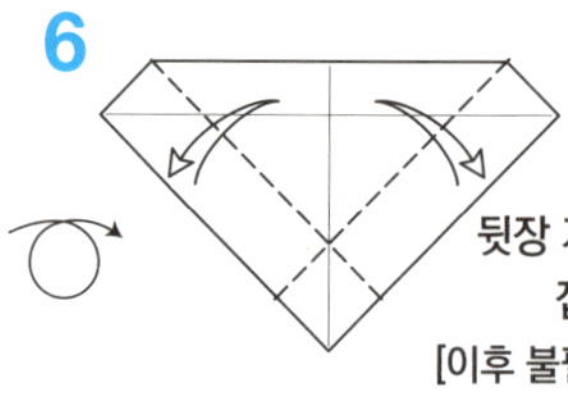

6 뒷장 가장자리에 맞춰 접었다 편다 [이후 불필요한 표시는 생략]

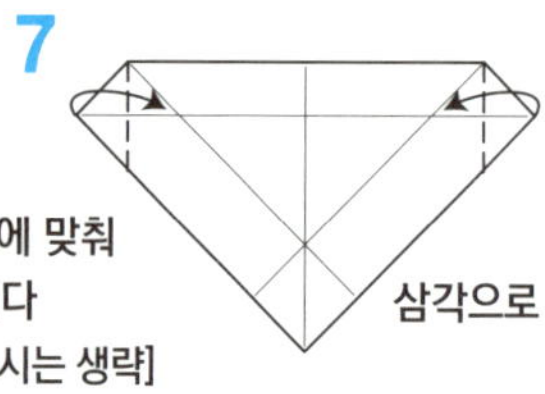

7 삼각으로 접는다

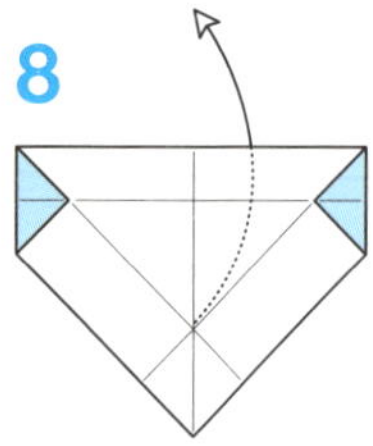

8 뒤쪽 종이를 편다

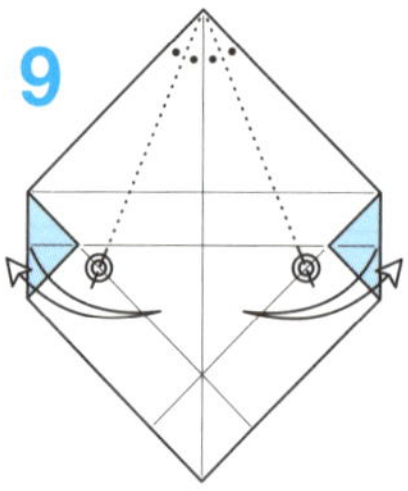

9 ◎위치에 표시를 한다

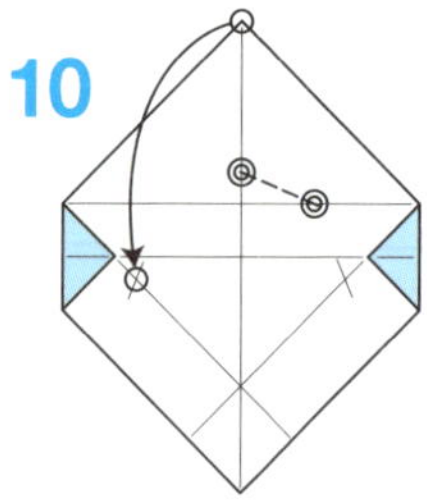

10 ○을 맞추어 ◎과 ◎사이를 접는다

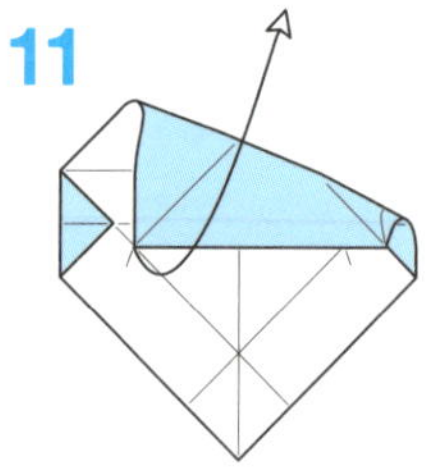

11 다시 편다

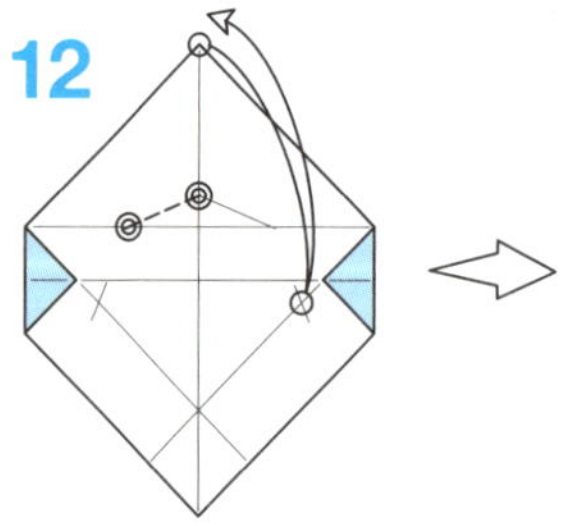

12 왼쪽도 10, 11과 같은 방법으로 기준선을 접었다 편다

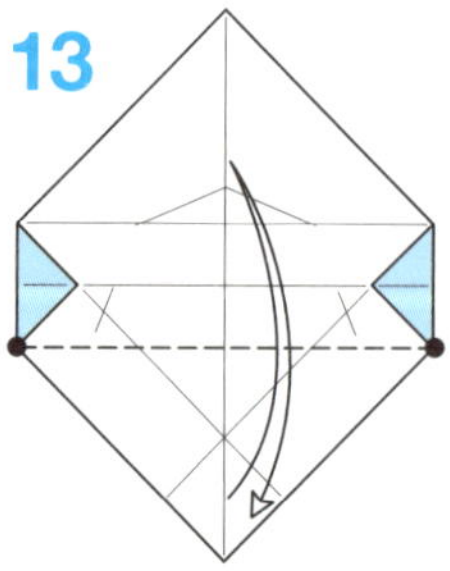

13 ●를 기준으로 접었다 편다

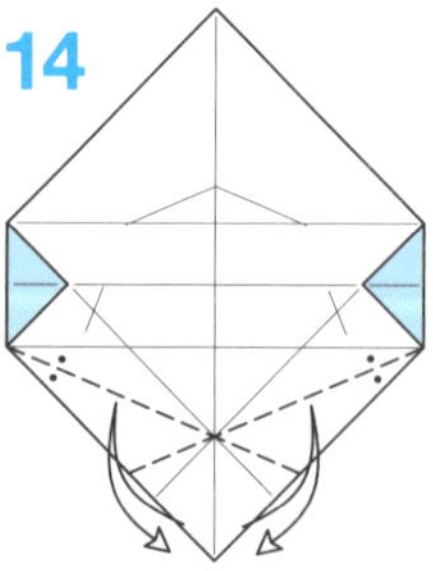

14 접었다 편다

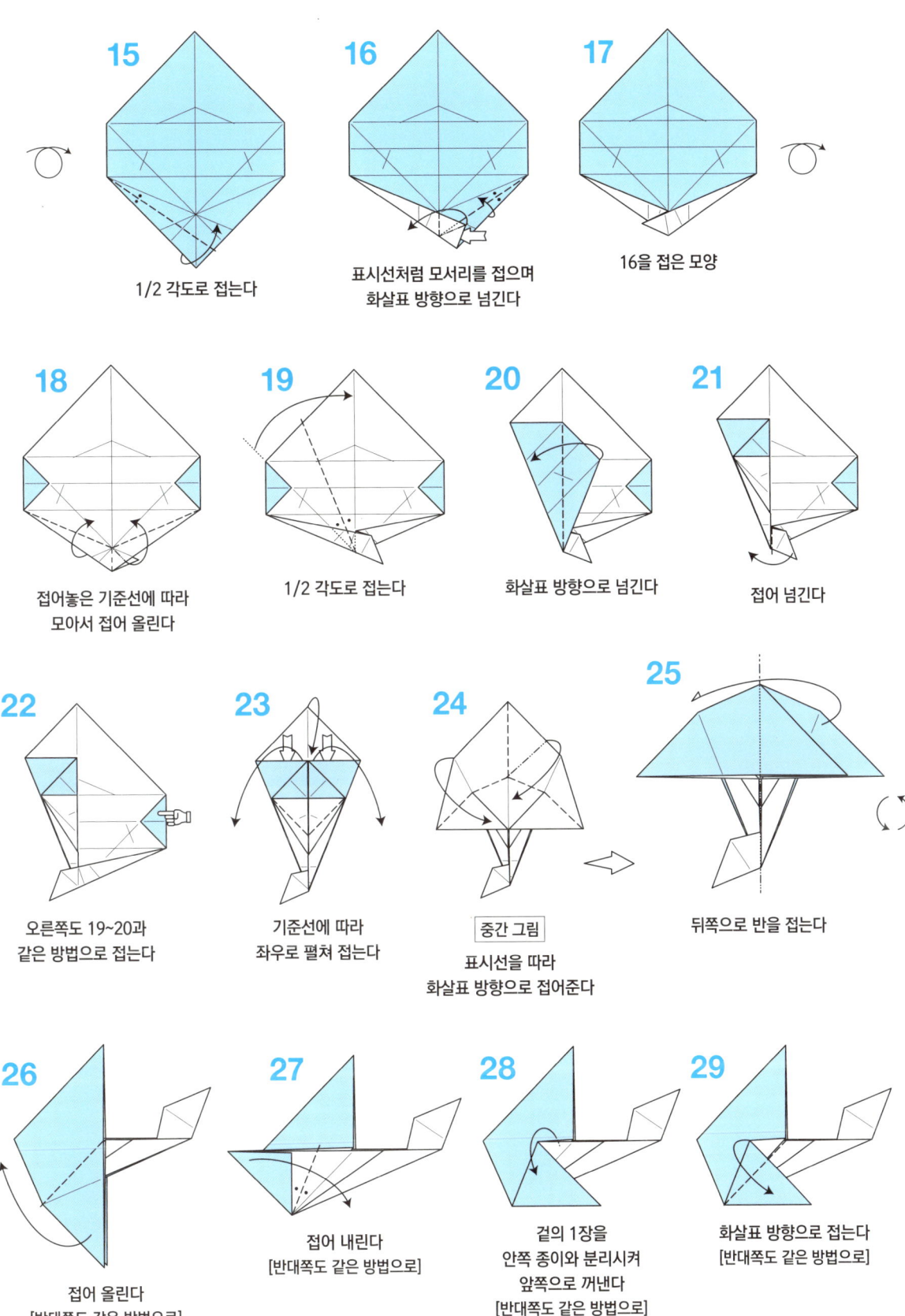

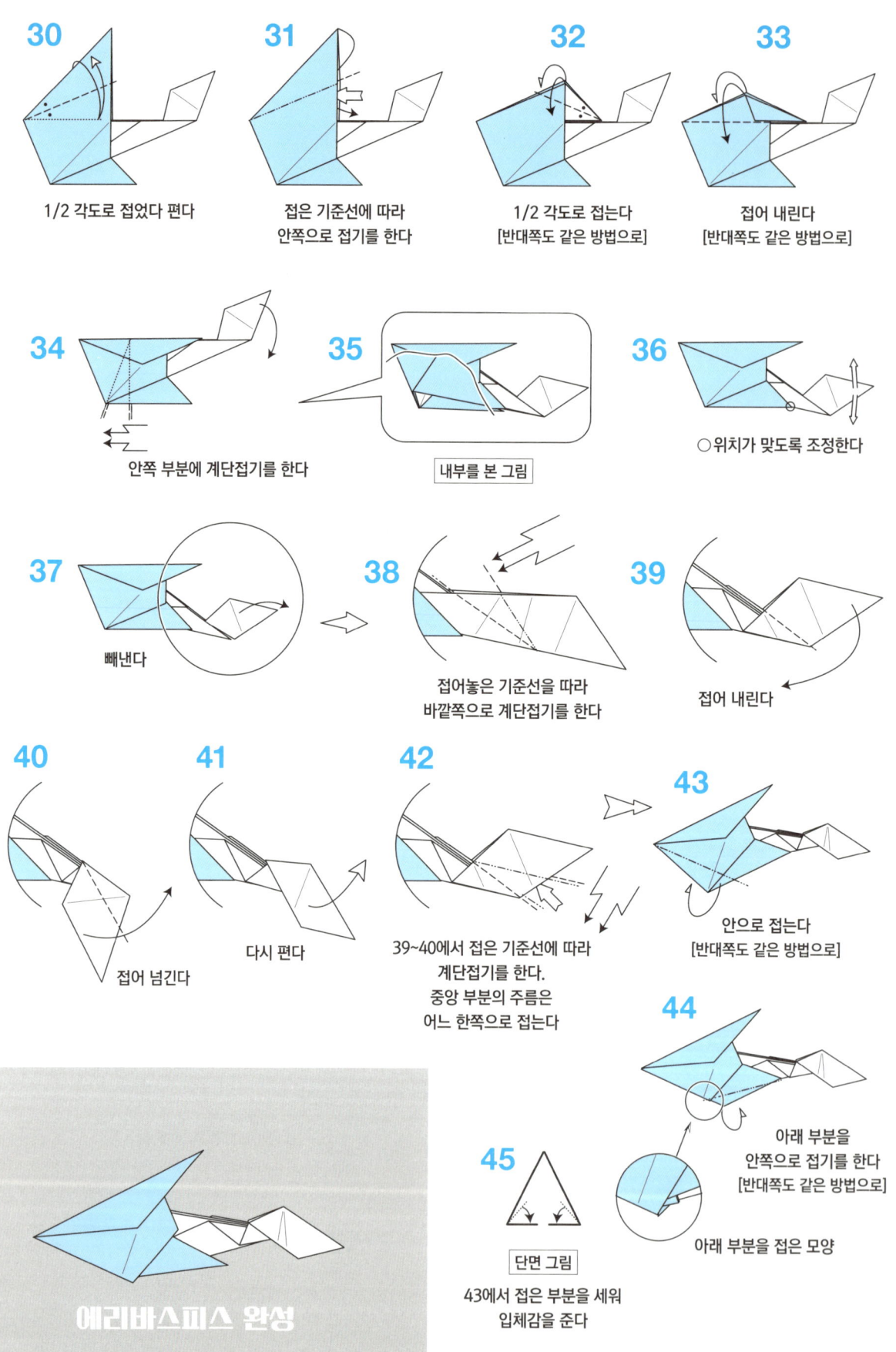

중급

에리옵스
Eryops

고생대 페름기, 북미에 살았던 반수생 멸종 양서류이다. 땅에서도 걸었을 것으로 추정된다. 함몰접기는 서두르지 말고 세심하게 접어주는 것이 중요하다.

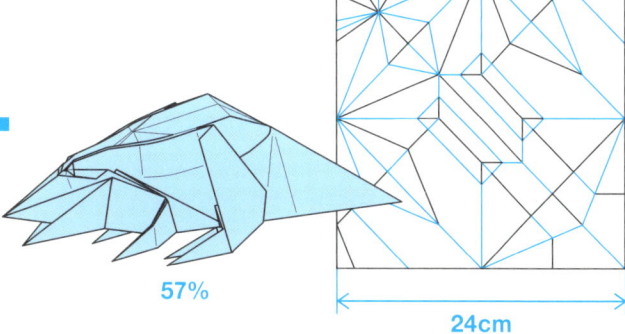

57% 24cm

1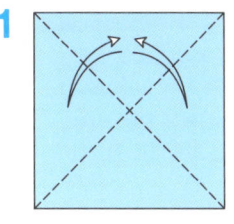
접었다 펴서 중심선을 만든다

2
접었다 편다

3
접었다 편다

4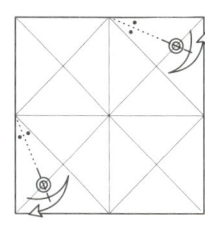
◎위치에 표시를 한다

5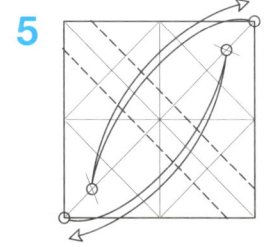
○을 맞추어 접는다 편다

6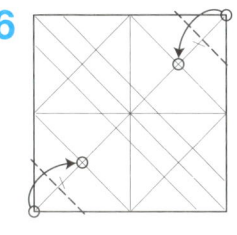
○을 맞추어 접는다

7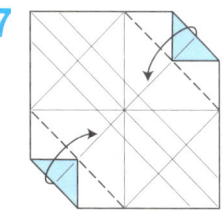
화살표 방향으로 접는다

8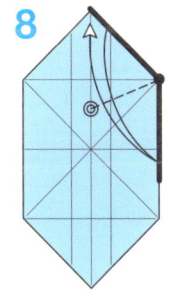
●을 기준으로 굵은 선을 맞춰 ◎위치까지 기준선을 접었다 편다

9
같은 방법으로 기준선을 접었다 편다

10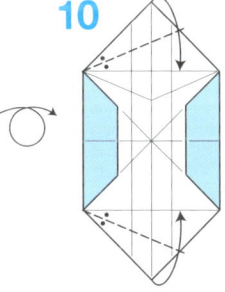
1/2 각도로 접는다

11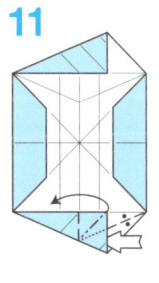
표시선처럼 모서리를 집듯이 잡아서 모아 접는다

12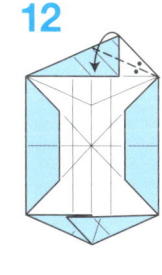
삼각으로 접는다

13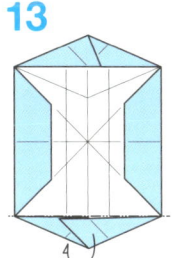
뒤로 접어 넘긴다

14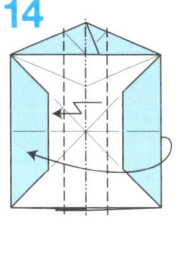
기준선에 따라 계단접기를 한다

15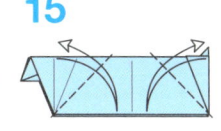
접어놓은 기준선을 이용해 겹친 채로 접었다 편다

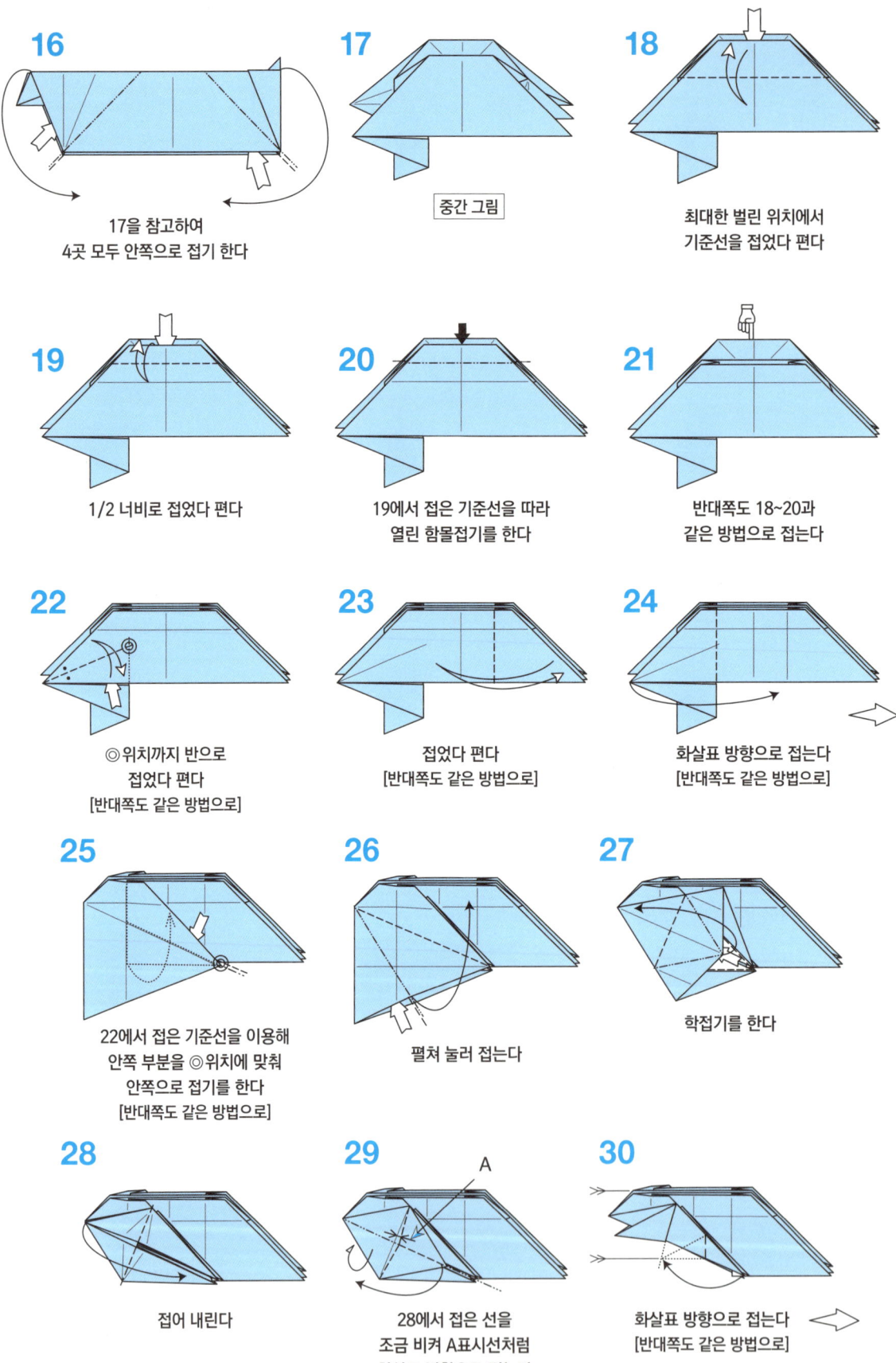

31 가장자리를 기준선에 맞춰 접는다
[반대쪽도 같은 방법으로]

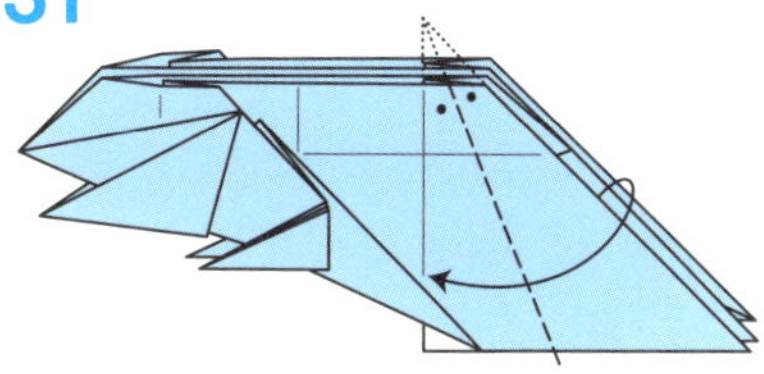

32 안쪽으로 접기를 한다
[반대쪽도 같은 방법으로]

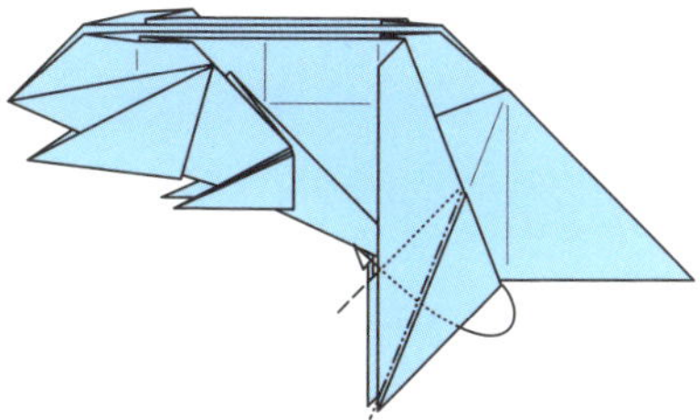

33 안쪽으로 접기를 해 준다

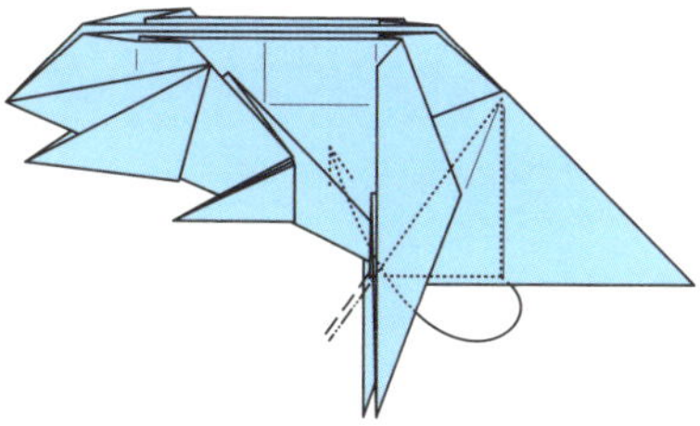

34 ●을 기준으로 안쪽으로 접어 넣는다
[반대쪽도 같은 방법으로]

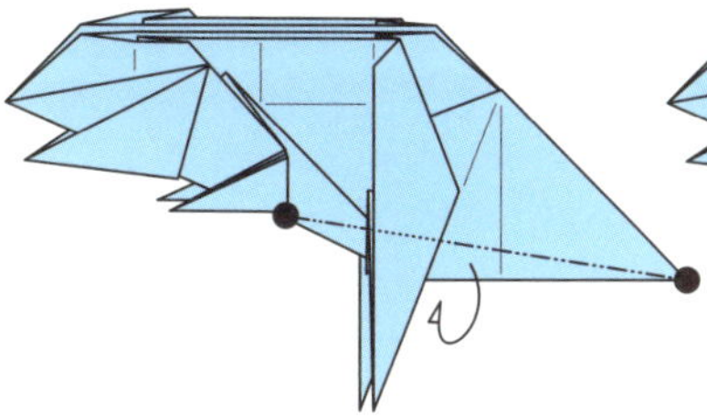

35 안쪽으로 접기를 한다
[반대쪽도 같은 방법으로]

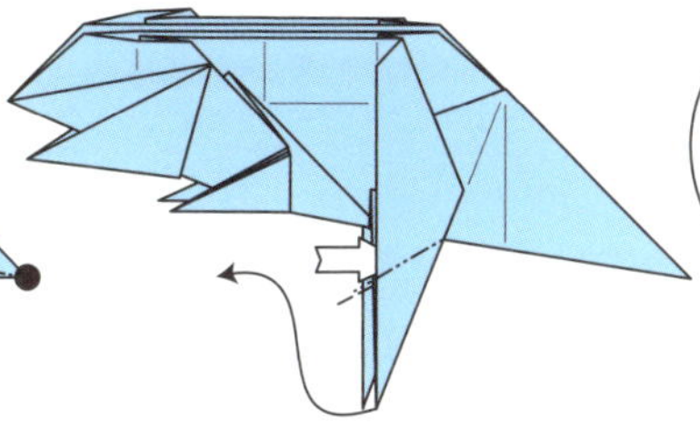

36 35를 접은 모양

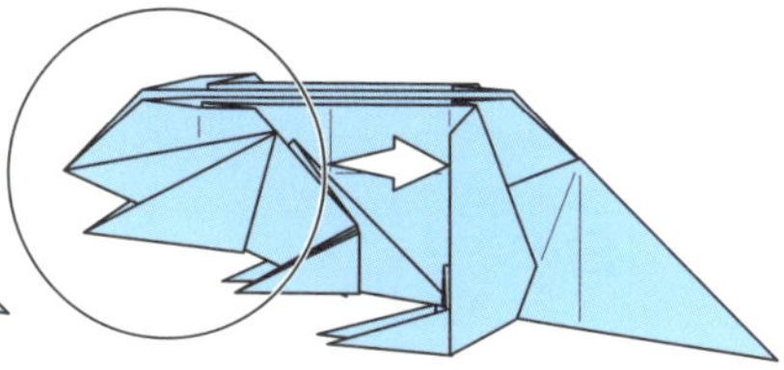

37 ●을 기준으로 중앙의 모서리를 펼쳐 눌러주며 접는다
[반대쪽도 같은 방법으로]

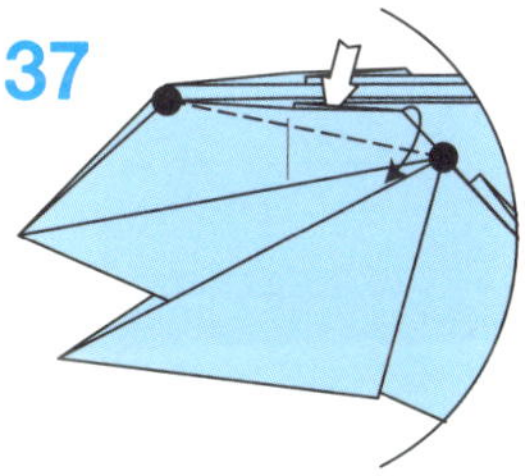

38 안쪽으로 접어 넣는다

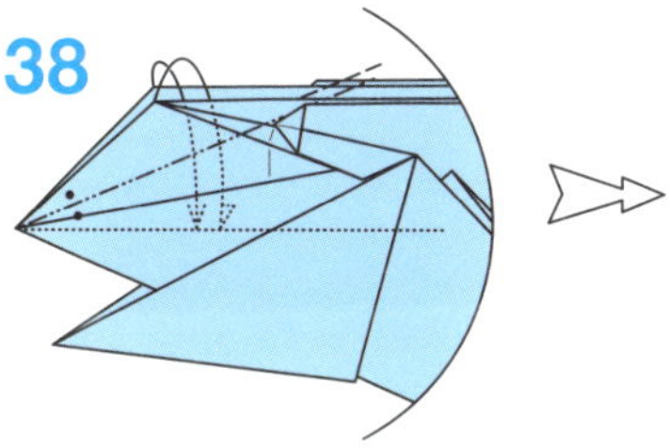

39 ◎부분을 집은 채로 등 부분을 입체적으로 펼친다

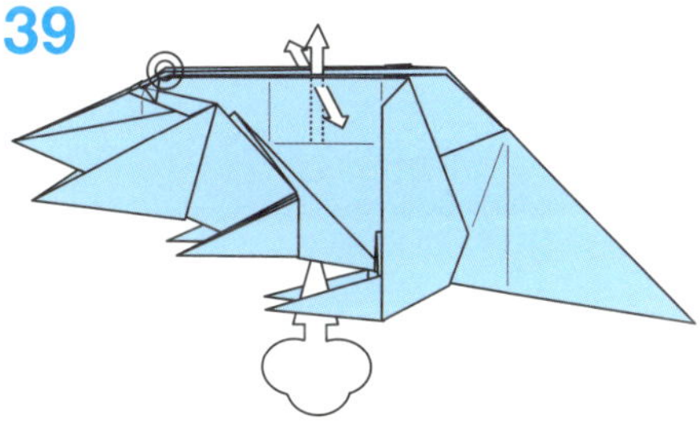

40 위에서 본 그림
색이 진한 부분을 평평하게 펼치면서 ●을 기준으로 입체적으로 다듬는다

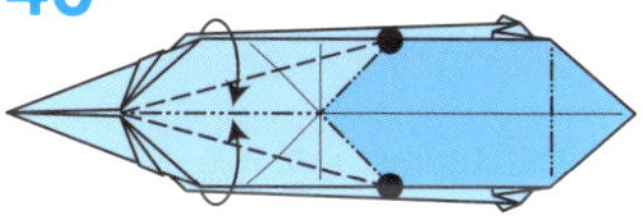

41 조금 안쪽으로 둥글린다
[반대쪽도 같은 방법으로]

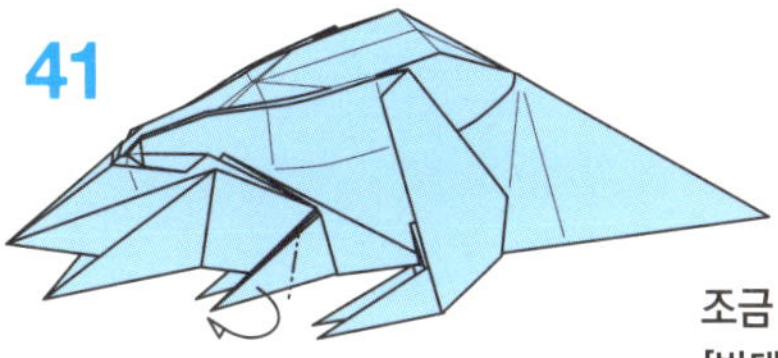

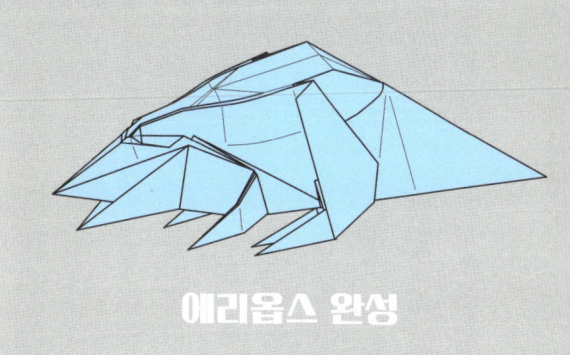

에리옵스 완성

중급

자이언트 모아
Dinornis

과거 뉴질랜드에 서식했던 날지 못하는 초식성의 대형 새이다. 인간의 무분별한 포획과 서식지의 감소로 멸종한 것으로 추정된다.

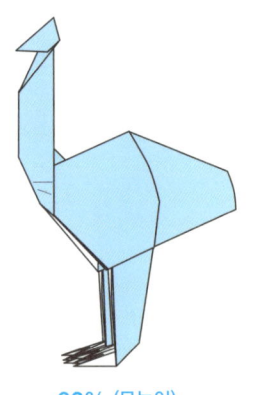
63% (몸높이)

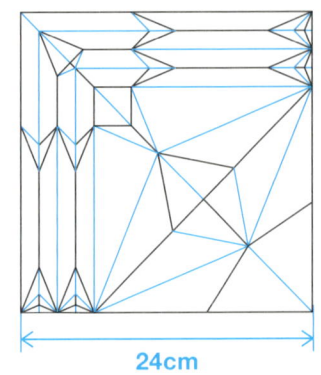
24cm

1
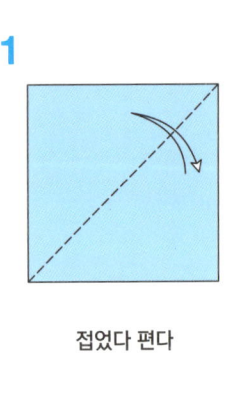
접었다 편다

2
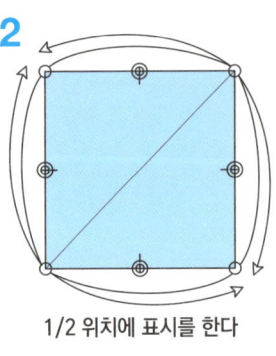
1/2 위치에 표시를 한다

3
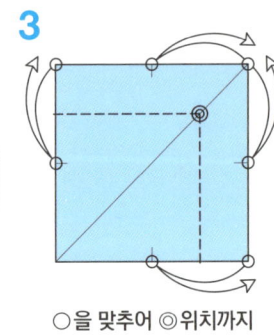
◯을 맞추어 ◎위치까지 접었다 편다

4
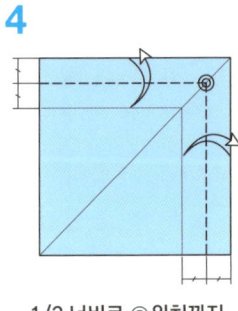
1/2 너비로 ◎위치까지 접었다 편다

5

다시 1/2 너비로 ◎위치까지 접었다 편다

6
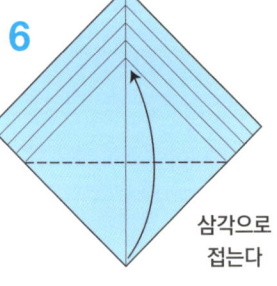
삼각으로 접는다

7
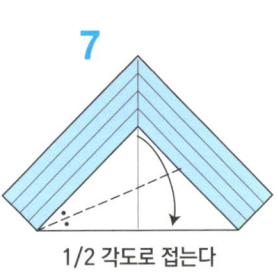
1/2 각도로 접는다

8

표시선처럼 모서리를 집듯이 잡아서 모아 접는다

9
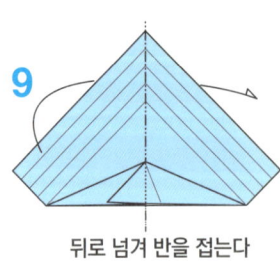
뒤로 넘겨 반을 접는다

10
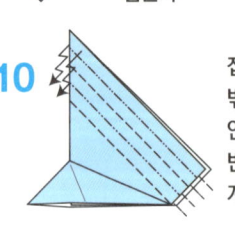
접어놓은 기준선에 따라 밖으로 뒤집어 접기와 안쪽으로 접기를 반복해 계단접기를 한다

11
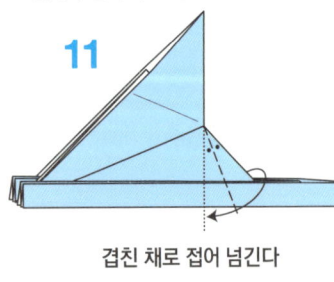
겹친 채로 접어 넘긴다

12
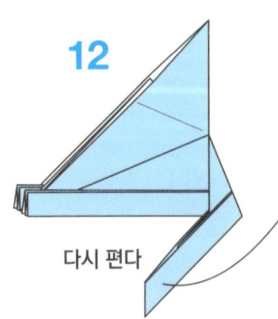
다시 편다

13

●을 기준으로 직각으로 접었다 편다

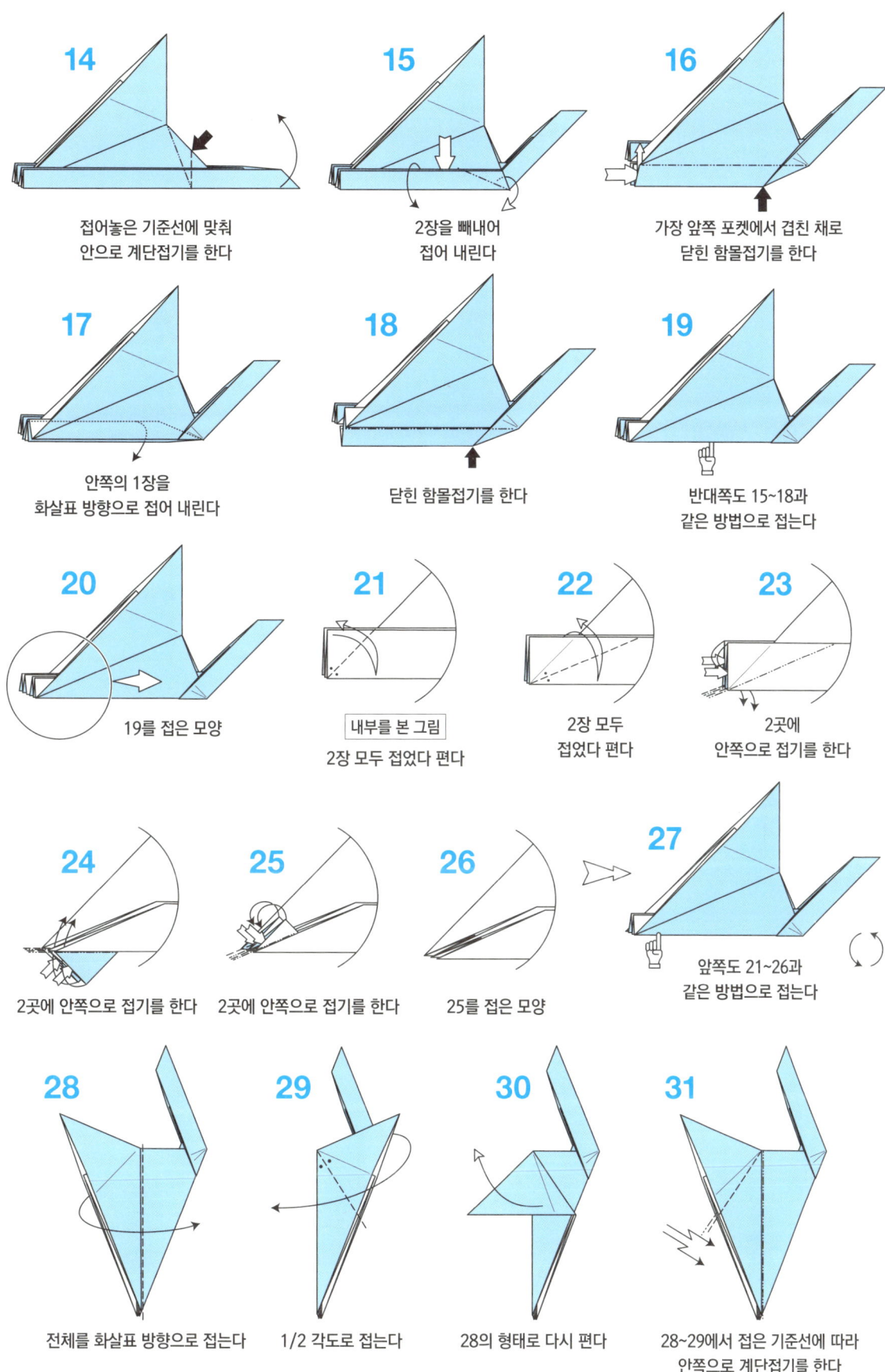

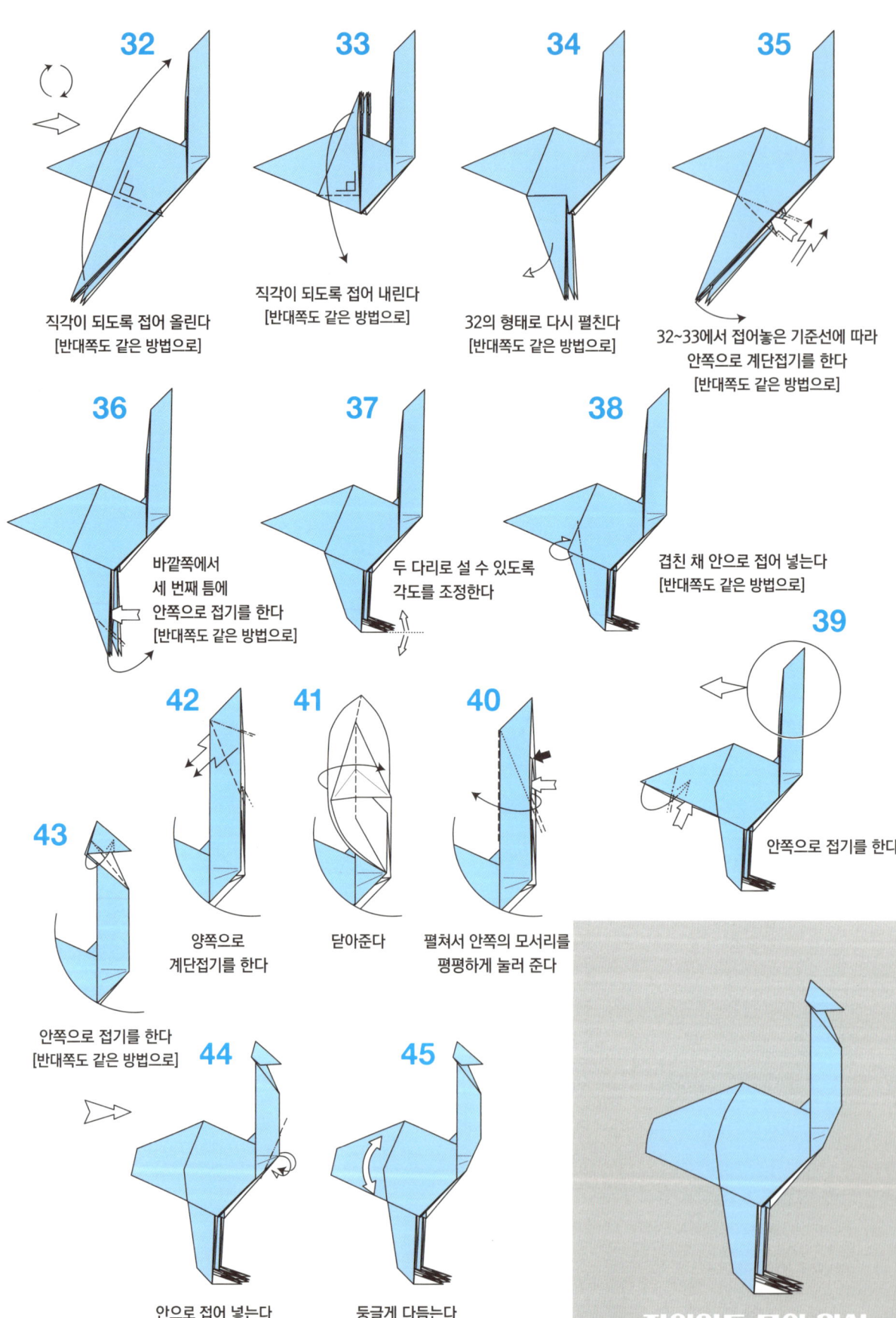

펠라고르니스 샌더시
Pelagornis sandersi

북아메리카에서 화석이 발견된 대형 조류로, 날 수 있었다고 한다. 몸통 부분에 종이가 겹쳐 조금 접기 어려우므로 잘 접어 나가자.

91%

24cm

1 접었다 펴서 중심선을 만든다

2 ◎위치에 표시를 한다

3 ○을 맞추어 접었다 편다

4 ○을 맞추어 접는다
[이하 불필요한 표시는 생략]

5 ●을 기준으로 뒤쪽 종이의 가장자리에 맞춰 접었다 편다

6 뒤의 종이를 다시 펼친다

7 접어놓은 기준선을 이용해 모아 접는다

8 7을 접은 모양

9 펼쳐 눌러 접는다

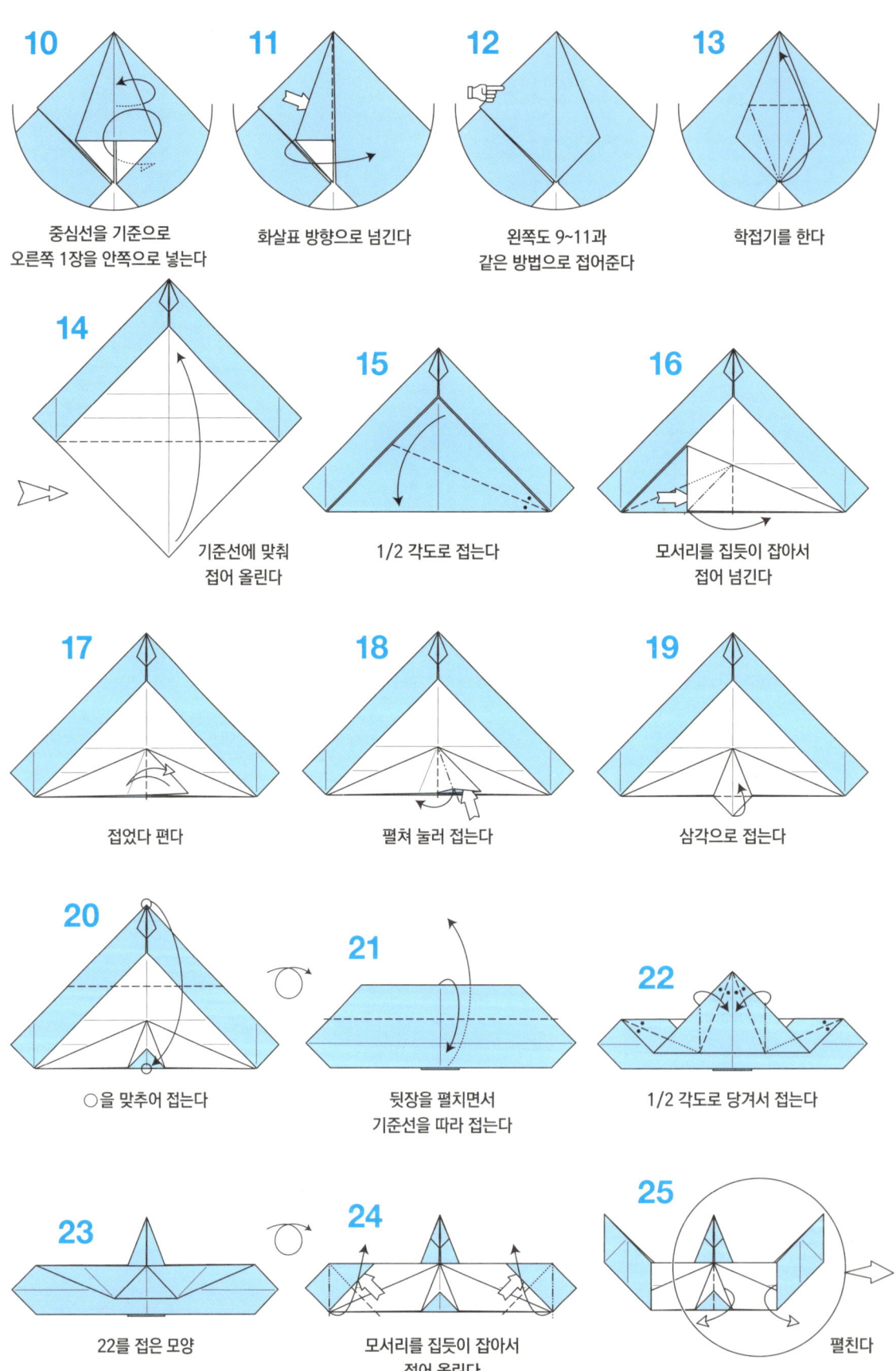

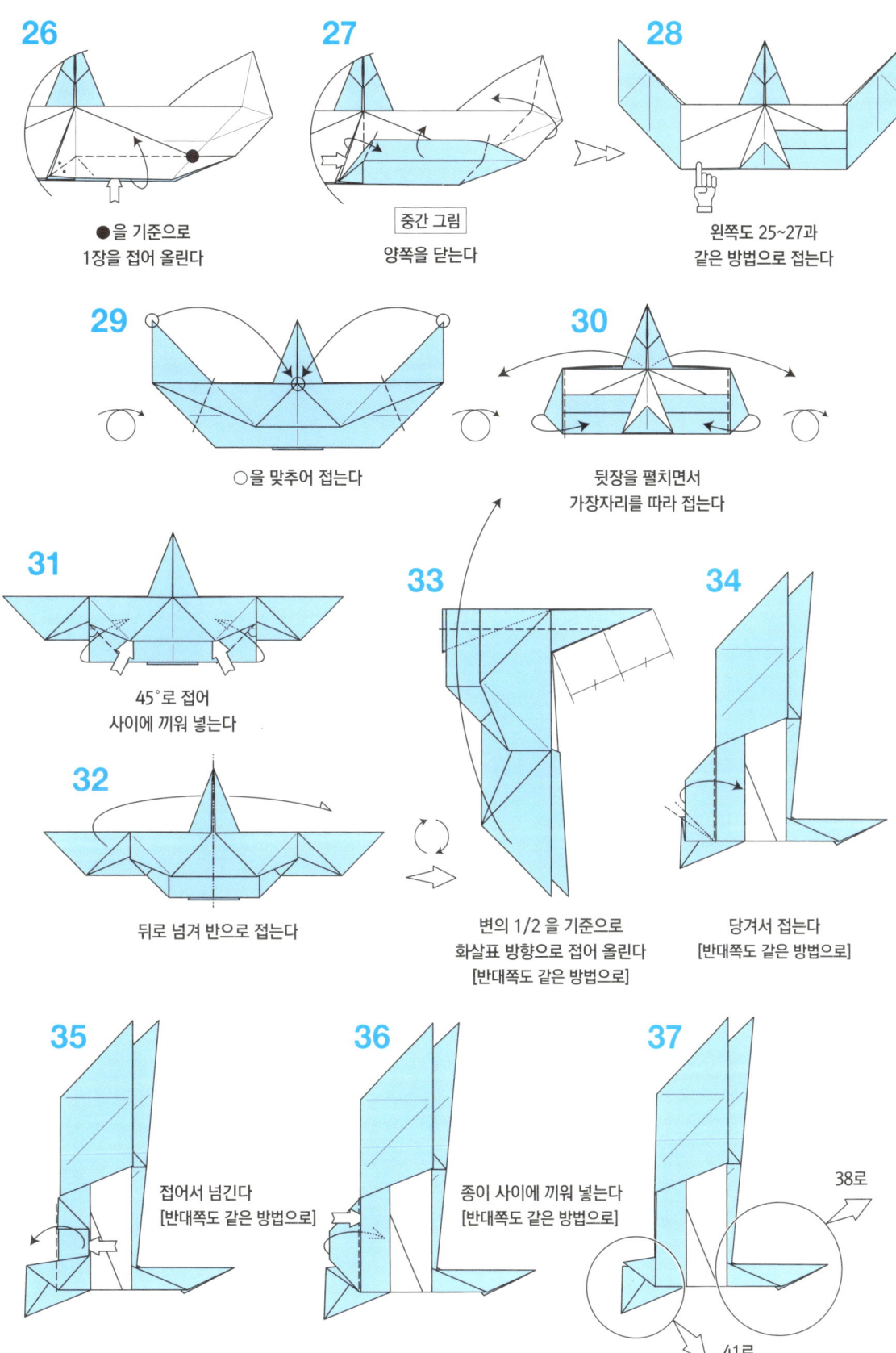

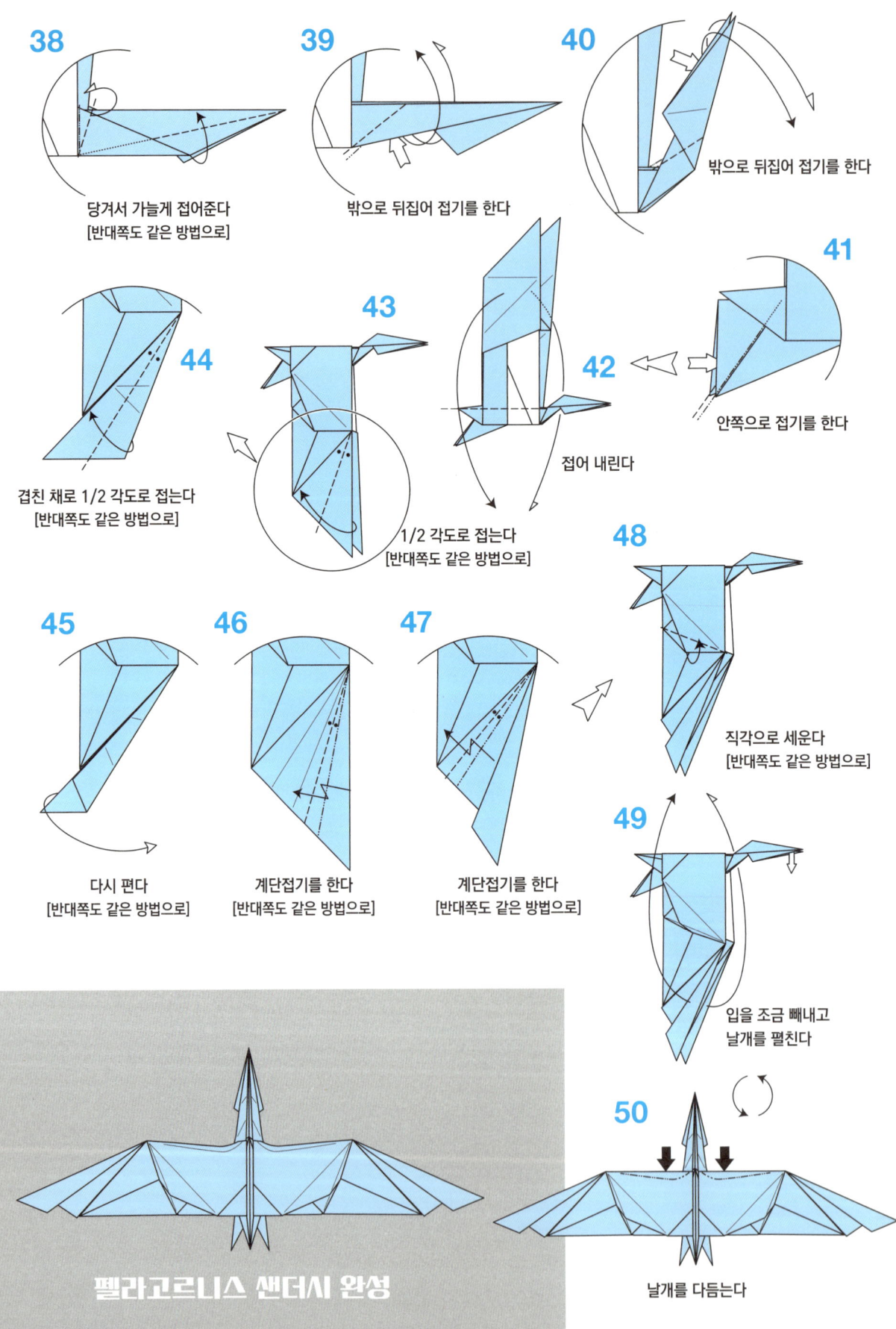

에우리노델피스
Eurhinodelphis

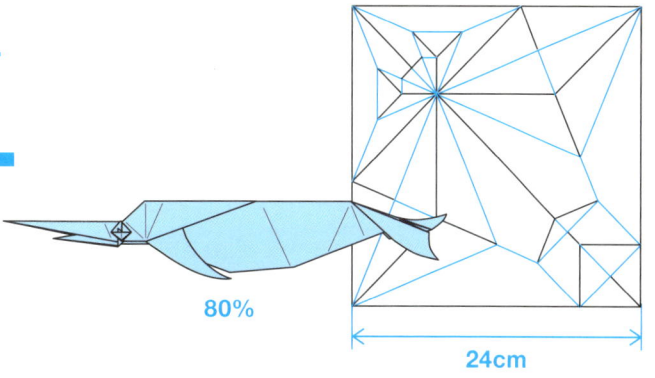

멸종된 고래로 대서양에서 서식했다. 눈 부분의 과정이 매우 세밀하므로 꼼꼼하게 접어준다. 얇은 종이를 권장한다.

80%
24cm

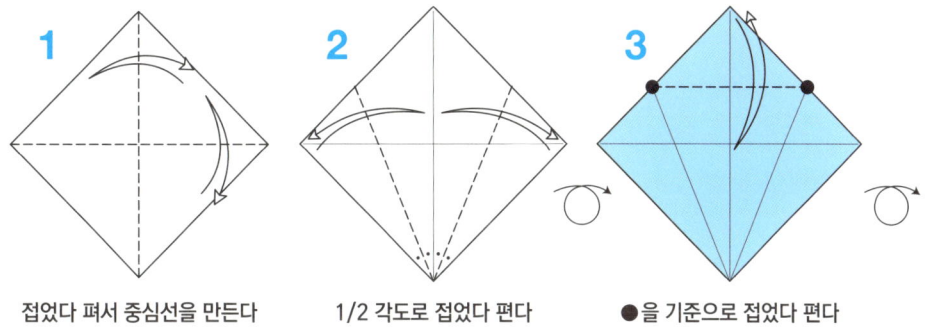

1. 접었다 펴서 중심선을 만든다
2. 1/2 각도로 접었다 편다
3. ●을 기준으로 접었다 편다
4. 1/2 각도로 접었다 편다
5. ○을 맞추어 ●을 기준으로 접었다 편다
6. 접어놓은 기준선에 따라 모아서 접는다
7. 화살표 방향으로 접어 넘긴다
8. 펼쳐 눌러 접는다
9. 기준선을 따라 접는다
10. ●을 기준으로 접는다
11. 안쪽으로 접어 넣는다

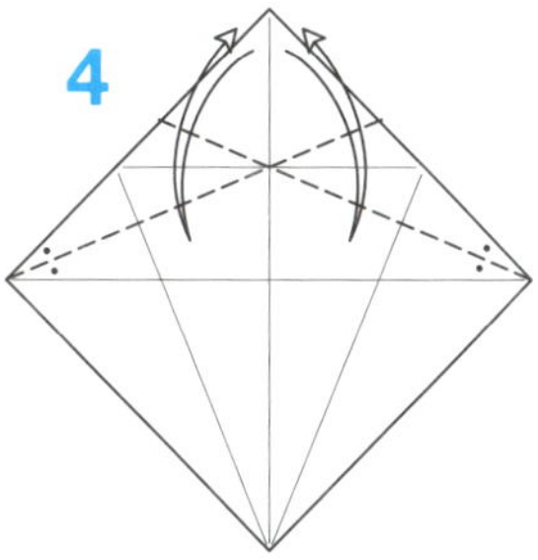

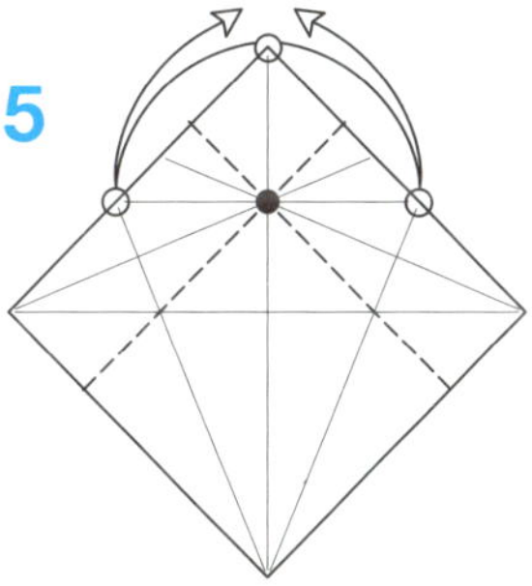

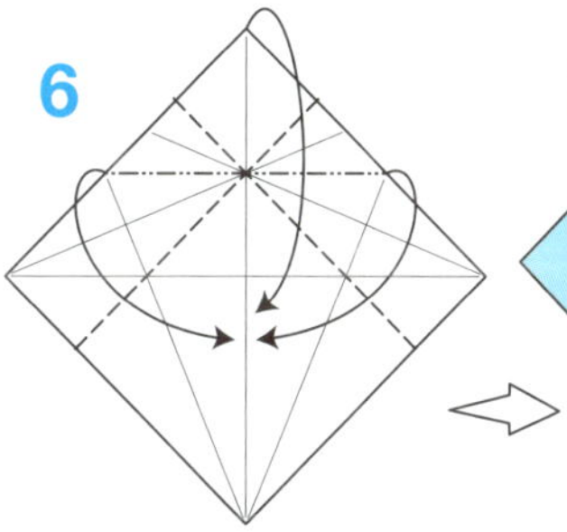

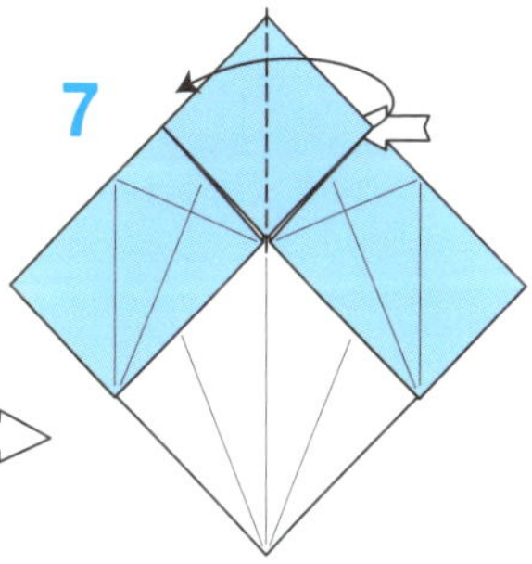

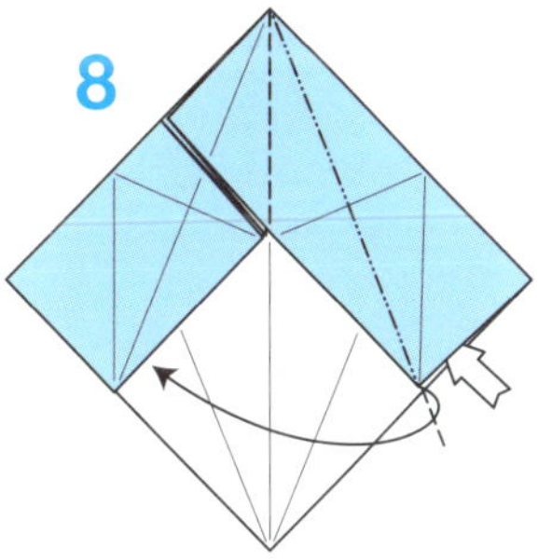

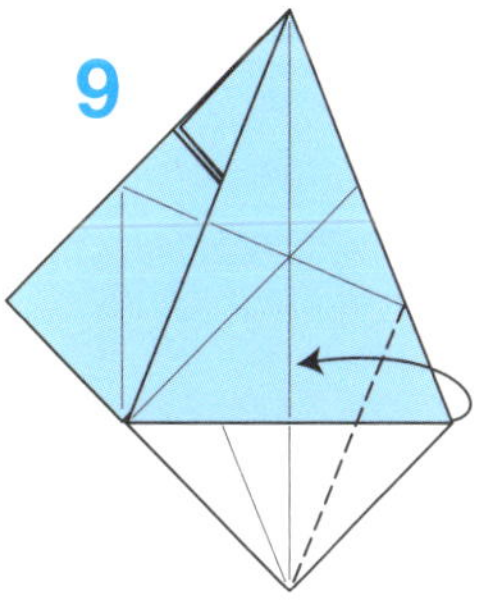

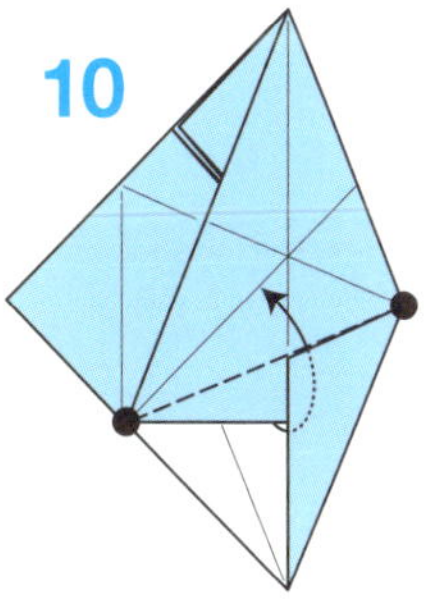

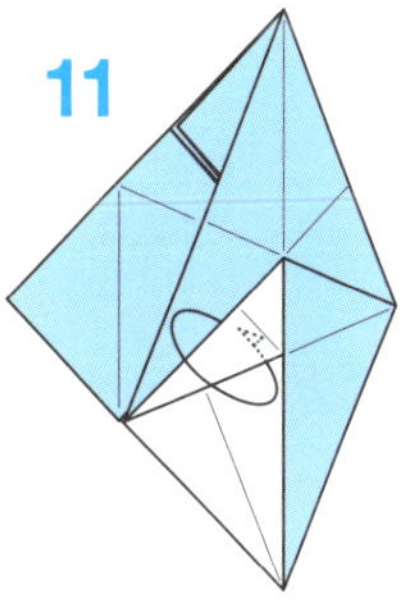

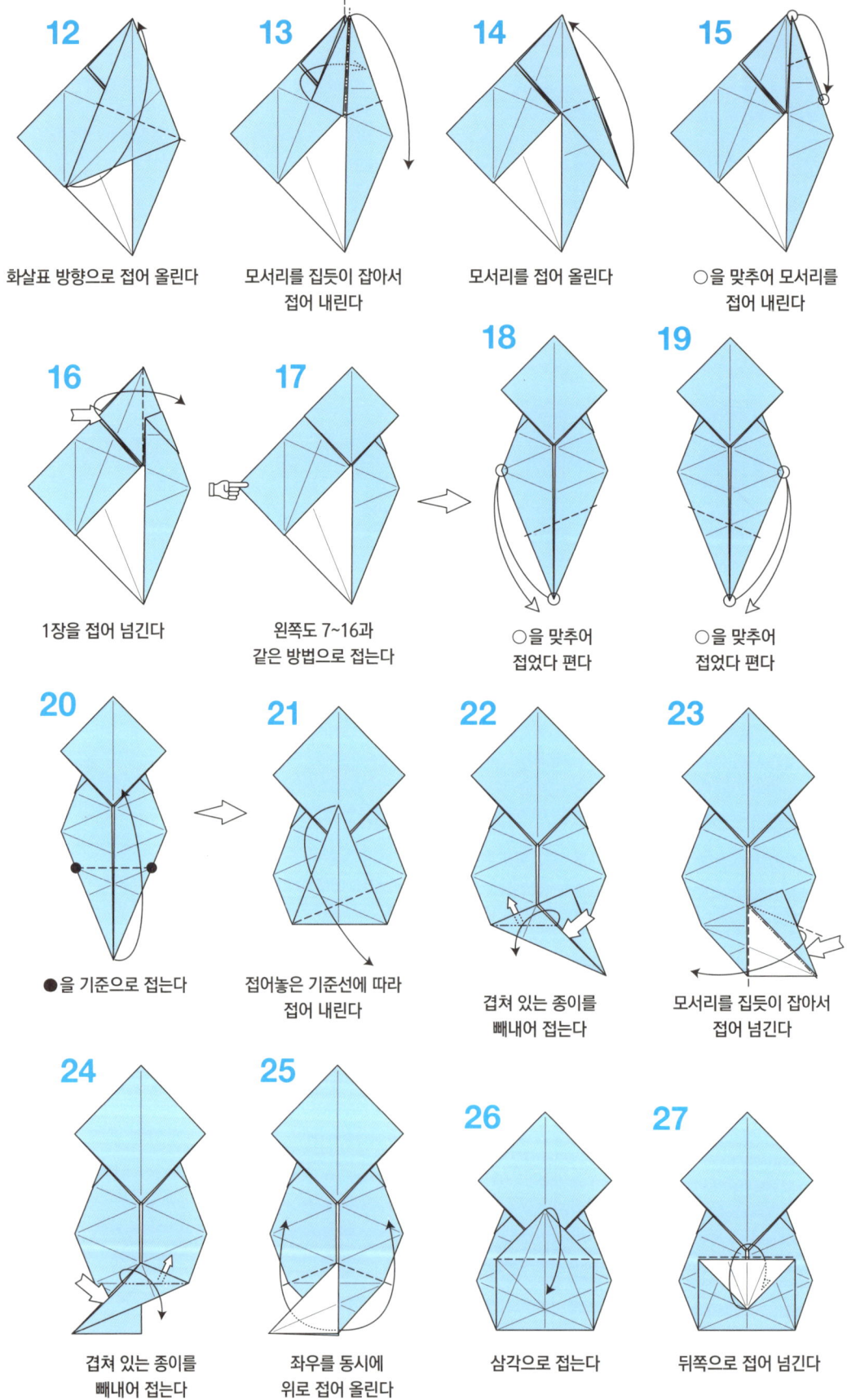

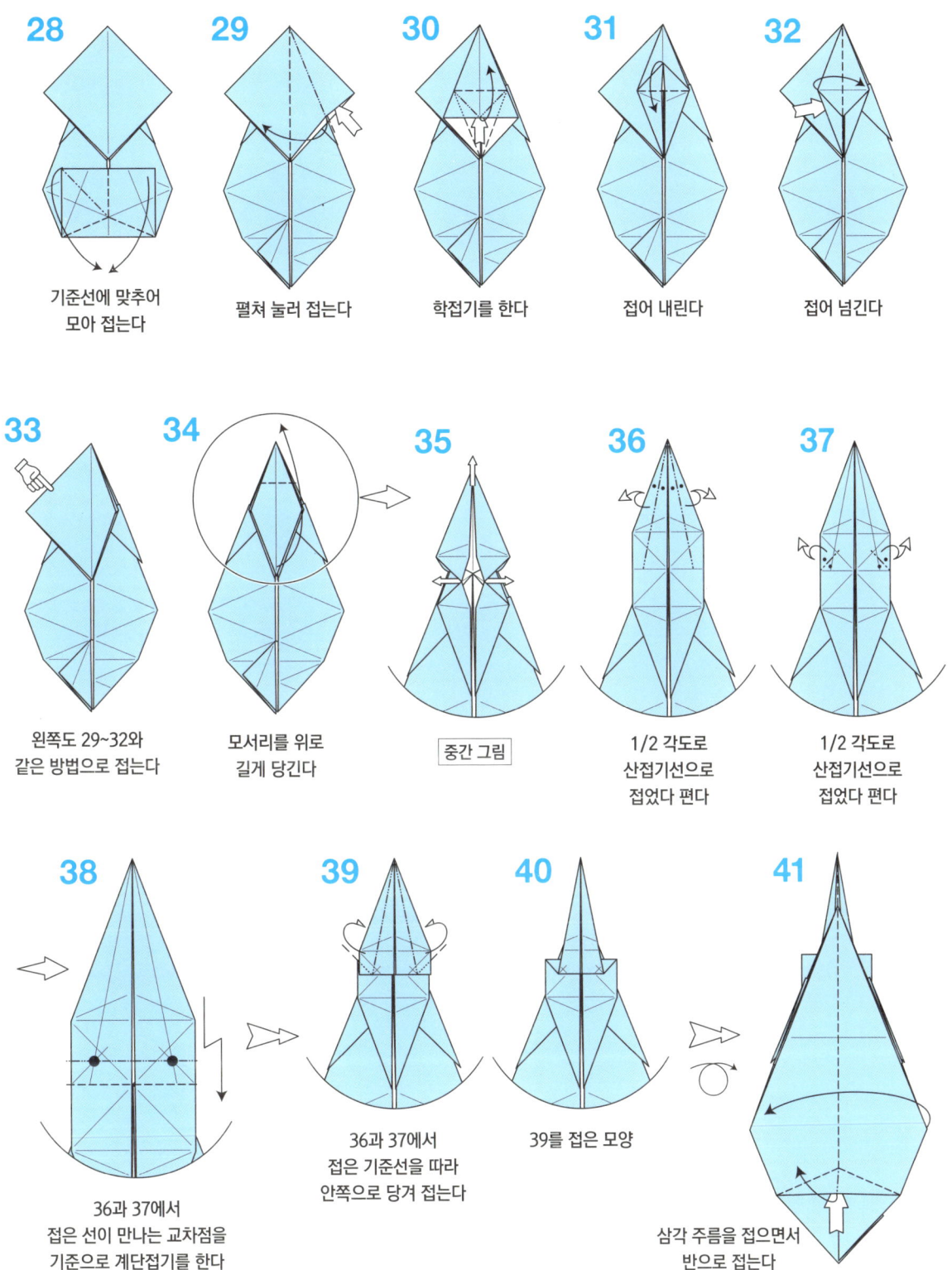

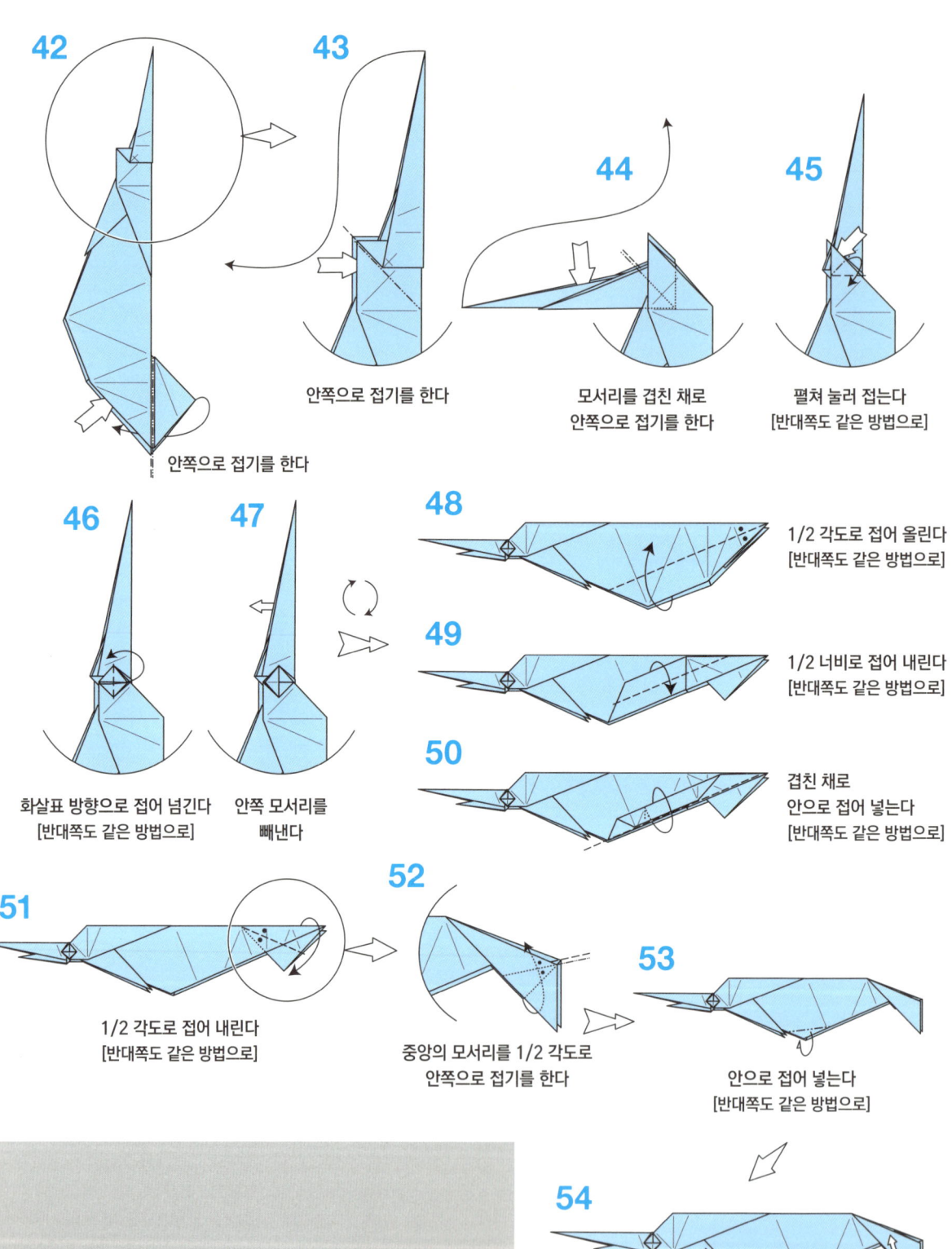

중급

도도
Raphus cucullatus

마다가스카르 앞바다의 모리셔스섬에 서식했지만, 1598년에 발견된 이후 100년이 지나지 않아 멸종하고 말았다. 애교스러운 모습으로 유명한 고생물 중 하나이다.

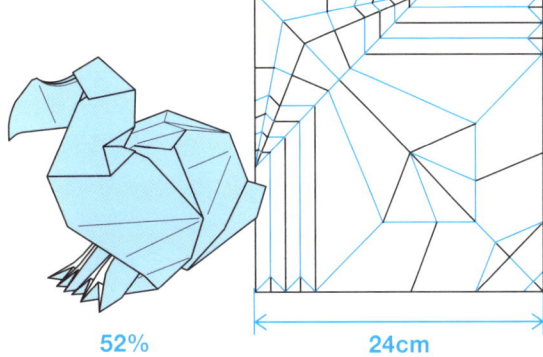

52%   24cm

1
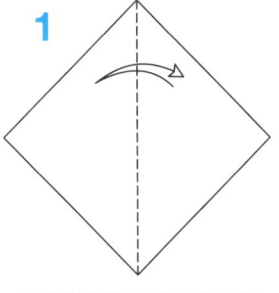
접었다 펴서 중심선을 만든다

2
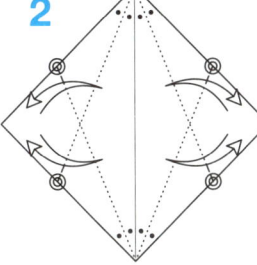
◎ 위치에 표시를 한다

3
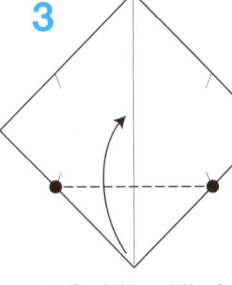
● 을 기준으로 접는다

4
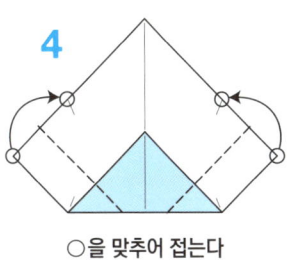
○ 을 맞추어 접는다

5
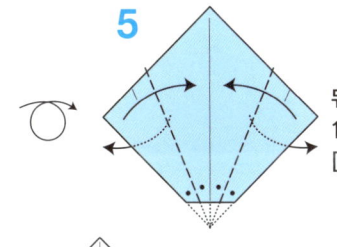
뒤의 종이를 펼치면서 1/2 각도로 접는다
[이하 불필요한 표시는 생략한다]

6
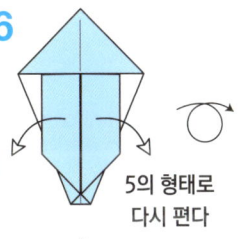
5의 형태로 다시 편다

7
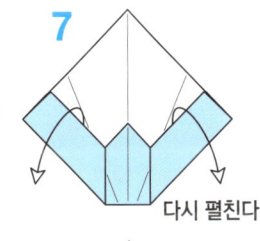
다시 펼친다

8
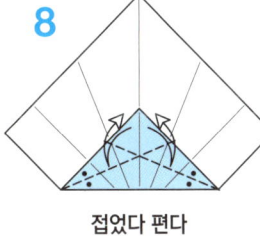
접었다 편다

9
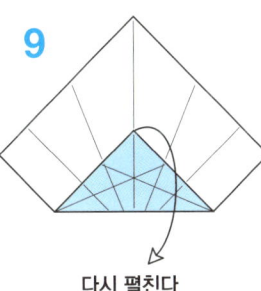
다시 펼친다

10
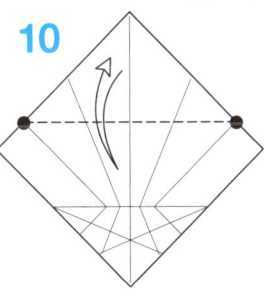
● 을 기준으로 접었다 편다

11
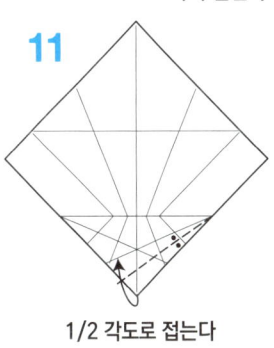
1/2 각도로 접는다

12
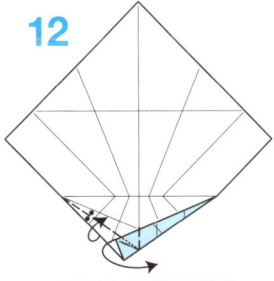
모서리를 집듯이 잡아서 모아 접는다

13
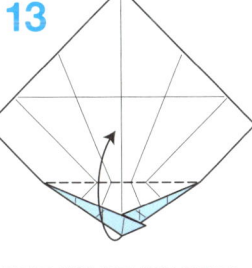
화살표 방향으로 접어 올린다

14

접어놓은 기준선을 따라 모아 접는다

15
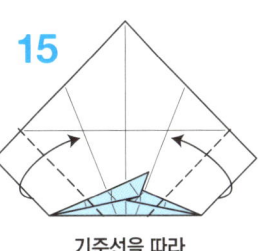
기준선을 따라 접는다

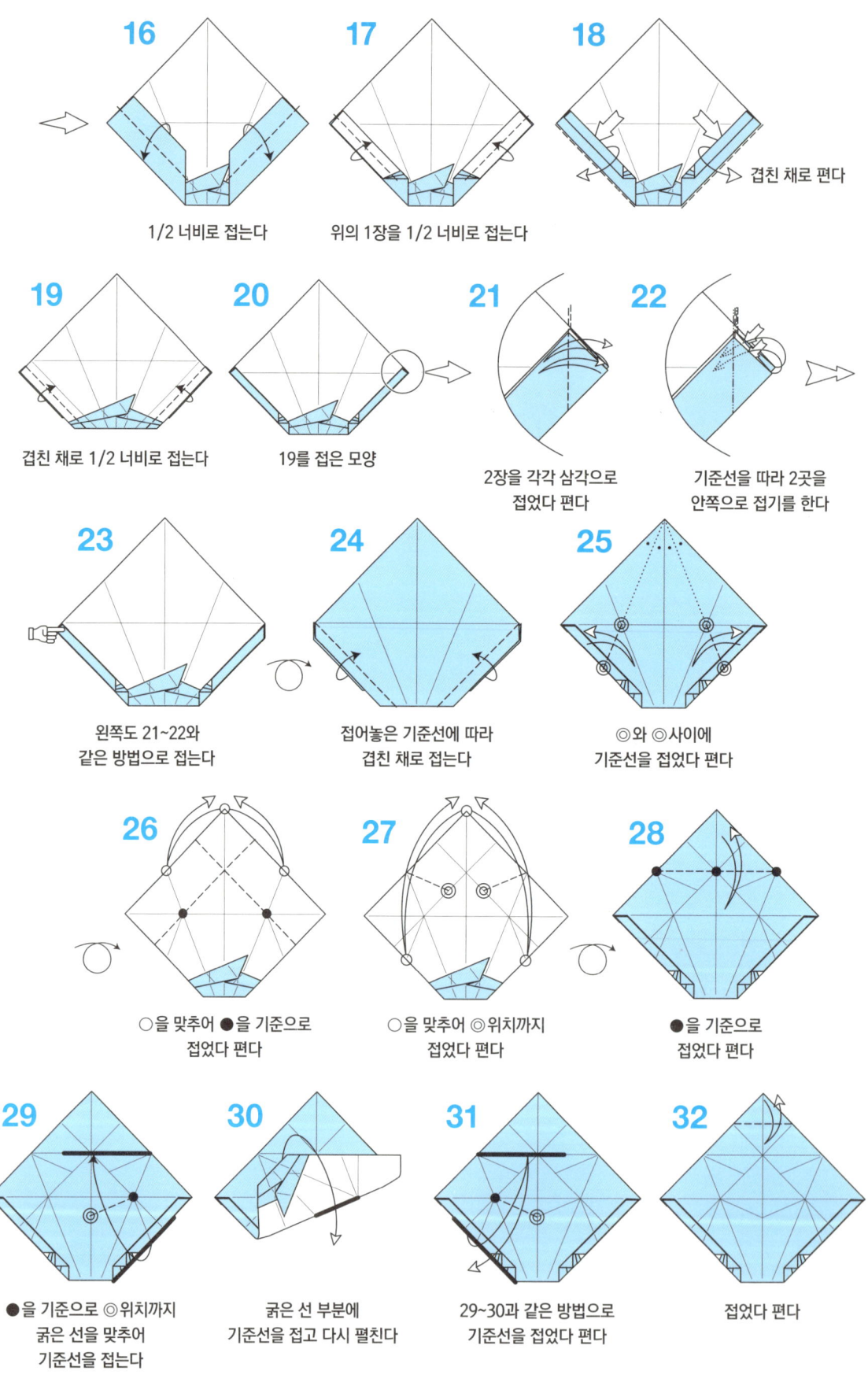

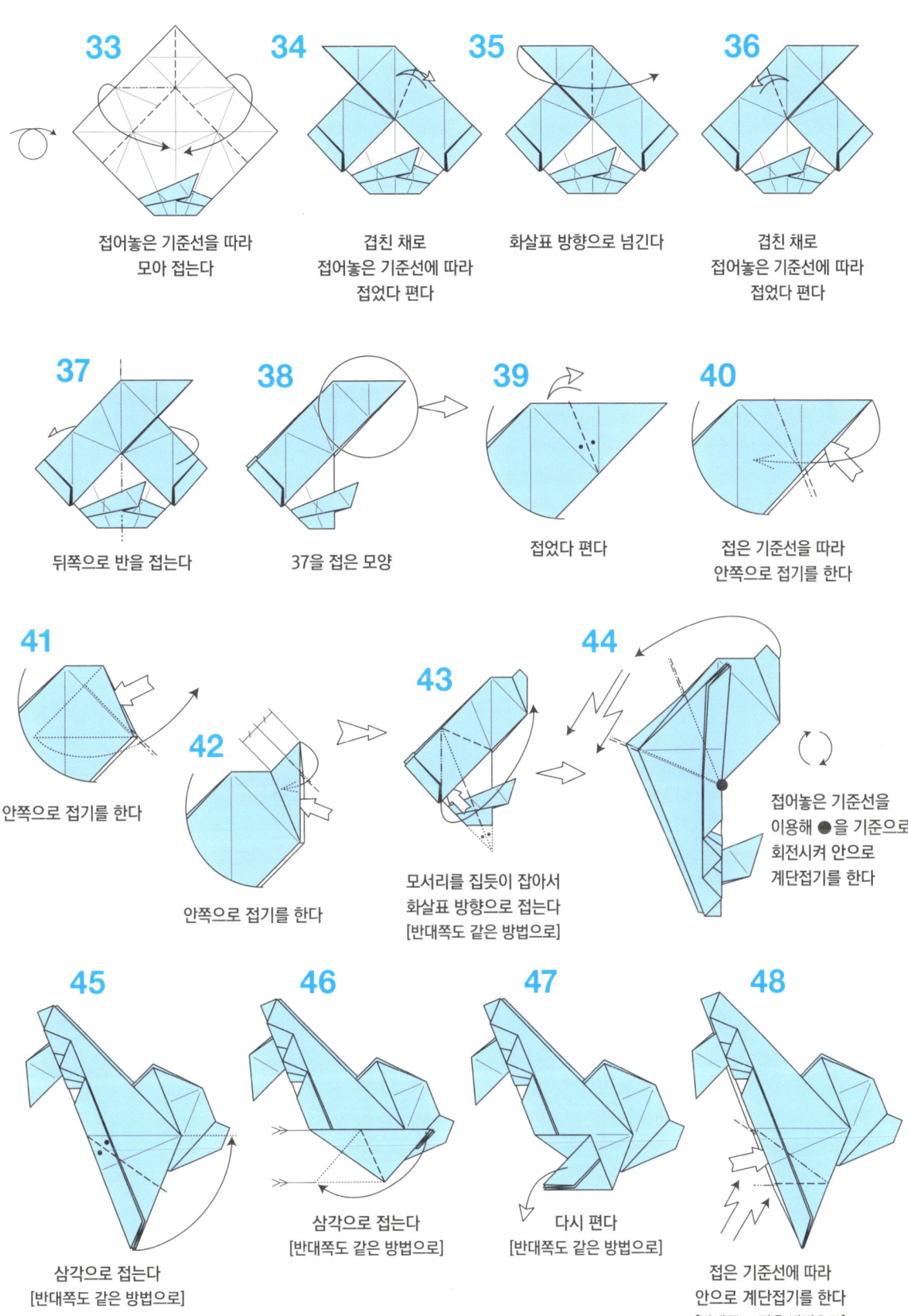

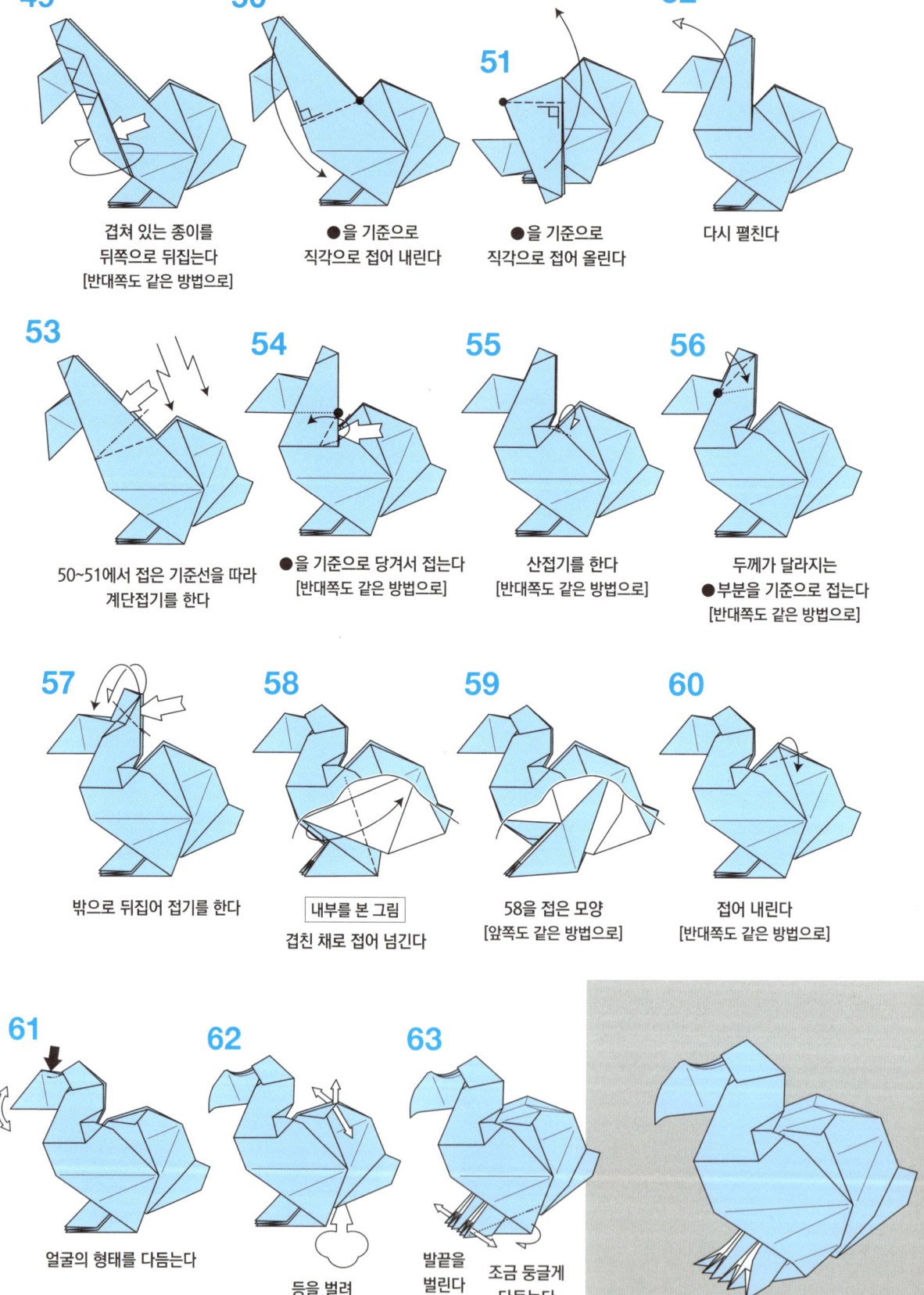

테코돈토사우루스
Thecodontosaurus

트라이아스기 후기의 초식공룡이다. 처음 접기 순서는 종이를 3등분할 때 자주 사용하는 기법이다. 마지막 마무리에서는 꼬리에 곡선을 주어 다리와 높이의 균형을 맞춘다.

88%   24cm

1 접었다 펴서 중심선을 만든다

2 ○을 맞추어 ◎ 위치에 표시를 한다

3 ●을 연결하는 선의 ◎ 위치에 표시를 한다

4 ○을 맞추어 접는다

5 ○을 맞추어 접는다 [이하 불필요한 표시는 생략한다]

6 뒤쪽으로 넘겨 삼각으로 접는다

7 삼각으로 접는다

8 1/2 각도로 접는다

9 다시 펼친다

10 다시 펼친다

11 뒤쪽으로 반을 접는다

12 펼쳐 눌러 접는다

13 학접기를 한다

14 펼친다

15 접어놓은 기준선을 따라 접는다

테코돈토사우루스 49

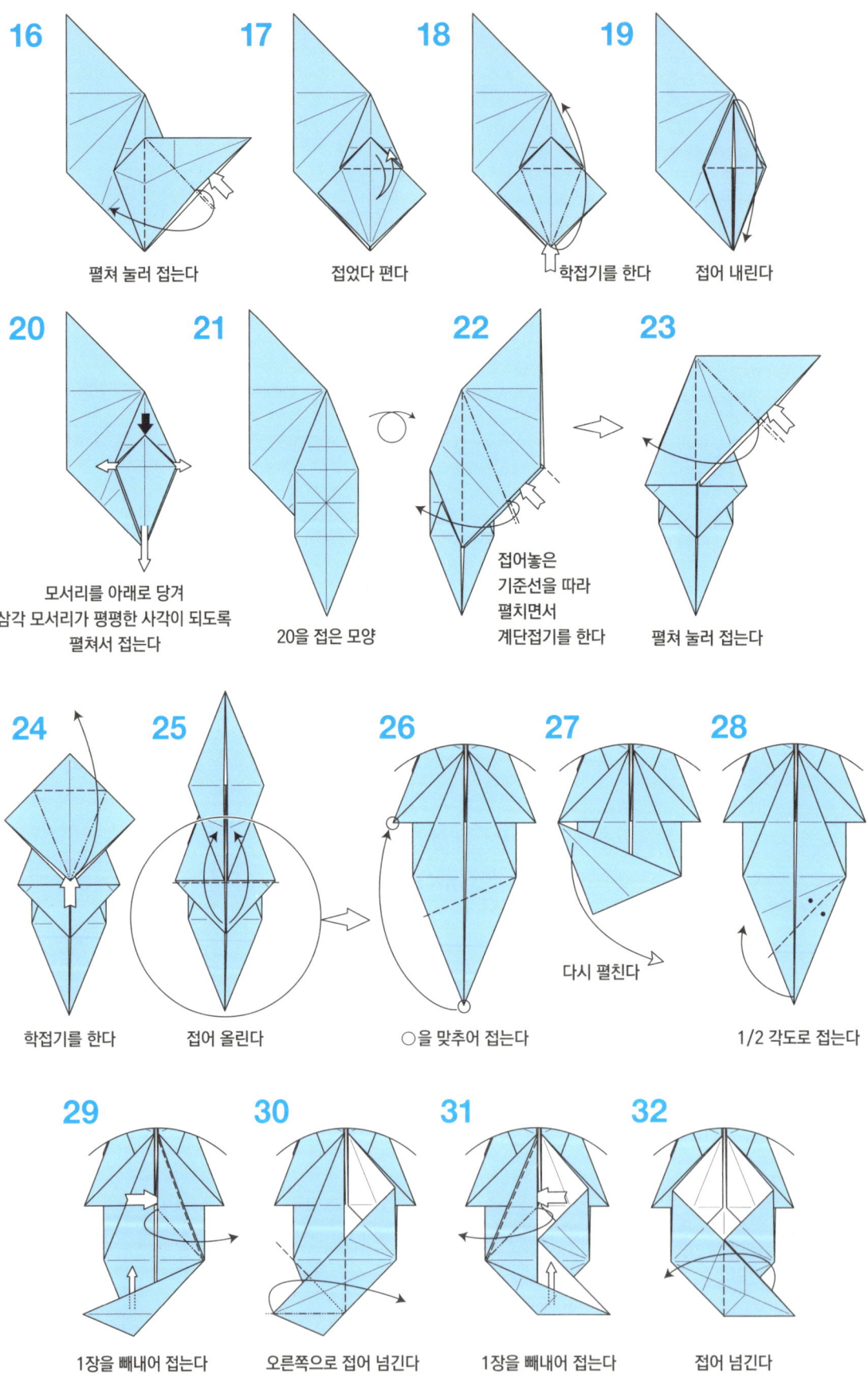

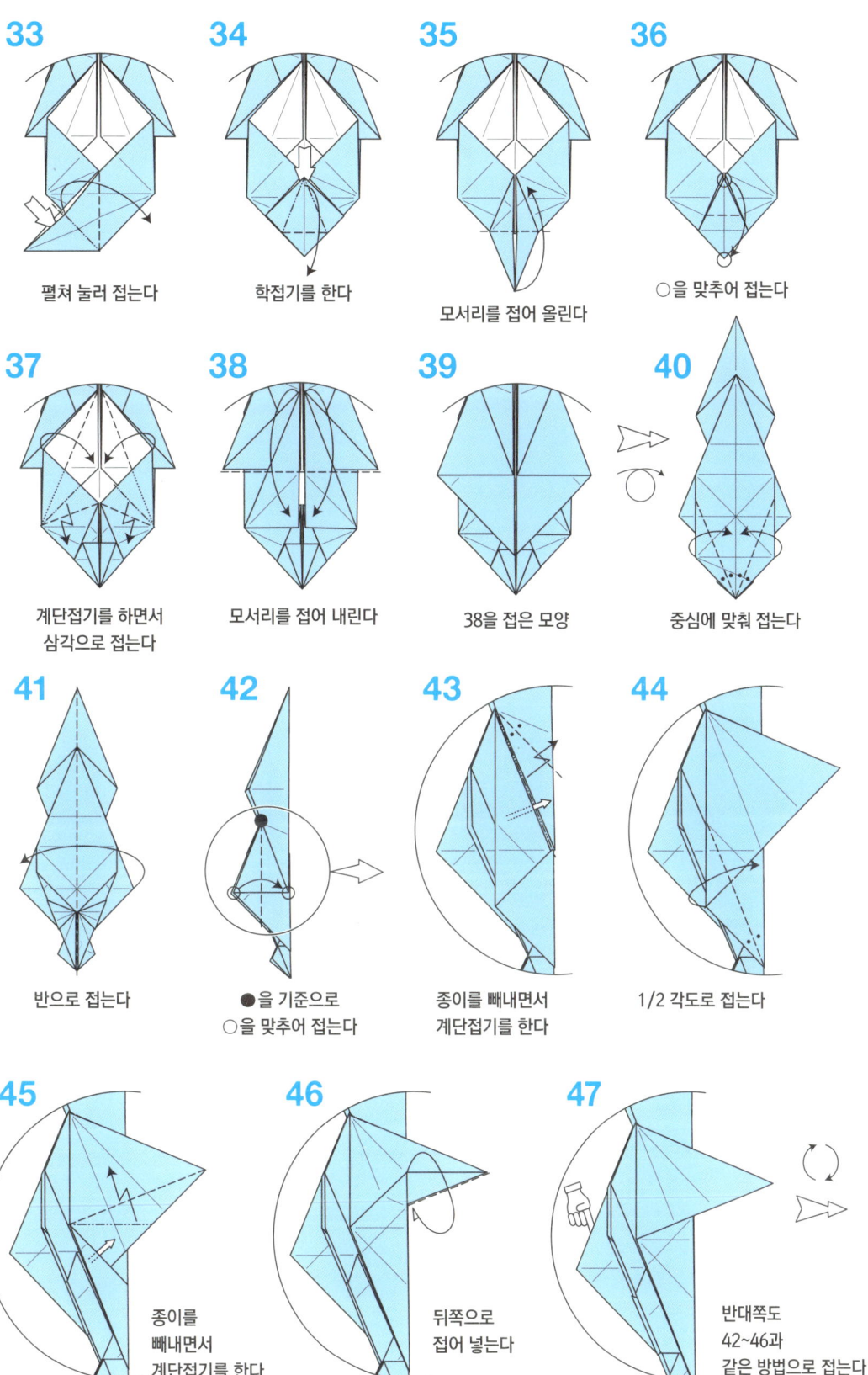

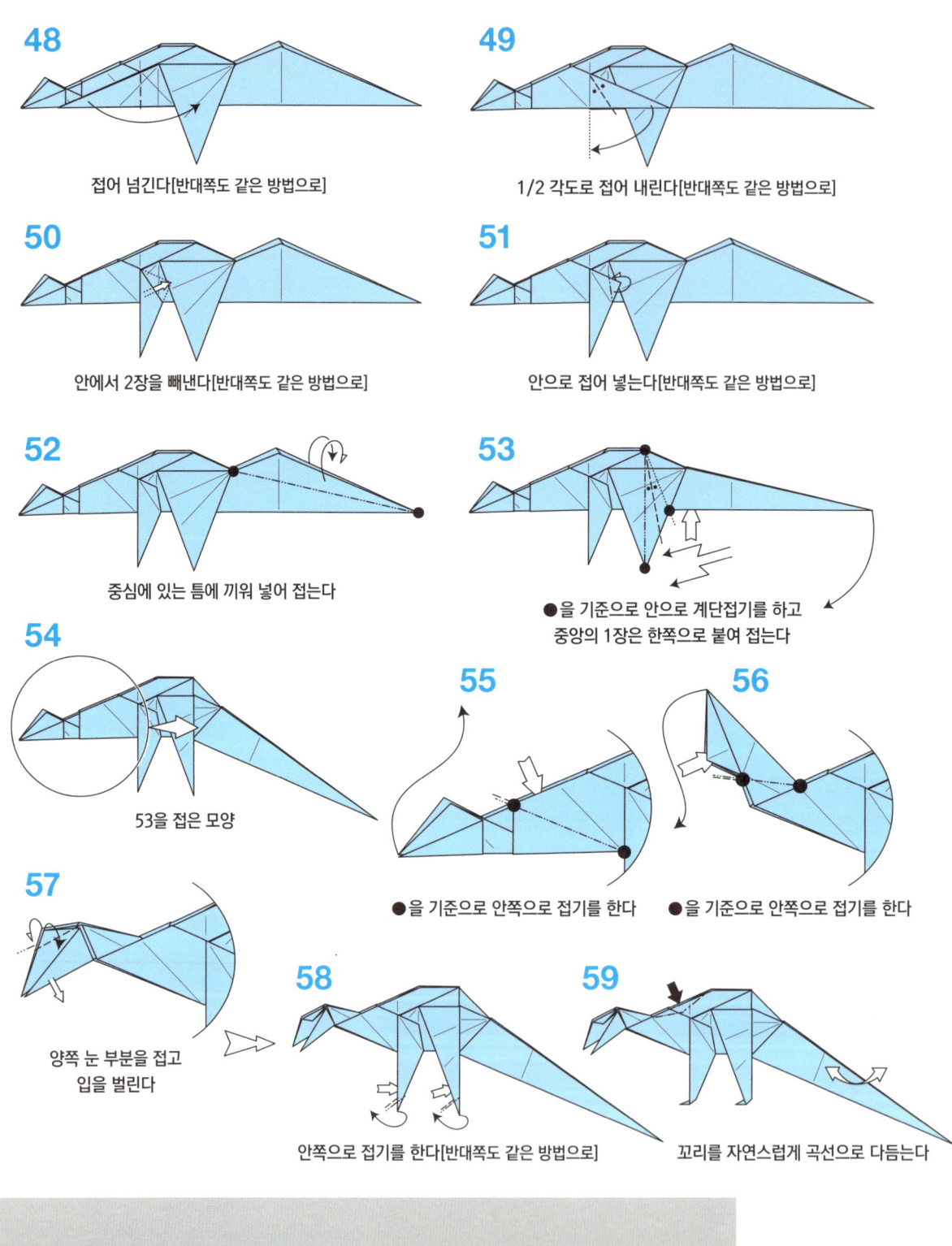

중급
에다포사우루스
Edaphosaurus

등에는 독특한 돛이 있으며 번식을 위한 과시용으로 쓰였을 것으로 추정된다. 종이접기에서는 기준선으로 돛을 표현했다.

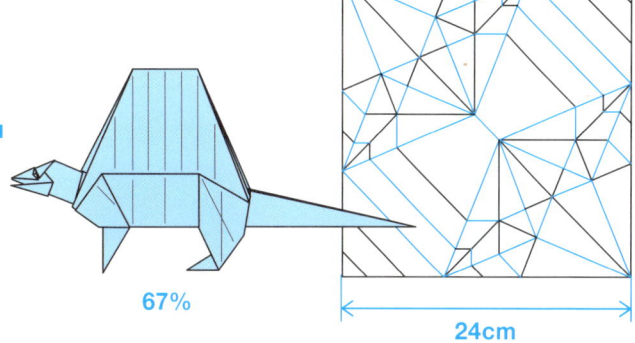

67%   24cm

1 접었다 편다

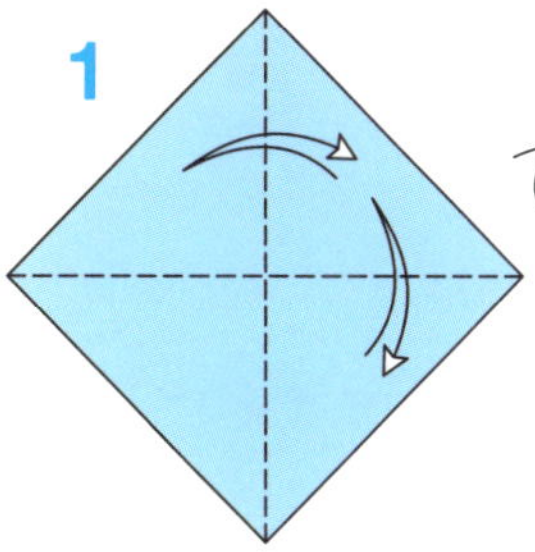

2 1/2 각도로 접었다 편다

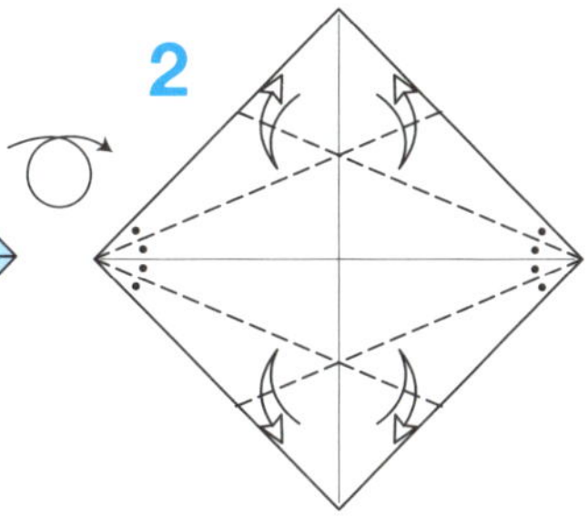

3 ○을 맞추어 ◎ 위치에 표시를 한다

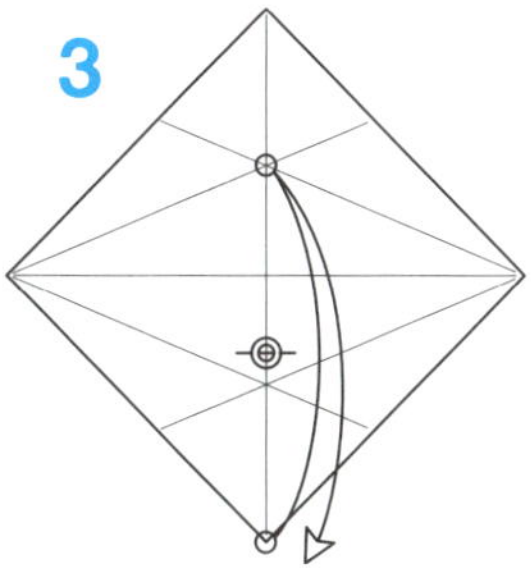

4 ○을 맞추어 접는다

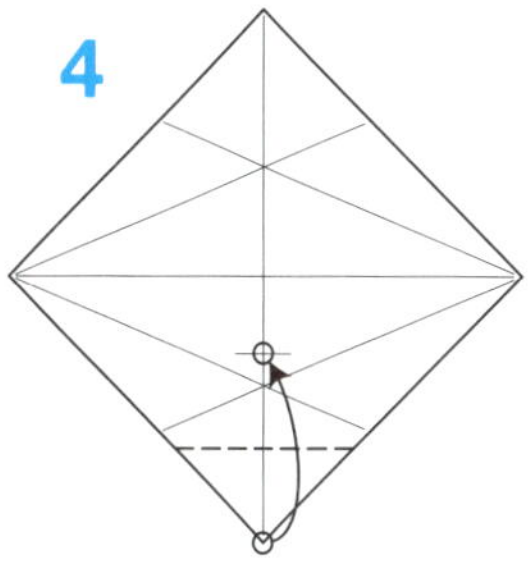

5 뒤쪽으로 반을 접는다

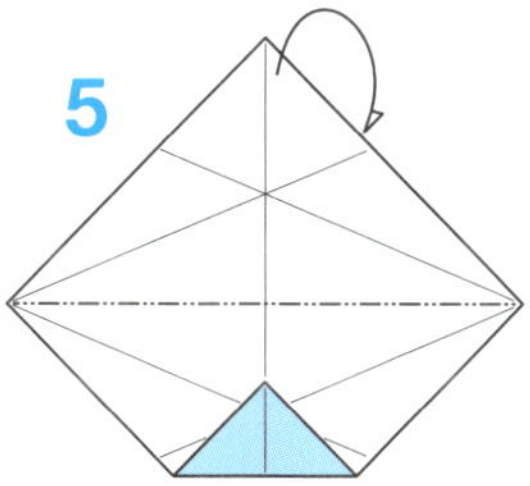

6 뒤쪽의 가장자리에 맞춰 접는다

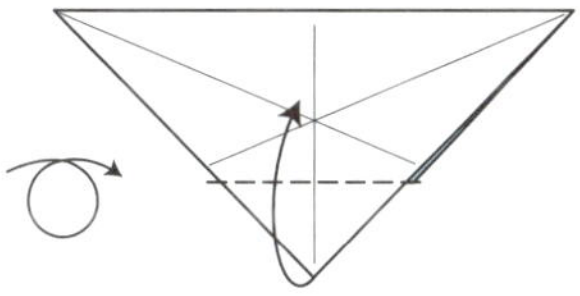

7 좌우를 모두 접는다

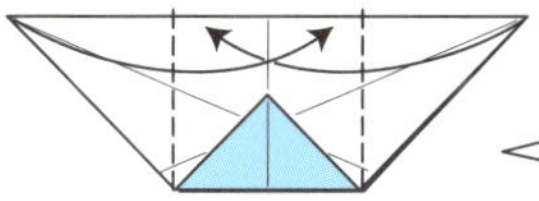

8 1/2 각도로 접는다

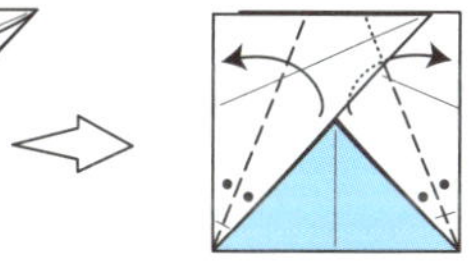

9 다시 펼친다

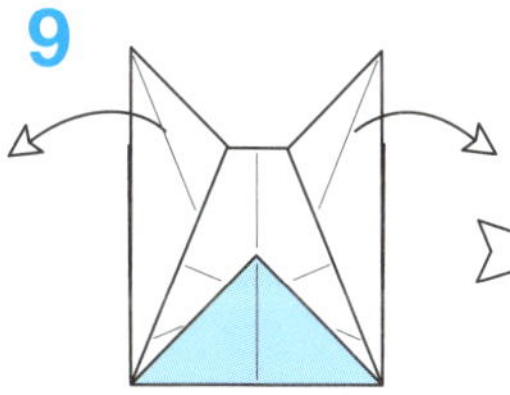

10 ●을 기준으로 굵은 선 부분을 맞추어 접는다

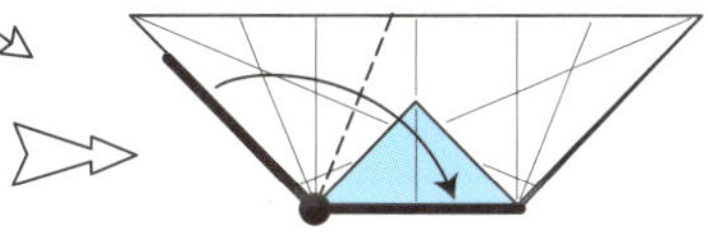

11 직각이 되도록 접는다

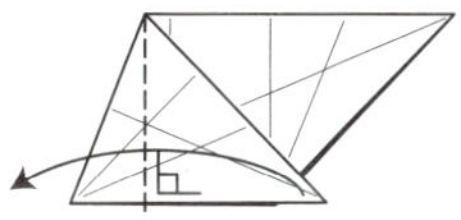

12 1/2 각도로 접어 넘긴다

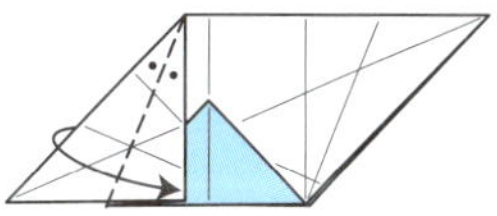

13 다시 펼친다

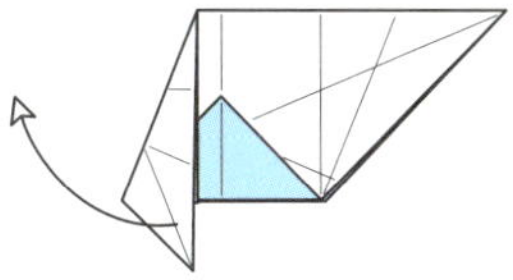

14 오른쪽도 10~13과 같은 방법으로 기준선을 접는다

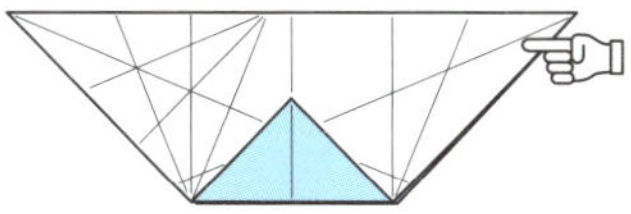

15 종이 안쪽이 위로 나오게 하여 모두 펼친다

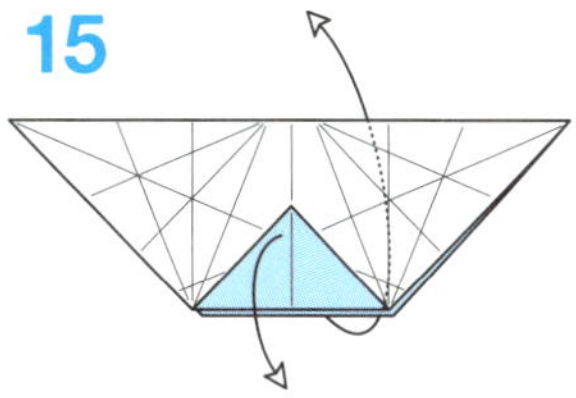

에다포사우루스 53

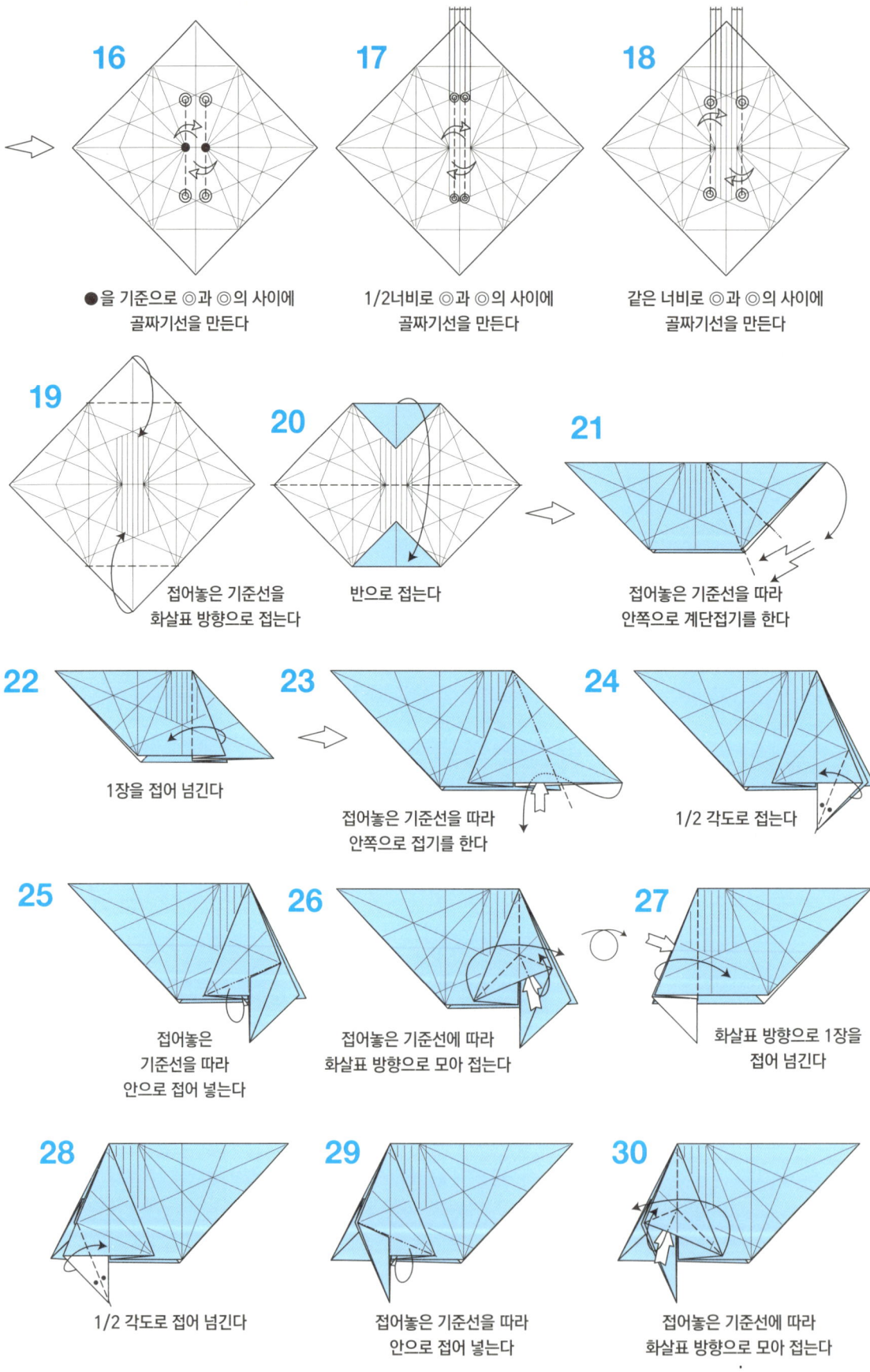

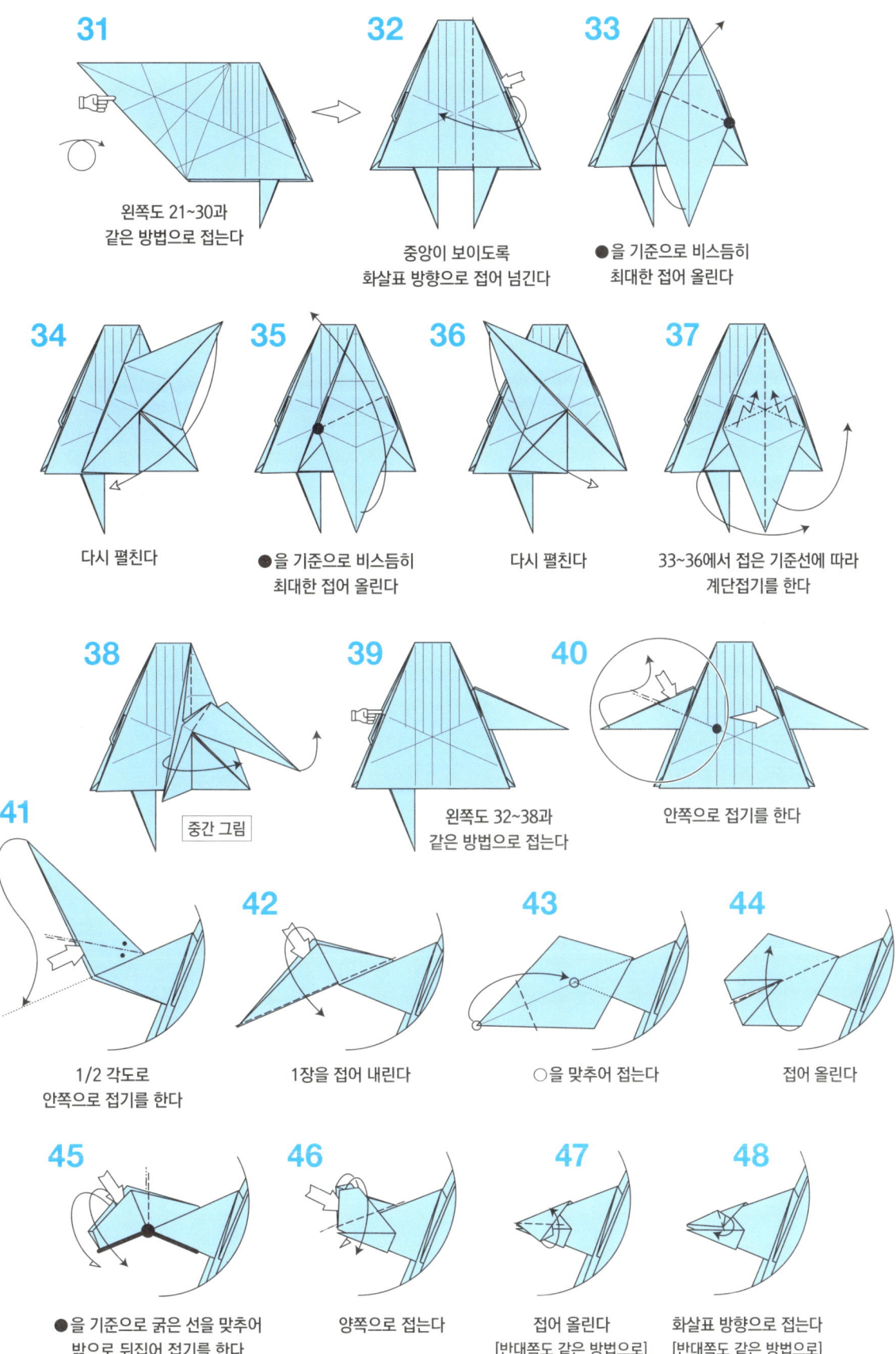

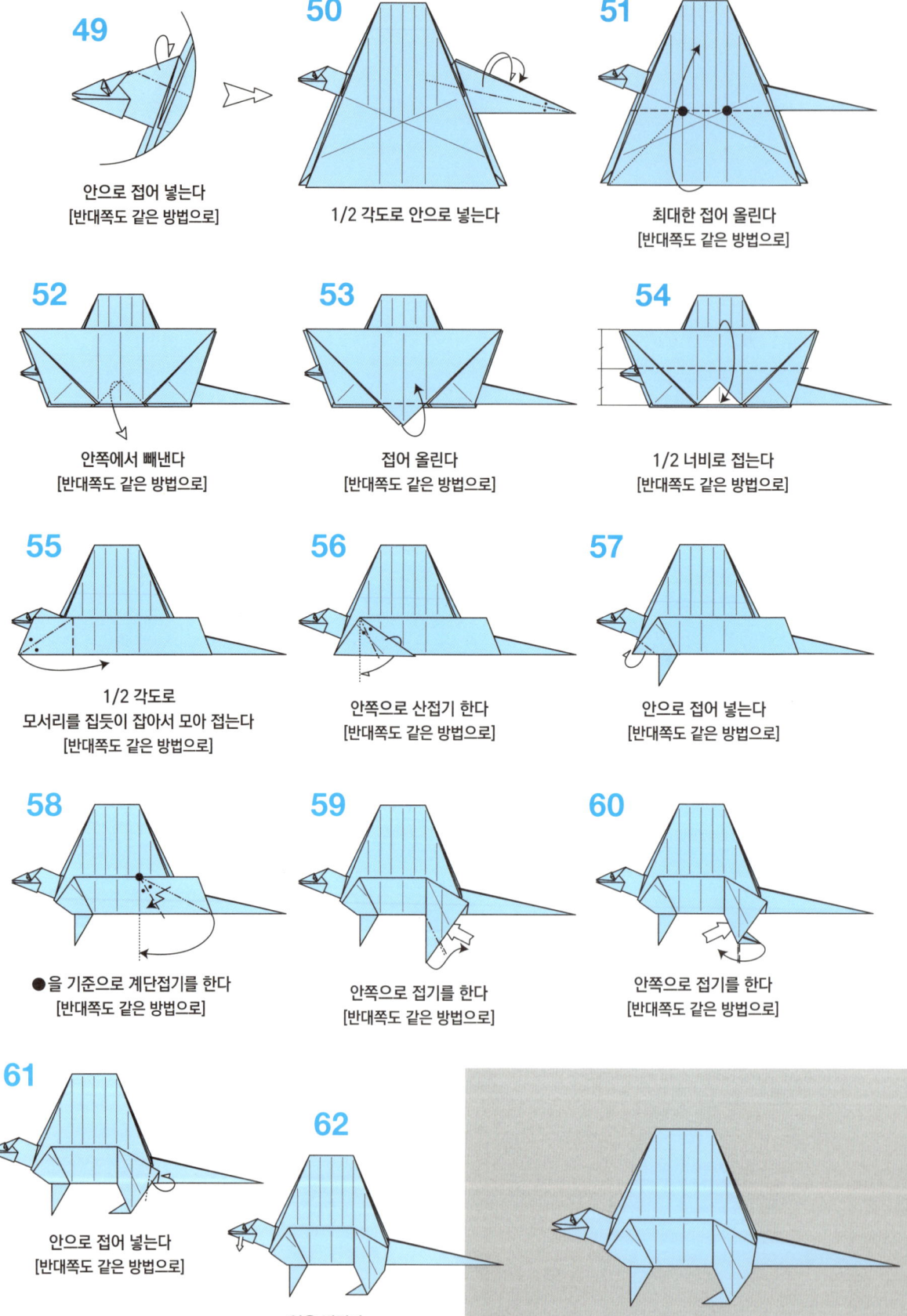

상급

글립토돈
Glyptodon

남아메리카 대륙에서 번성한 생물로, 아르마딜로에 가까운 포유류이다. 몸의 곡선 과정은 접기 끝 부분에서 이루어지지만, 입체화하기 위한 계단접기를 정성 들여 접는 것이 요령이다.

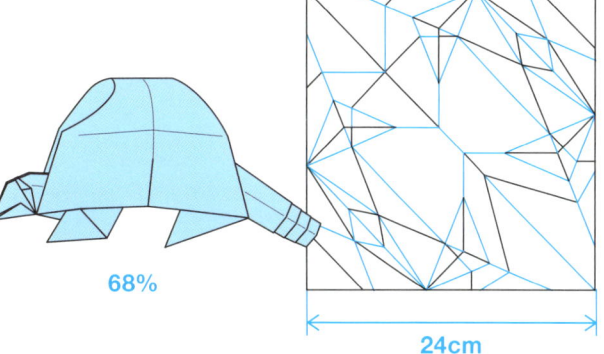

68%

24cm

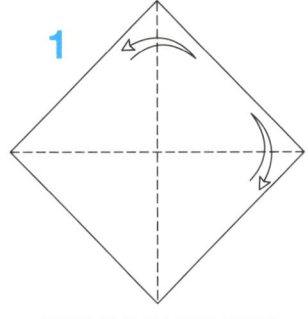

1 접었다 펴서 중심선을 만든다

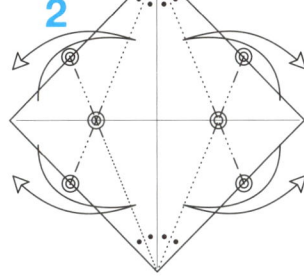

2 ◎위치에 표시를 한다

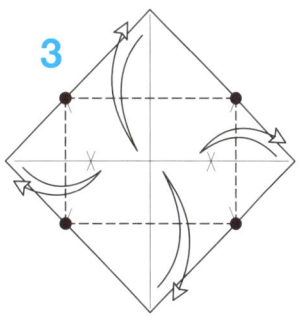

3 ●을 기준으로 4개의 기준선을 접었다 편다

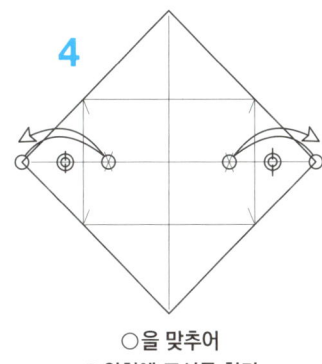

4 ○을 맞추어 ◎위치에 표시를 한다

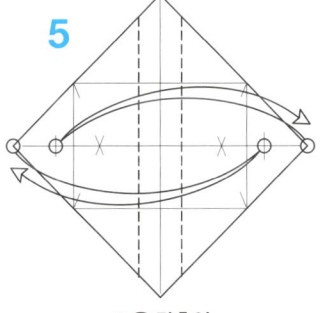

5 ○을 맞추어 접었다 편다

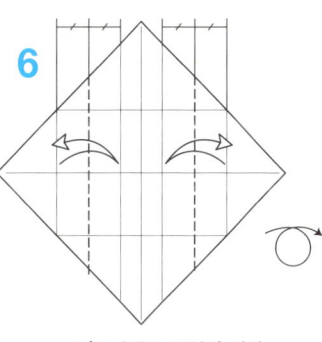

6 1/2 너비로 접었다 편다 [이하 불필요한 표시는 생략]

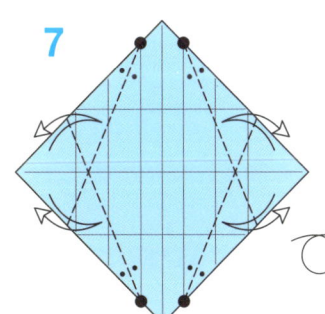

7 ●을 기준으로 접었다 편다

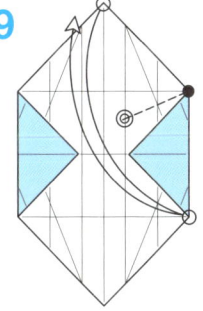

8 접어놓은 기준선에 따라 접는다

9 ●을 기준으로 ○을 맞추어 ◎위치까지 접었다 편다

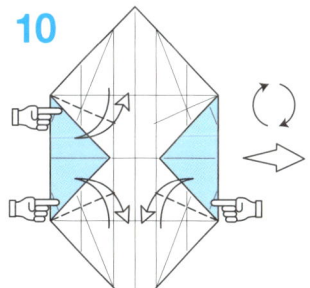

10 다른 3곳도 9와 같은 방법으로 접었다 편다

글립토돈 57

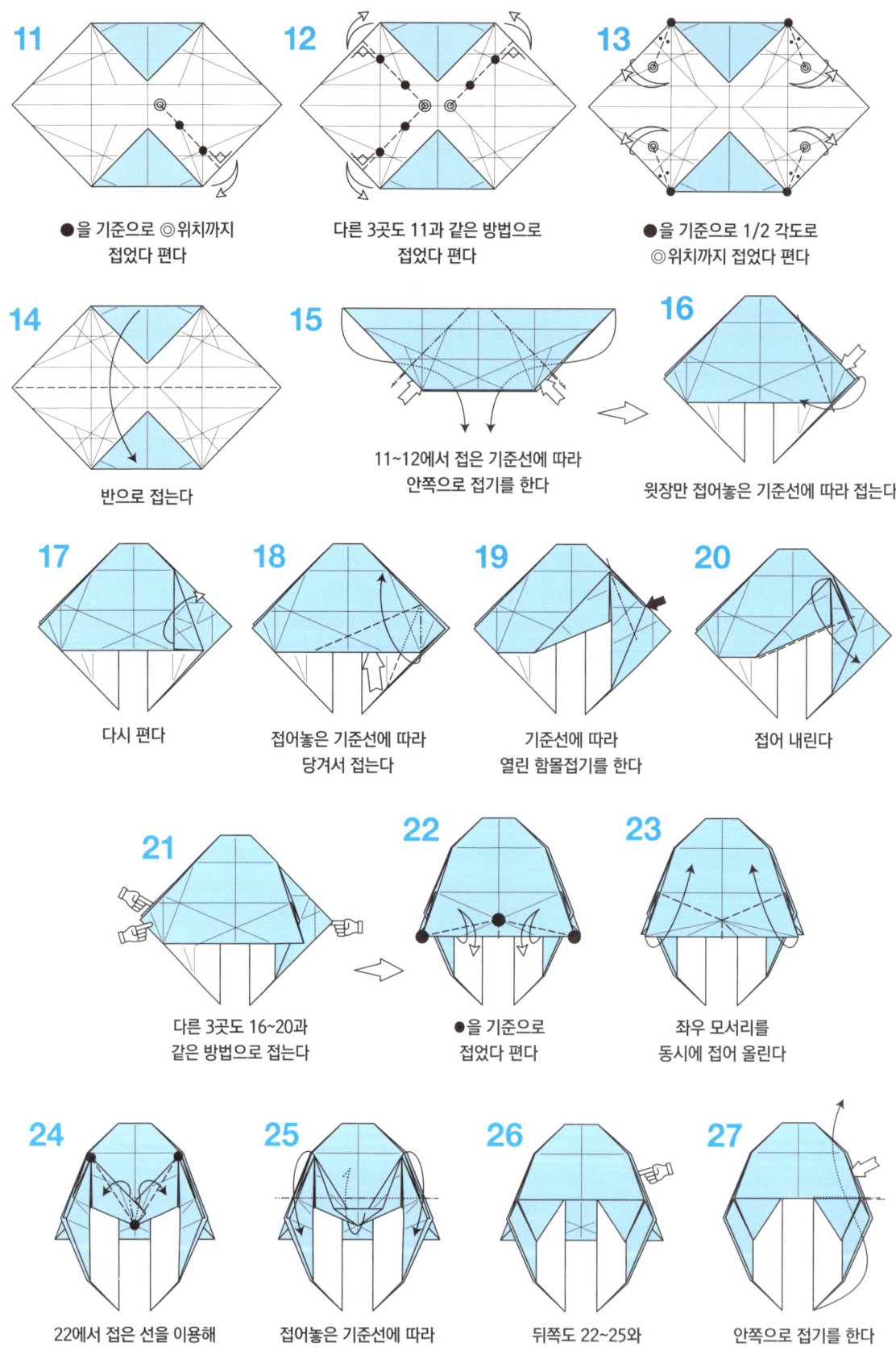

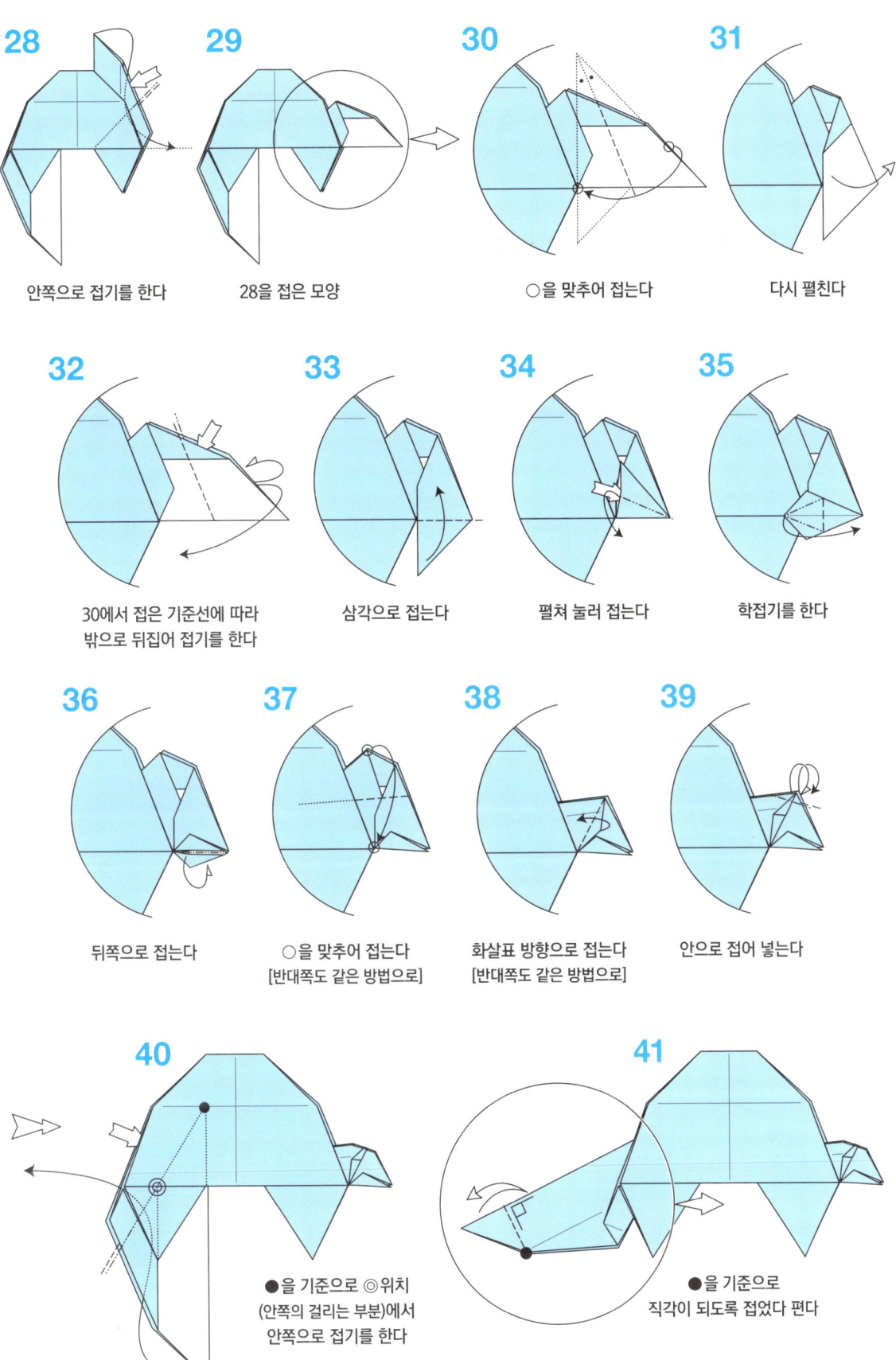

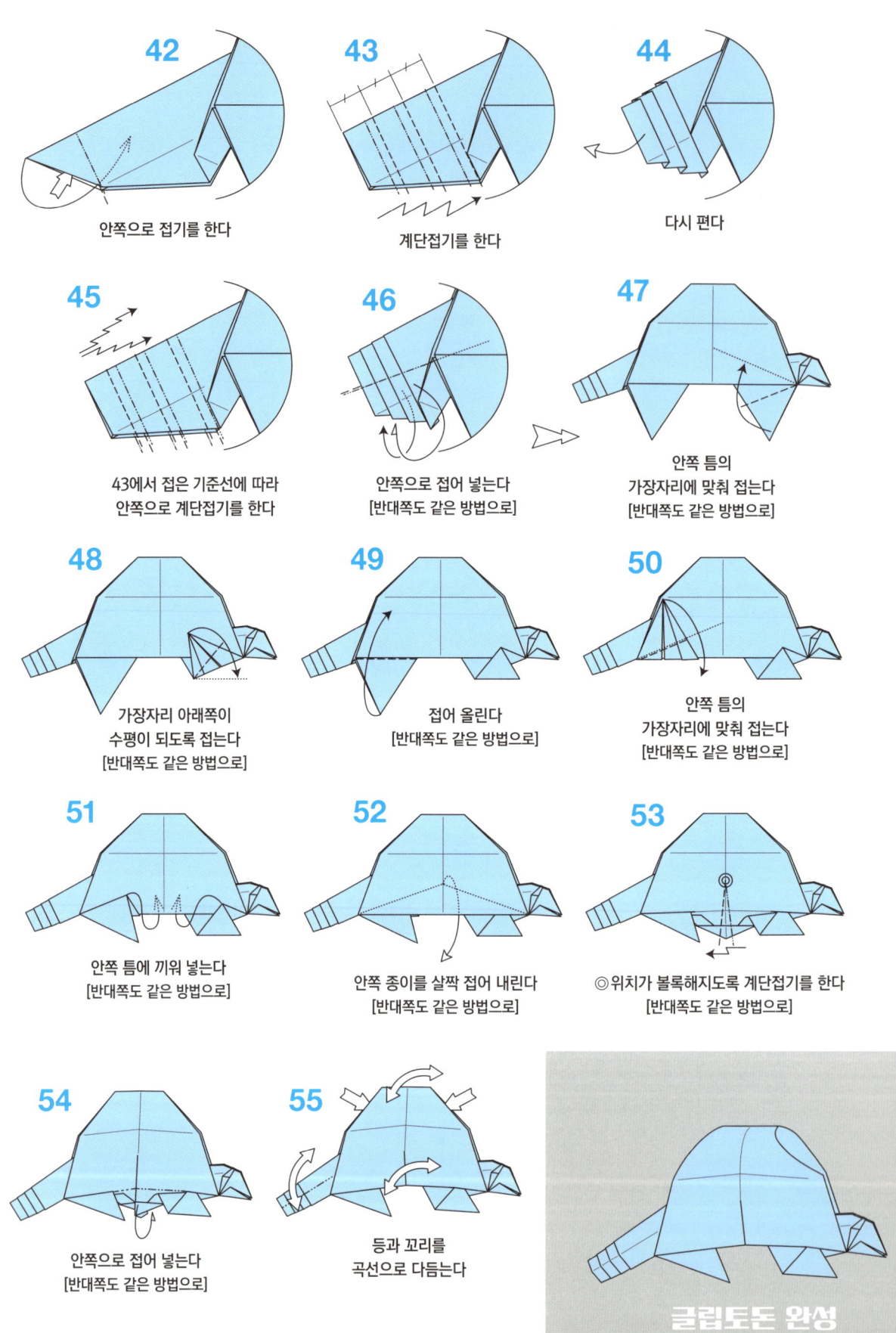

상급
모스콥스
Moschops

특히, 남아프리카의 카루 분지에서 많은 양의 화석이 나오고 있다. 어딘가 한가로운 느낌으로 '안굽이무릎(안짱다리)'으로 걷는 앞다리를 접어 보았다.

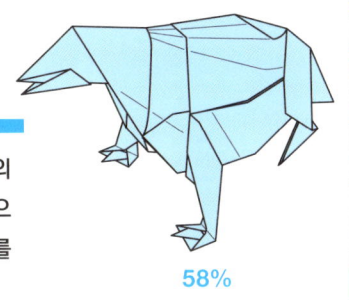

58%

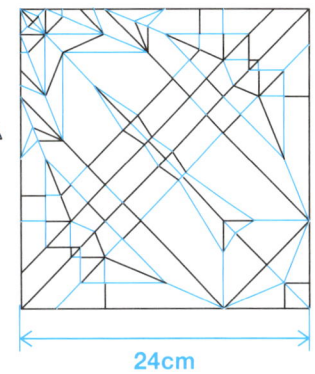

24cm

1 접었다 펴서 중심선을 만든다

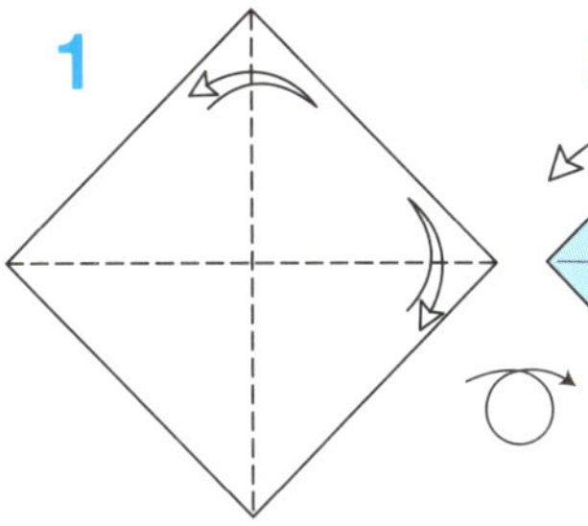

2 ◎위치에 표시를 한다

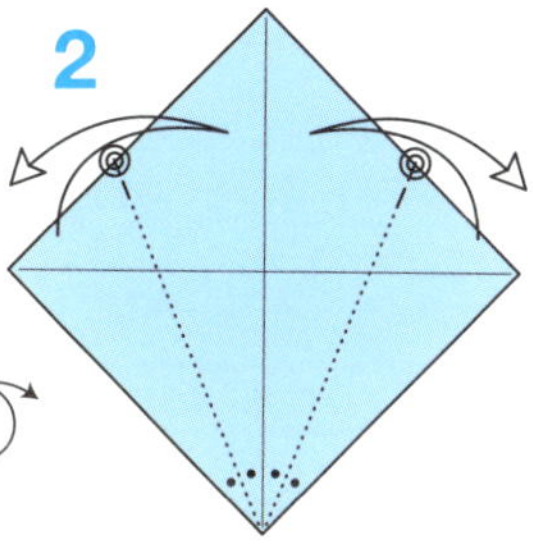

3 ●을 기준으로 접는다

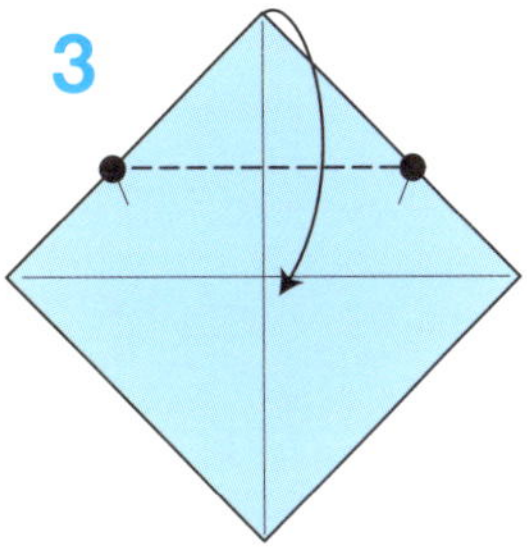

4 ○을 맞추어 접는다

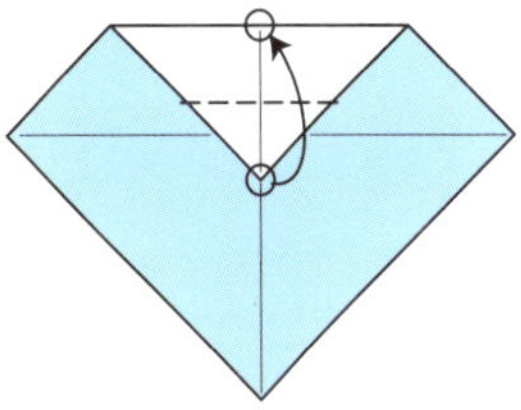

5 가장자리에 맞춰 아래 종이를 접는다

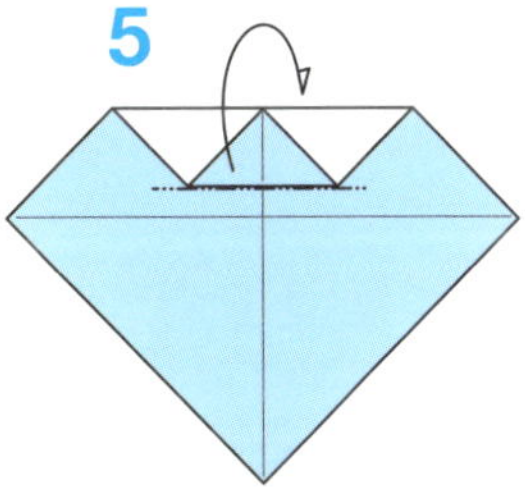

6 모두 펼친다

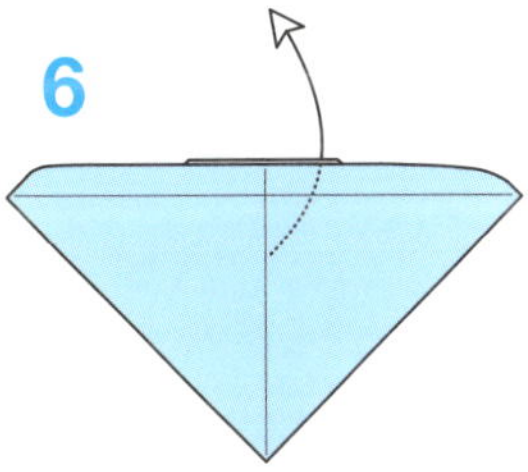

7 5에서 접은 기준선에 따라 접는다

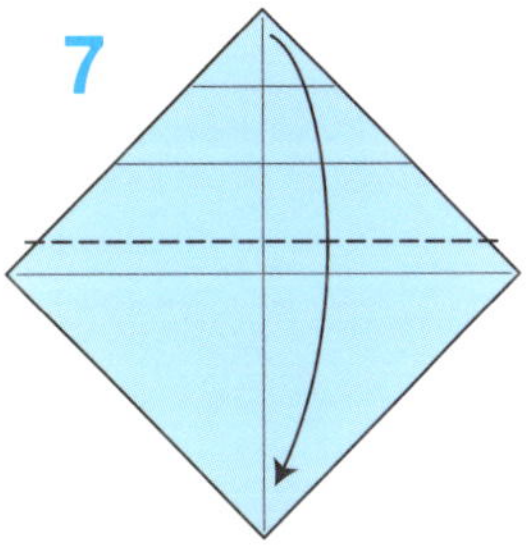

8 뒤쪽 종이를 반으로 접어 올린다

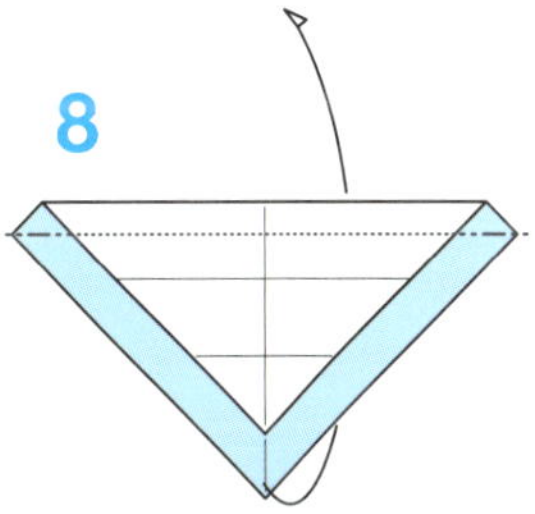

9 ○을 맞추어 접는다

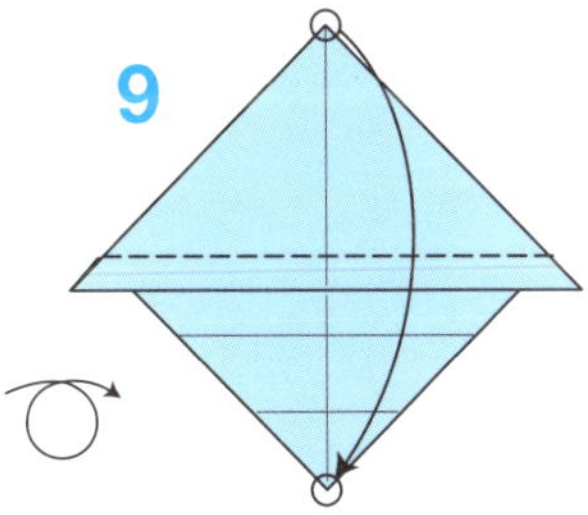

10 모두 펼쳐 원래대로 펴준다

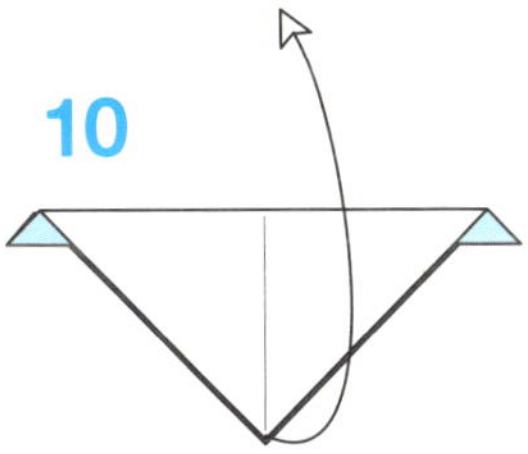

11 접어놓은 기준선에 따라 뒤로 접는다

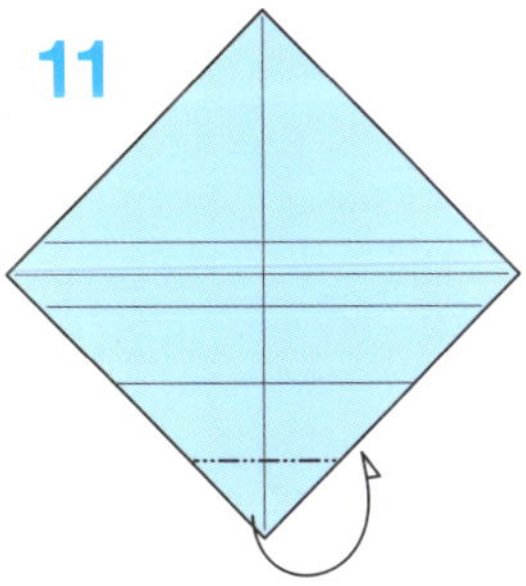

12 ●을 기준으로 접었다 편다

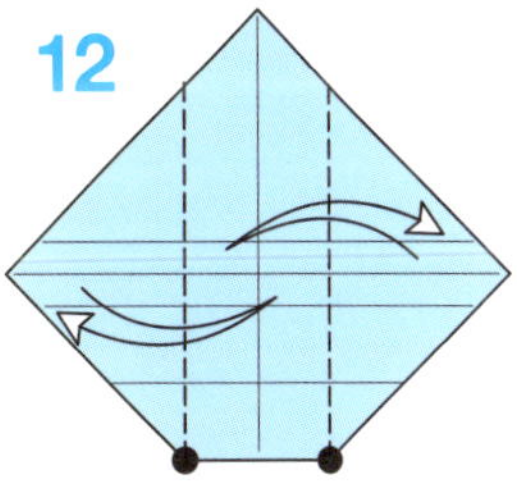

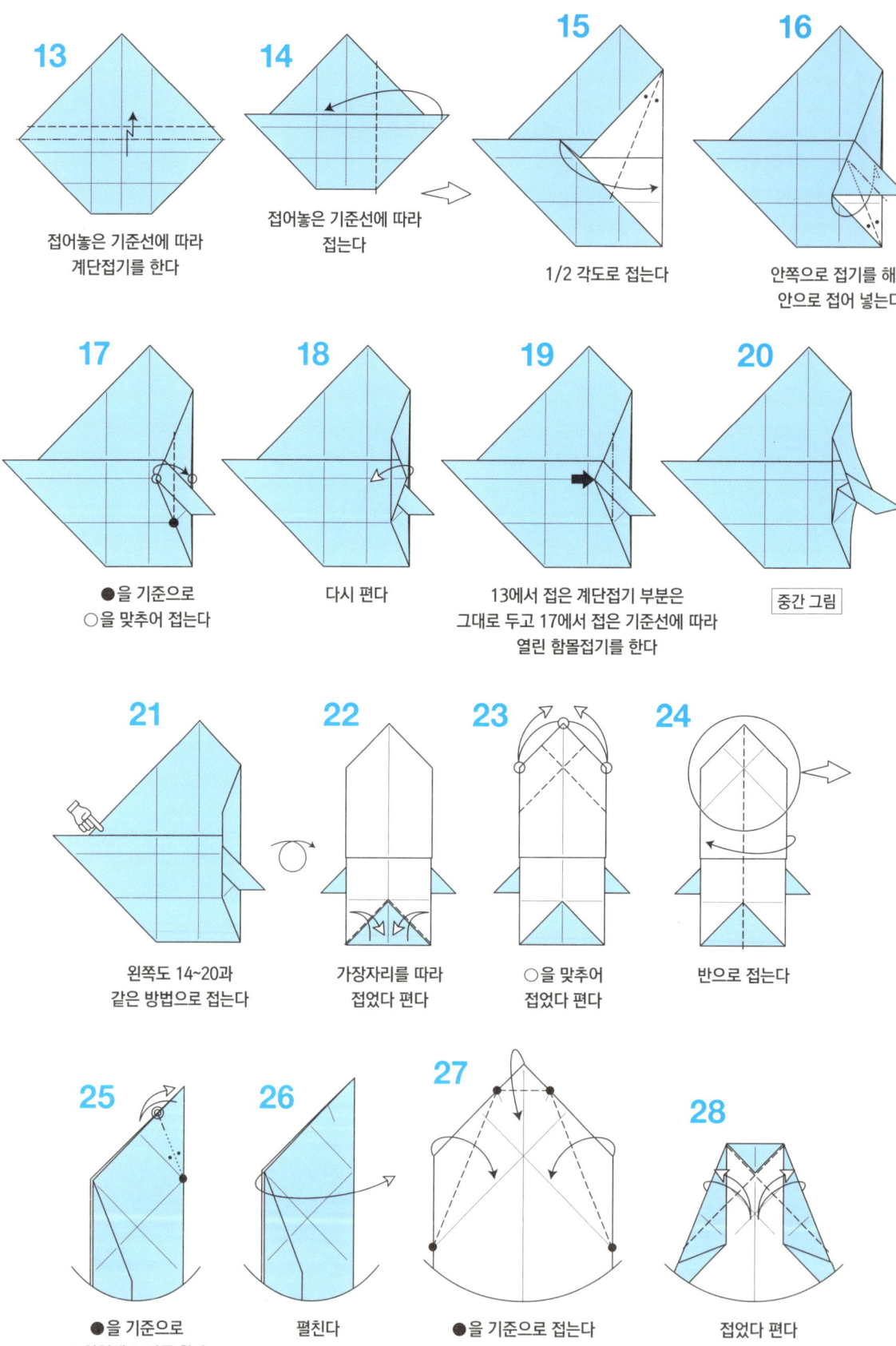

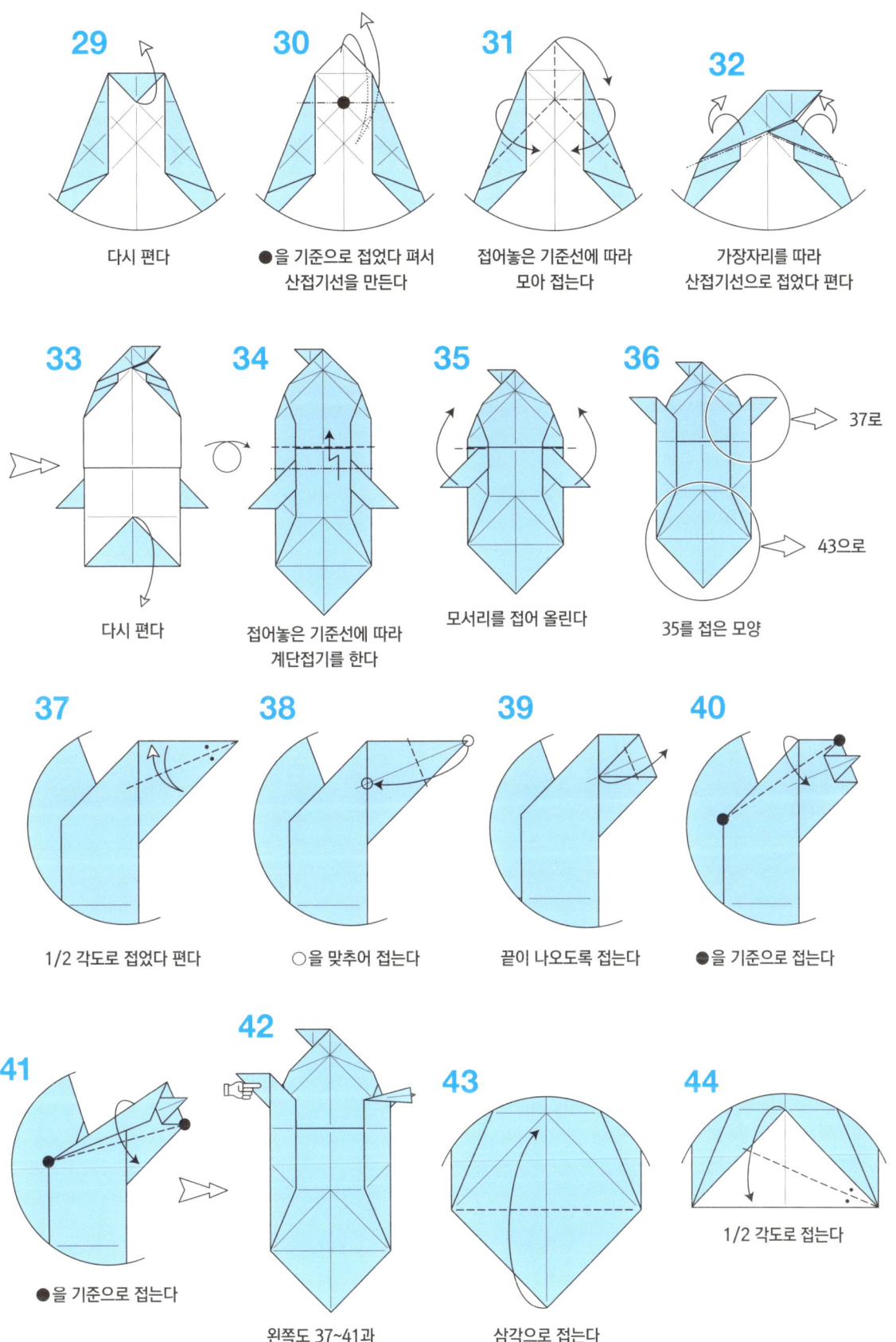

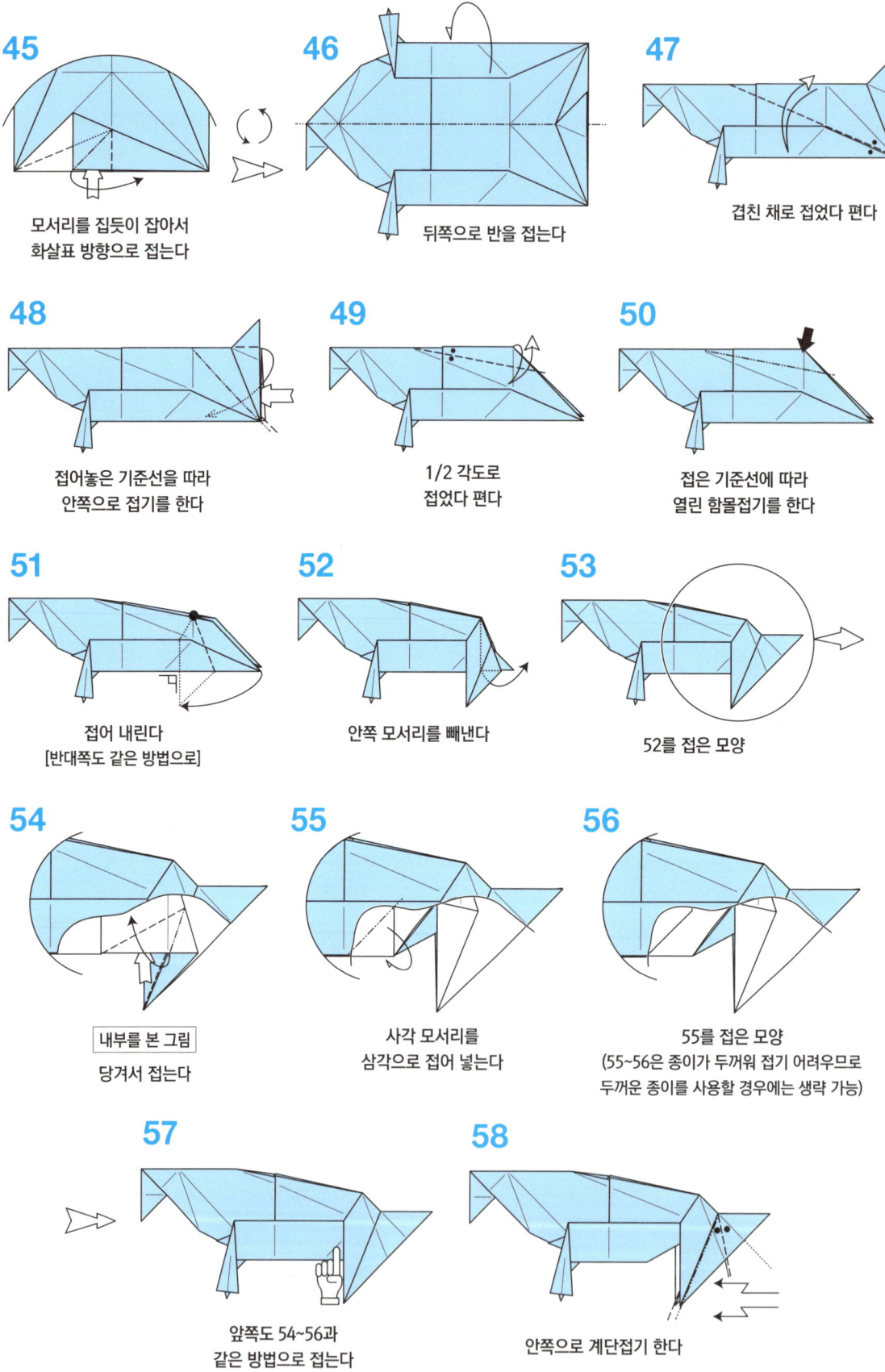

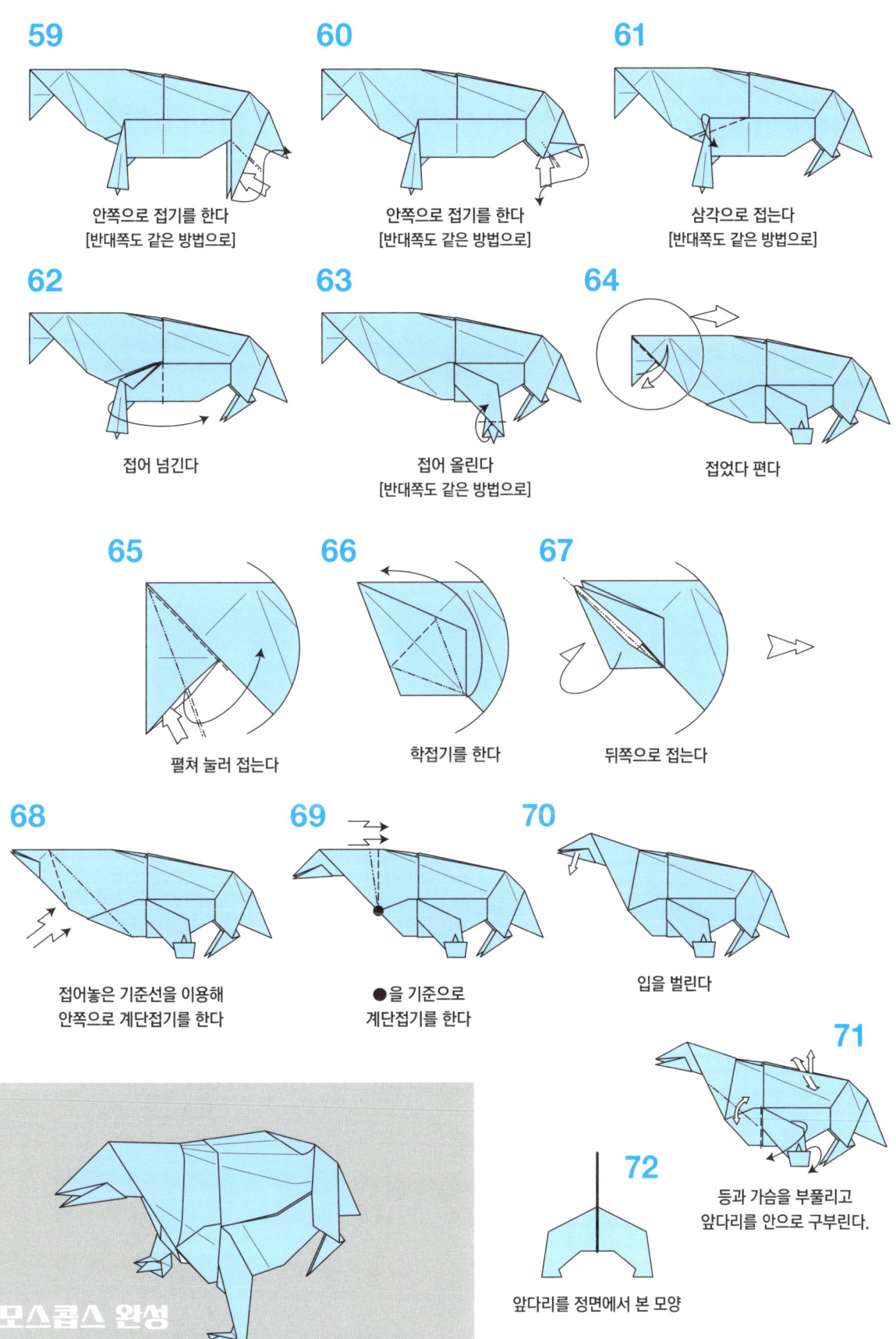

바나노그미우스
Bananogmius

미국 캔자스주에서 화석이 발견된 멸종 물고기이다. 큰 등지느러미는 기준선을 정확하게 접어 표현하도록 한다.

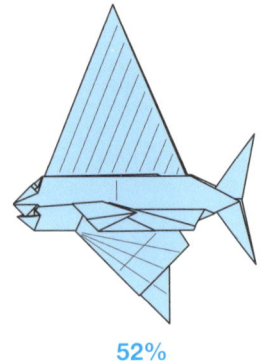

52%

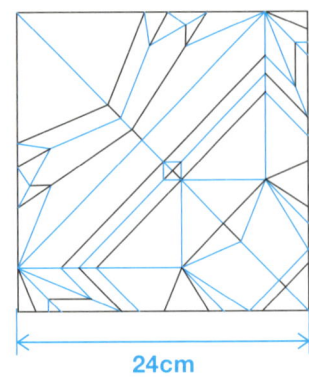

24cm

1
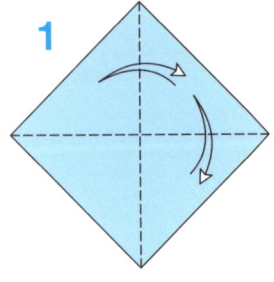
접었다 펴서 중심선을 만든다

2
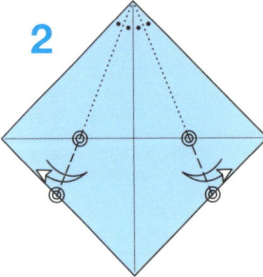
1/2 각도로 ◎사이에
기준선을 접었다 편다

3
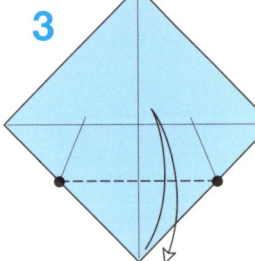
●을 기준으로
접었다 편다

4
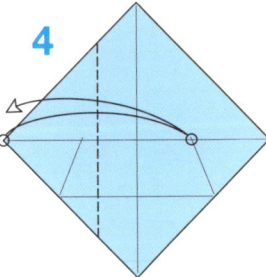
○을 맞추어
접었다 편다

5
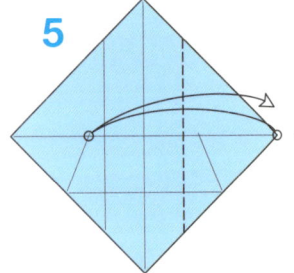
○을 맞추어
접었다 편다

6
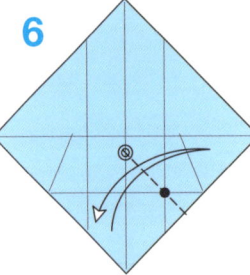
●을 기준으로 ◎위치까지
접었다 편다

7
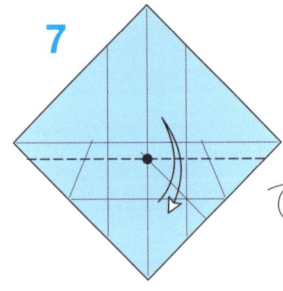
●을 기준으로 접었다 편다

8
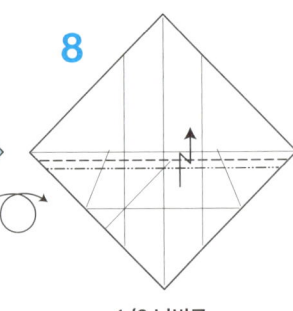
1/2 너비로
계단접기를 한다

9
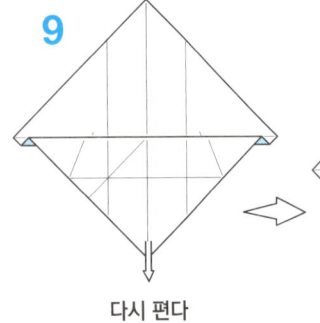
다시 편다

10

○을 맞추어 접는다

11
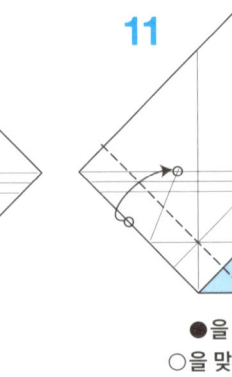
●을 기준으로
○을 맞추어 접는다

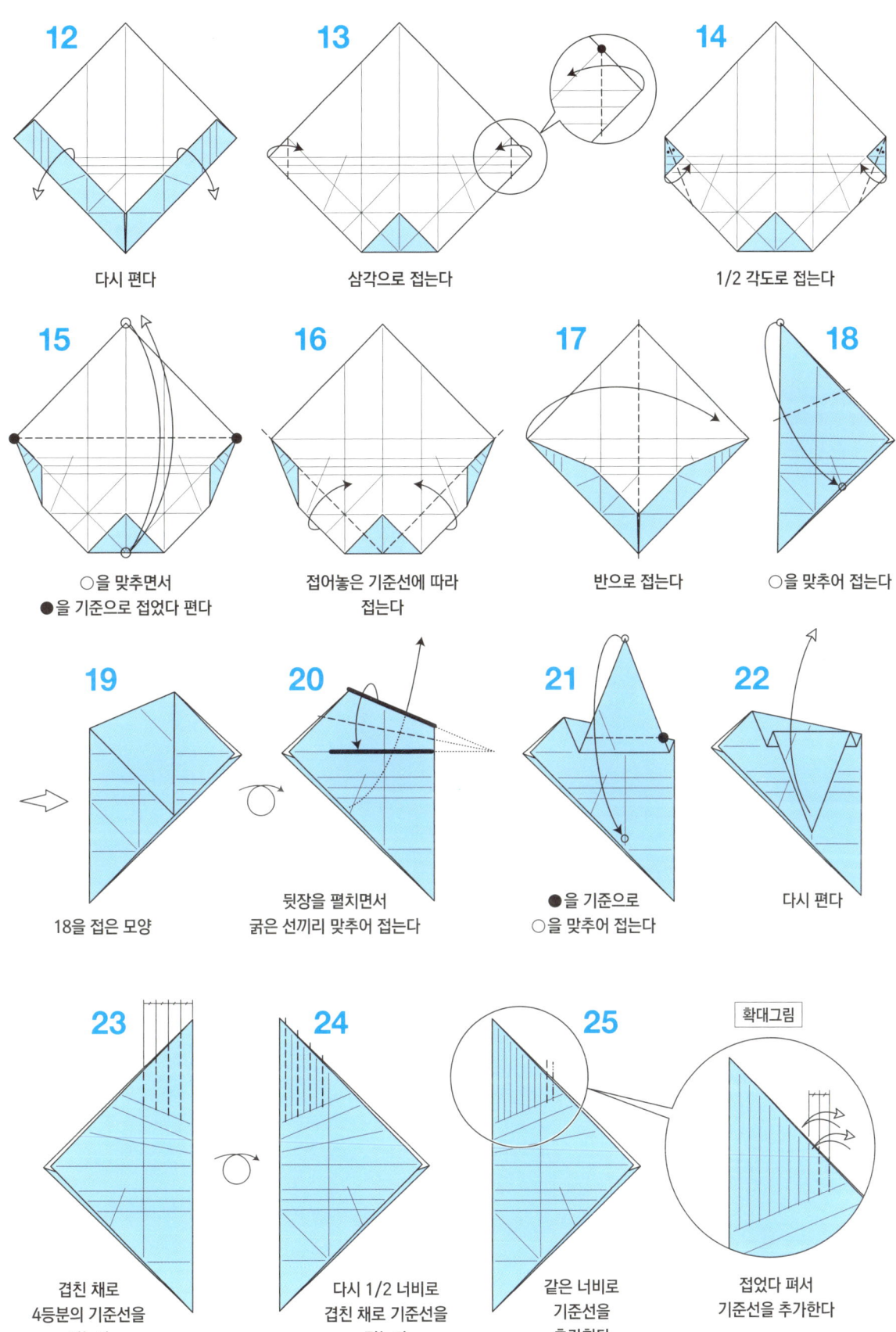

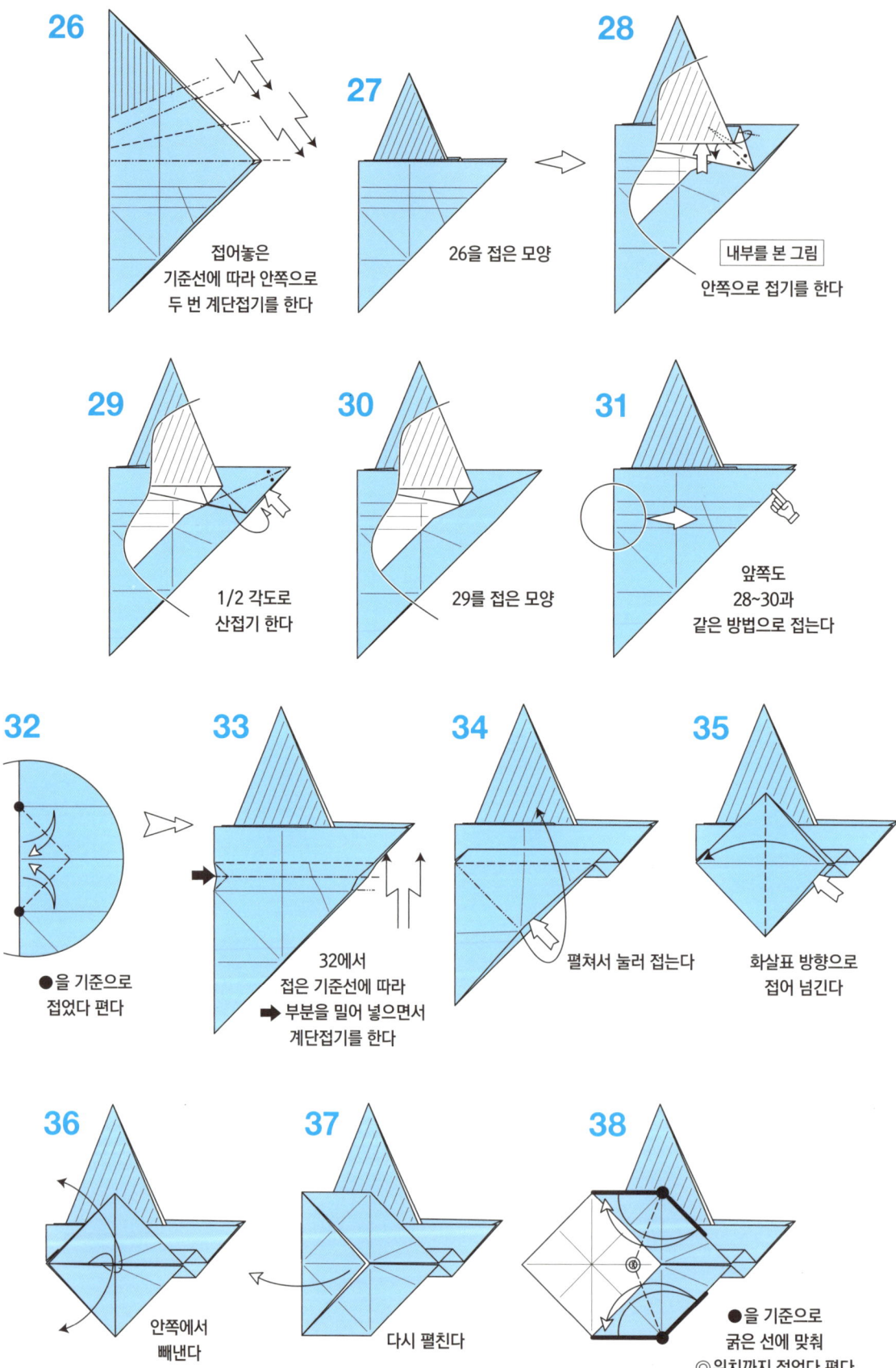

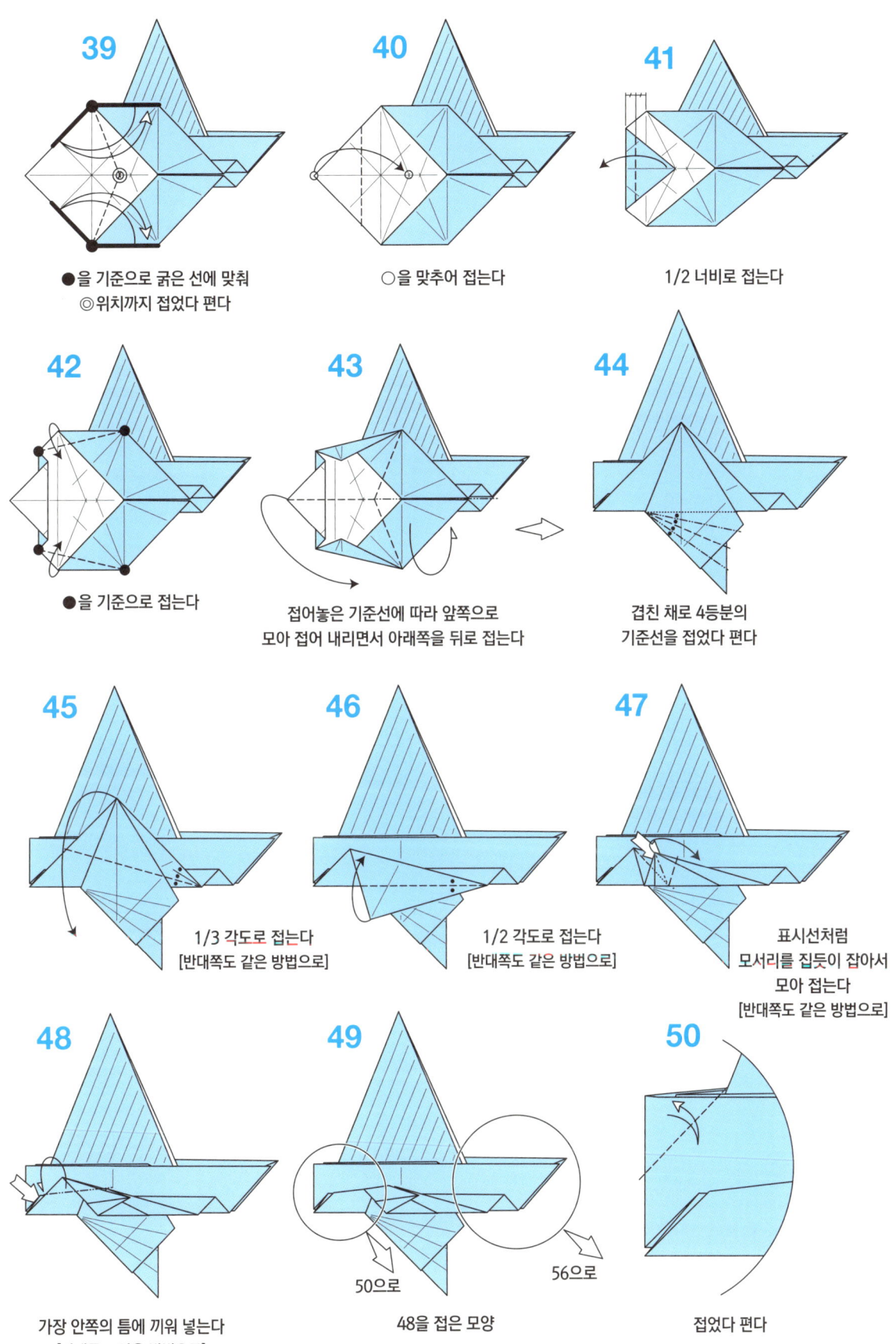

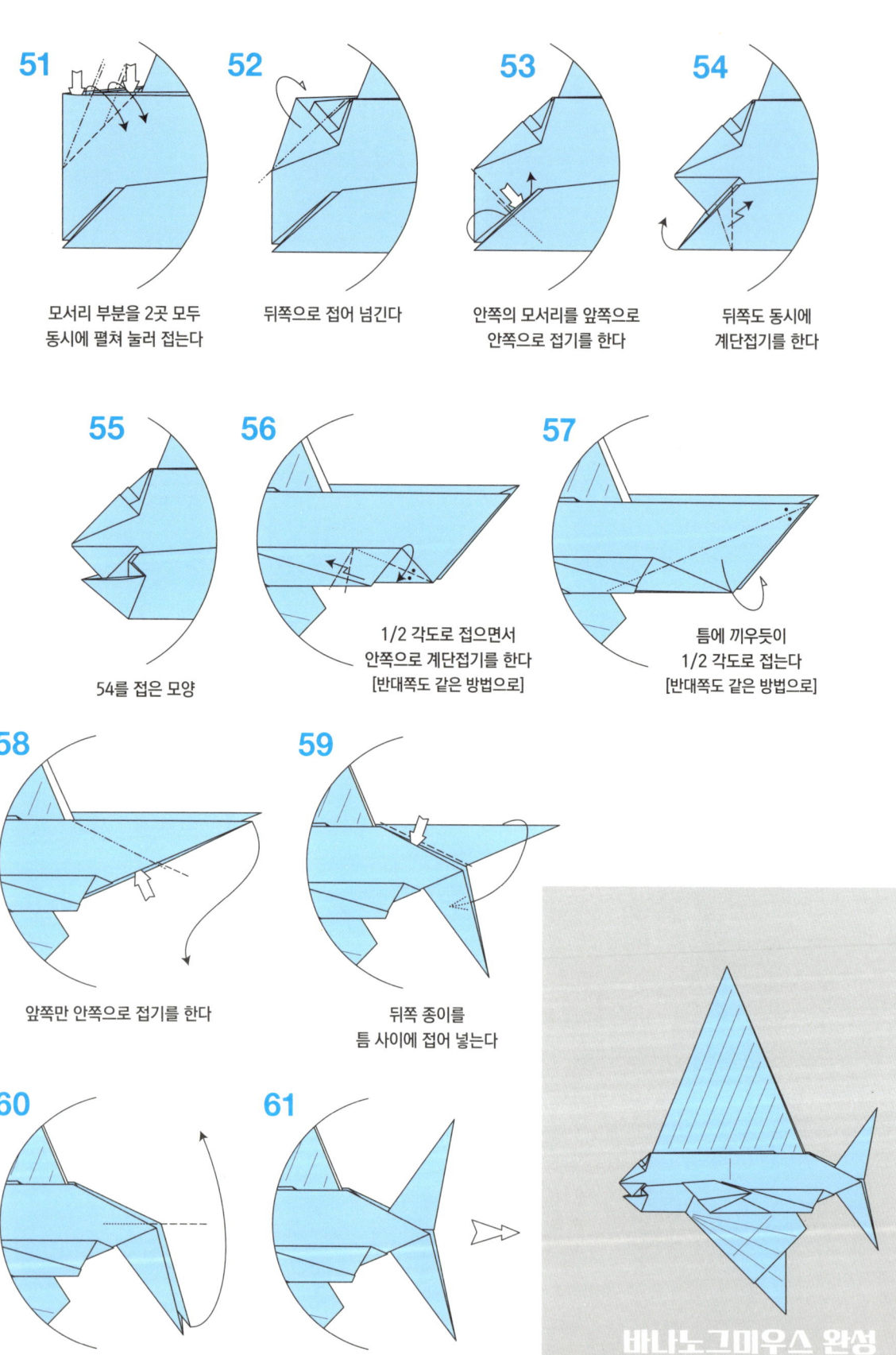

상급

헬리코프리온
Helicoprion

동그라미를 연상시키는 나선형으로 말린 이빨을 가지고 있다. 쌍배접기의 기본형에서부터 점차 접어 나간다. 이빨 부분은 섬세하게 접어야 하기 때문에 큰 종이를 권장한다.

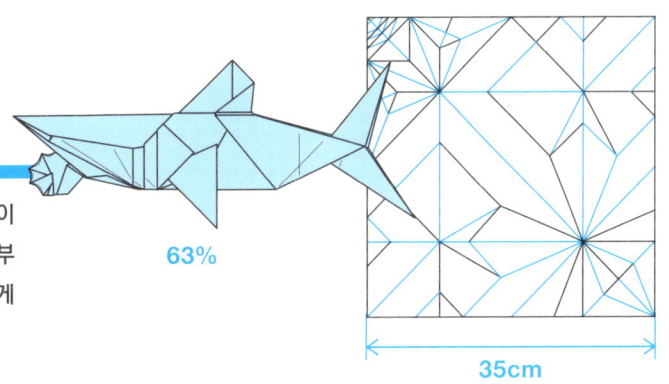

63%

35cm

1. 접었다 편다
2. 접었다 편다
3. 중심에 맞춰 접었다 편다
4. 중심에 맞춰 접는다
5. 모서리를 잡고 펼쳐서 눌러 접는다
6. 2곳을 펼쳐 눌러 접는다
7. 모서리를 접어 내린다
8. 펼쳐 눌러 접는다
9. 삼각으로 접는다
10. ●을 기준으로 접는다
11. 접어 내린다
12. 안쪽으로 넣어 접는다
13. 1/2 각도로 모아 접으면서 왼쪽으로 넘겨 접는다
14. 오른쪽도 8~13과 같은 방법으로 좌우대칭으로 접는다
15. 접어 올린다
16. 펼쳐서 눌러 접는다

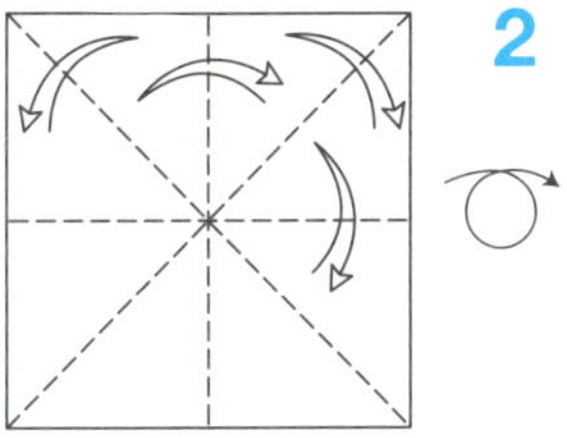

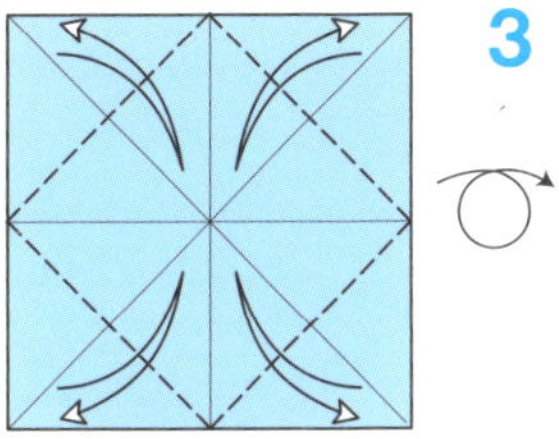

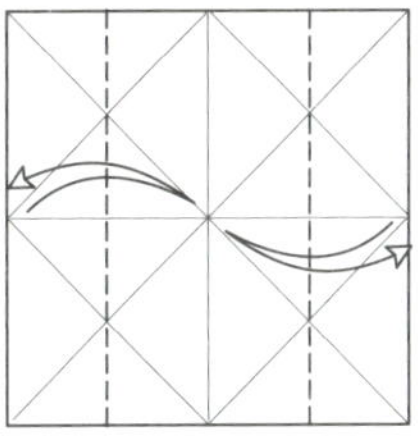

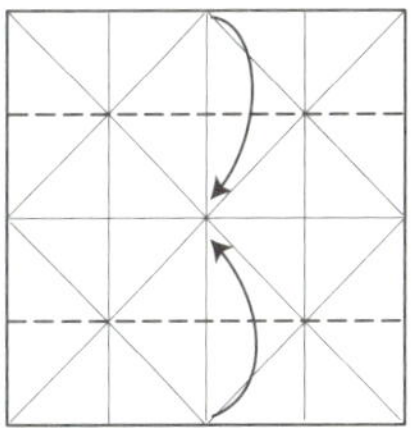

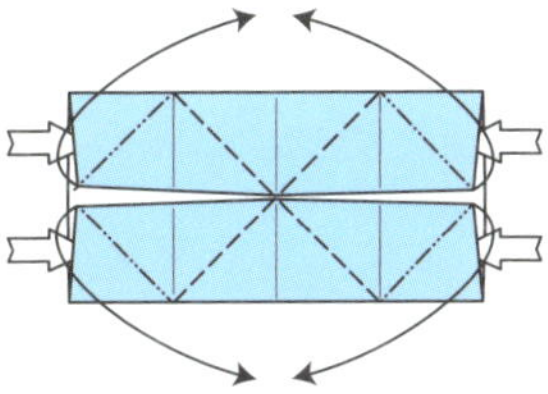

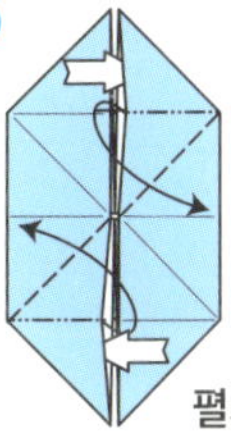

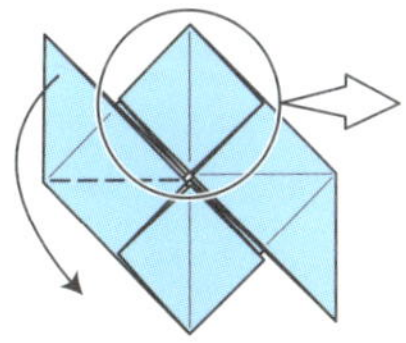

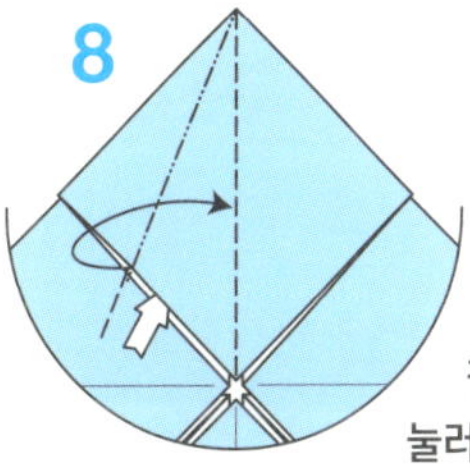

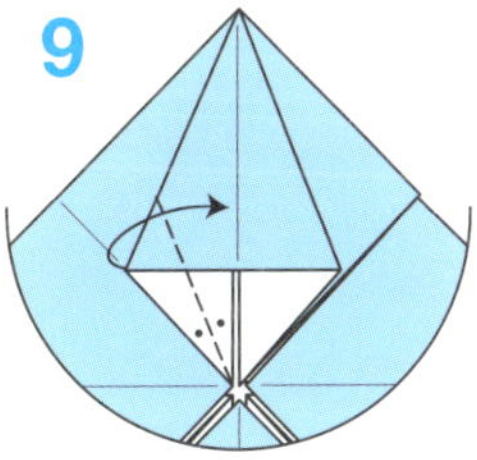

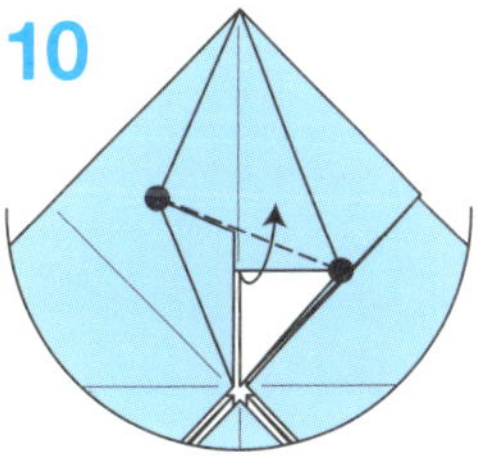

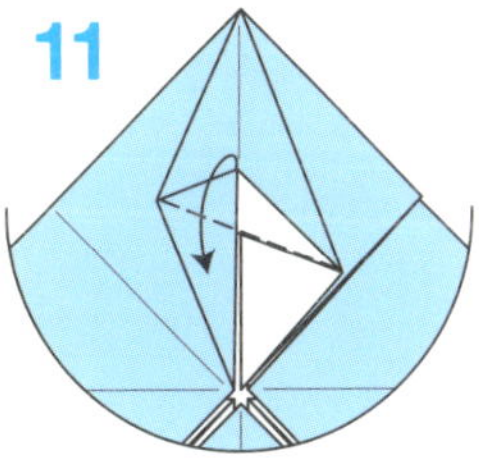

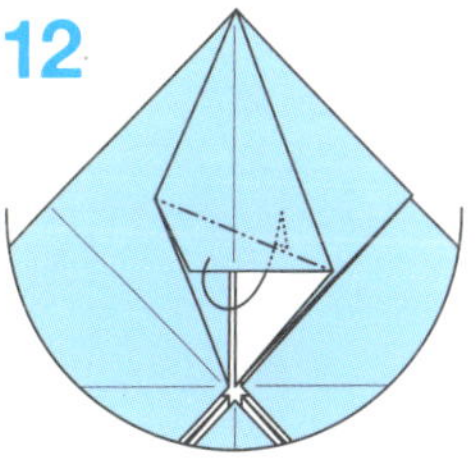

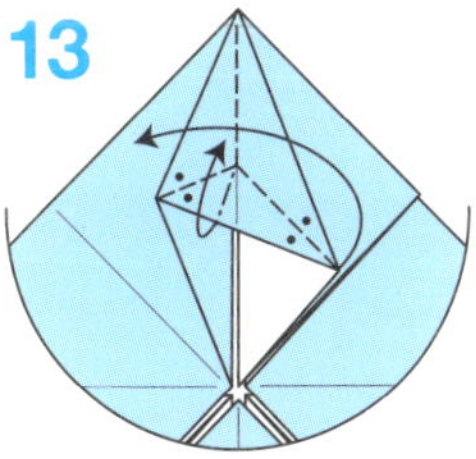

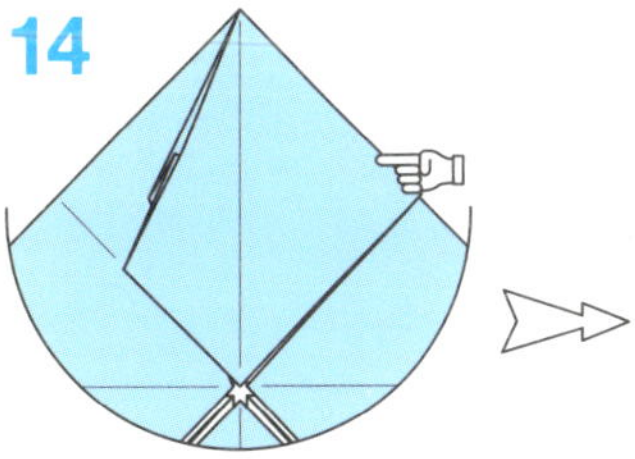

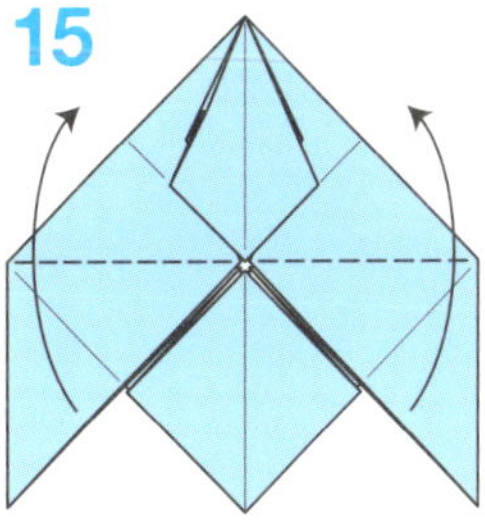

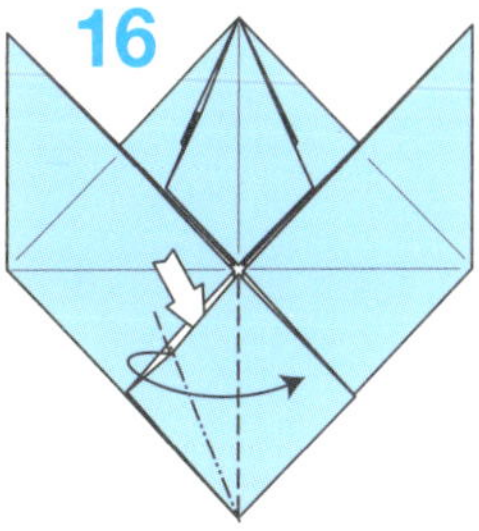

헬리코프리온 71

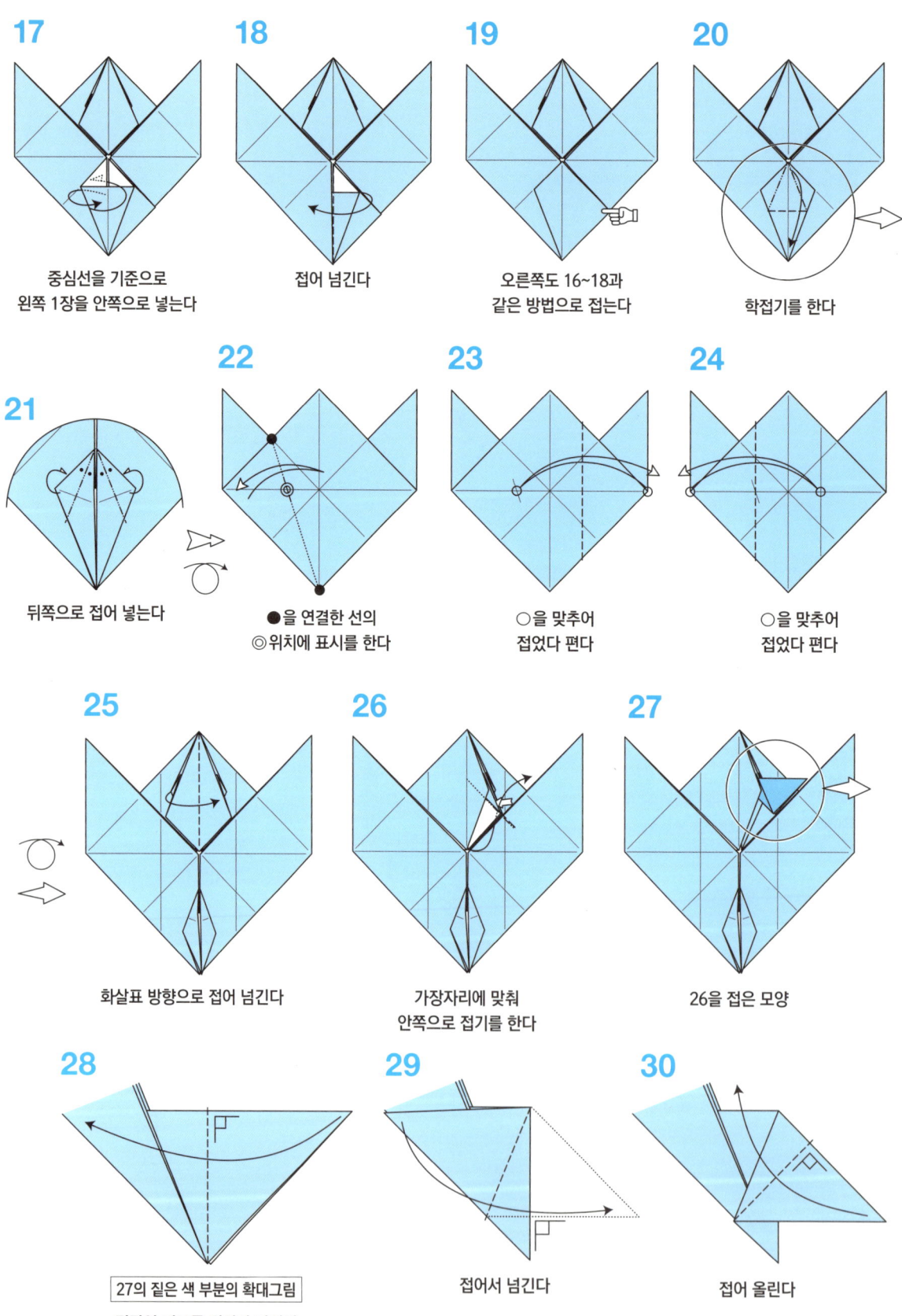

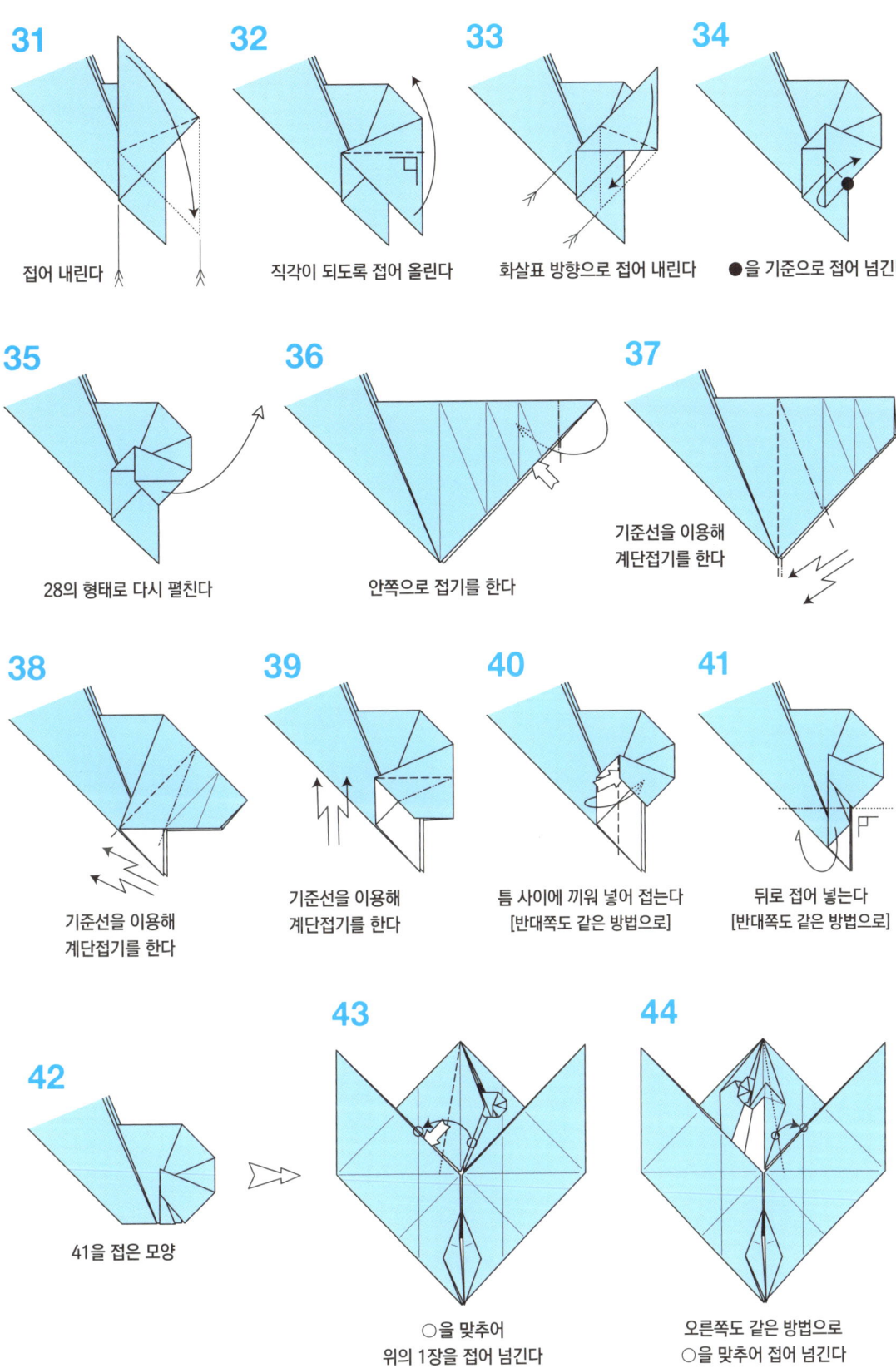

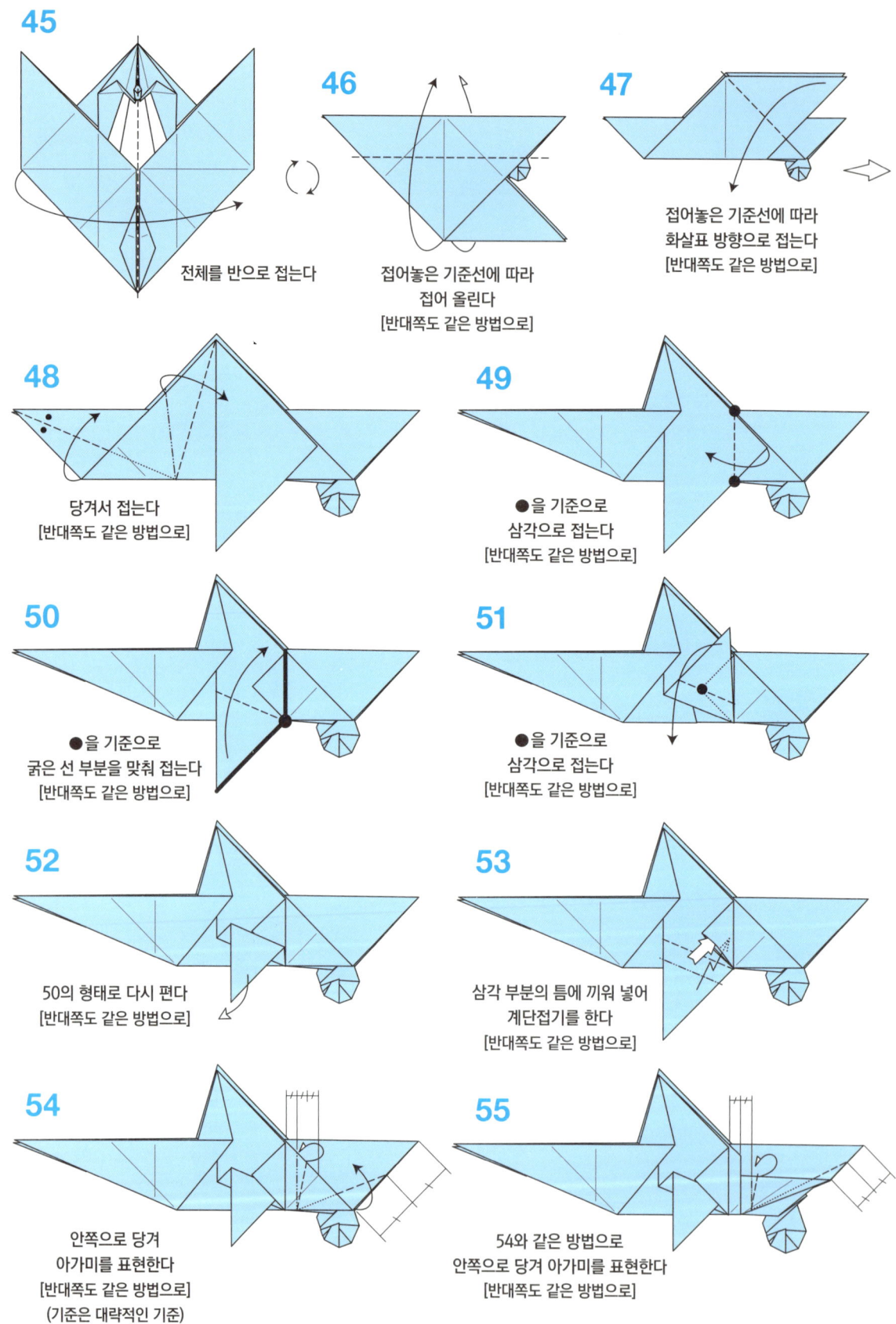

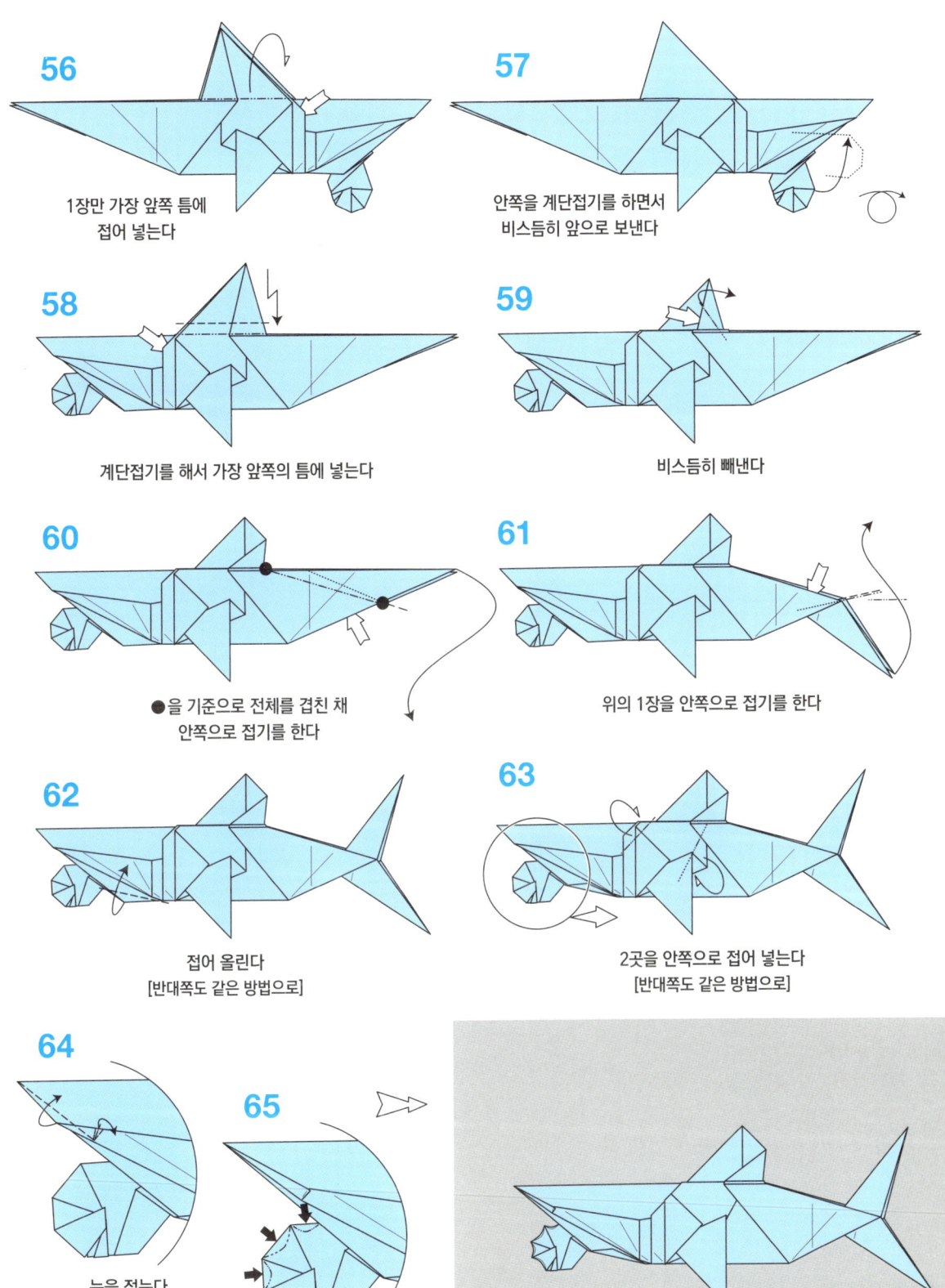

상급

아이피카멜루스
Aepycamelus

긴 목을 가진 대형 낙타의 일종으로, 기린처럼 높은 나무의 잎을 먹고 살았을 것으로 추정된다. 목을 가늘고 멋있게 접는 게 포인트이다.

40%

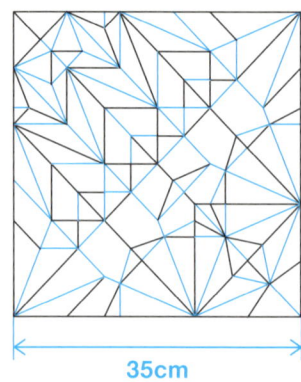
35cm

1
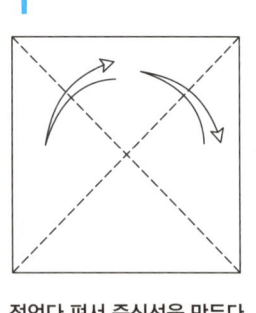
접었다 펴서 중심선을 만든다

2
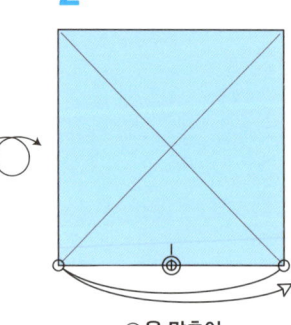
○을 맞추어
◎위치에 표시를 한다

3
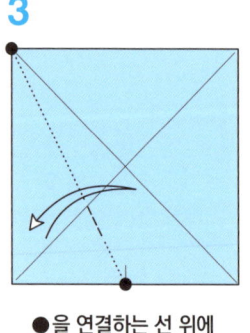
●을 연결하는 선 위에
부분적으로 기준선을
접었다 편다

4
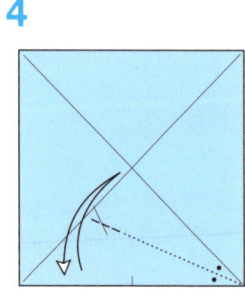
3에서 접은 선 위에
1/2 각도로 기준선을
접었다 편다

5
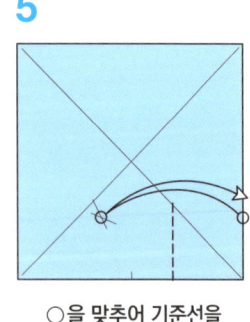
○을 맞추어 기준선을
접었다 편다

6
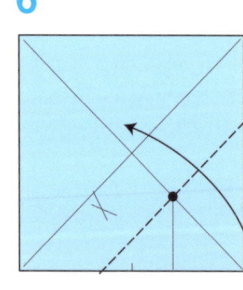
●을 기준으로 접는다

7
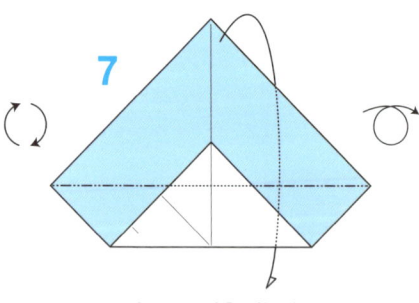
뒤쪽으로 반을 접는다

8
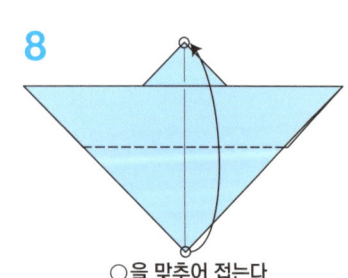
○을 맞추어 접는다

9
모두 펼친다
[이하 불필요한 표시는 생략]

10
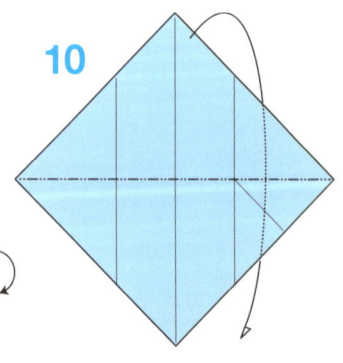
뒤쪽으로 반을 접는다

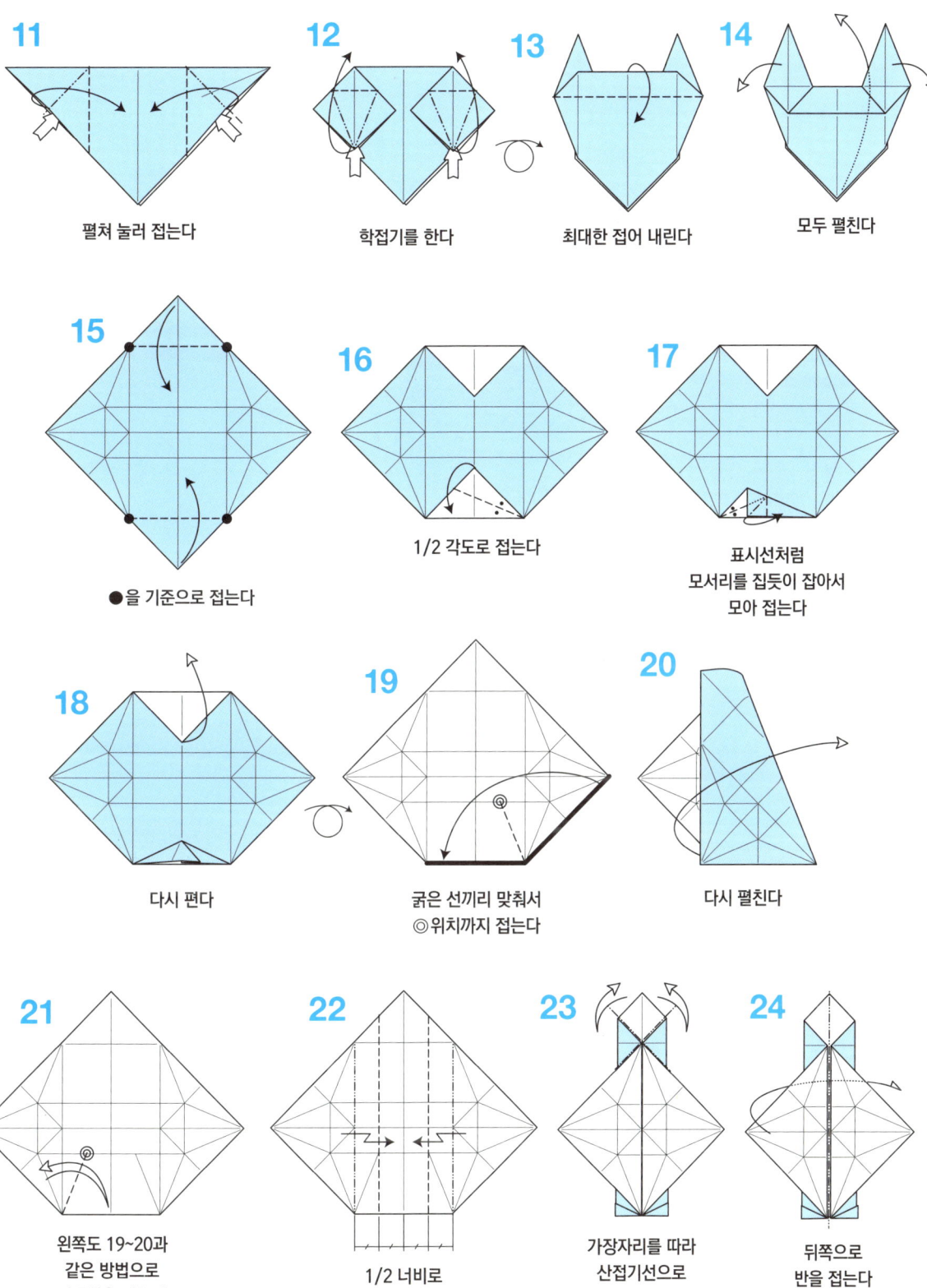

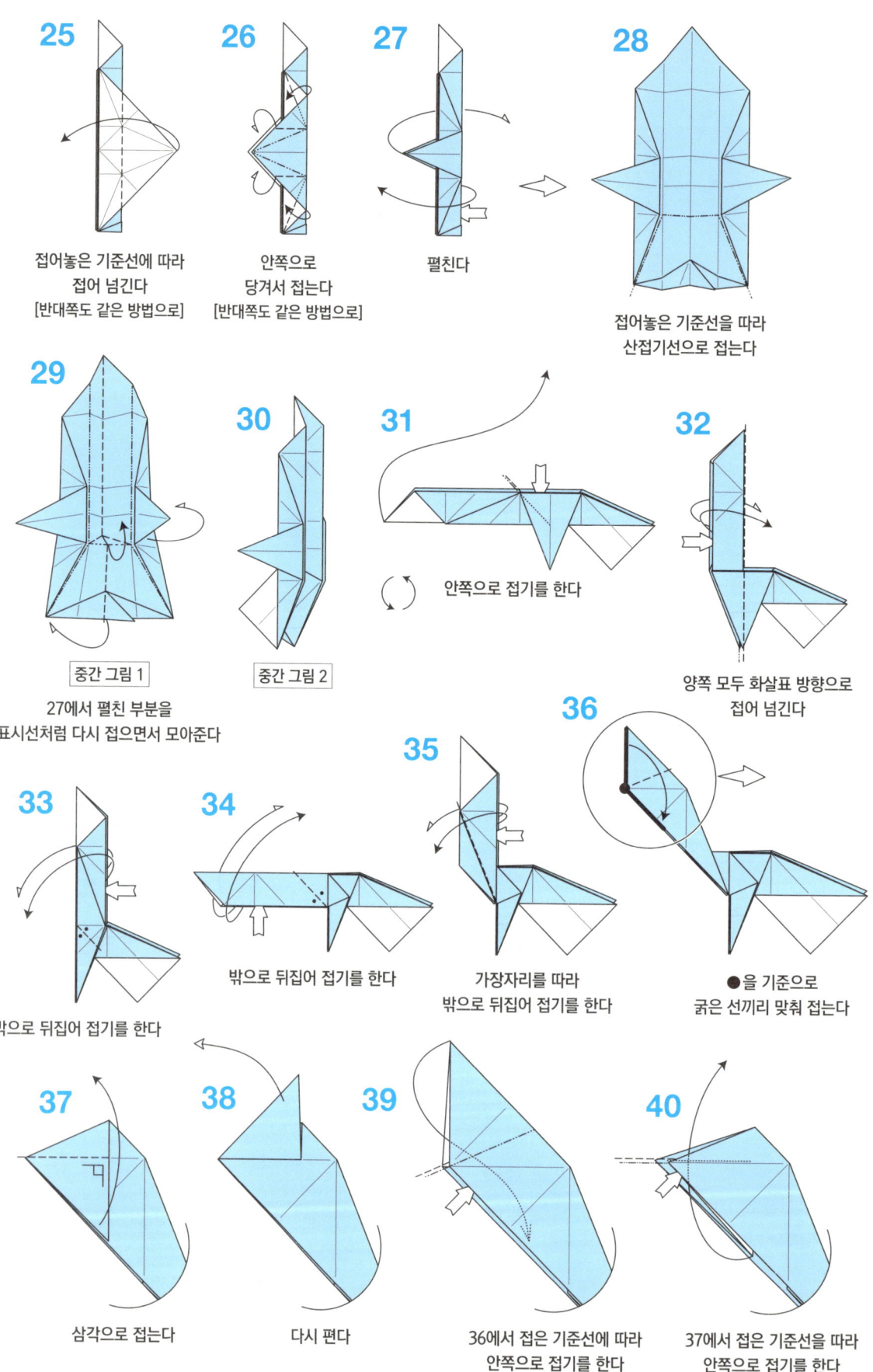

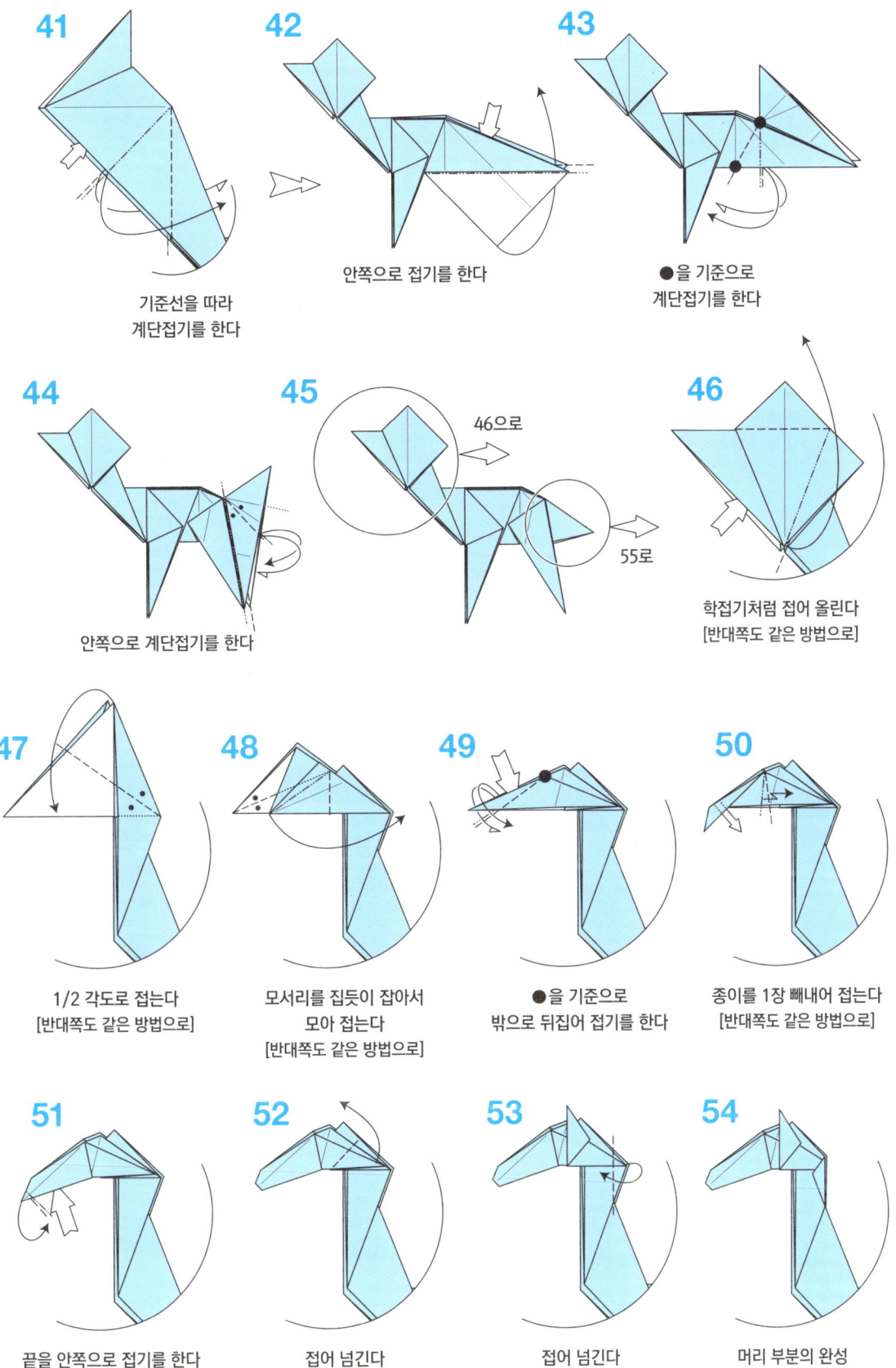

55
펼쳐 눌러 접는다

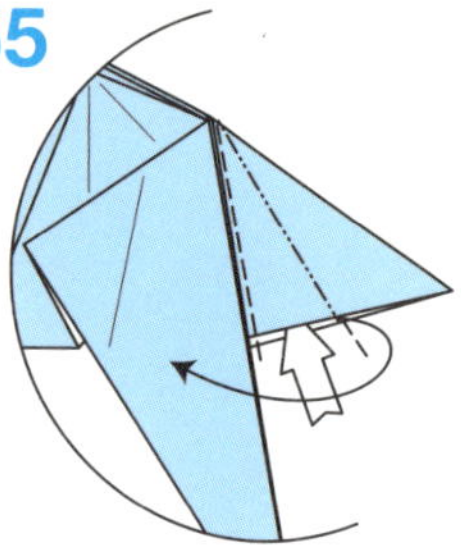

56
학접기를 한다

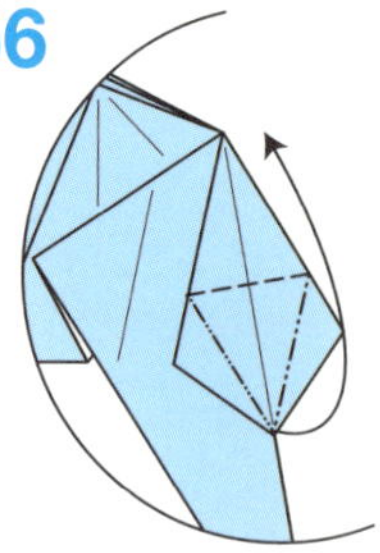

57
모서리를 접어서 내린다

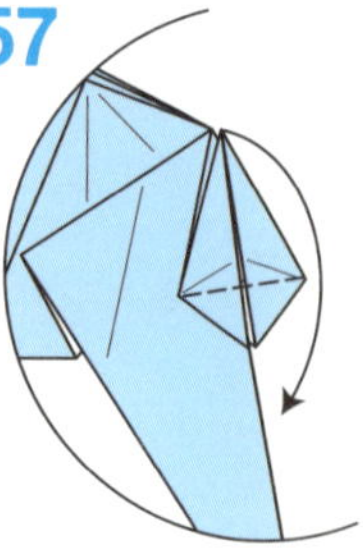

58
접어서 넘긴다

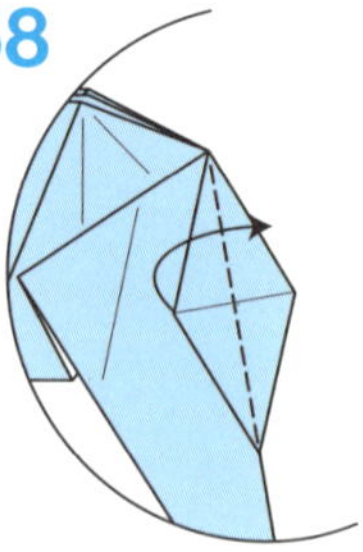

59
안쪽으로 접기를 한다
[반대쪽도 같은 방법으로]

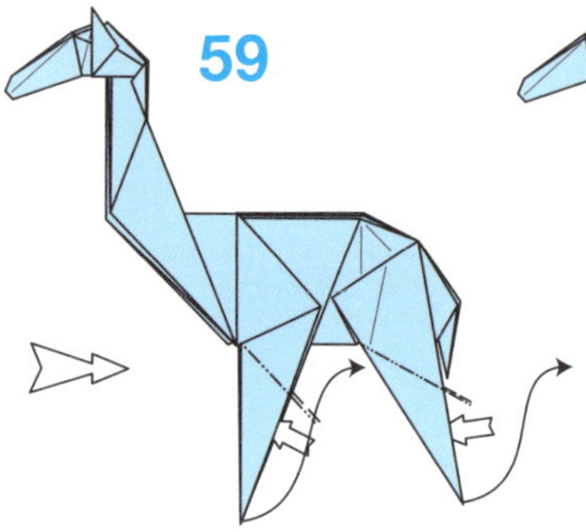

60
1/2 각도로
안쪽으로 당겨서 접는다
[뒤쪽도, 반대쪽 다리도 같은 방법으로]

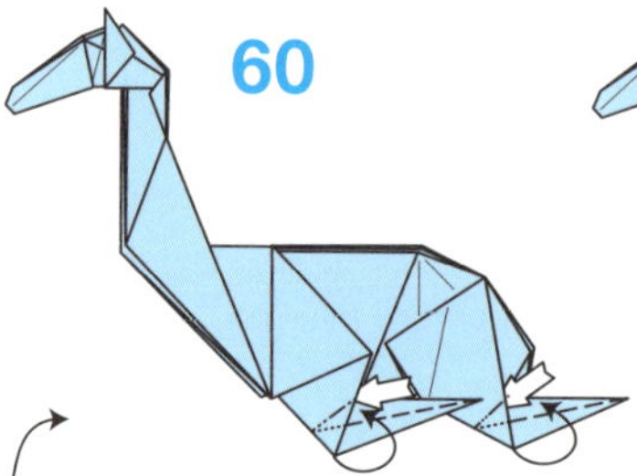

61
안쪽으로 접기를 한다
[반대쪽도 같은 방법으로]

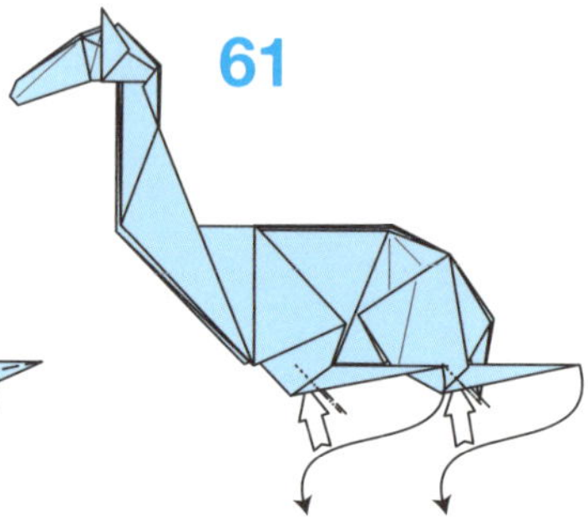

62
안으로 접어 넣는다
[반대쪽도 같은 방법으로]

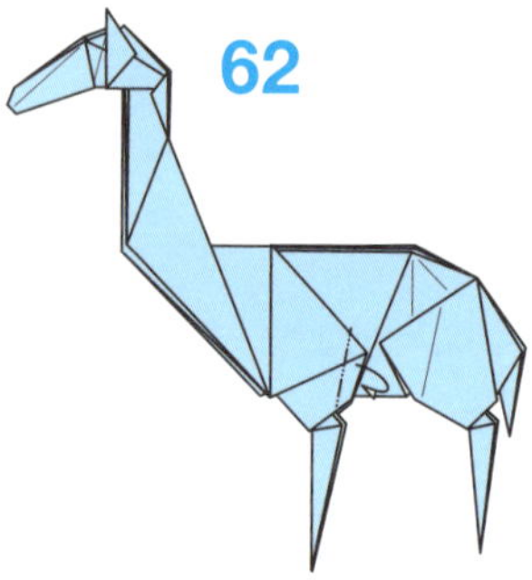

63
안으로 접어 넣는다
[반대쪽도 같은 방법으로]

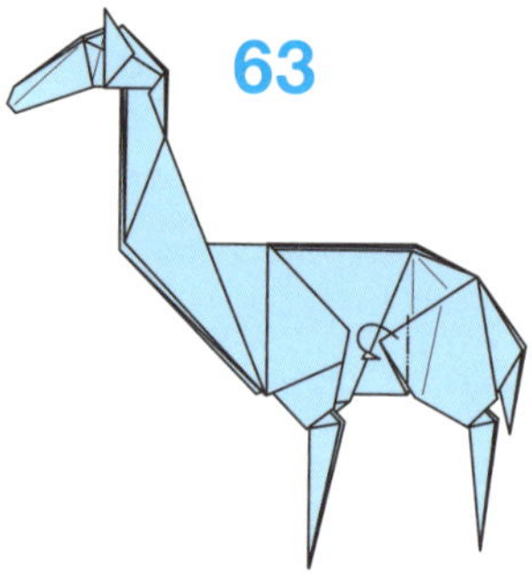

64
내부를 본 그림
➡ 부분을 동시에 눌러 접어
목을 가늘게 접는다

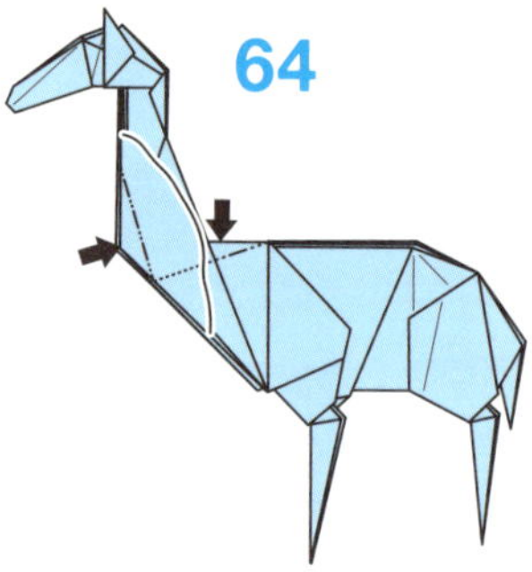

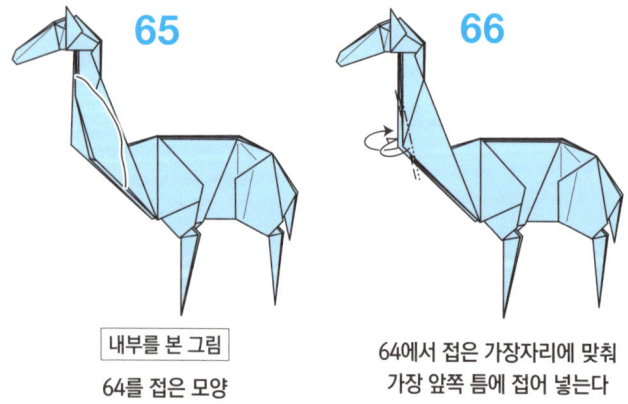

65
내부를 본 그림
64를 접은 모양

66
64에서 접은 가장자리에 맞춰
가장 앞쪽 틈에 접어 넣는다

아이피카멜루스
완성

상급

칼리코테리움
Chalicotherium

유라시아와 아프리카에 서식한 생물로, 말과 같은 기제류지만 극단적으로 긴 앞다리에는 발굽이 아닌 갈고리 발톱이 있다. 이것을 접는 재미도 즐겨보길 바란다.

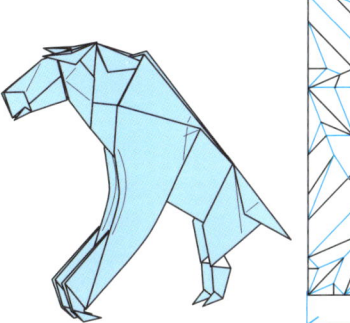

41%（体高）

35cm

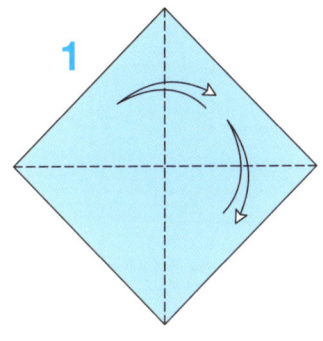

1 접었다 펴서 중심선을 만든다

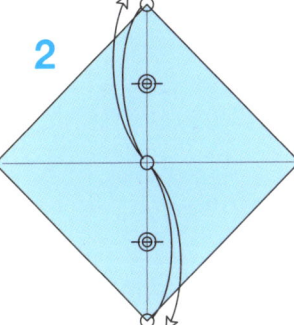

2 ◎위치에 표시를 한다

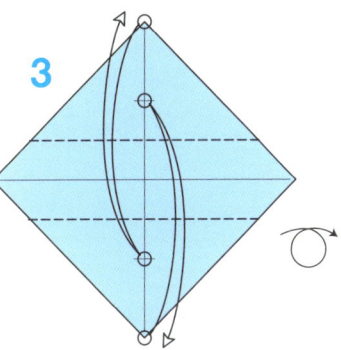

3 ○을 맞추어 접었다 편다

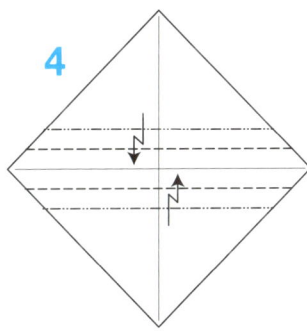

4 1/2 너비로 계단접기를 한다

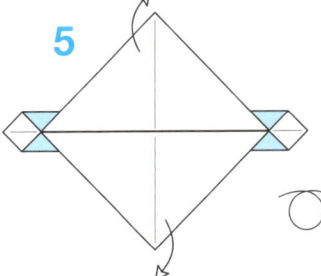

5 다시 편다

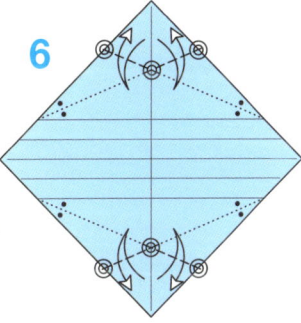

6 1/2 각도로 ◎사이에 기준선을 접었다 편다

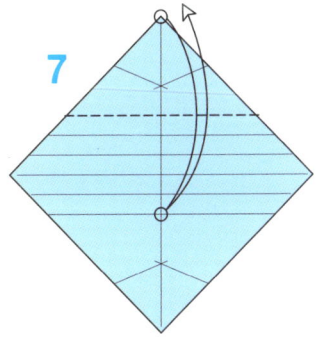

7 ○을 맞추어 접었다 편다

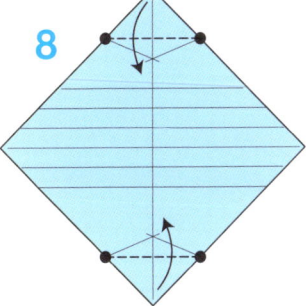

8 ●을 기준으로 접는다

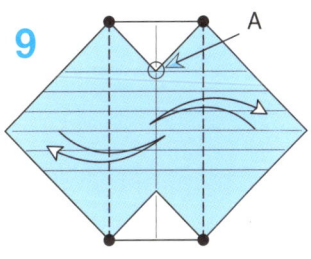

9 ●을 기준으로 접었다 편다
(A모서리가 교차점에 조금 못 미친다)

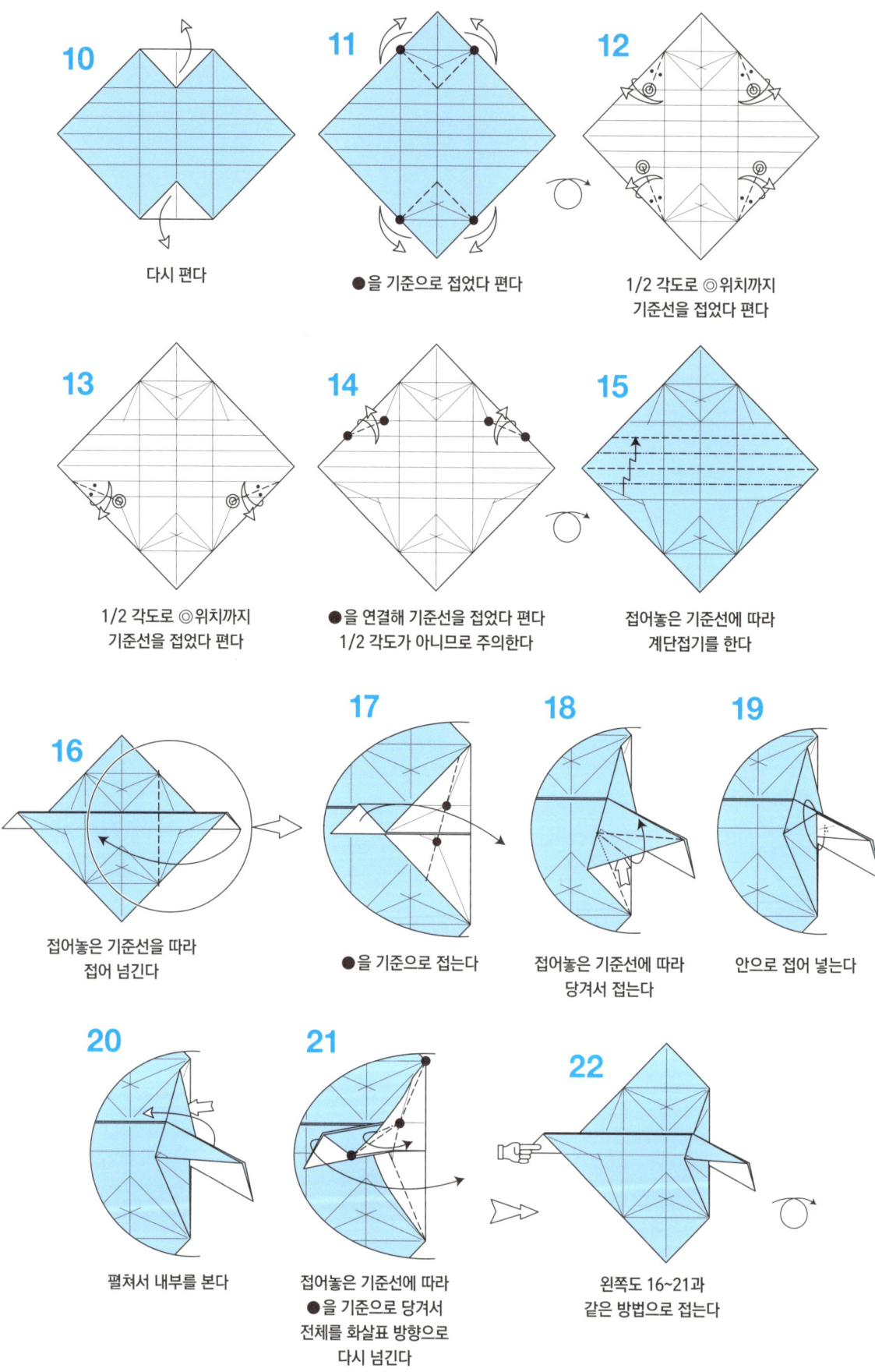

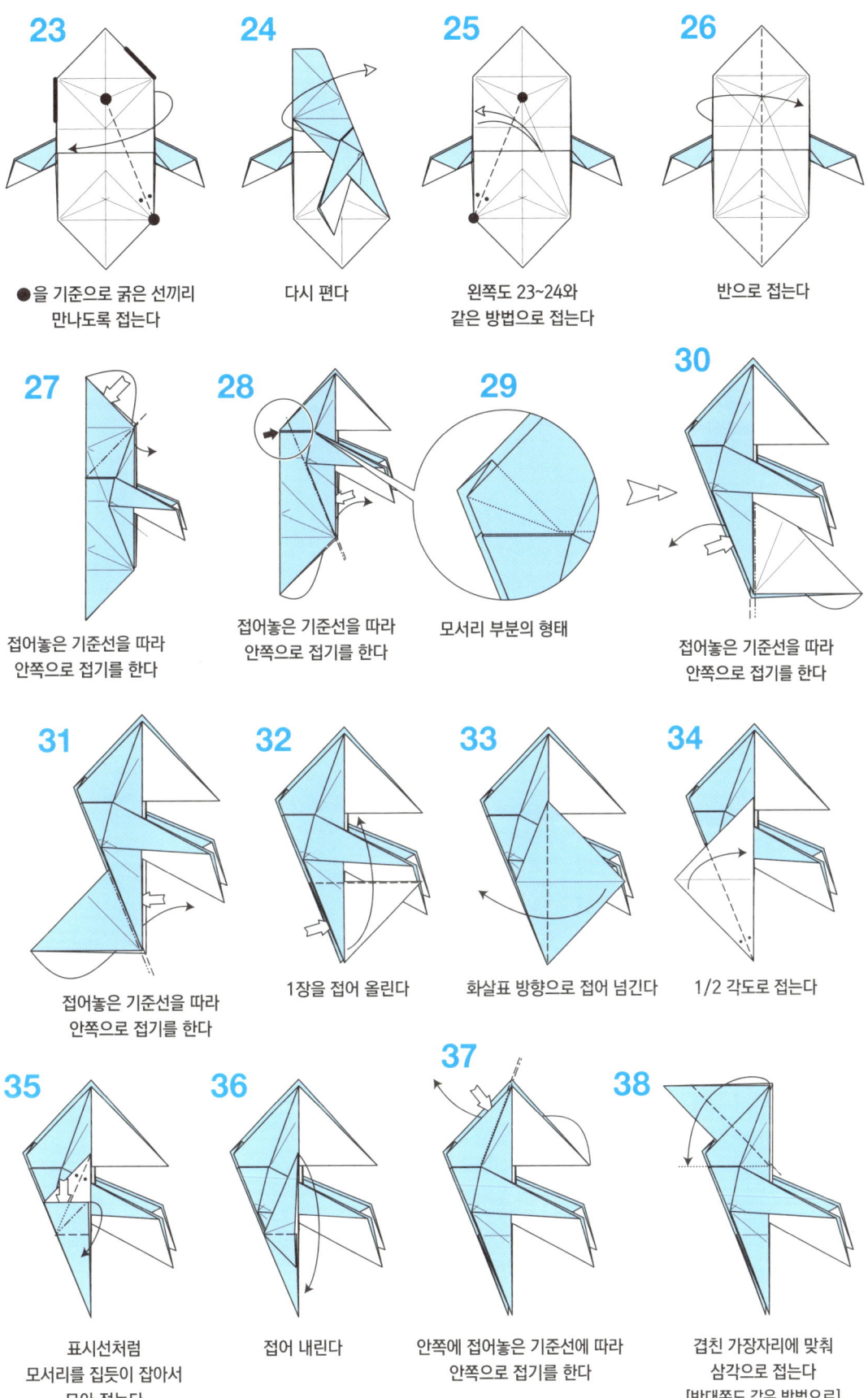

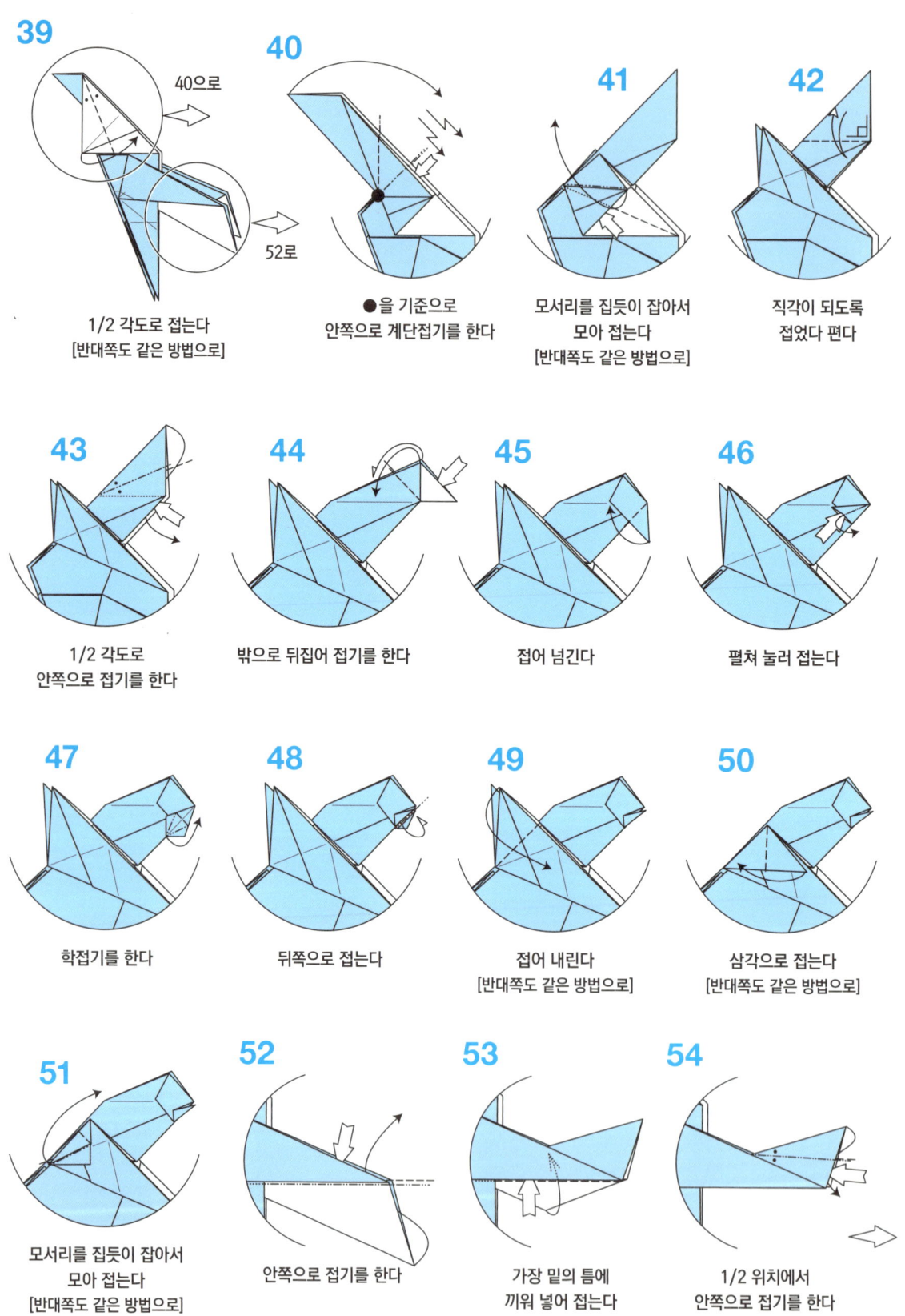

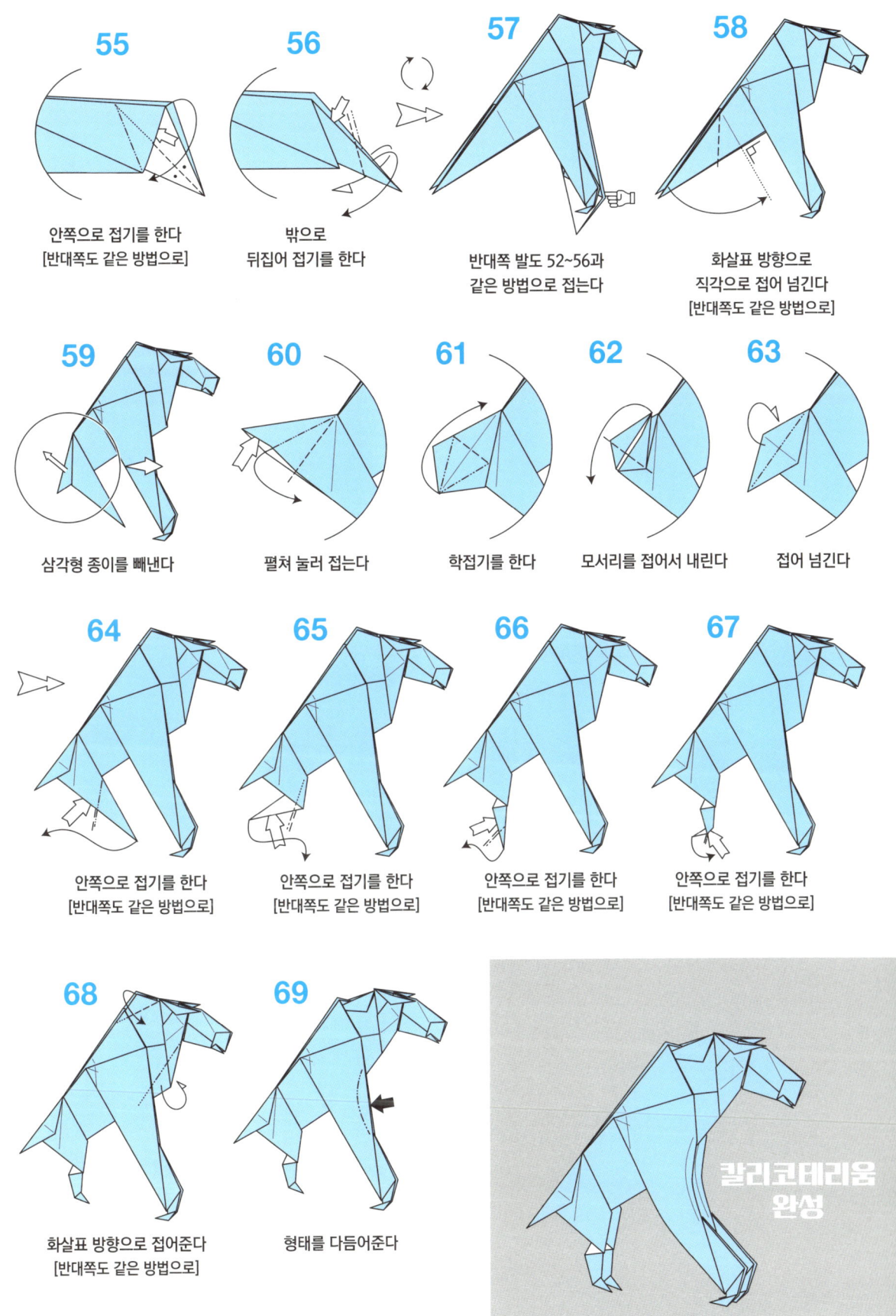

상급

람포링쿠스
Rhamphorhynchus

쥐라기의 익룡으로 꼬리가 길고 그 끝에는 특유의 마름모꼴 모양 막이 있다. 종이가 겹치는 과정이 많기 때문에 얇고 큰 종이를 권장한다.

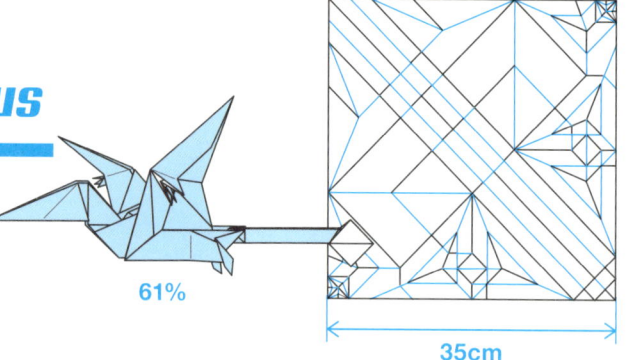

61%
35cm

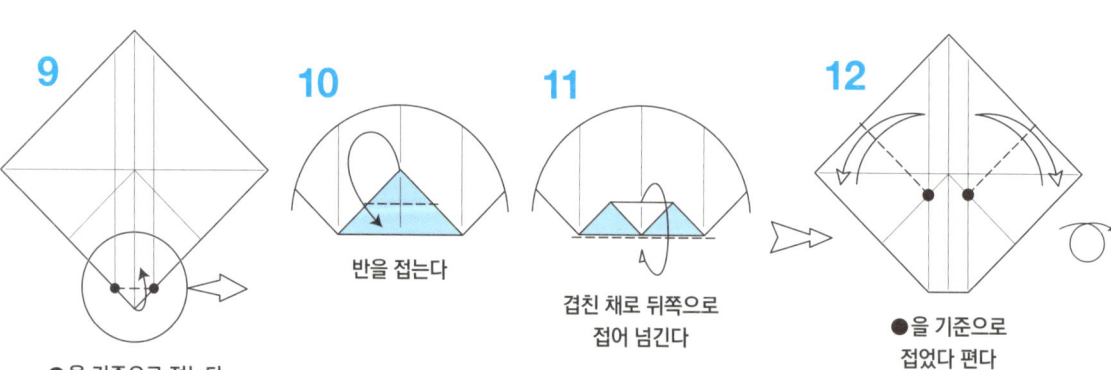

1. 접었다 편다
2. 접었다 편다
3. ○을 맞춘다. 기준선은 접지 않는다
4. ○을 맞추어 ◎위치에 표시를 하고 다시 펼친다
5. ○을 맞추어 접는다
6. 삼각으로 접어 넘긴다
7. ○을 맞추어 접는다
8. 종이 뒤를 위로 하여 모두 펼친다 [이하 불필요한 표시는 생략]
9. ●을 기준으로 접는다
10. 반을 접는다
11. 겹친 채로 뒤쪽으로 접어 넘긴다
12. ●을 기준으로 접었다 편다

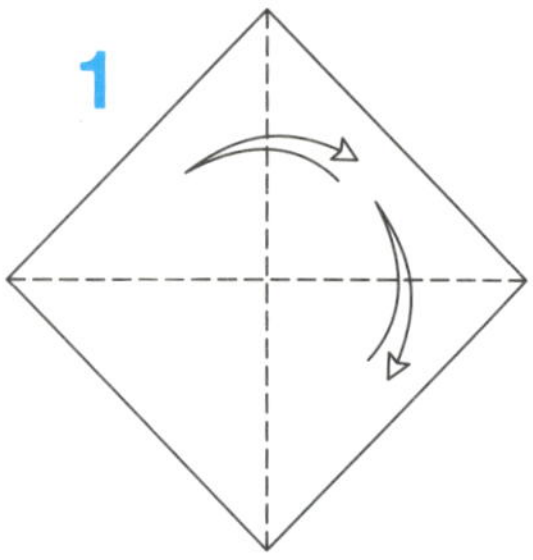

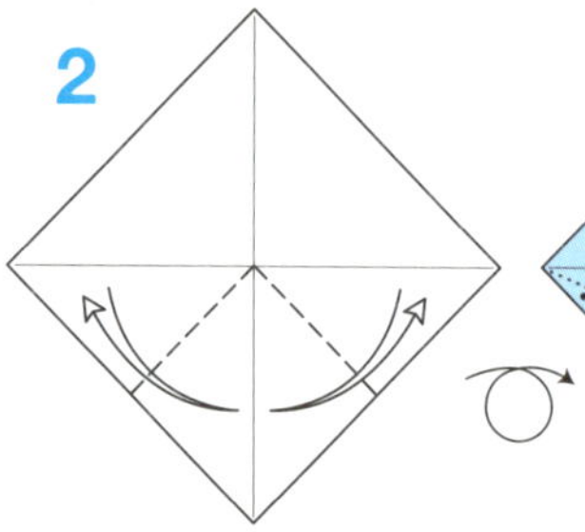

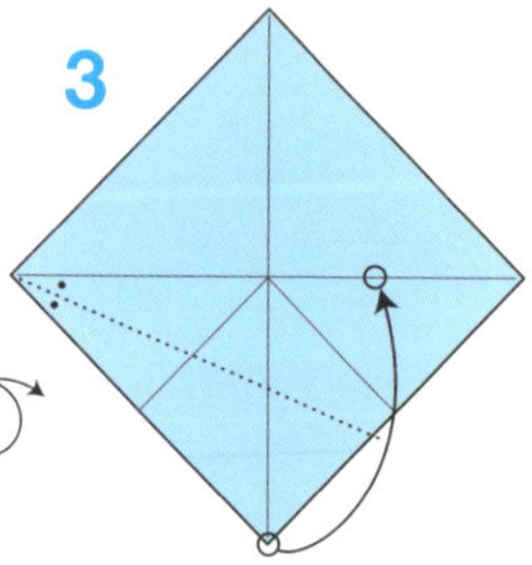

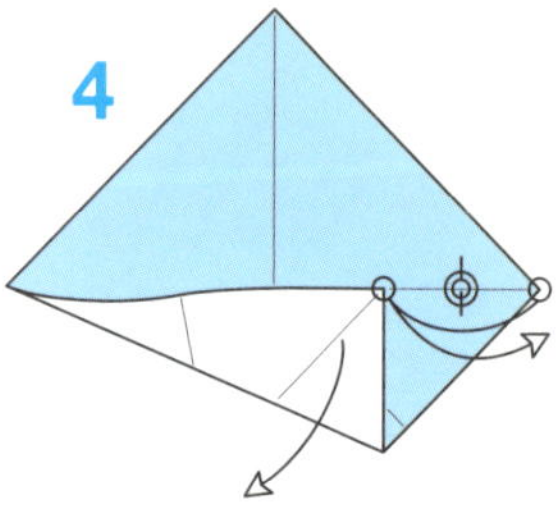

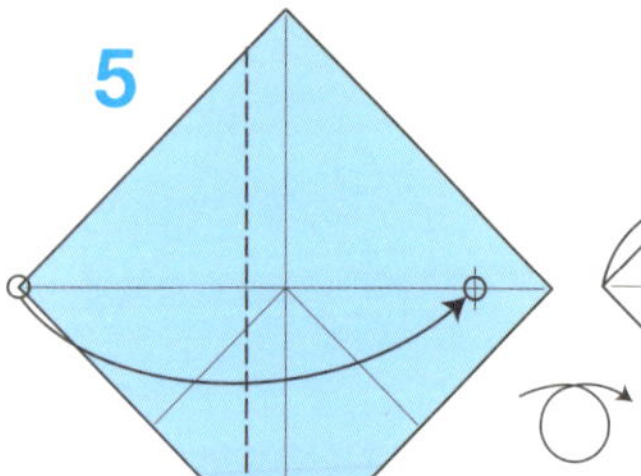

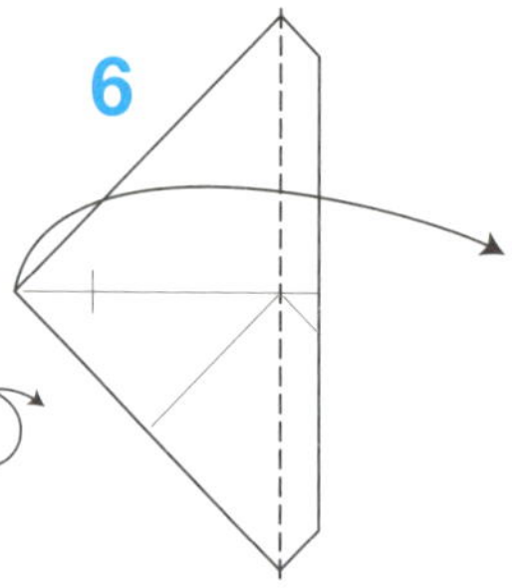

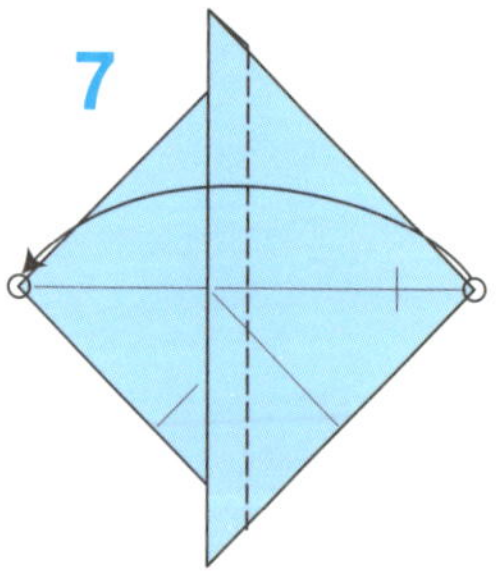

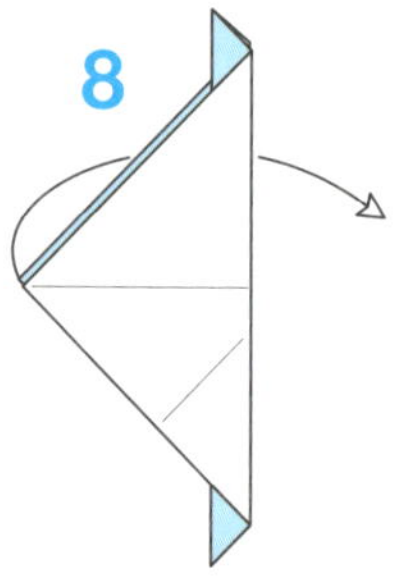

86 상급

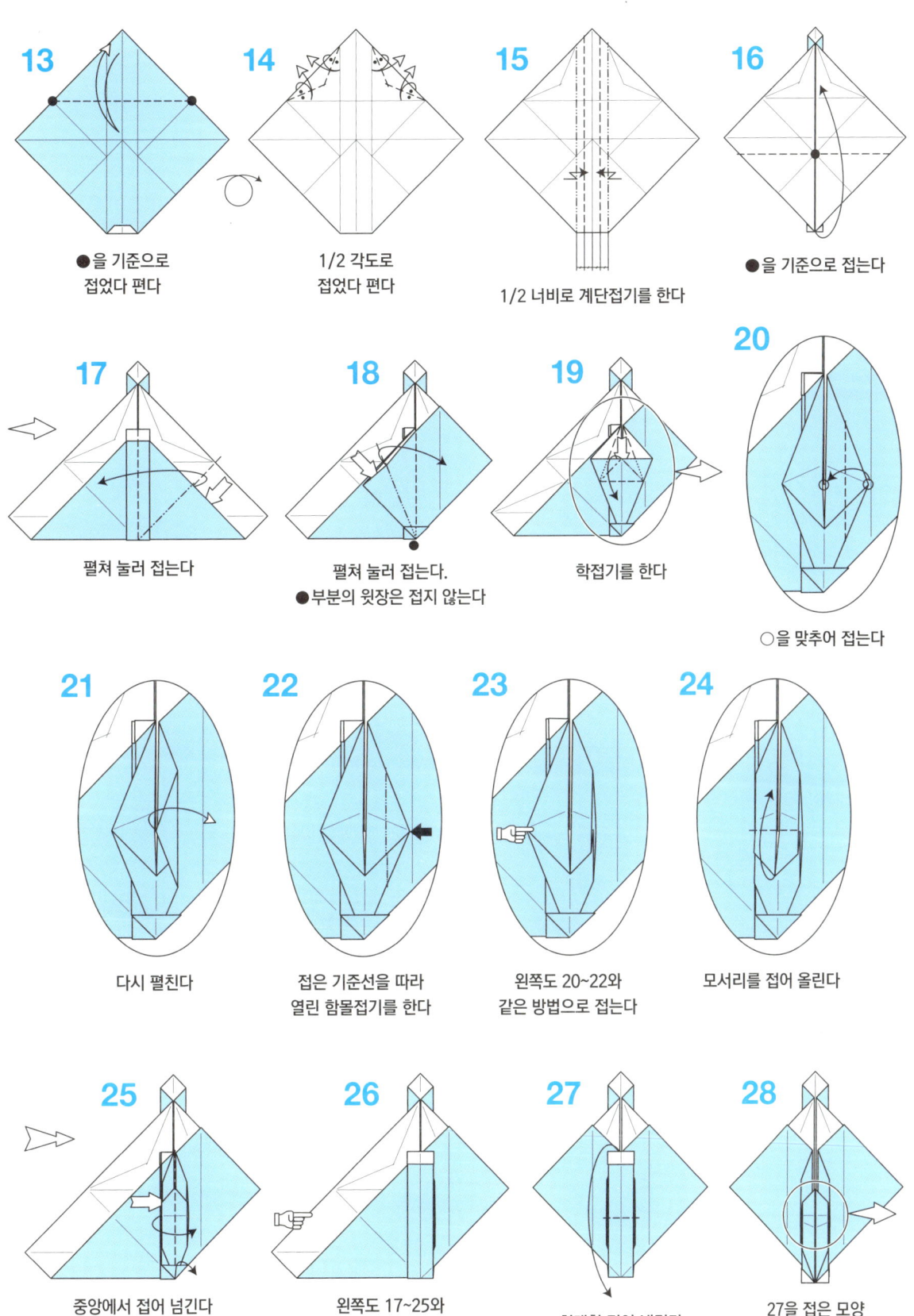

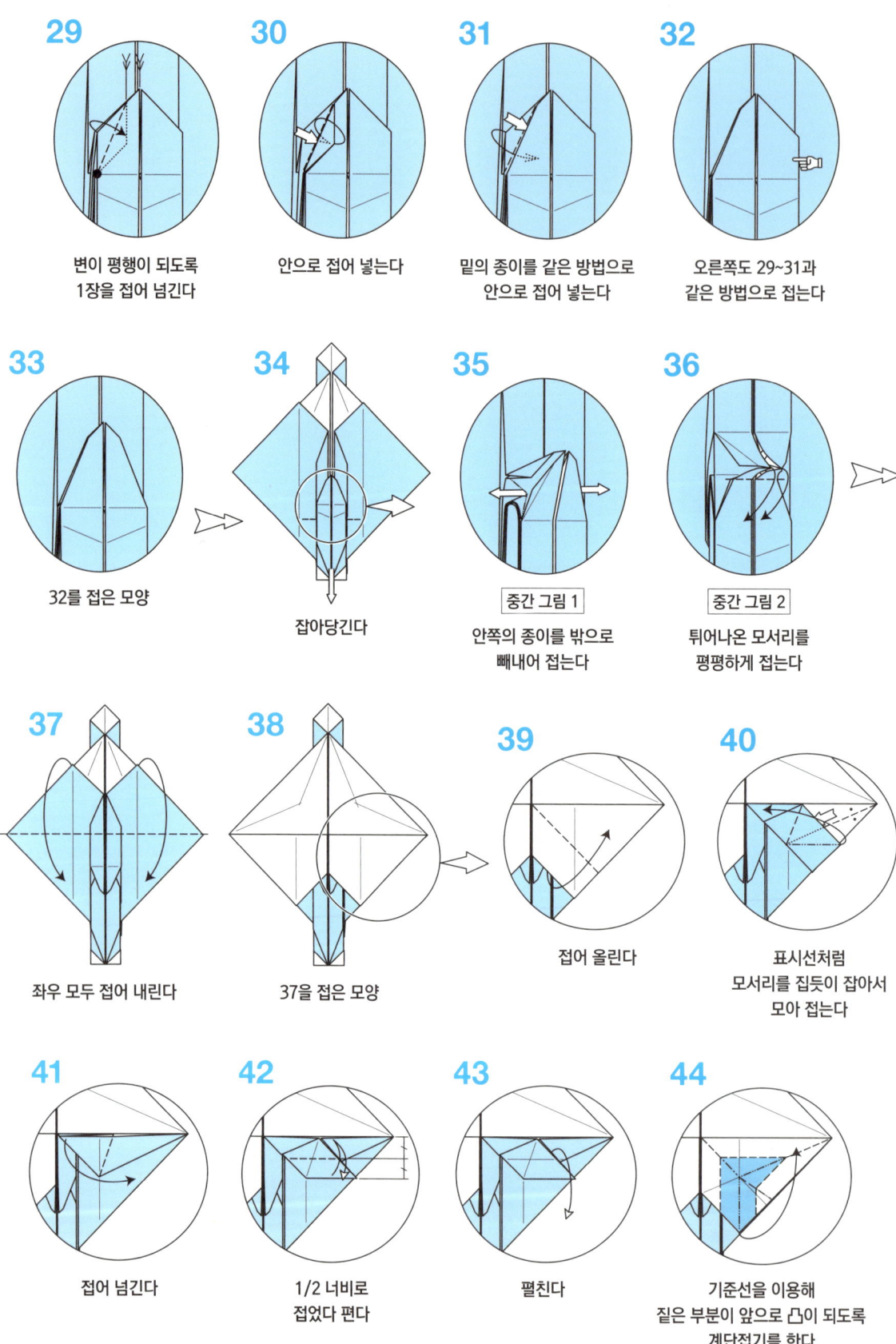

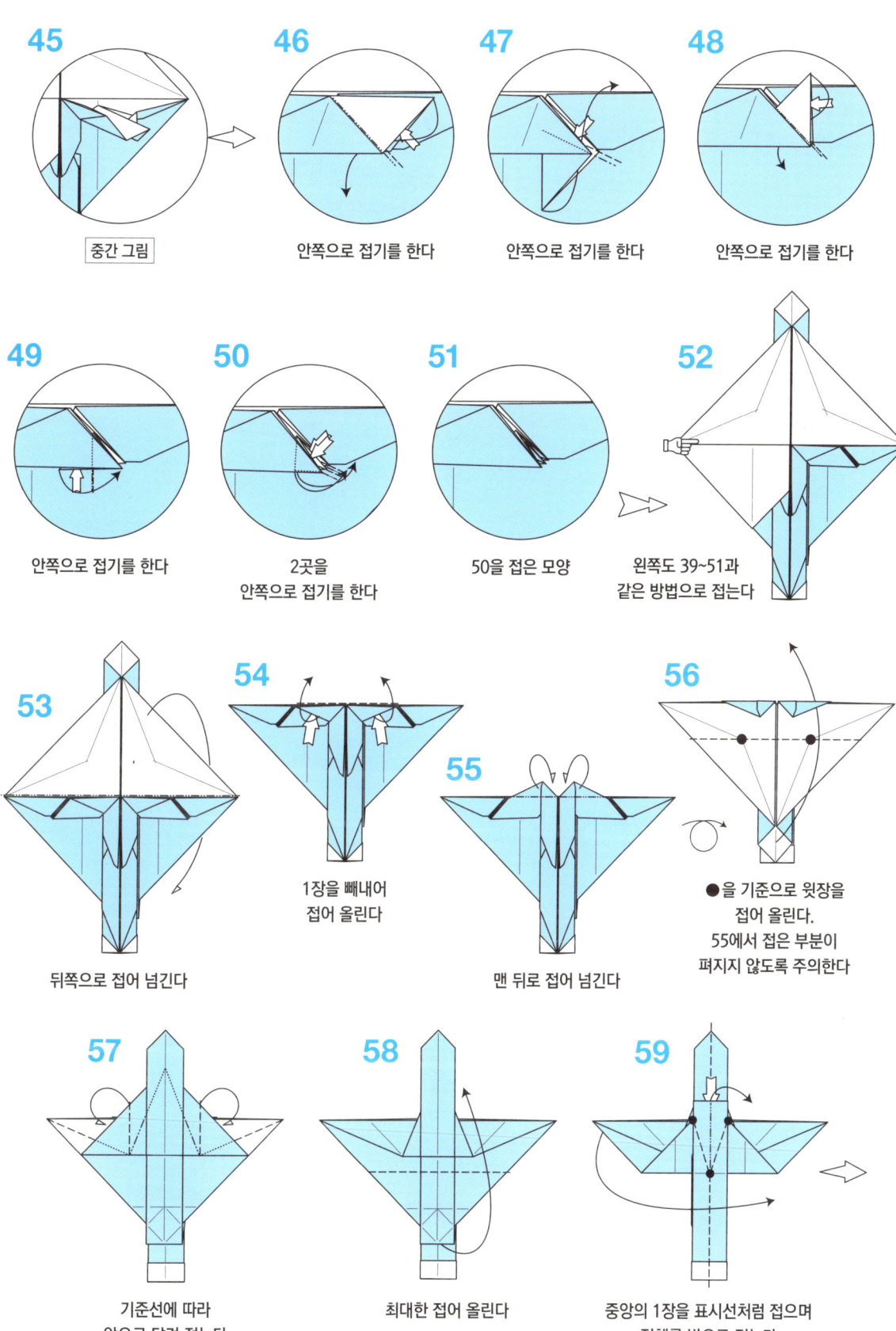

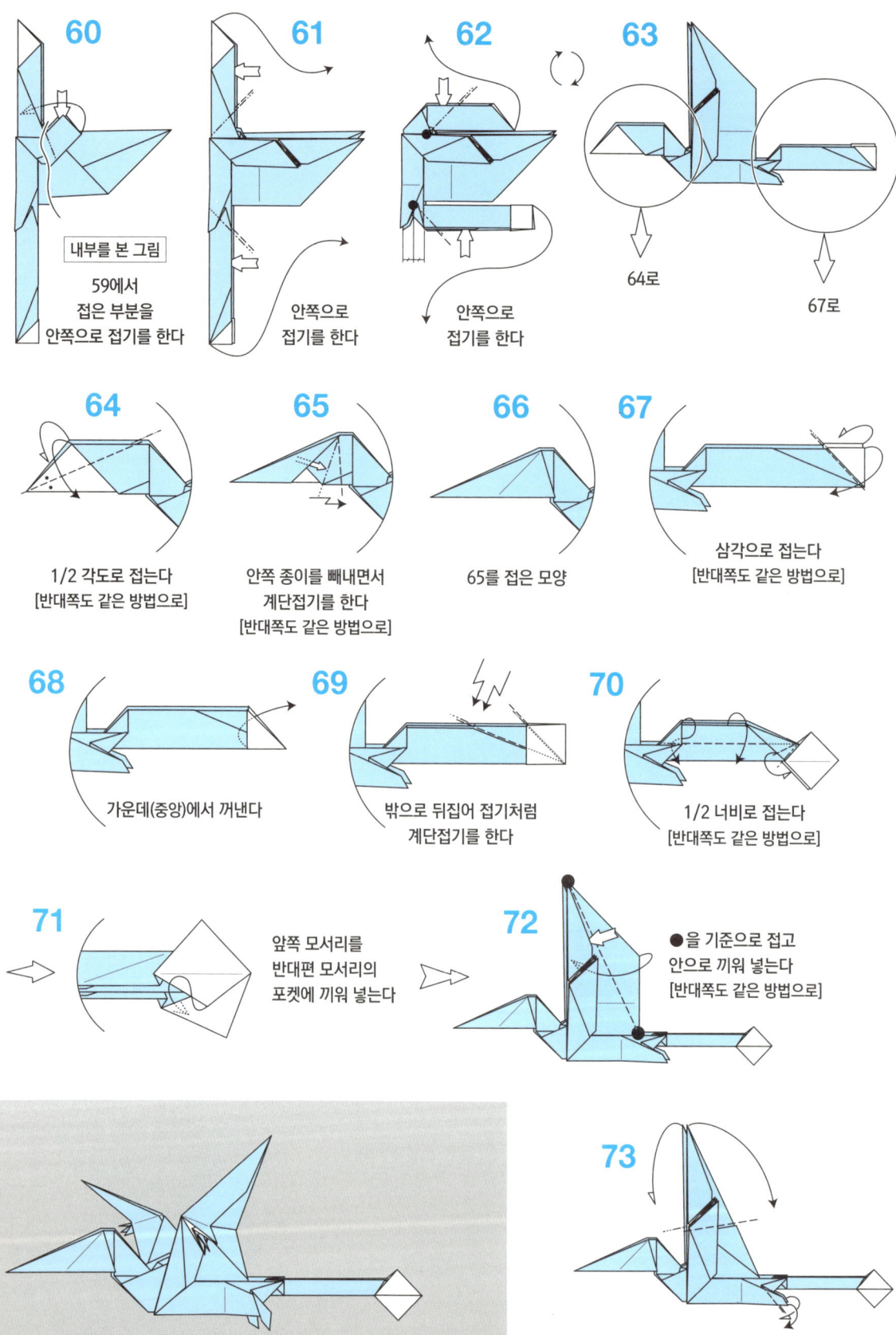

상급

투판닥틸루스
Tupandactylus

백악기 전기에 남아메리카에 서식한 익룡이다. 머리 부위에 돛처럼 큰 피막이 있다. 종이접기의 기본에서 변형된 부분이 많으므로 그림을 잘 보고 접어 나가도록 하자.

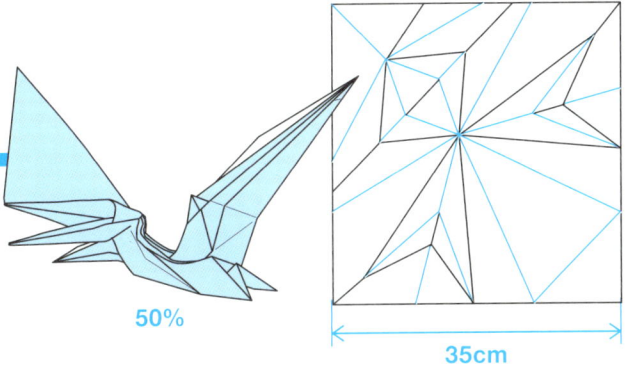

50%   35cm

1 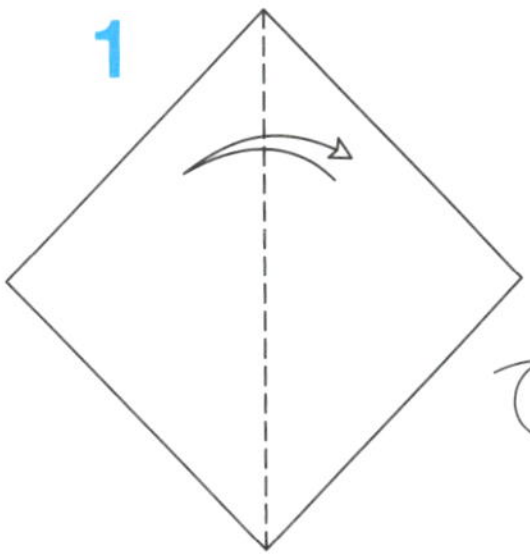 접었다 편다

2 ◎위치에 표시를 한다

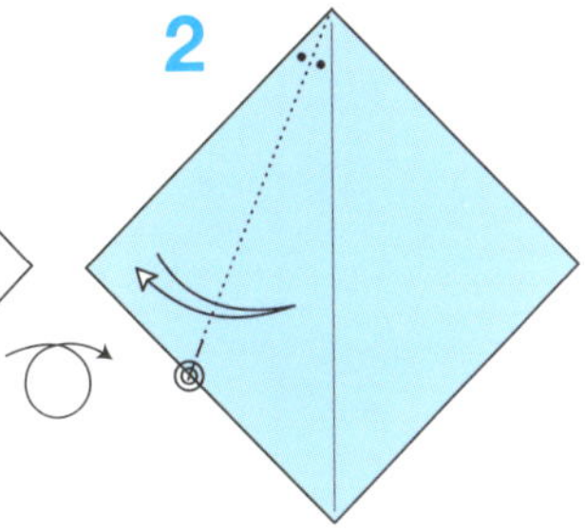

3 ○을 맞추어 ◎위치에 표시를 한다

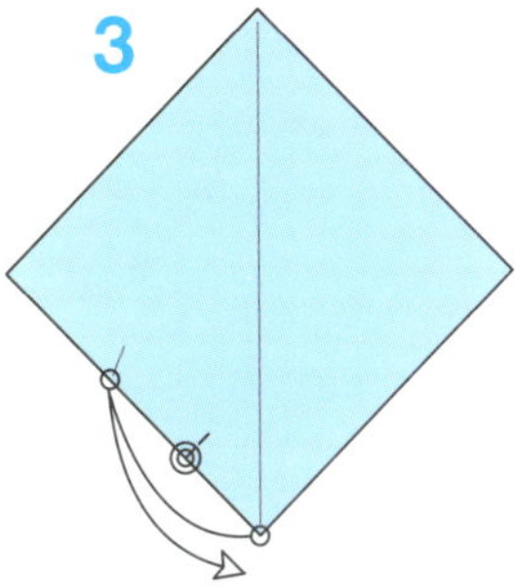

4 ○을 맞추어 오른쪽 반을 접는다

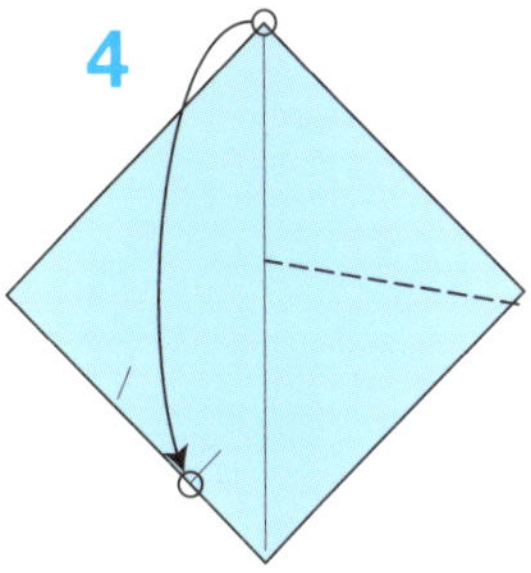

5 다시 펼친다

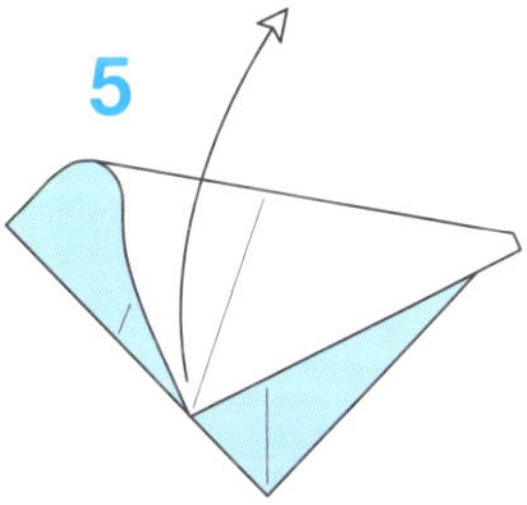

6 ○을 맞추어 ◎위치에 표시를 한다

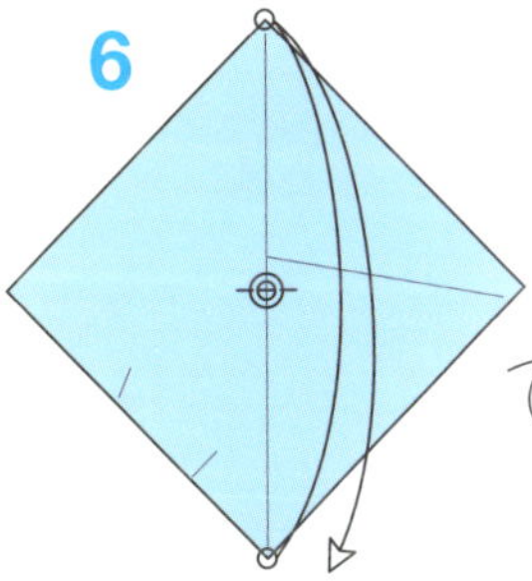

7 ○을 맞추어 ◎위치에 표시를 한다

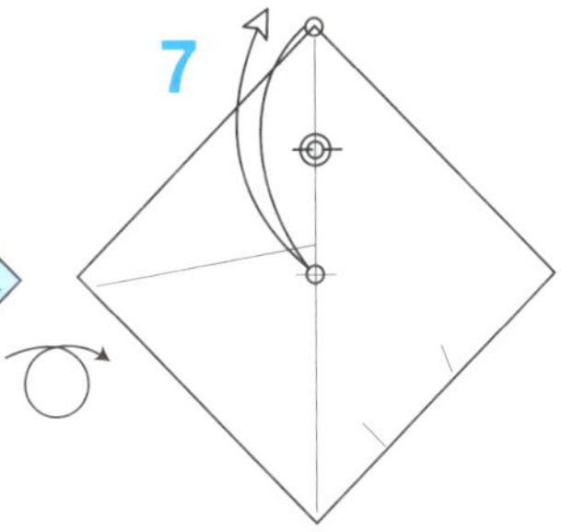

8 ○을 맞추어 ◎위치에 표시를 한다

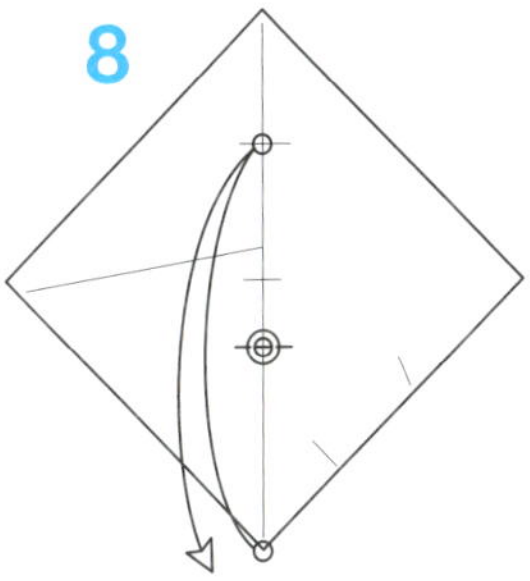

9 ○을 맞추어 정확히 접었다 편다

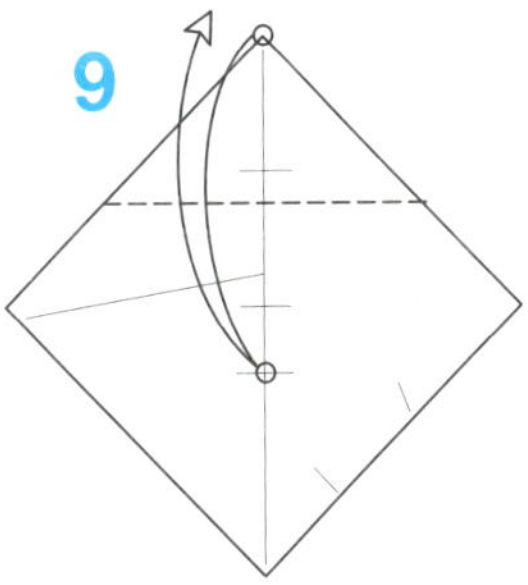

10 반으로 접는다 [이하 불필요한 표시는 생략]

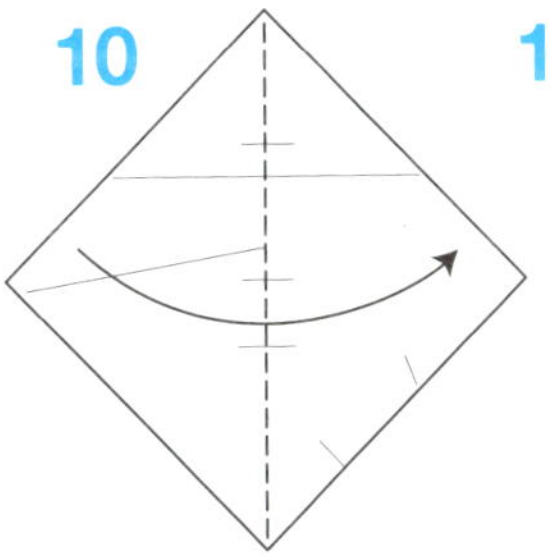

11 접어놓은 기준선을 이용해 겹친 채로 접는다

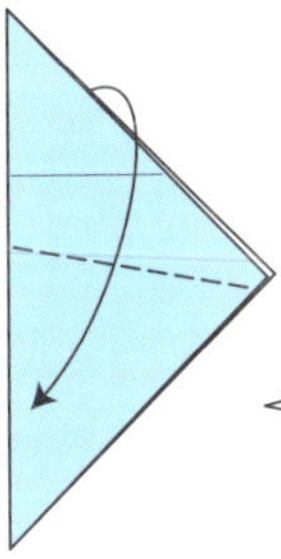

12 기준선에 따라 접는다

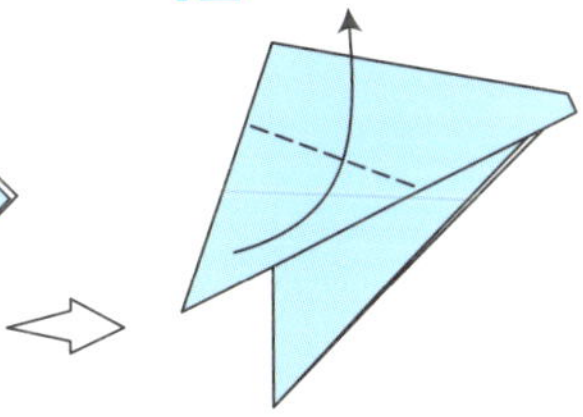

투판닥틸루스 91

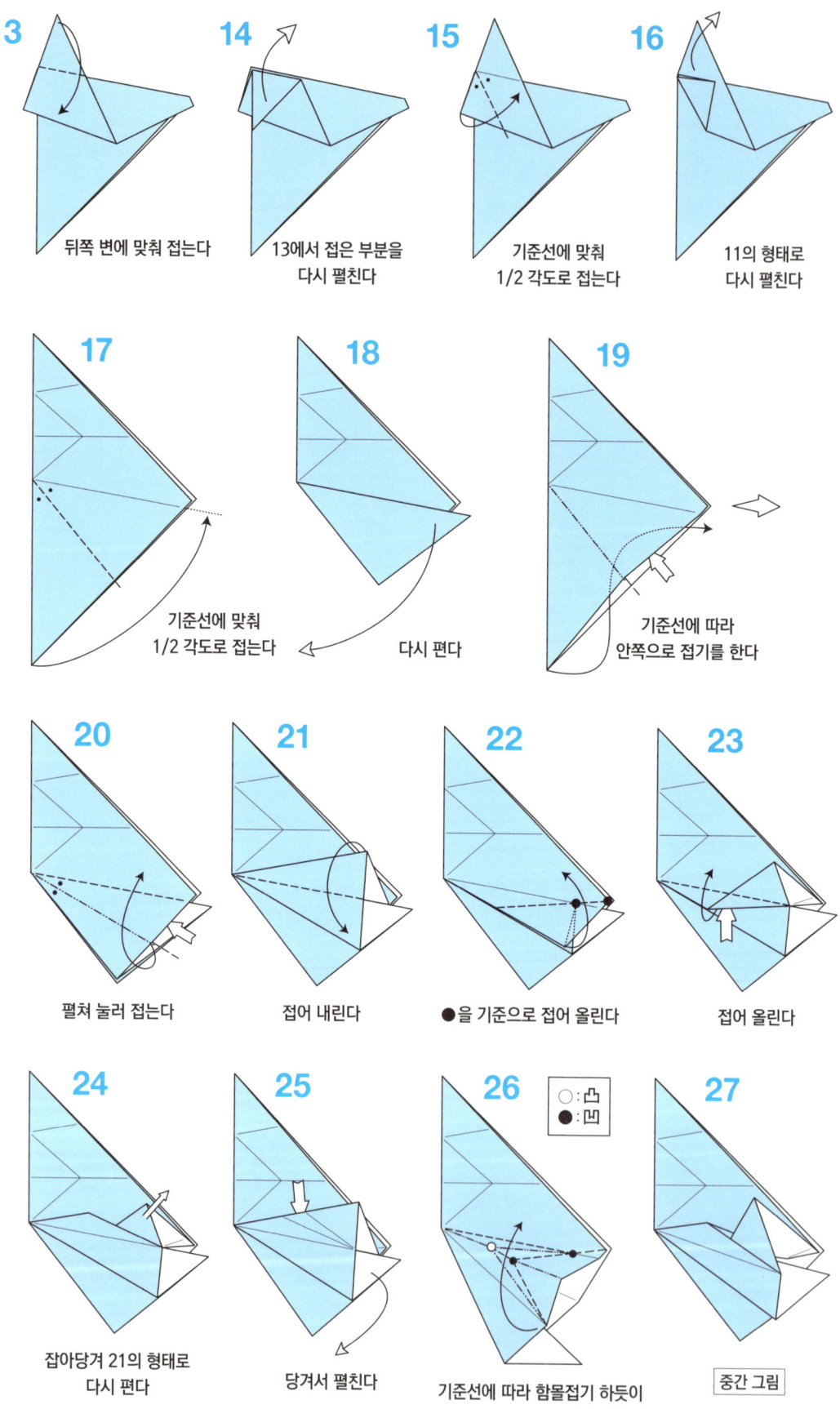

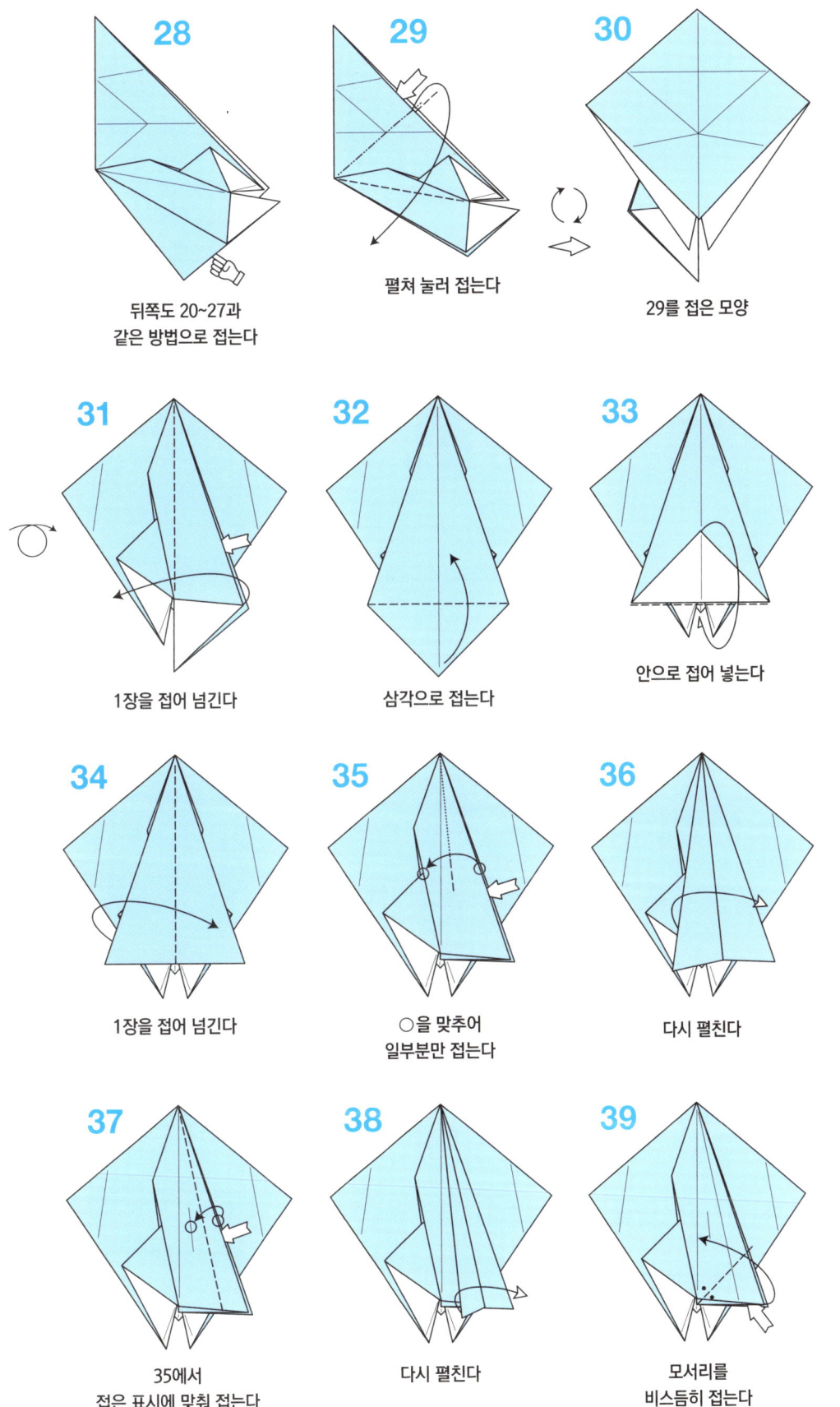

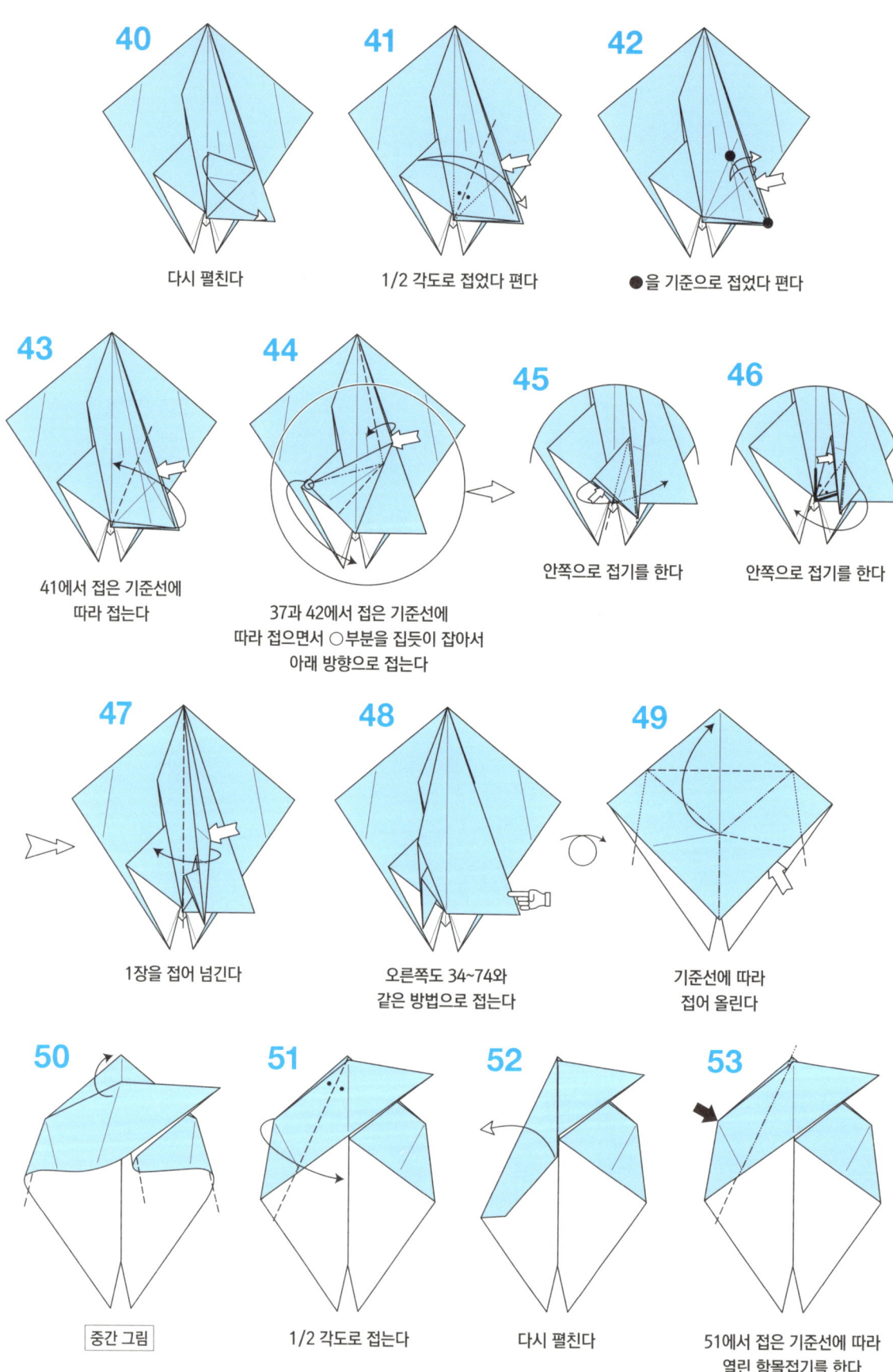

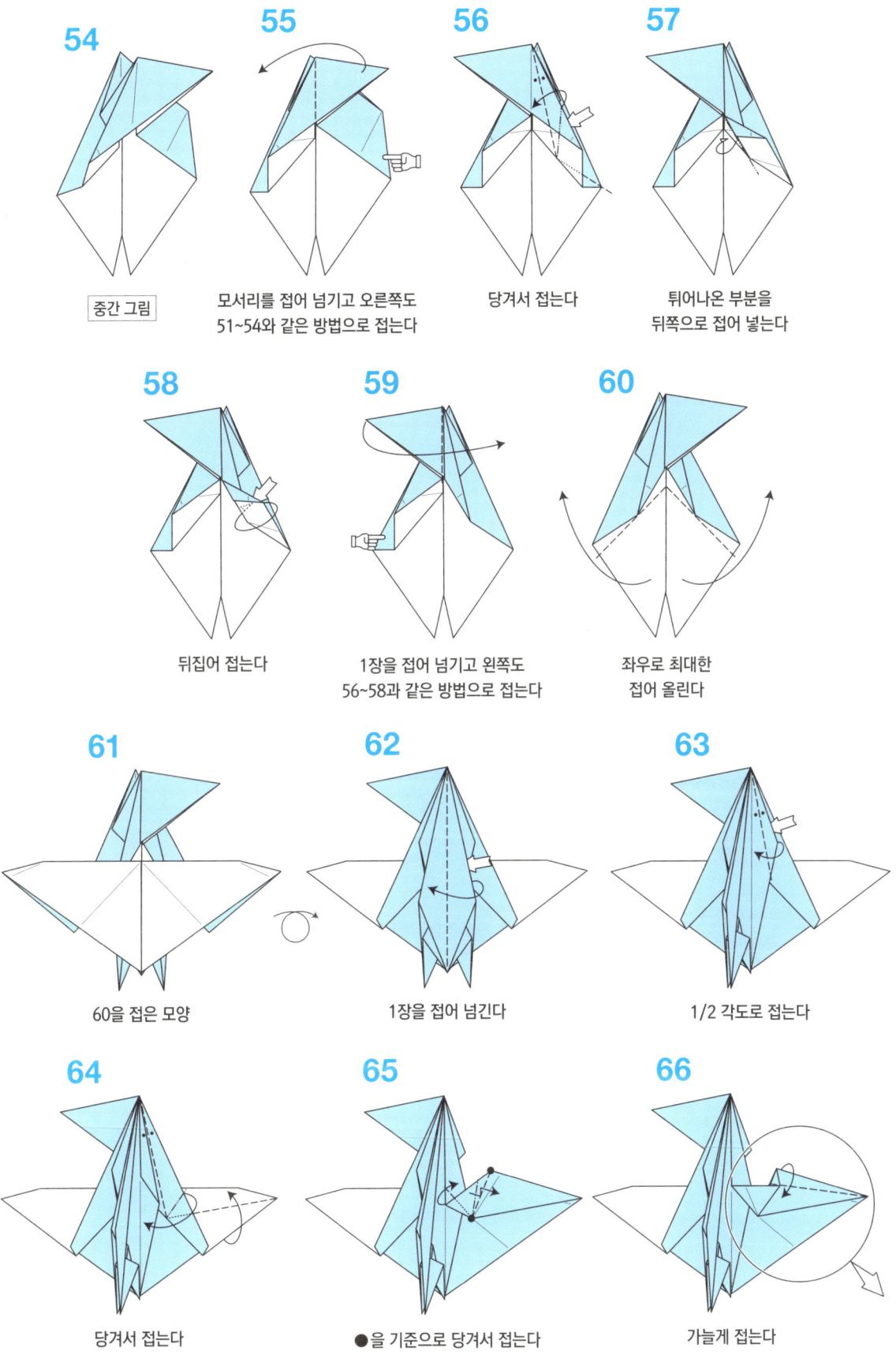

67 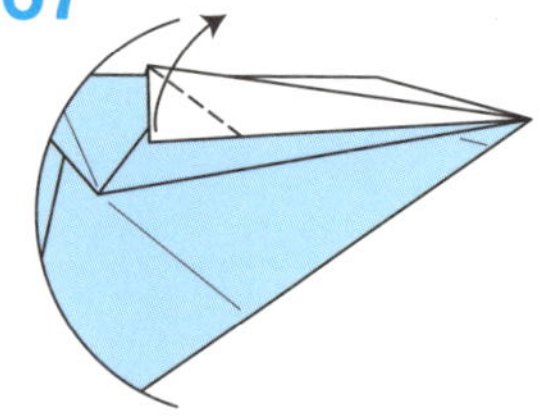
삼각의 모서리가 조금 위로 나오도록 접는다

68 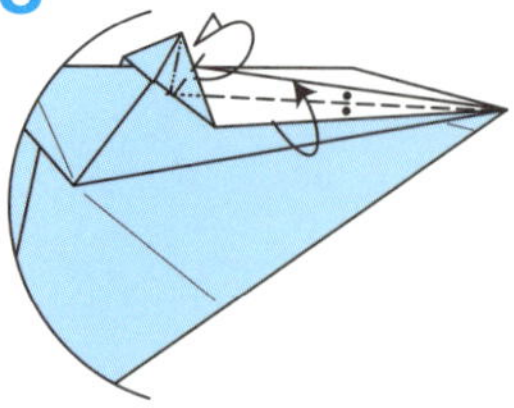
1/2 각도로 가늘게 접으면서 안쪽으로 당겨서 접는다

69 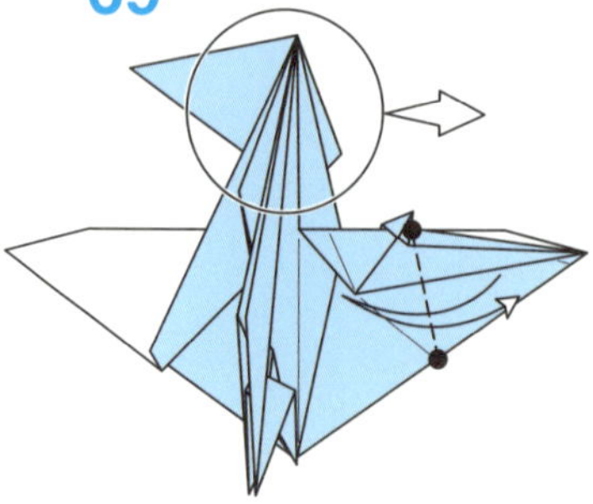
●을 기준으로 접었다 편다

70 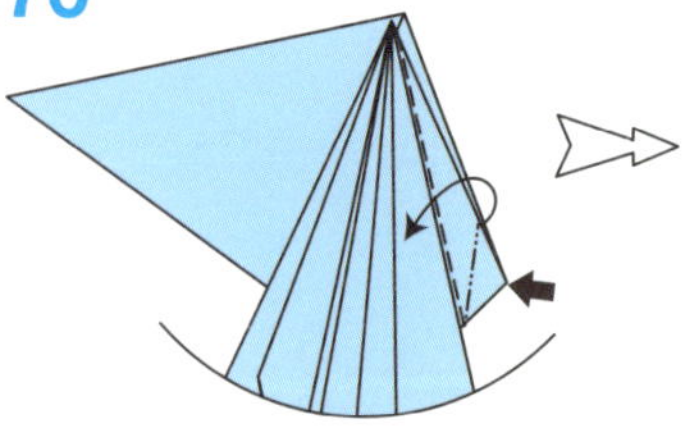
모서리를 펼쳐 눌러서 접는다

71 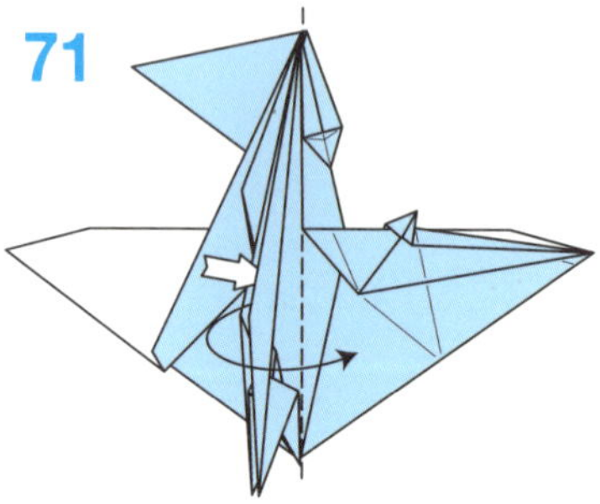
1장을 접어 넘긴다

72 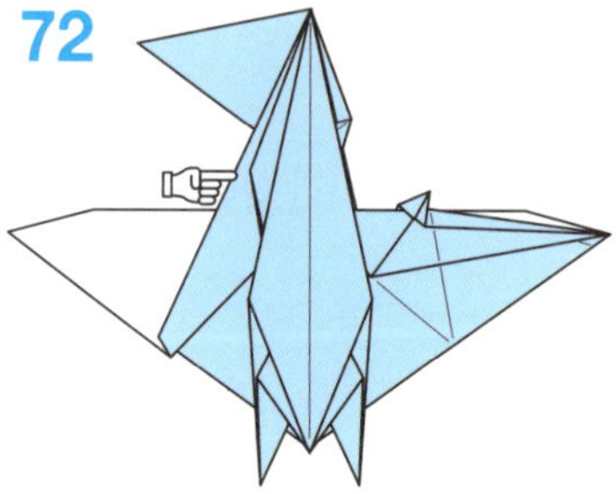
왼쪽도 62~71과 같은 방법으로 접는다

73 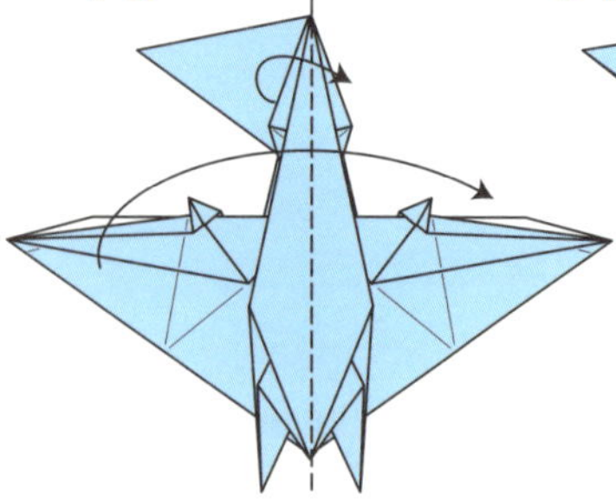
반으로 접는다

74 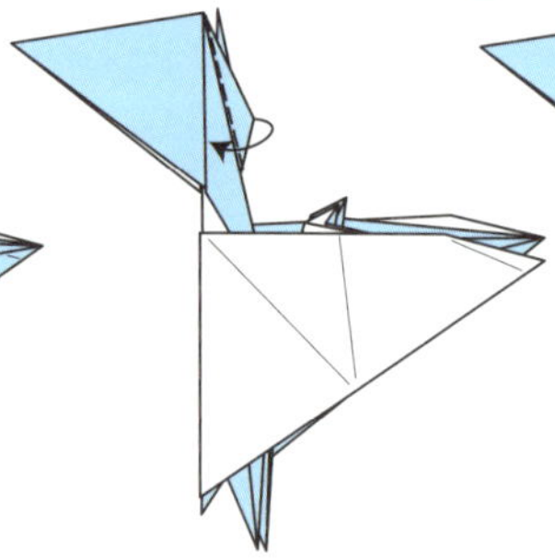
화살표 방향으로 접어준다
[반대쪽도 같은 방법으로]

75 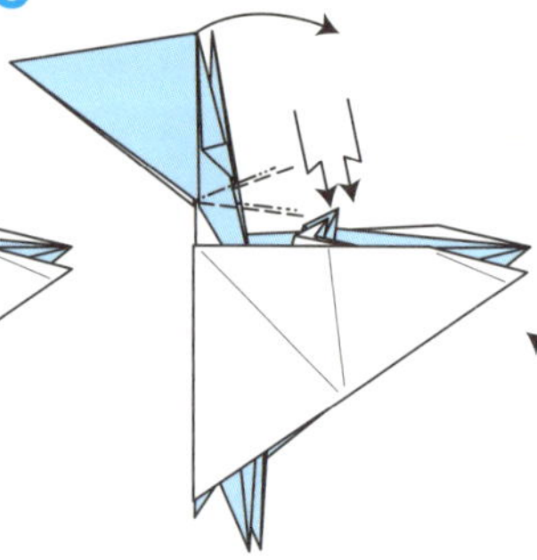
목 부분을 계단접기를 하여 방향을 바꾼다

76 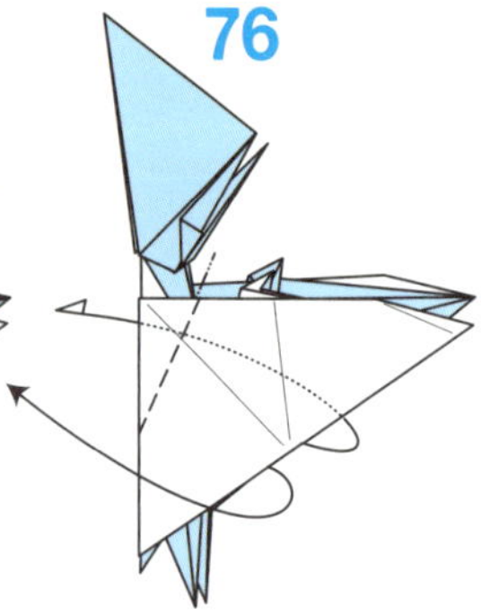
전체를 밖으로 뒤집어 접기를 한다

77 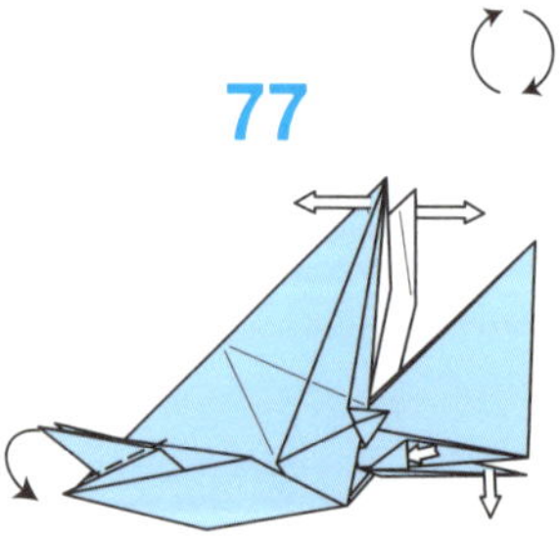
형태를 다듬는다
입을 벌린다
눈을 벌린다
다리를 접는다
날개를 좌우로 펼친다

투판닥틸루스 완성

엔텔로돈
Entelodon

머리 부위 양쪽에 큰 돌기가 있다. 몸의 형태를 만들기 위해 곳곳에 변형된 접기 과정이 필요하지만 익숙해지면 쉽게 접을 수 있을 것이다.

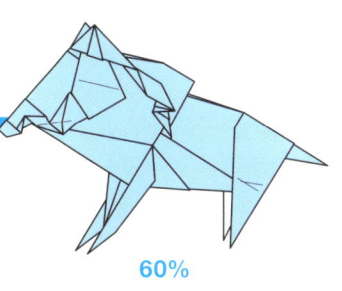

60%

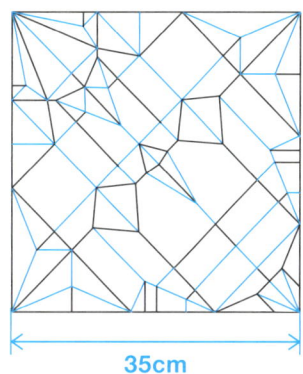

35cm

1 접었다 편다

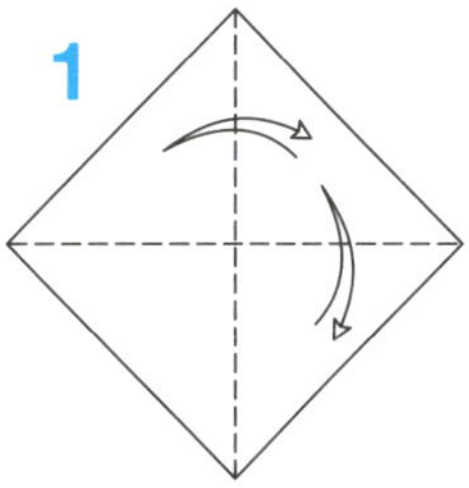

2 1/2 각도로 접는다

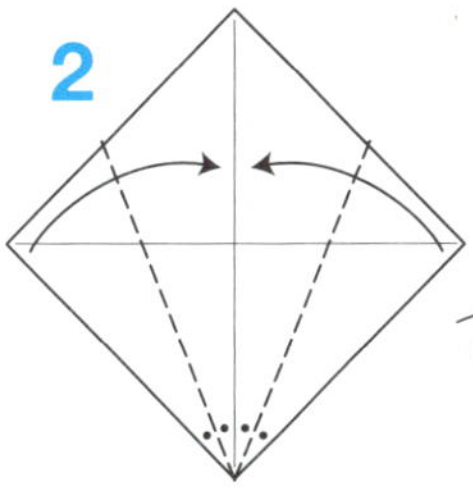

3 삼각으로 접는다

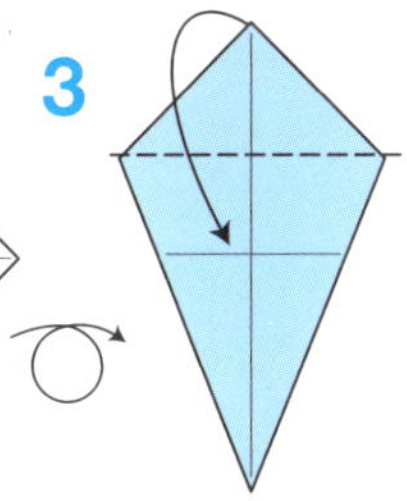

4 양옆의 2장을 펼친다

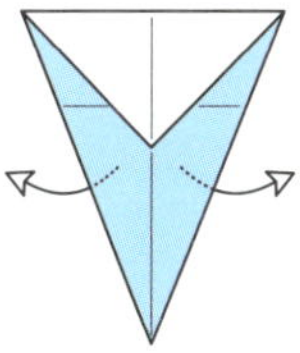

5 삼각으로 접는다

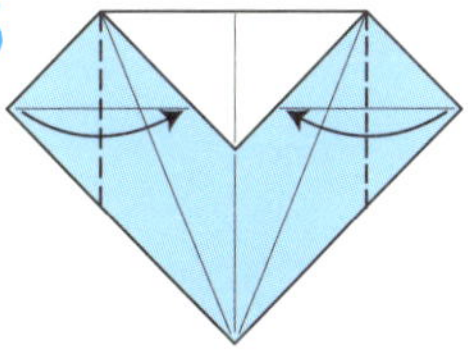

6 삼각으로 접는다

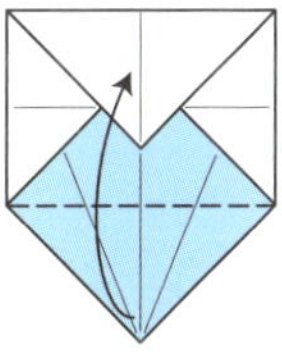

7 모두 펼친다

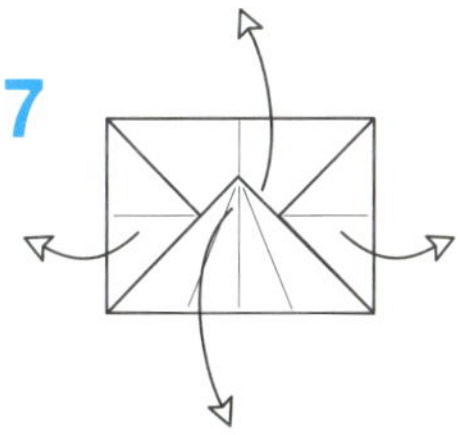

8 뒤쪽으로 반으로 접는다

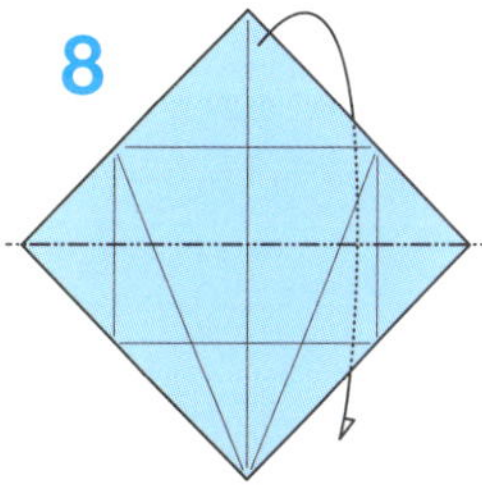

9 펼쳐 눌러준다

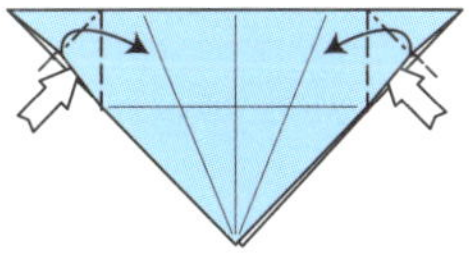

10 학접기를 한다

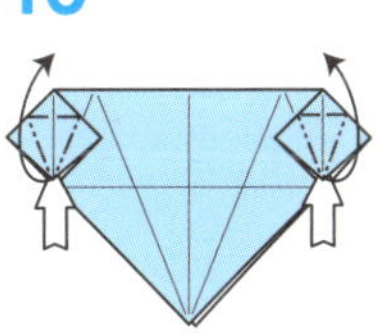

11 1장을 최대한 접어서 올린다

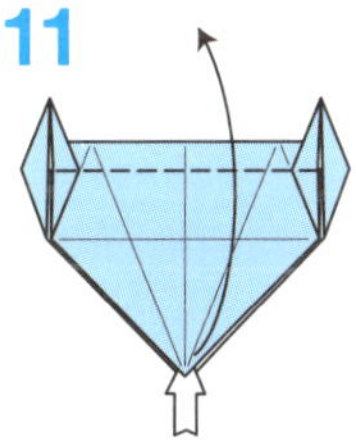

12 모두 펼친다

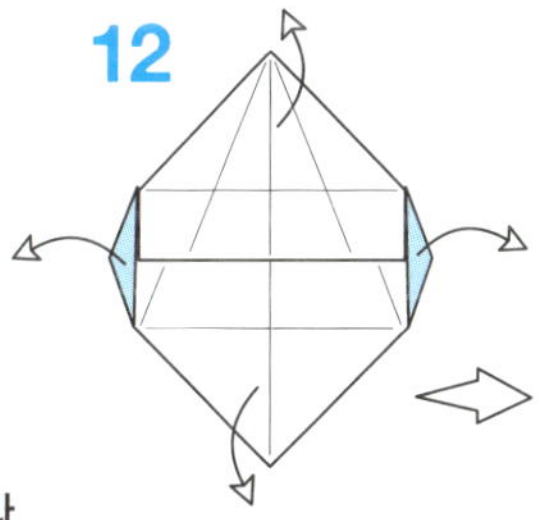

13 ○을 맞추어 접는다

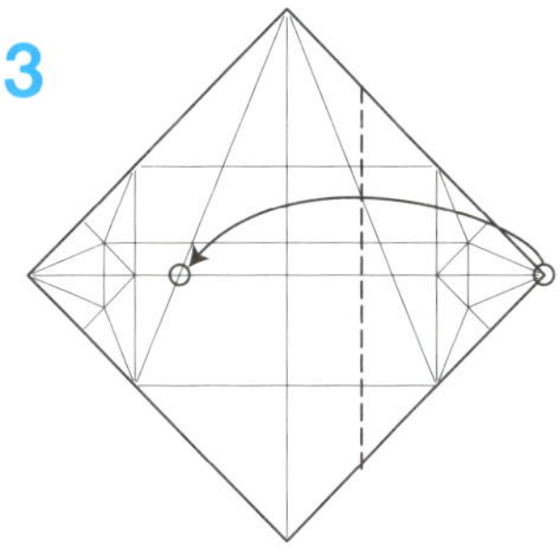

14 접어놓은 기준선에 따라 계단접기를 한다

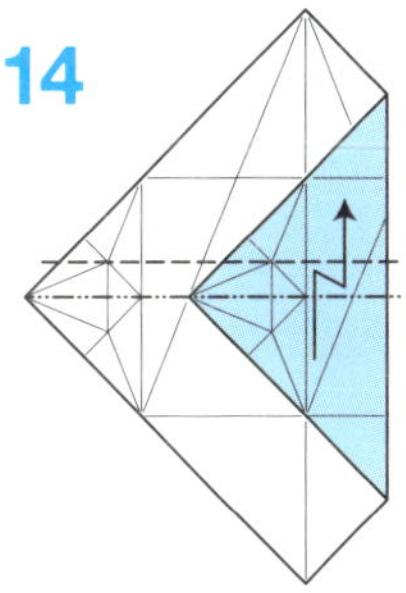

15 1/2 너비로 당겨서 접는다

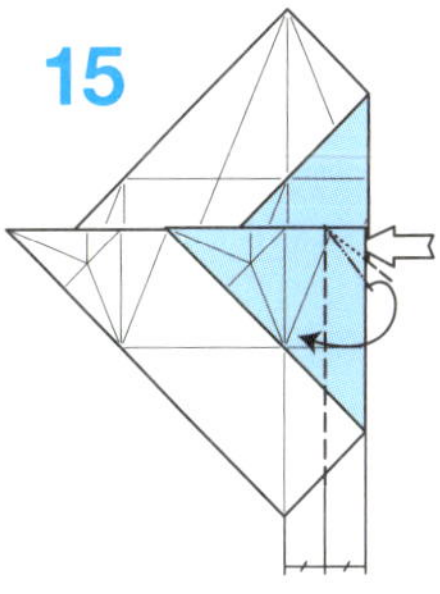

16 모두 펼친다

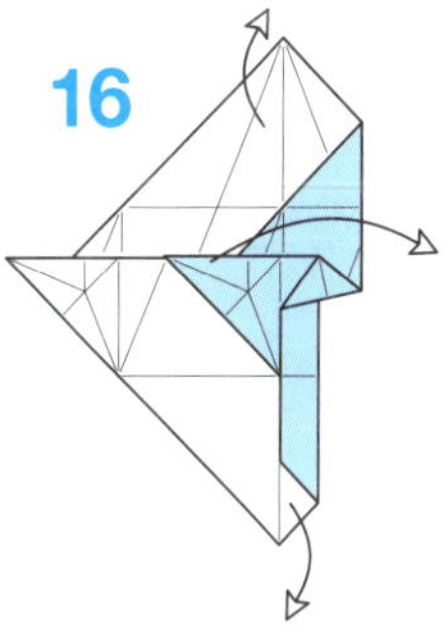

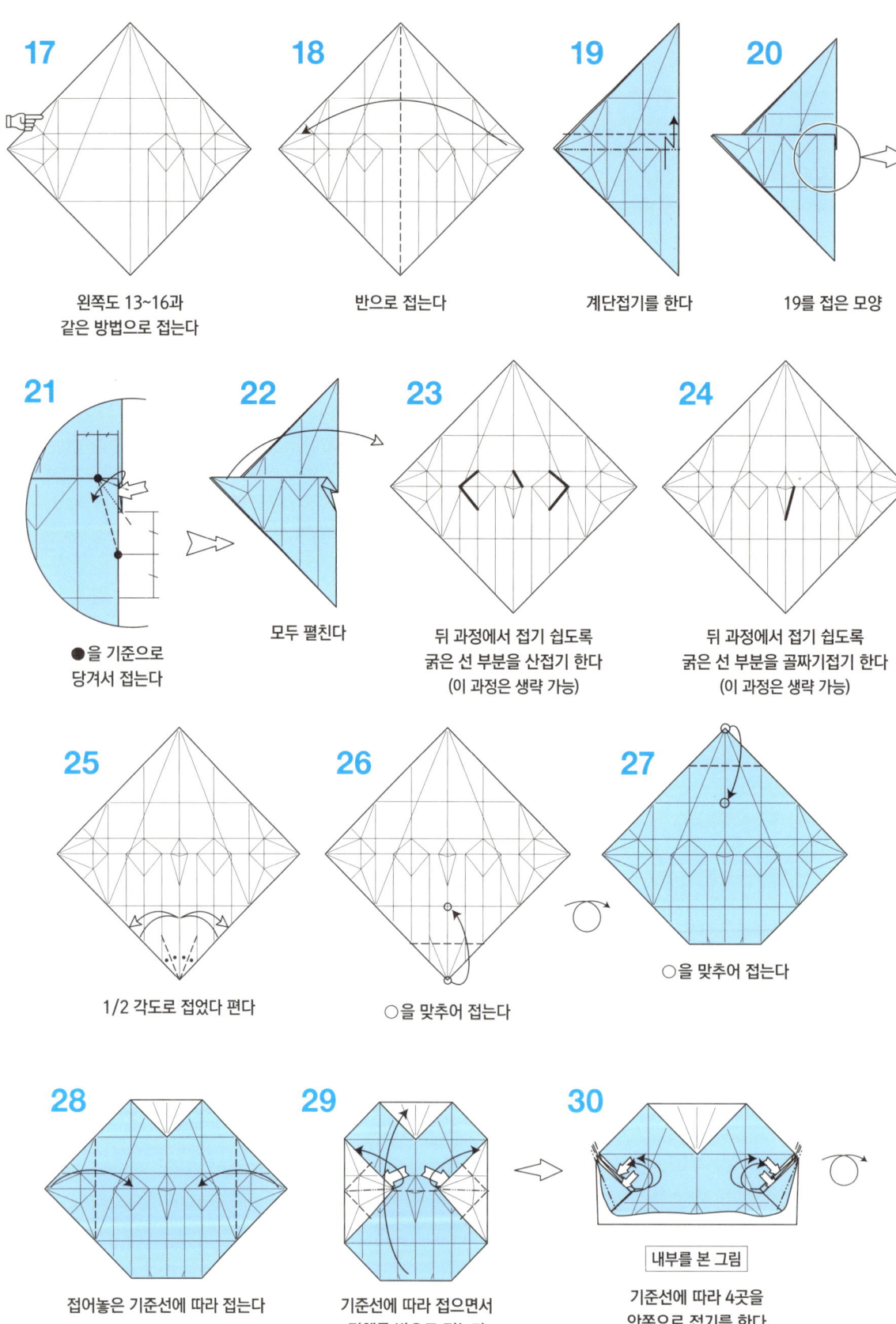

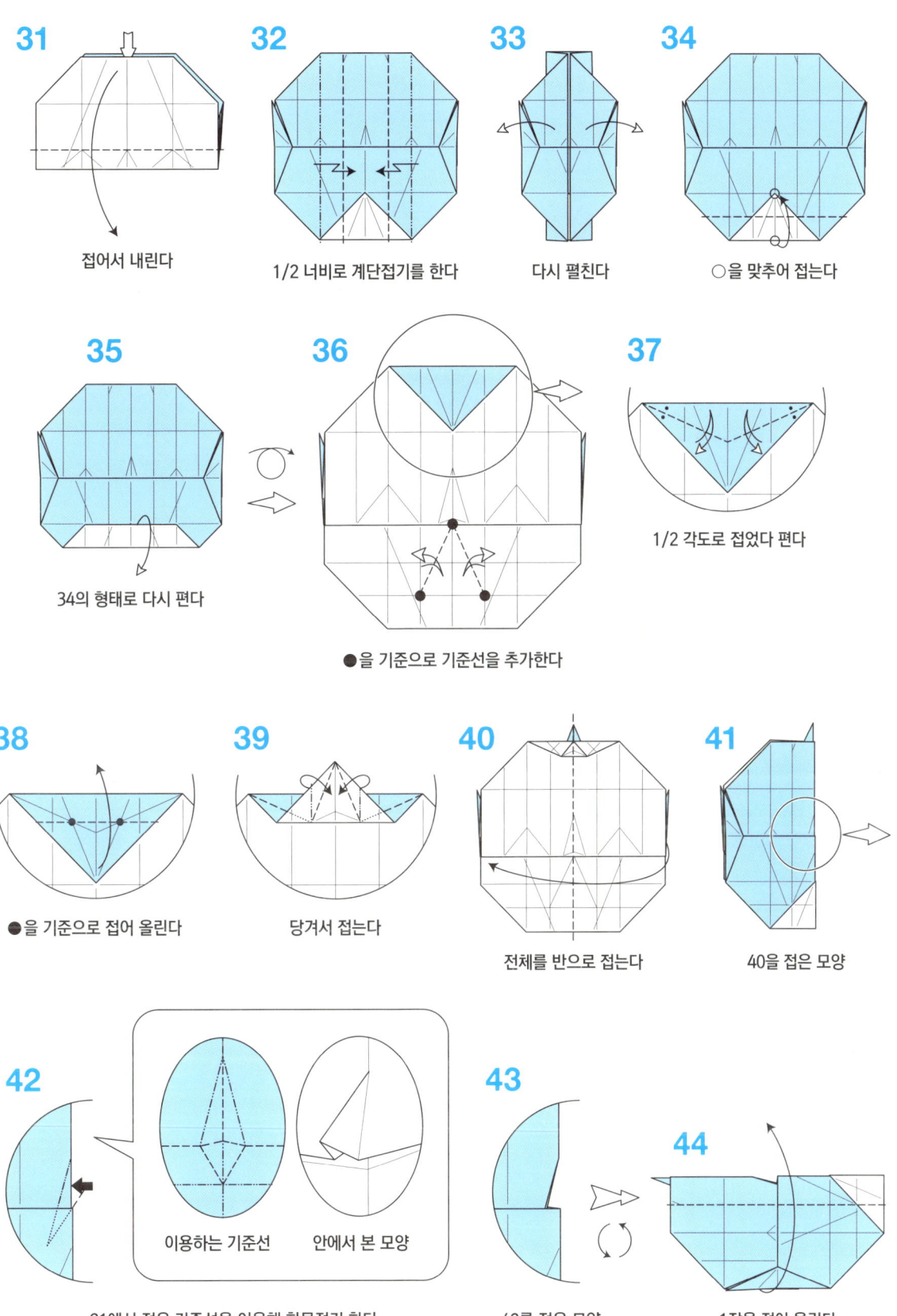

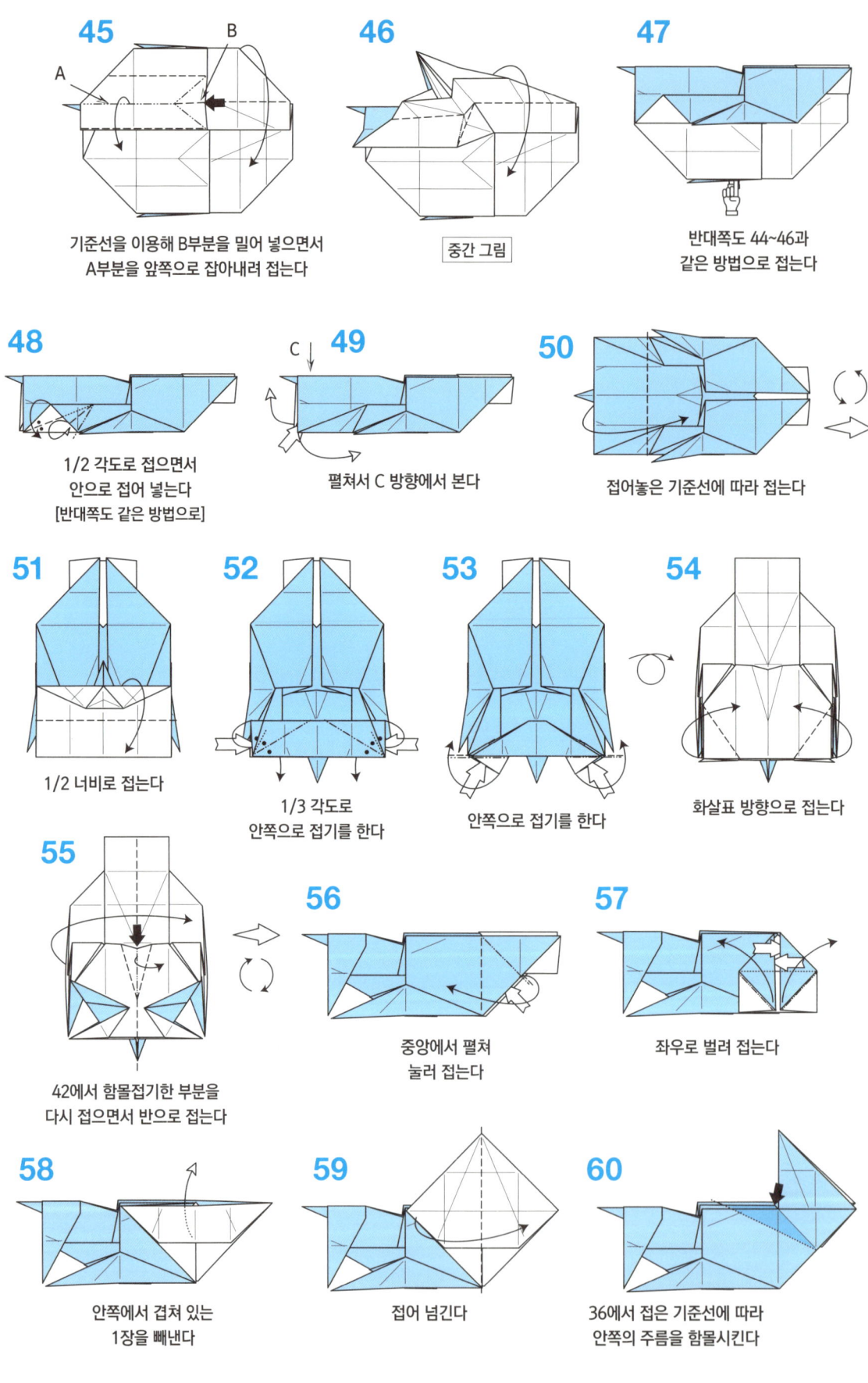

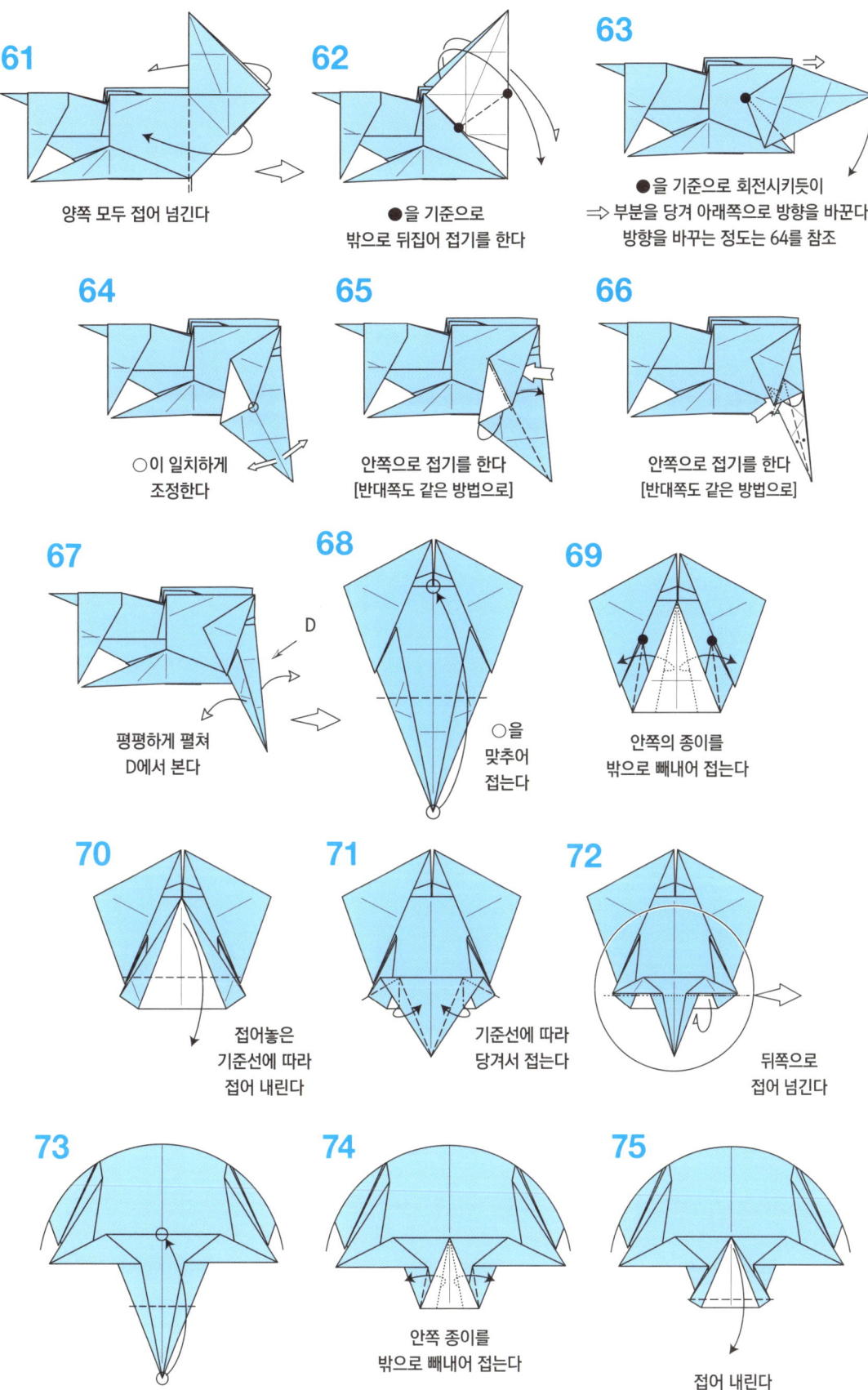

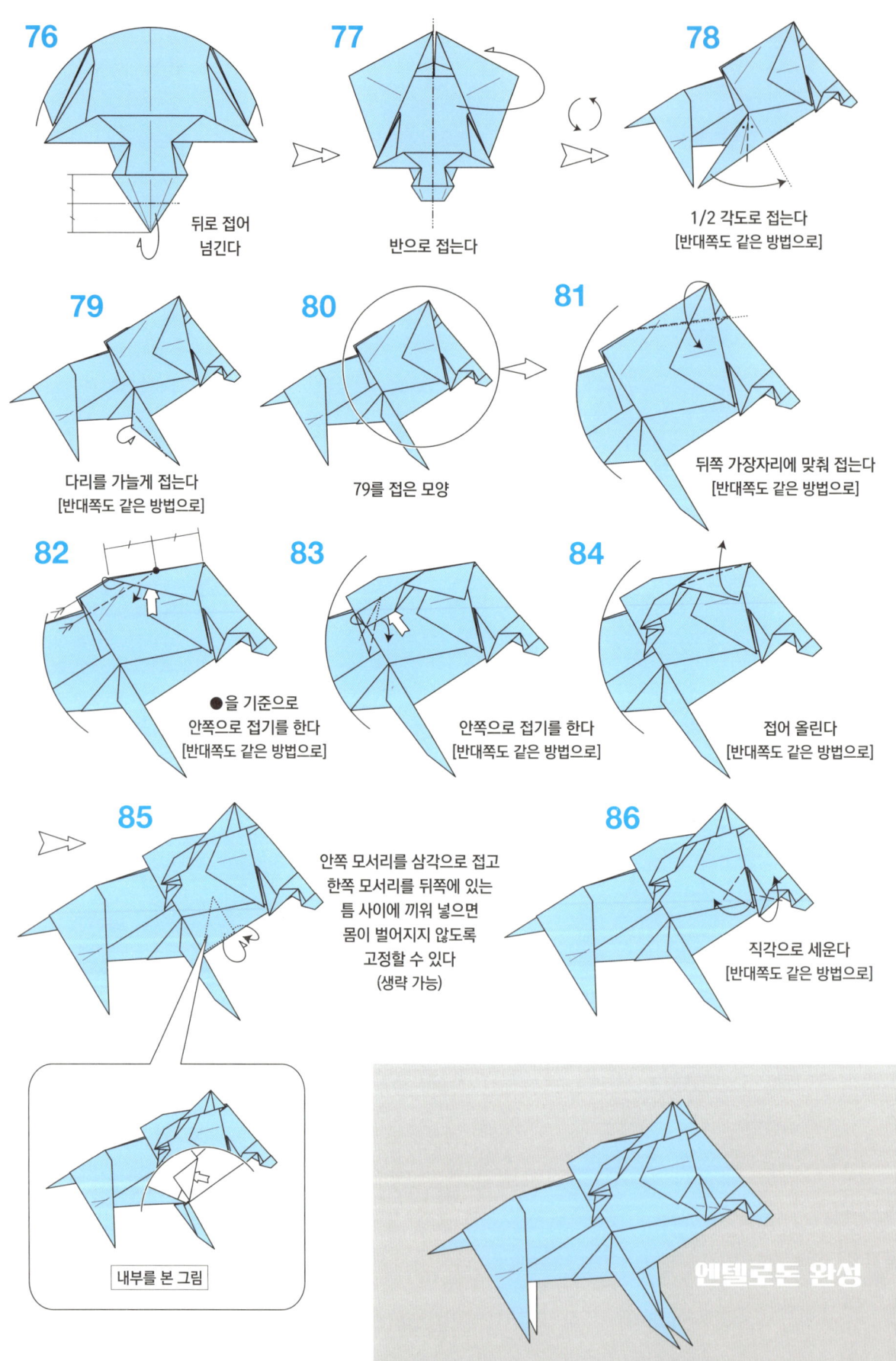

상급

메트리오린쿠스
Metriorhynchus

쥐라기 중기~후기에 세계 각지의 바다에 서식한 생물, 악어이다. 입체적인 연속 접기 과정이 많아 당황할 수도 있는데 사전에 접은 기준선이 도움이 될 것이다.

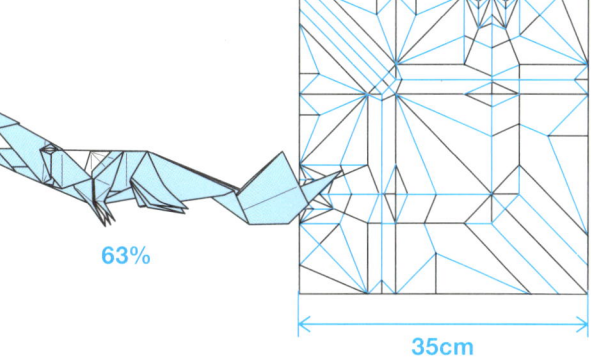

63%

35cm

1. 접었다 편다

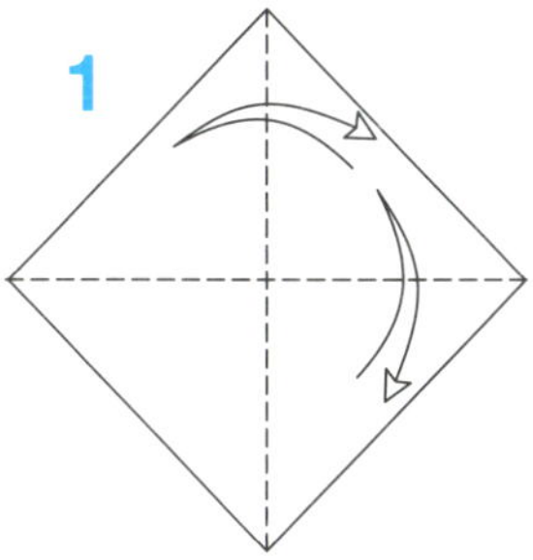

2. ○을 맞추어 ◎위치에 표시를 한다

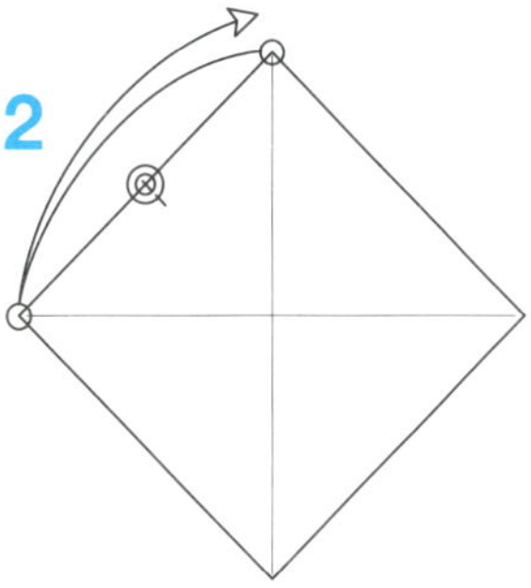

3. ●을 기준으로 ◎위치에 표시를 한다

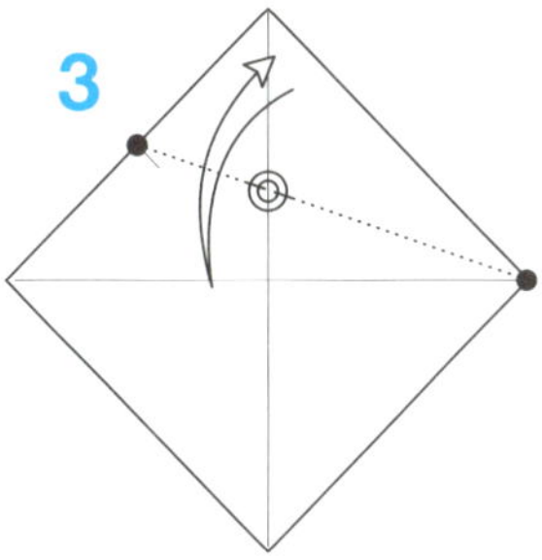

4. ○을 맞추어 접었다 편다

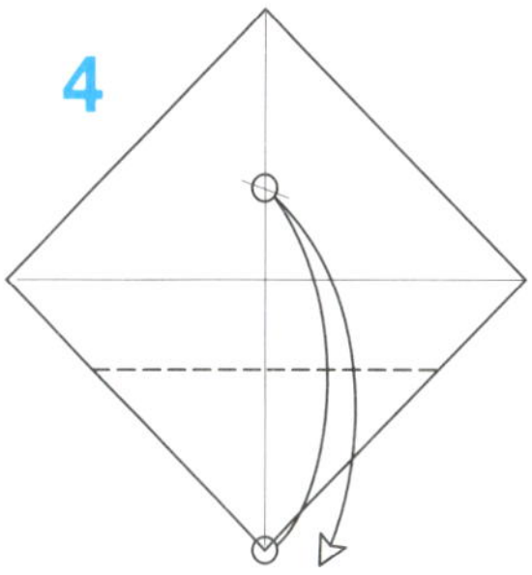

5. ○을 맞추어 접었다 편다

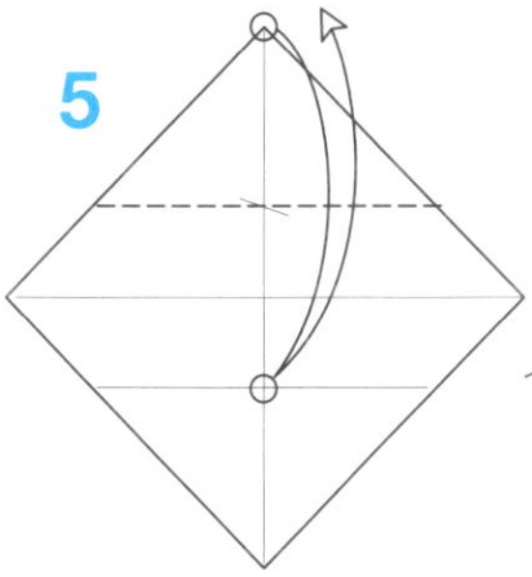

6. ●을 기준으로 접었다 편다

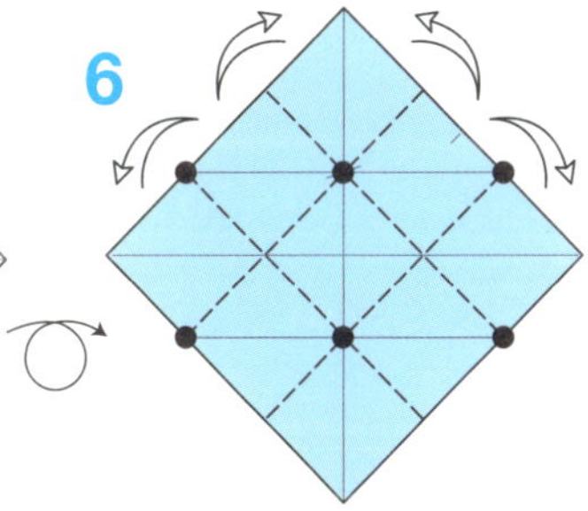

7. ●을 기준으로 굵은 선과 ○을 맞추어 ◎위치에 표시를 한다

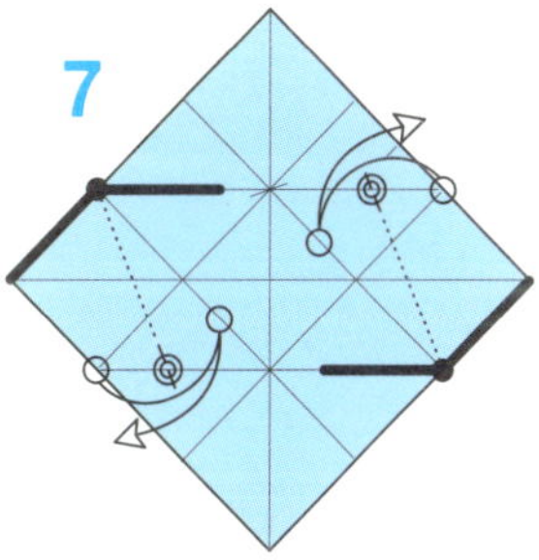

8. ○을 맞추어 접었다 편다

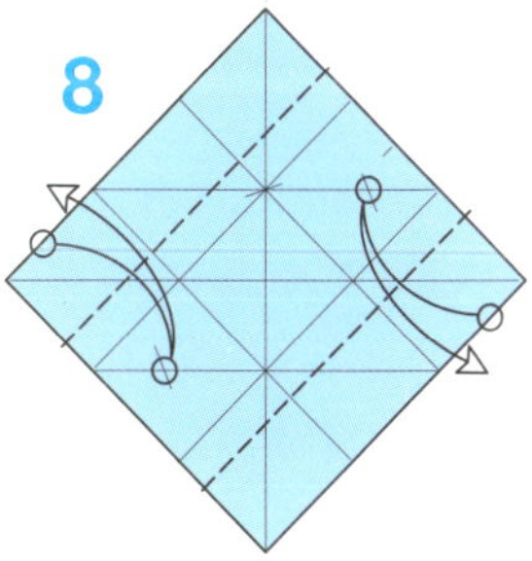

9. ●을 기준으로 접었다 편다 [이하 불필요한 표시는 생략]

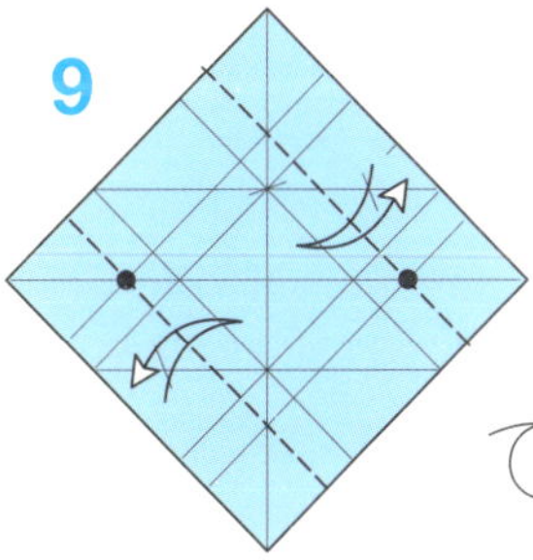

10. 1/2 너비로 ◎위치까지 계단접기를 한다. 종이의 방향이 틀리지 않게 주의한다

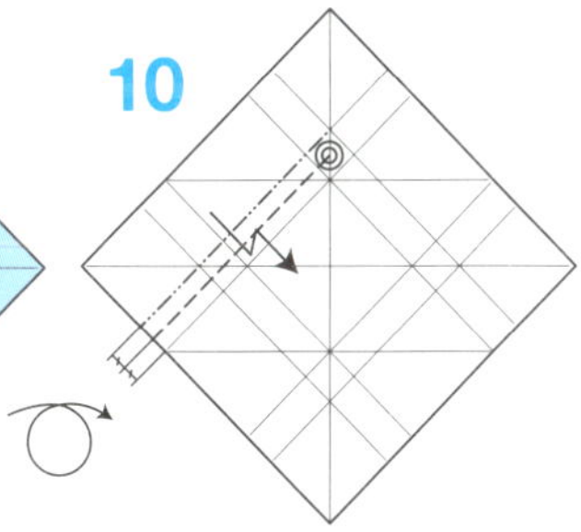

11. 다시 펼친다

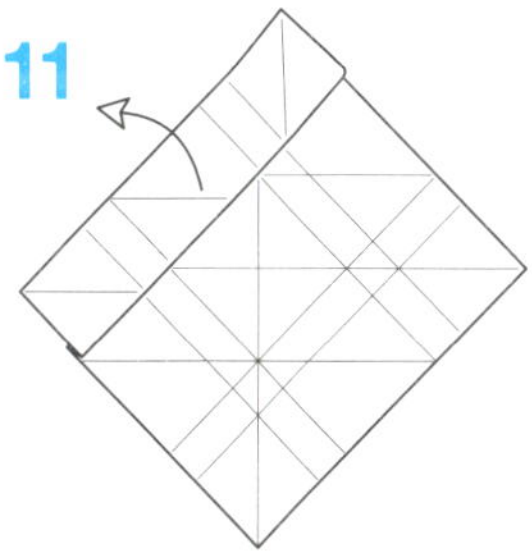

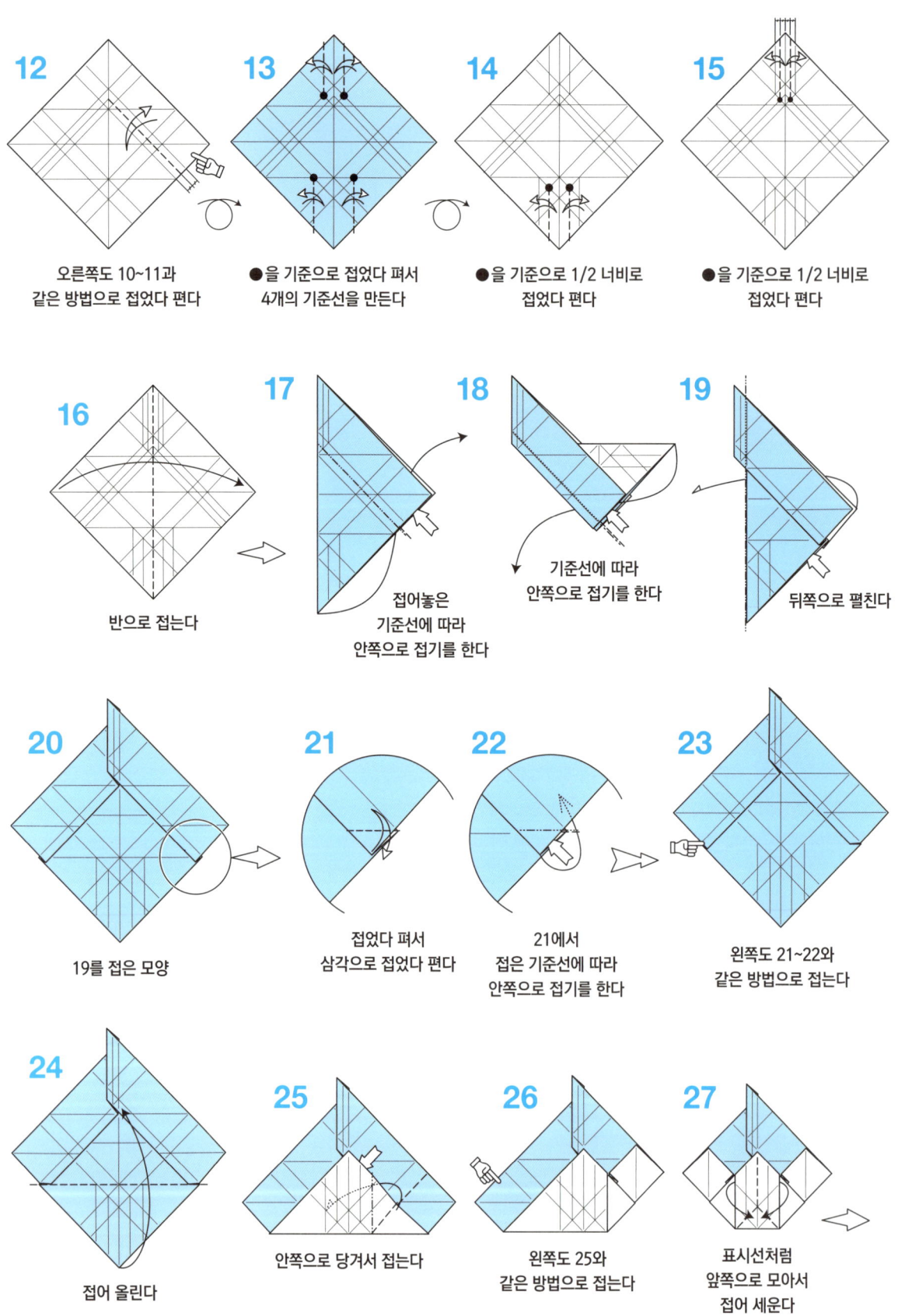

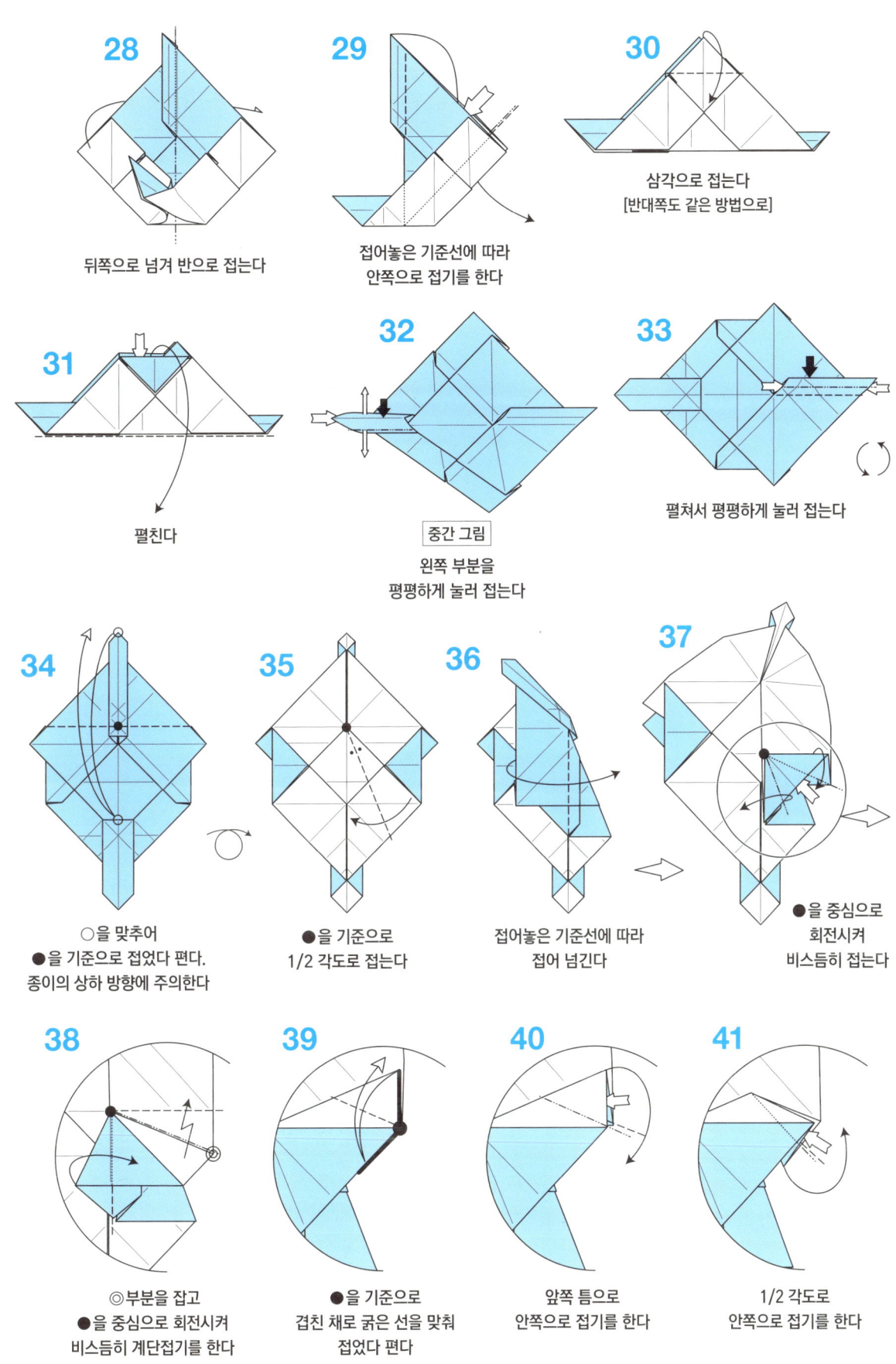

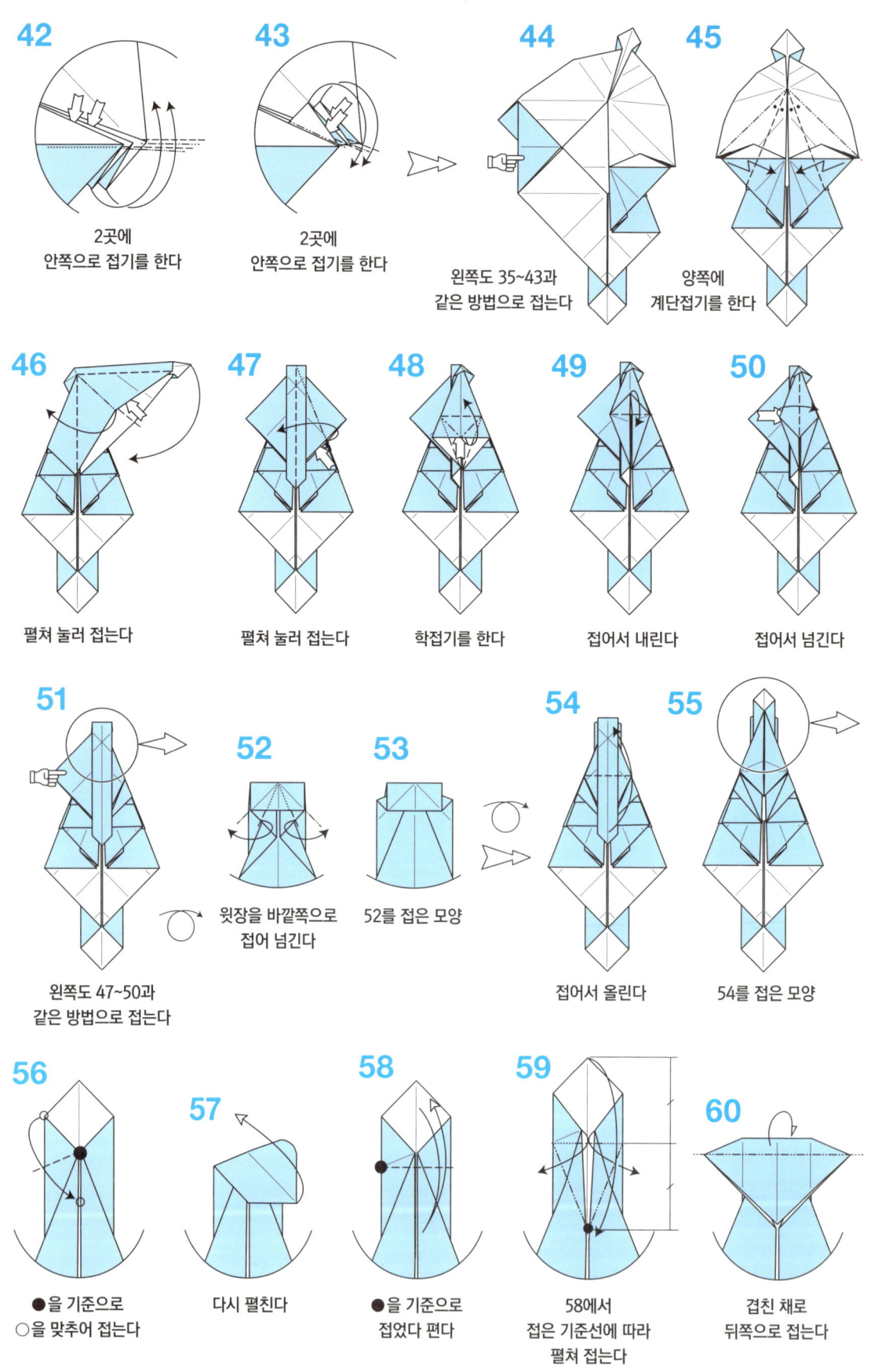

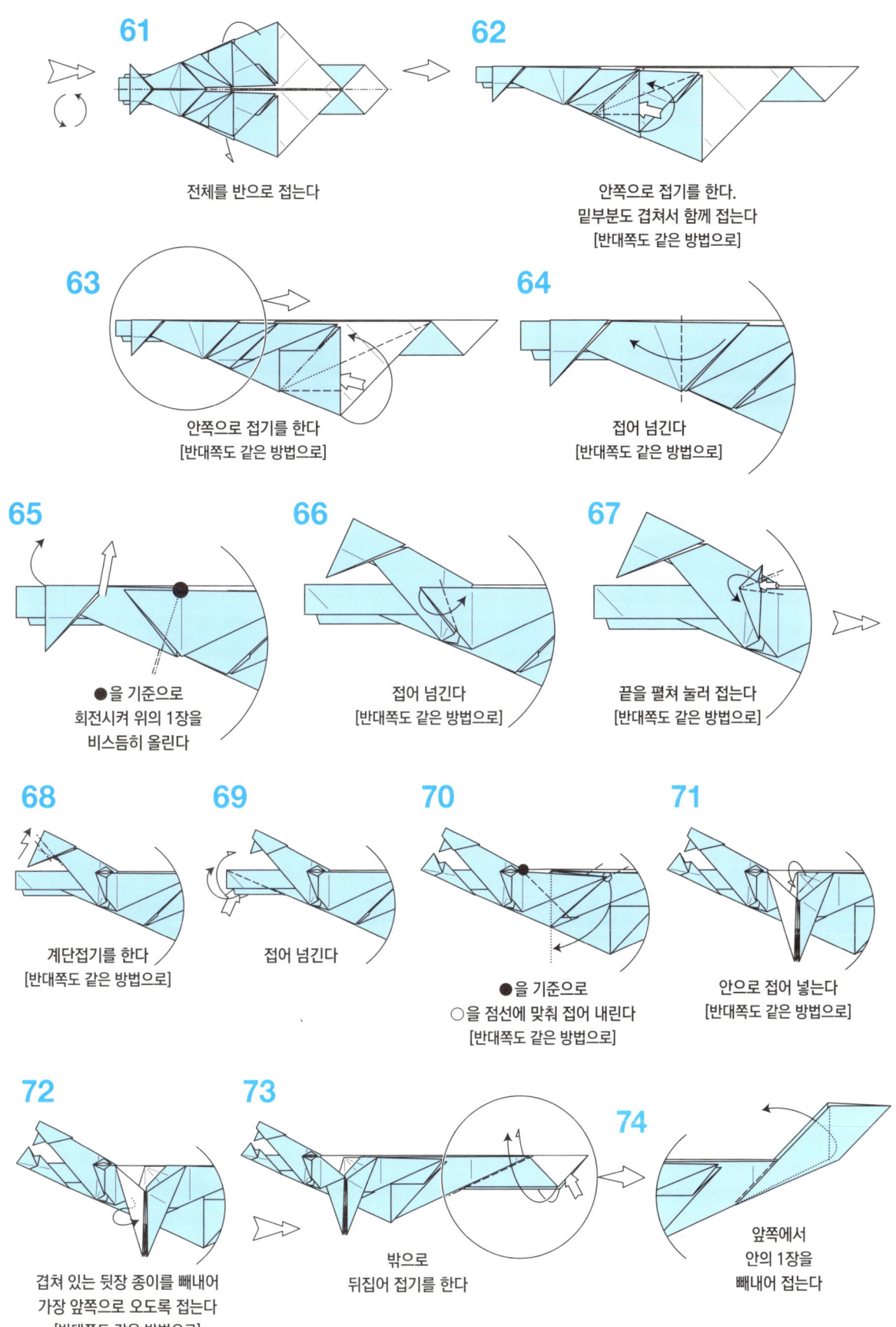

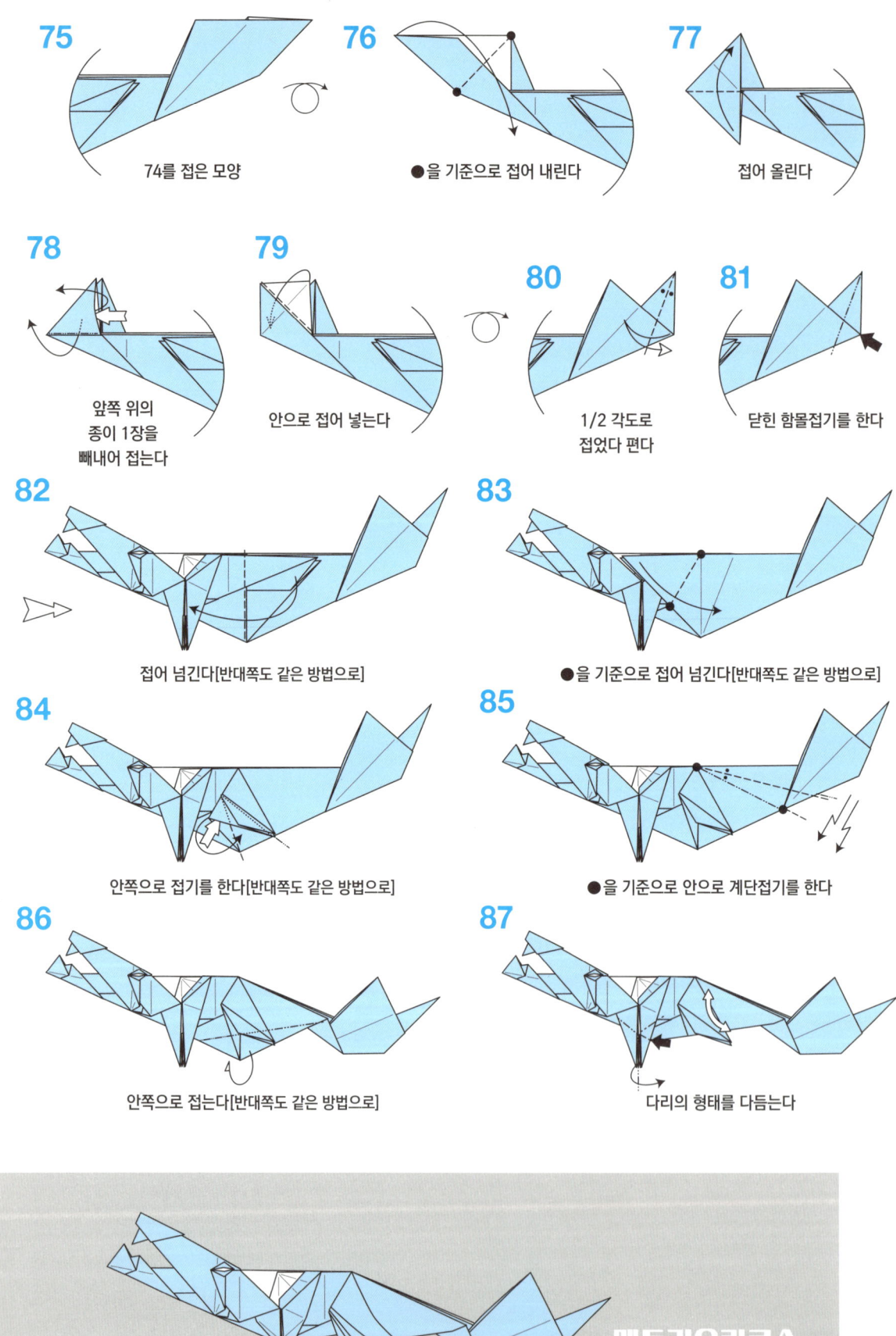

상급

데이노수쿠스
Deinosuchus

역사상 가장 큰 악어로, 북아메리카 대륙에 서식했다. 이빨과 다리의 곡선 부분을 접을 때 조형을 위해 한 가지 고안을 했으므로 즐겁게 접어 보길 바란다.

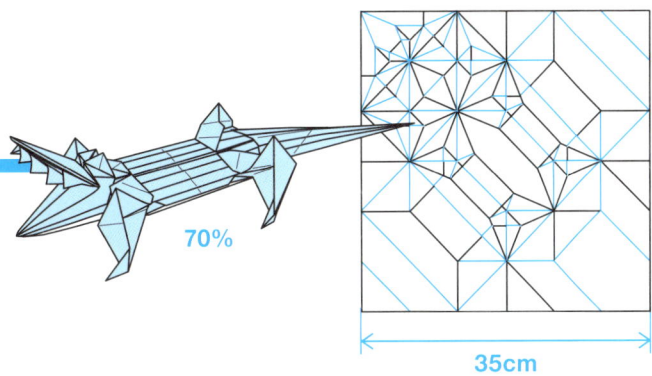

70%

35cm

1 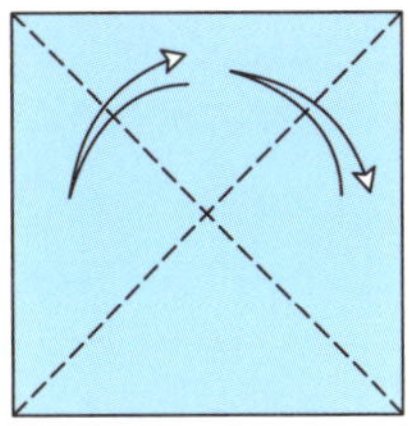 접었다 편다

2 1/2 위치에 표시를 한다

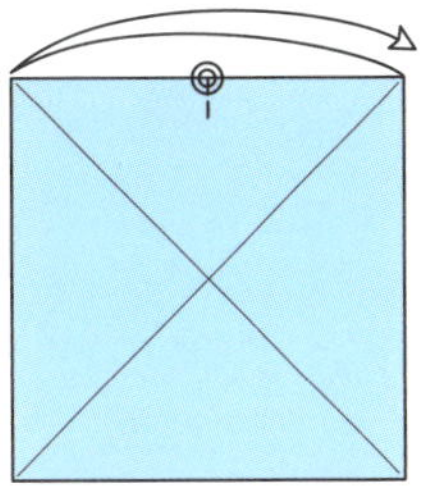

3 ●을 연결하는 선 위의 ◎위치에 표시를 한다

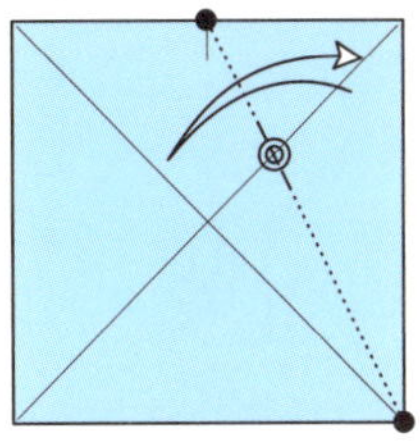

4 ○을 맞추어 접는다

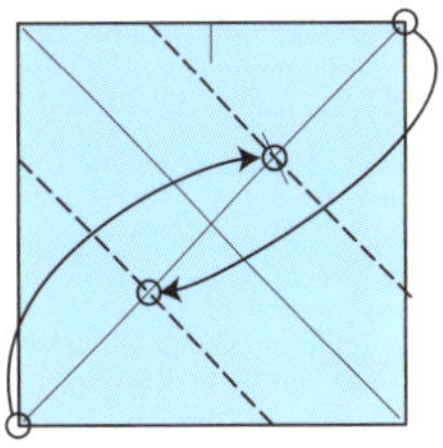

5 ●을 기준으로 접었다 편다

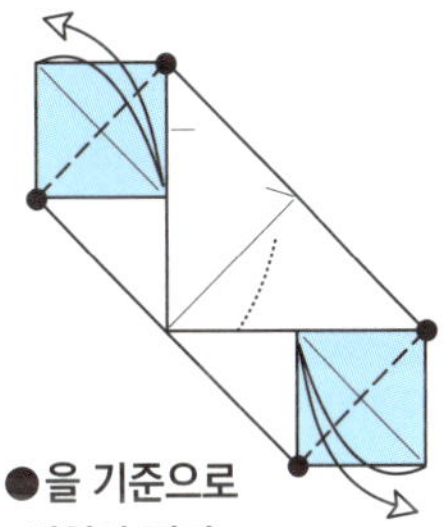

6 다시 펼친다 [이하 불필요한 표시는 생략]

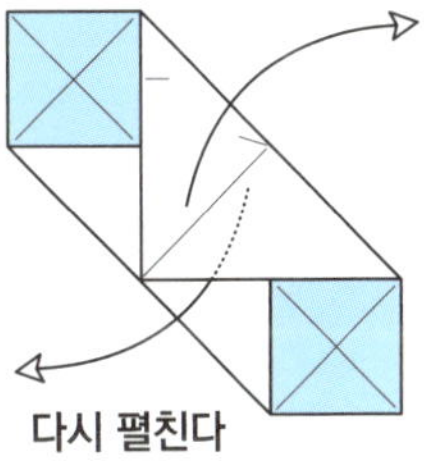

7 ○을 맞추어 접었다 편다

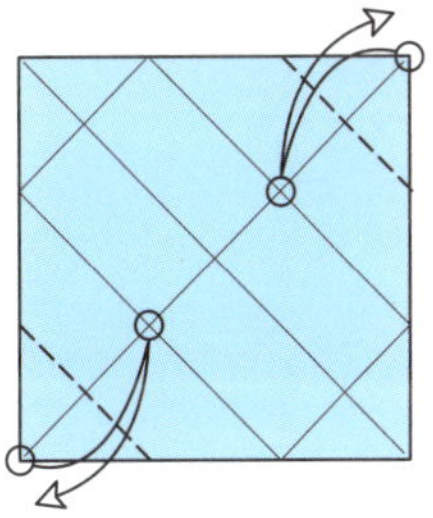

8 ●을 기준으로 접었다 편다

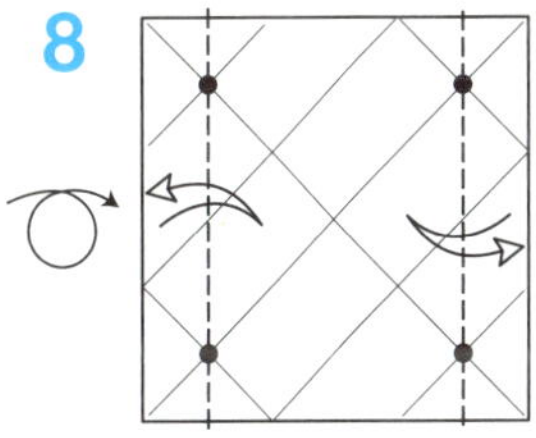

9 ●을 기준으로 접는다

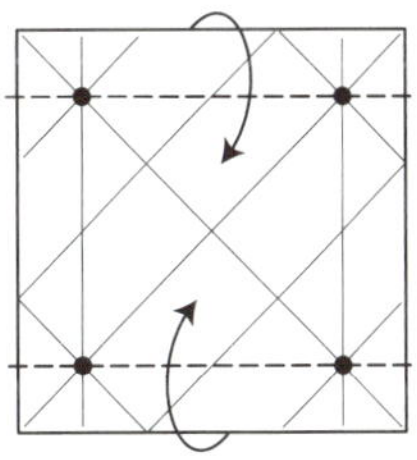

10 모서리를 집듯이 잡아서 모아 접는다

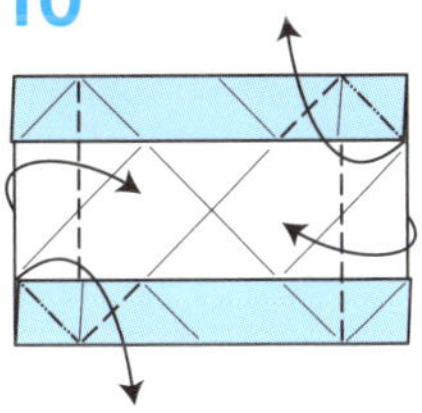

11 모서리를 접어 넘긴다

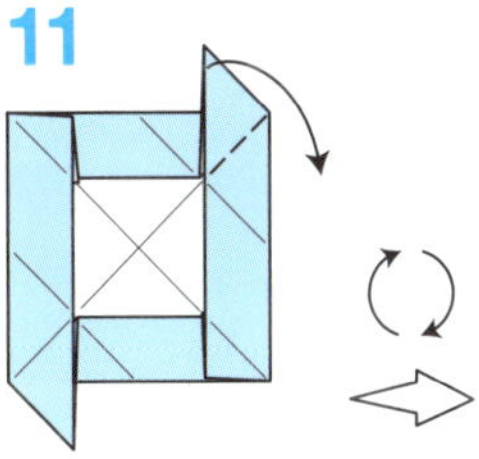

12 ○을 맞추어 뒤쪽으로 접는다

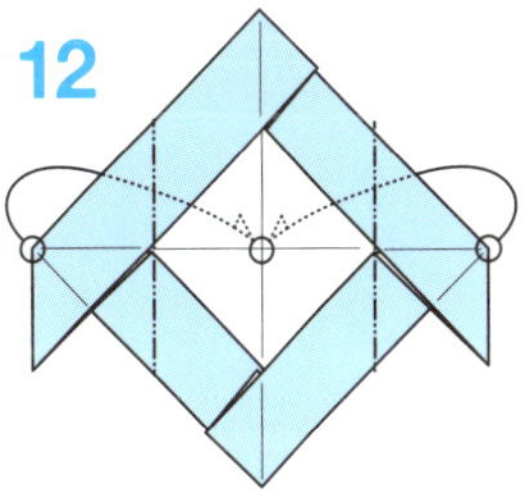

13 반으로 접는다

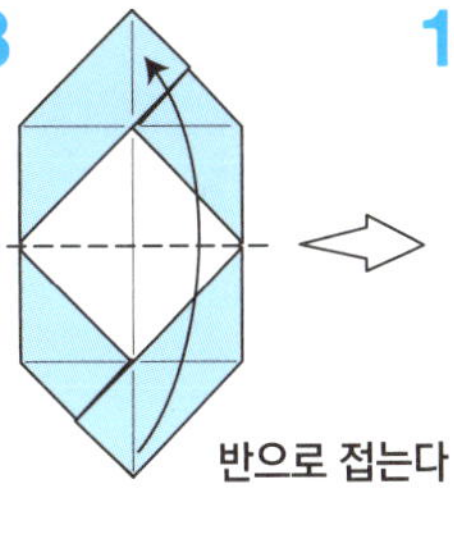

14 ○을 맞추어 접는다 [반대쪽도 같은 방법으로]

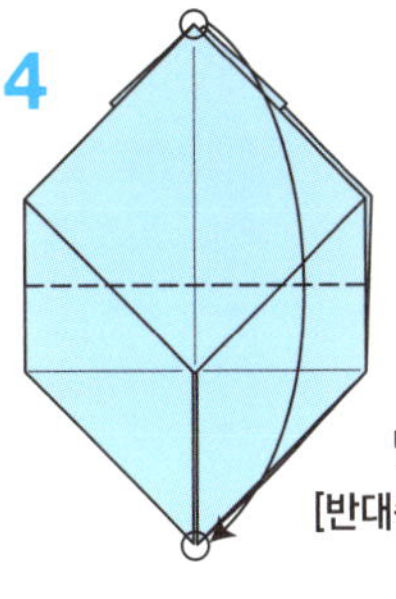

15 ●을 기준으로 굵은 선을 맞춰 좌우 앞쪽 1장씩 접었다 편다

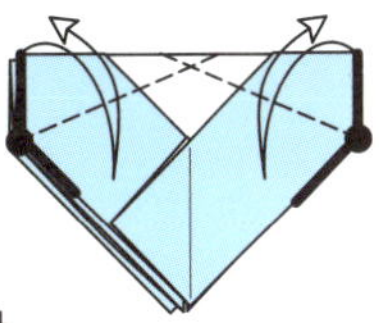

데이노수쿠스 **109**

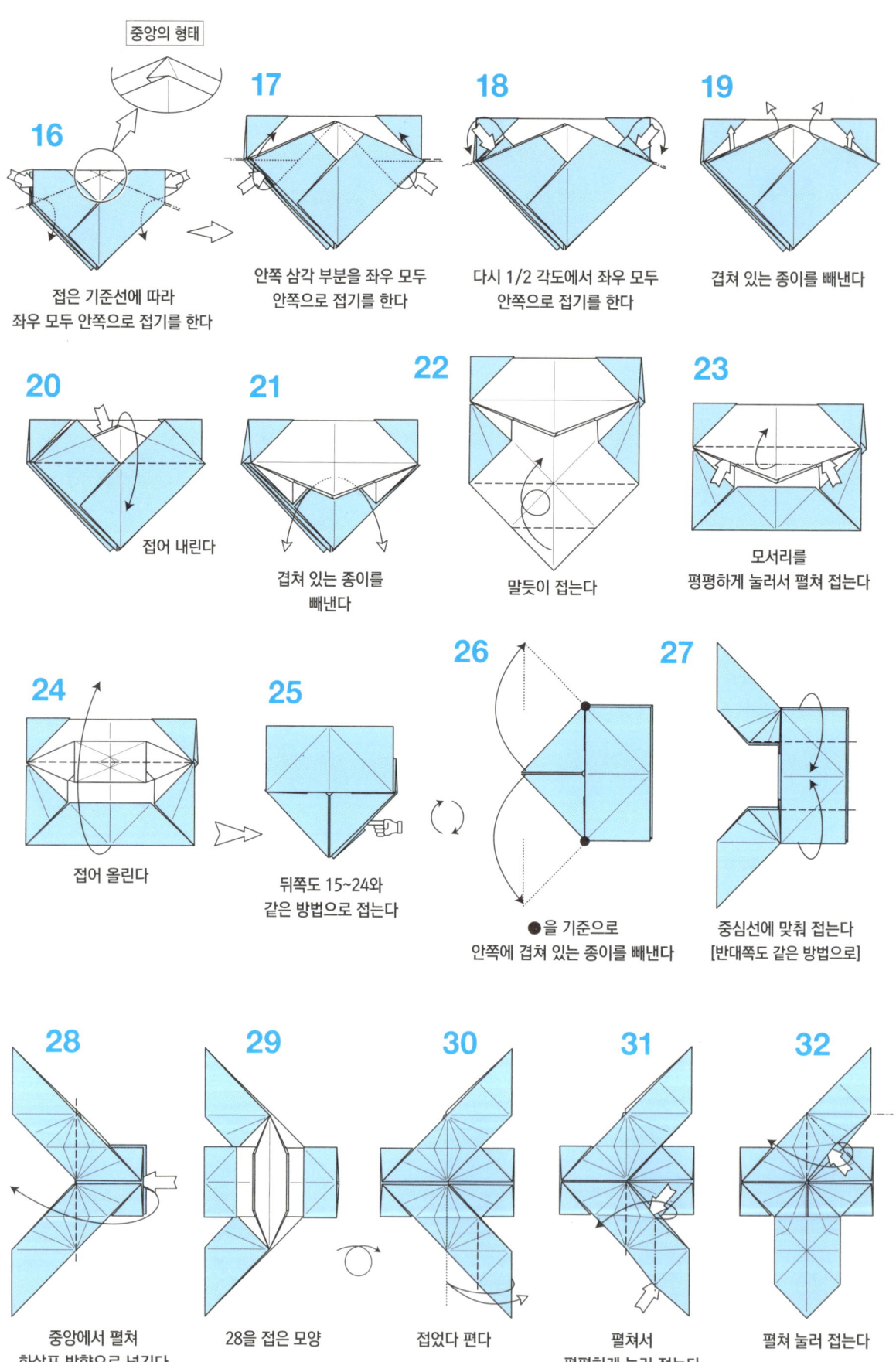

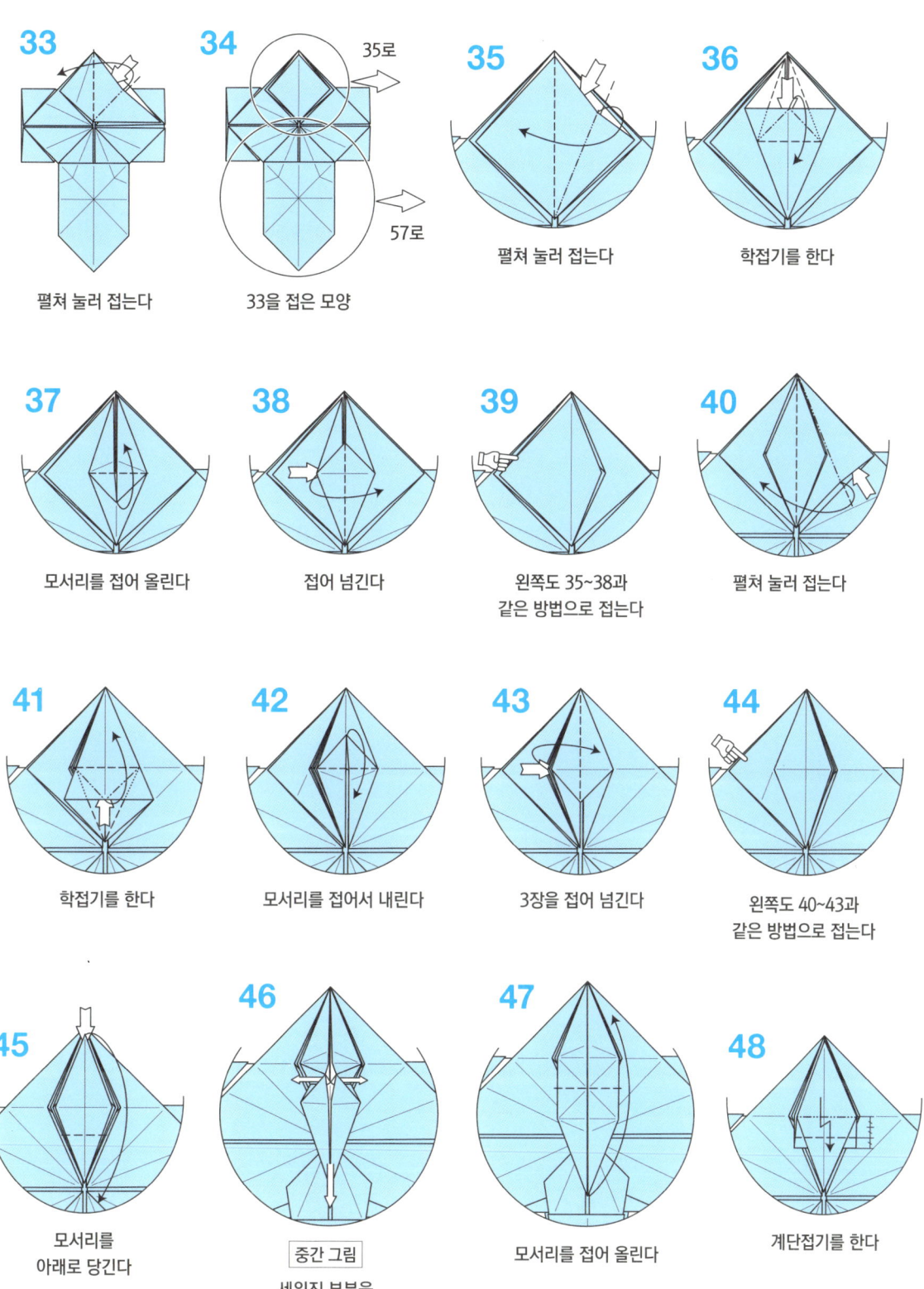

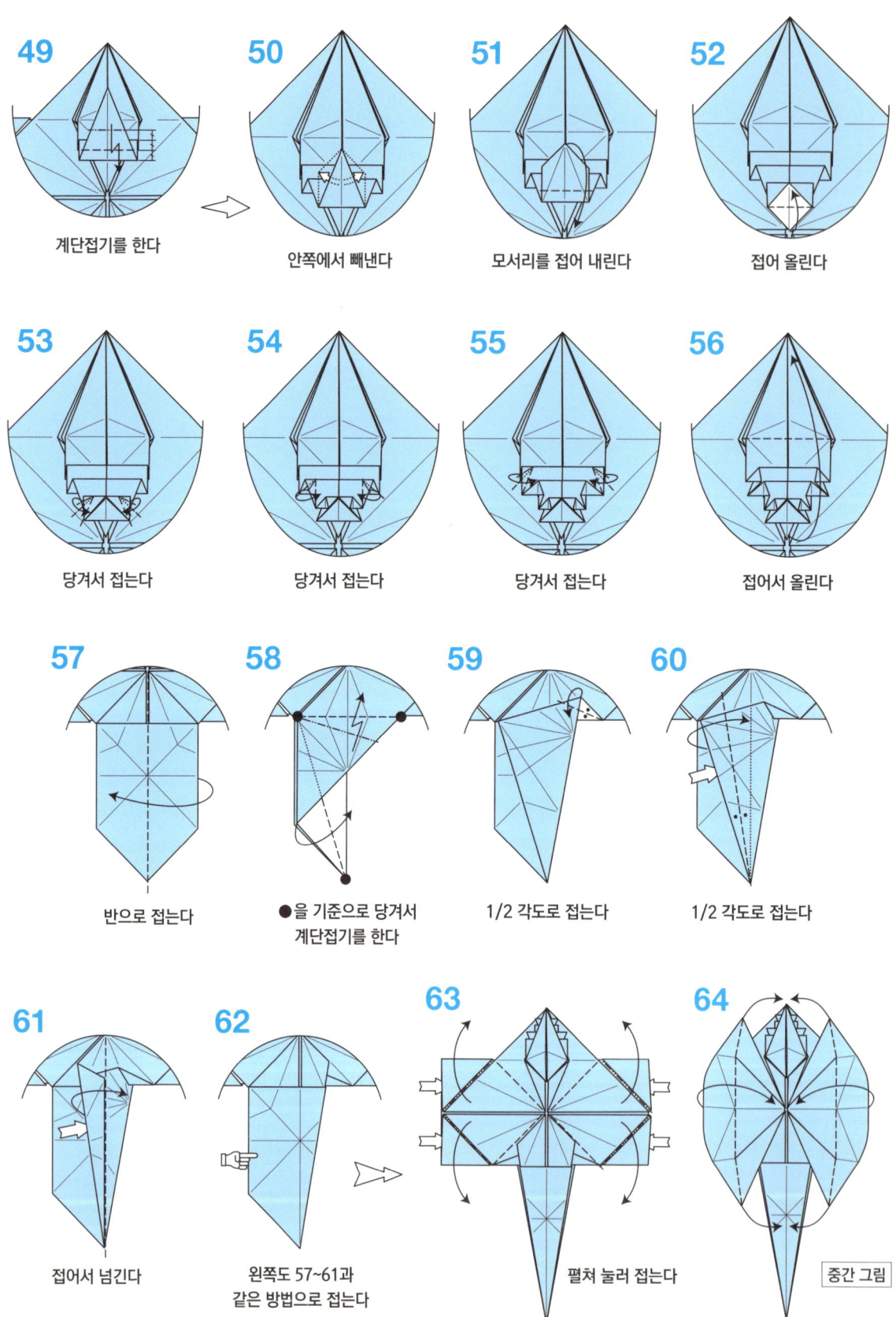

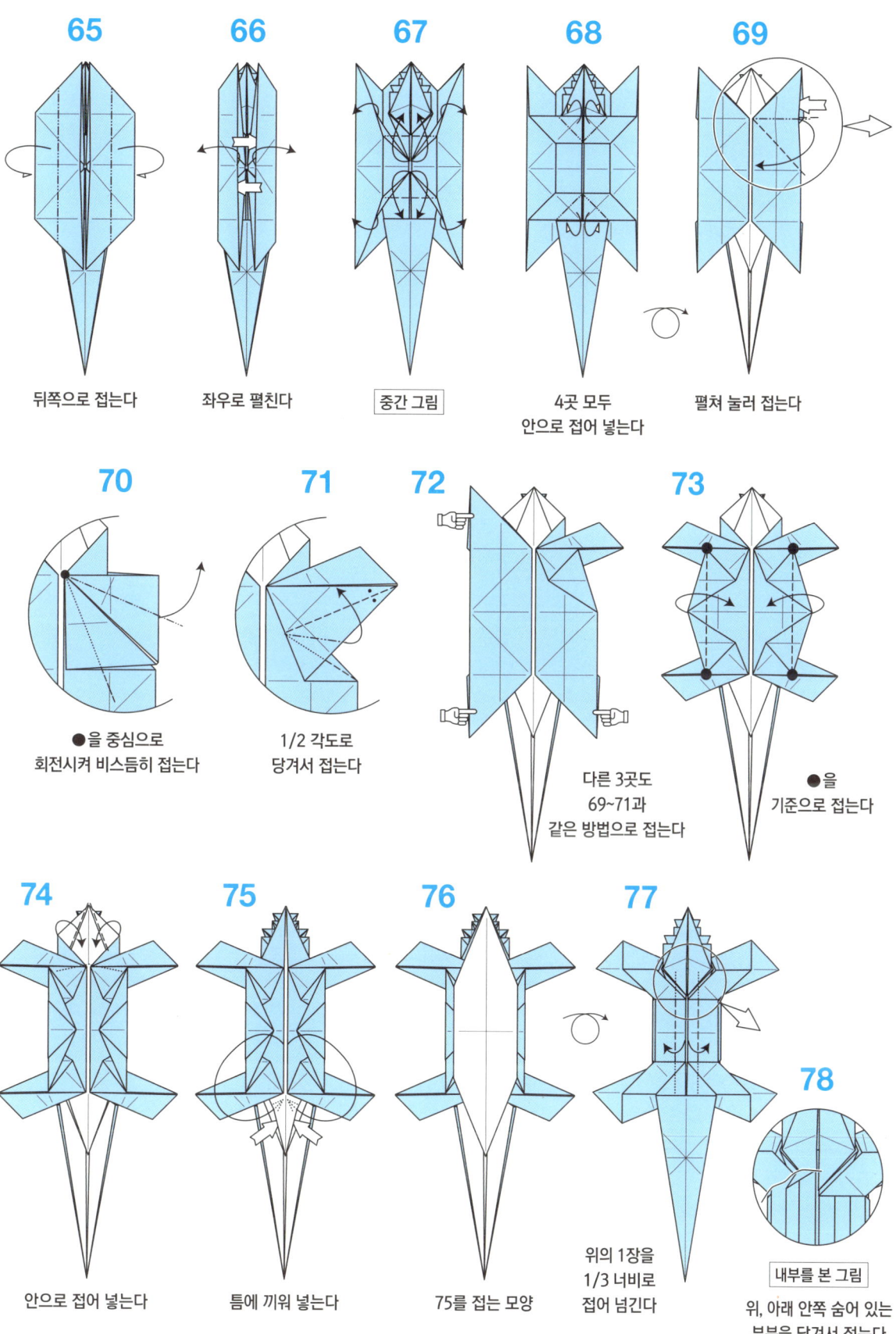

79
위의 1장을
1/3 각도로 접는다

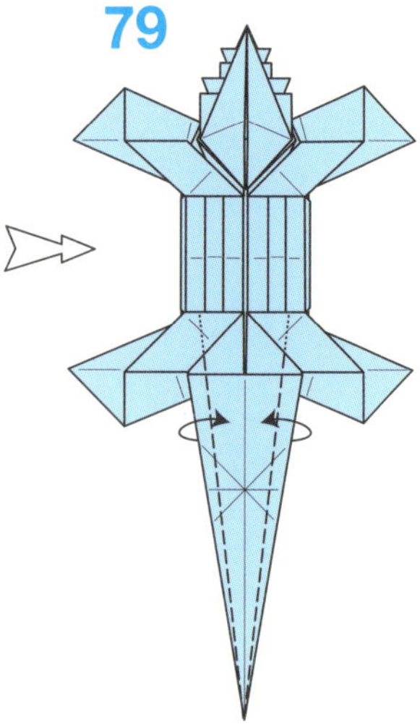

80
표시선처럼
모서리를 집듯이 잡아서
모아 접는다

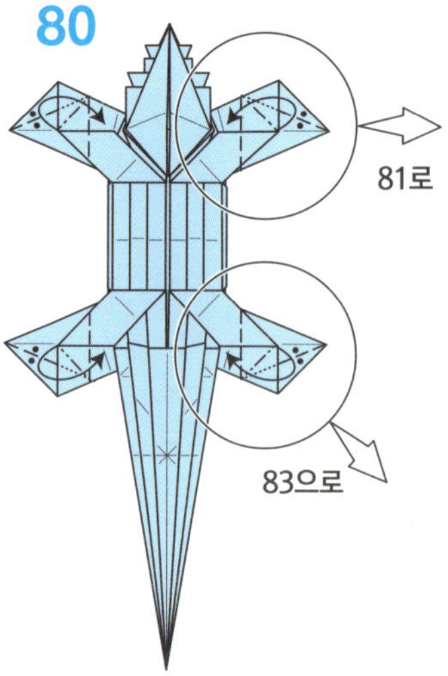

81로
83으로

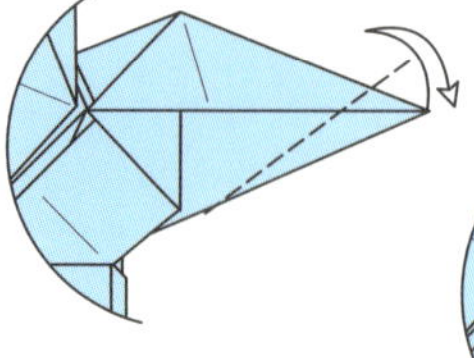

81
접었다 편다

82
밖으로 뒤집어 접기를 한다

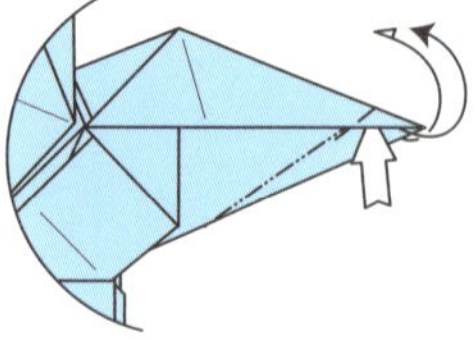

83
접었다 편다

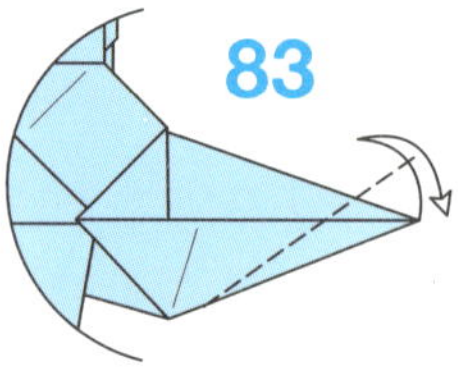

84
안쪽으로 접기를 한다

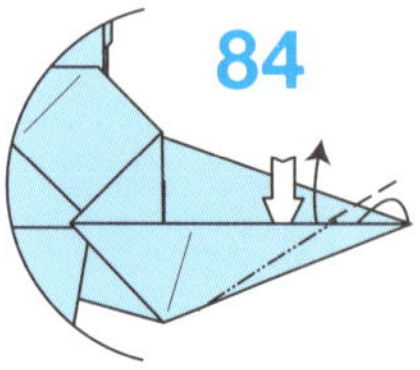

85
왼쪽도 81~84와
같은 방법으로 접는다

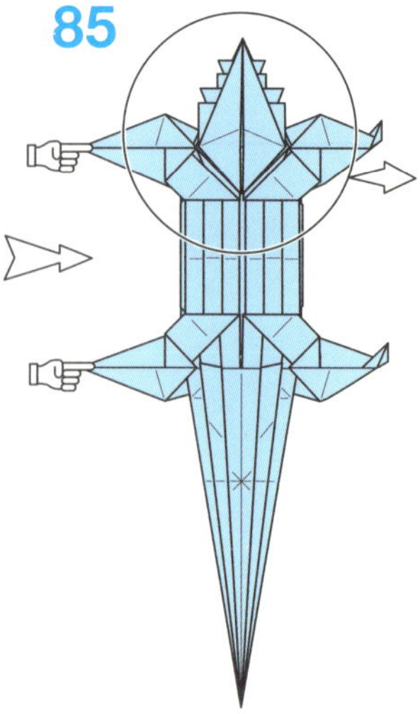

86
펼쳐 눌러 접는다

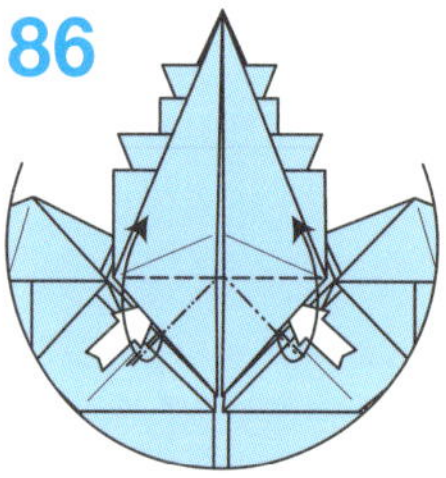

87
수직으로 세워서 접는다

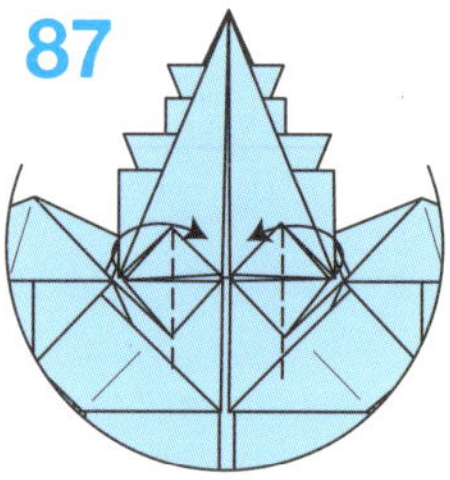

88
이빨 부분을
산접기로 세운다

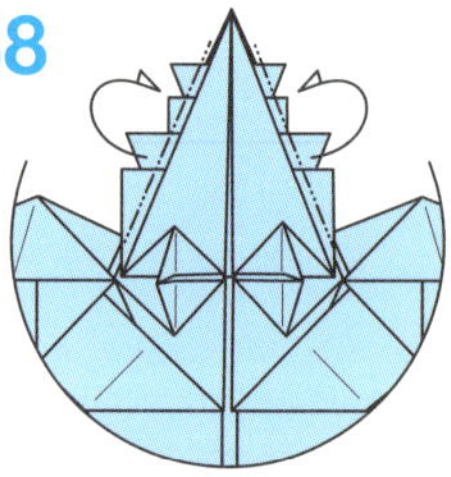

89
다리를 수직으로 세워 접고
꼬리를 가늘게 접어 형태를 다듬는다

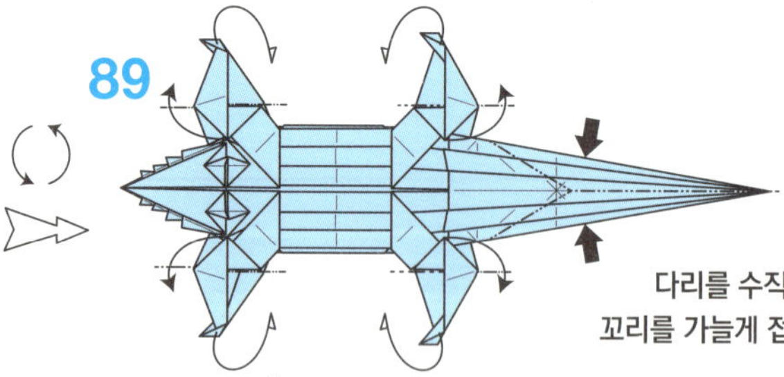

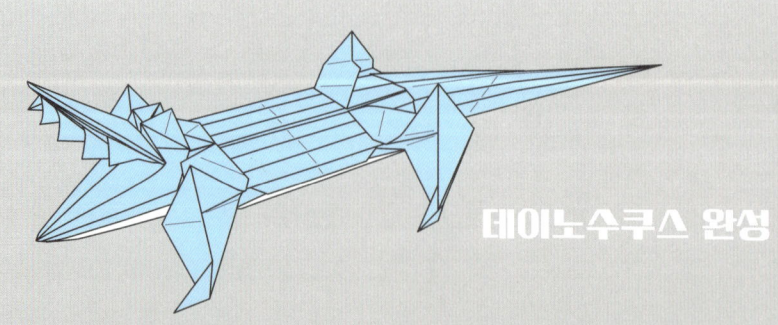

데이노수쿠스 완성

상 급

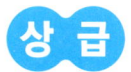

데이노테리움

Deinotherium

코끼리의 일종으로, 약 100만 년 전에 멸종했다. 아래턱 밑으로 자라는 엄니가 큰 특징이다. 76번 과정은 종이가 찢어지기 쉬우므로 무리해서 접지 않도록 한다.

51%

35cm

1

접었다 펴서
중심선을 만든다

2

○을 맞추어
◎위치에 표시를 한다

3

●을 기준으로
◎위치에 표시를 한다

4

○을 맞추어 접는다

5

○을 맞추어 접는다

6

모두 펼친다

7

●을 기준으로 접었다 편다

8

중심선에 맞춰 접는다

9

접어놓은
기준선에 맞춰
겹친 채로 접어 내린다

10

모두 펼친다

11

●을 기준으로 접어 올린다

12

●을 기준으로
접어 내린다

13

○위치가
맞는지를 확인하고
다시 펼친다

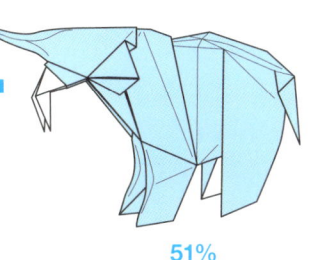

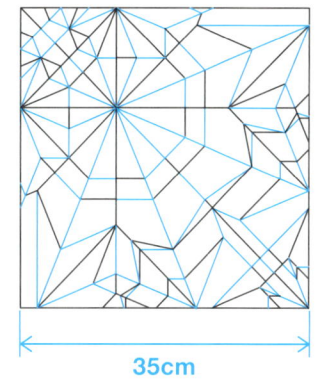

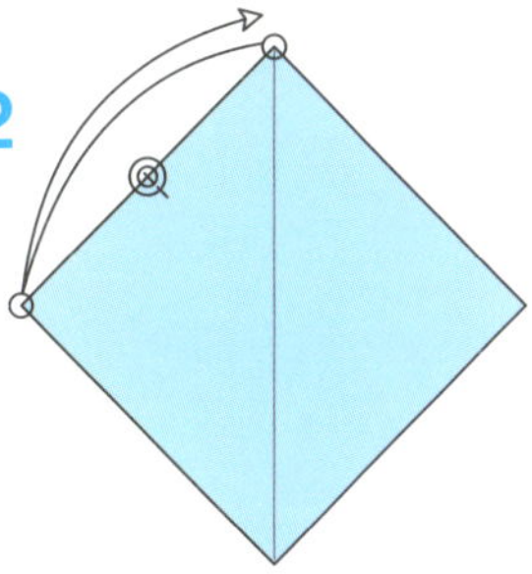

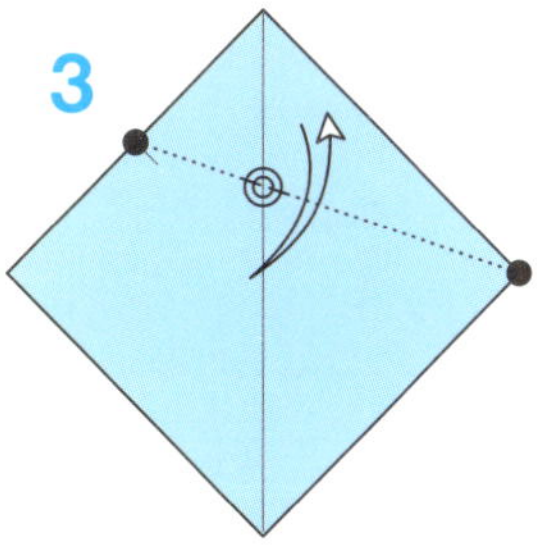

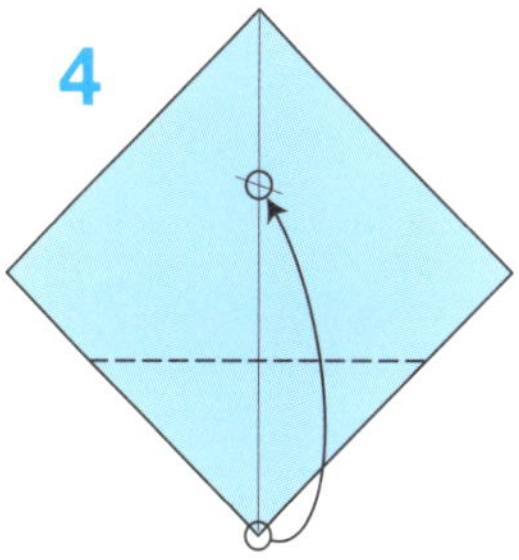

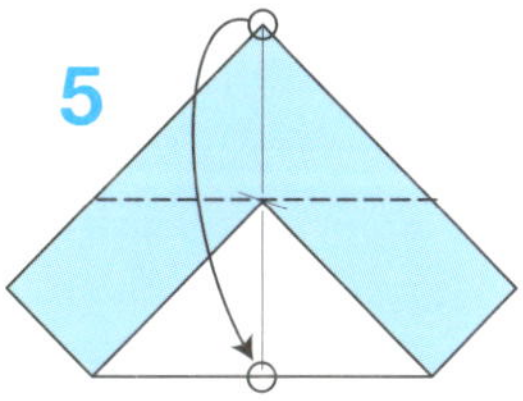

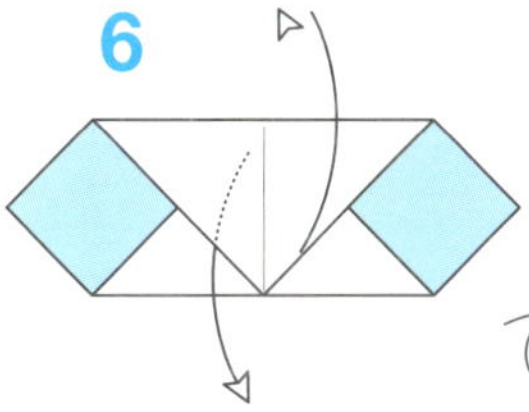

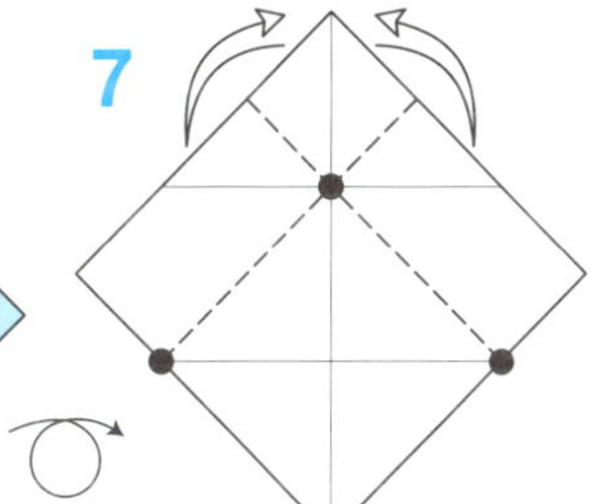

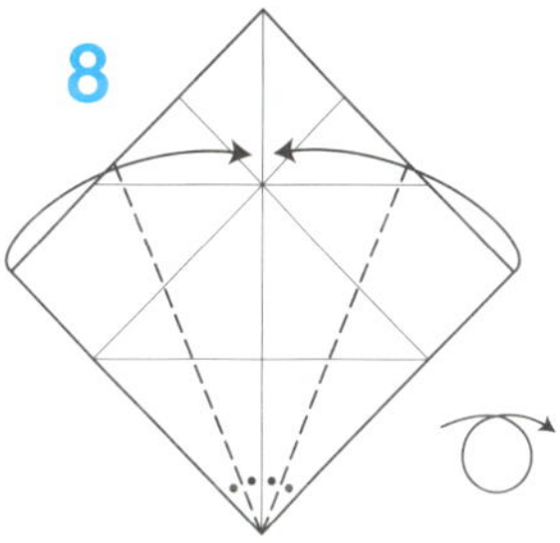

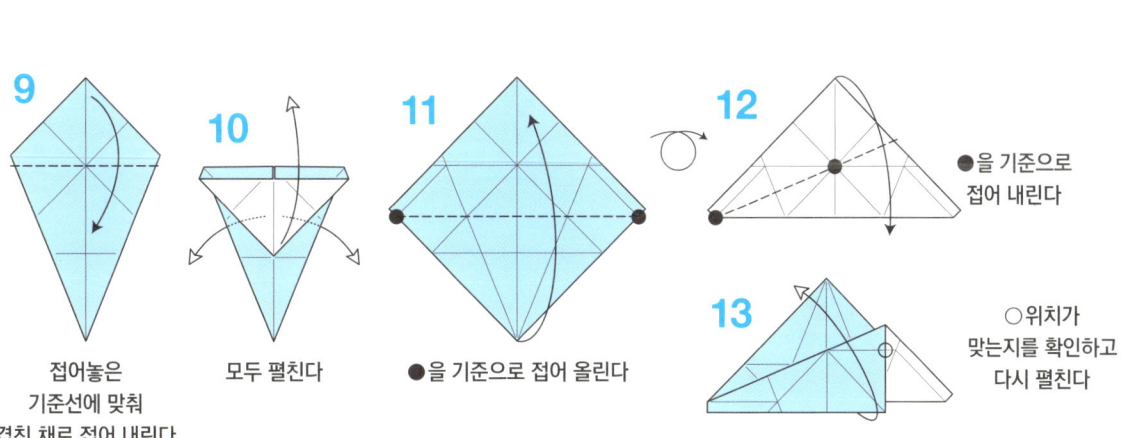

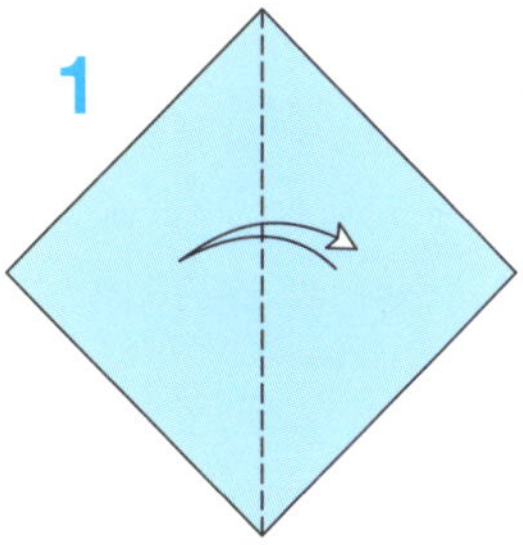

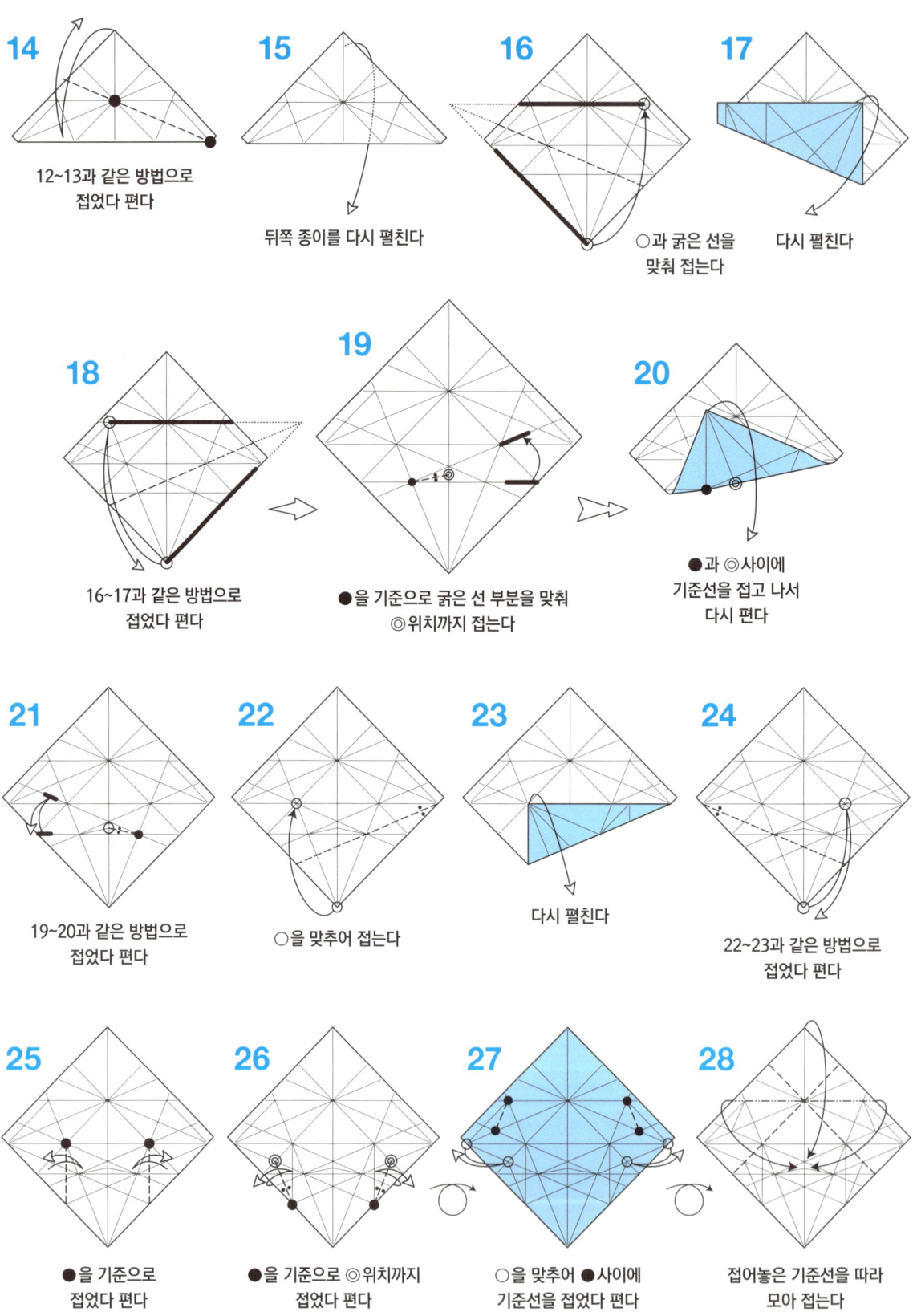

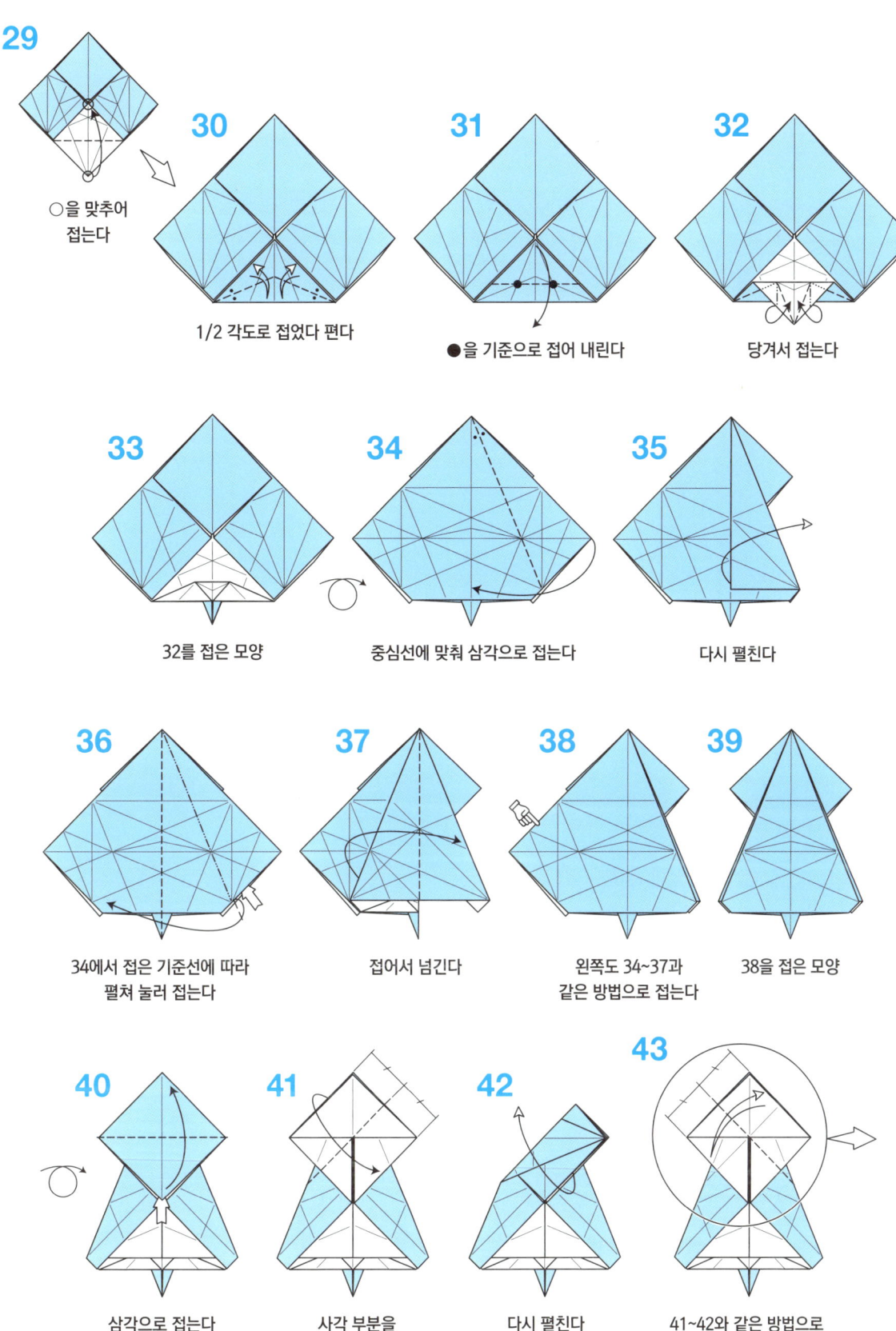

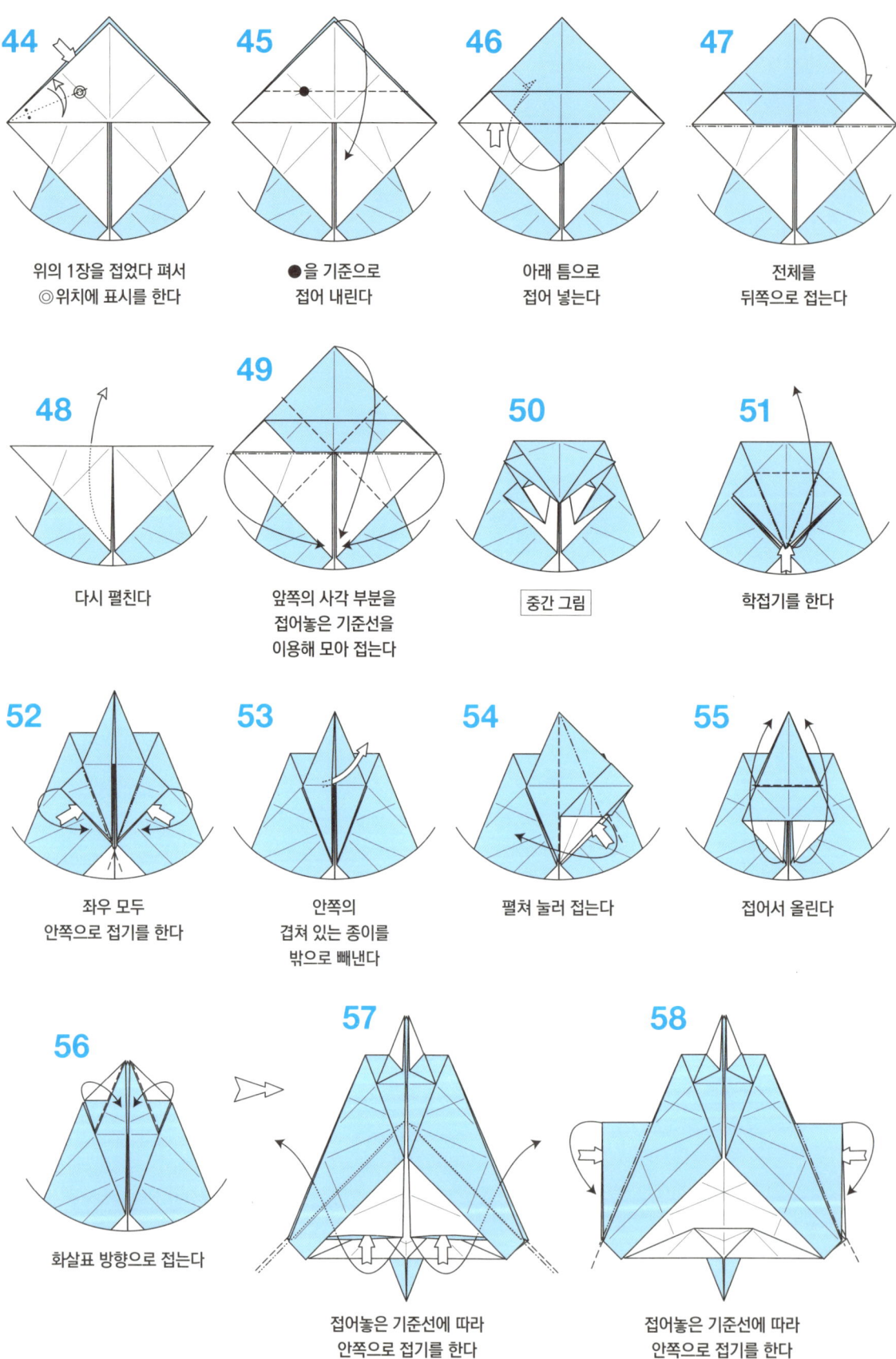

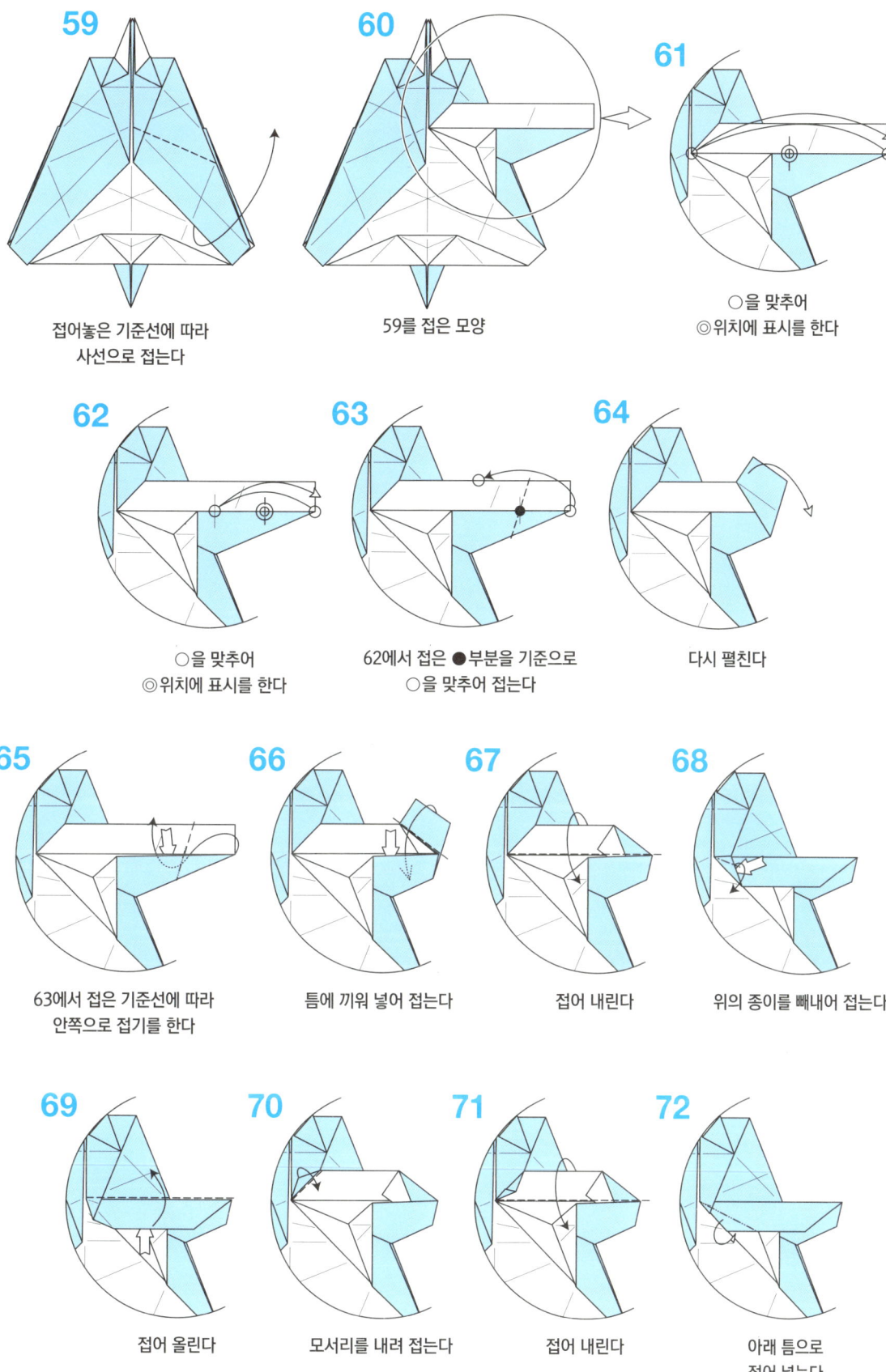

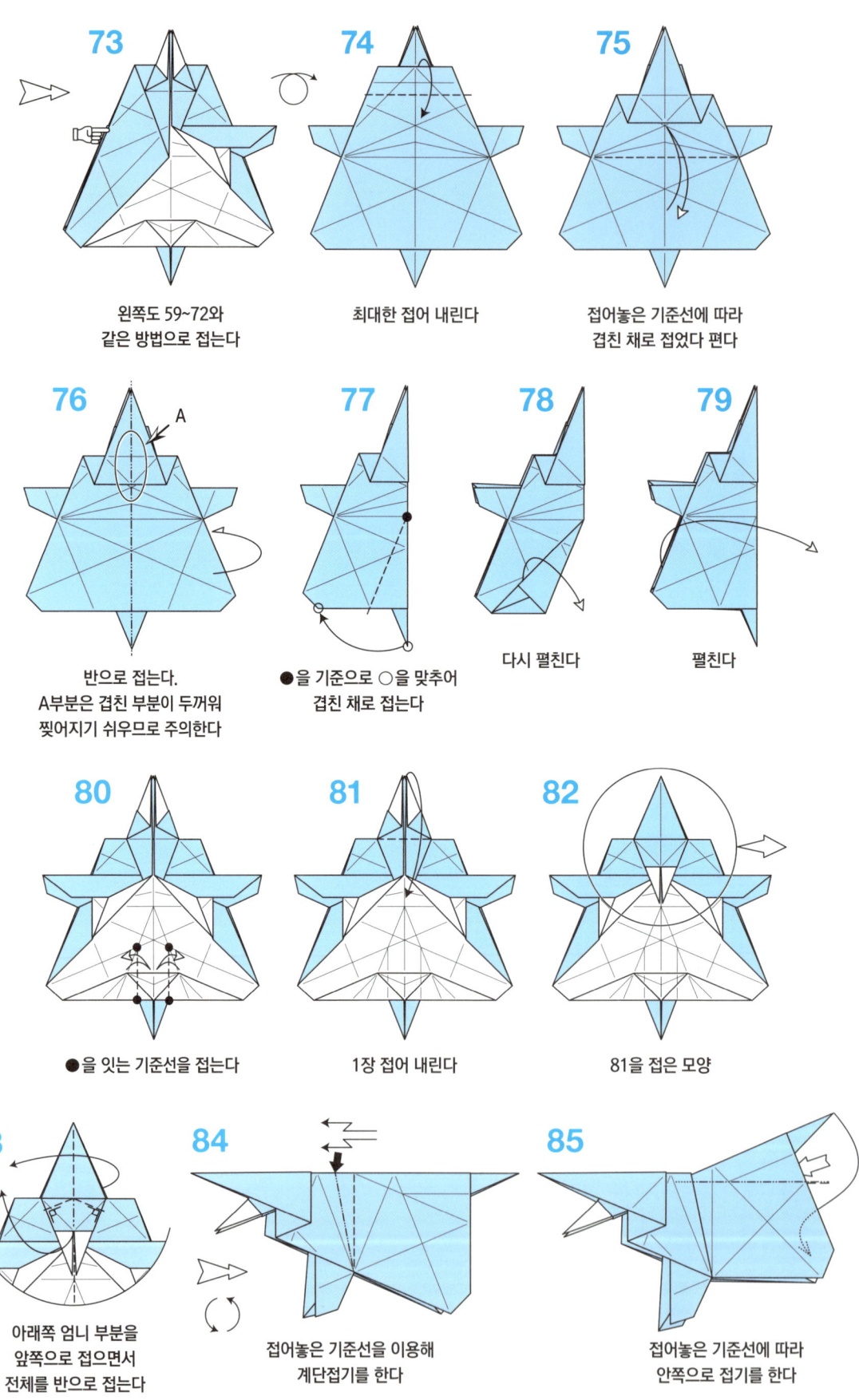

86

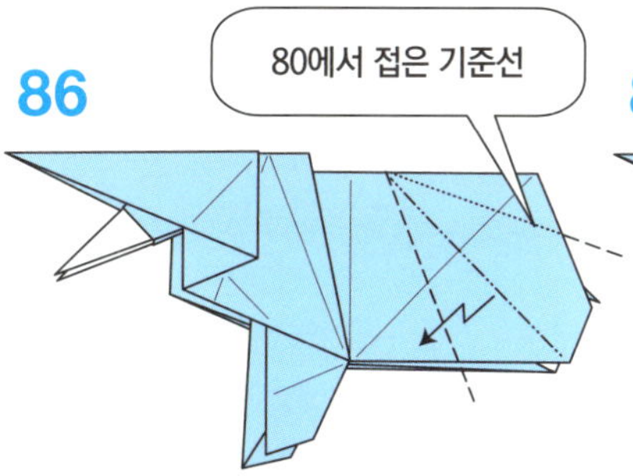

80에서 접은 기준선

기준선을 이용해 당겨서
계단접기를 한다
[반대쪽도 같은 방법으로]

87

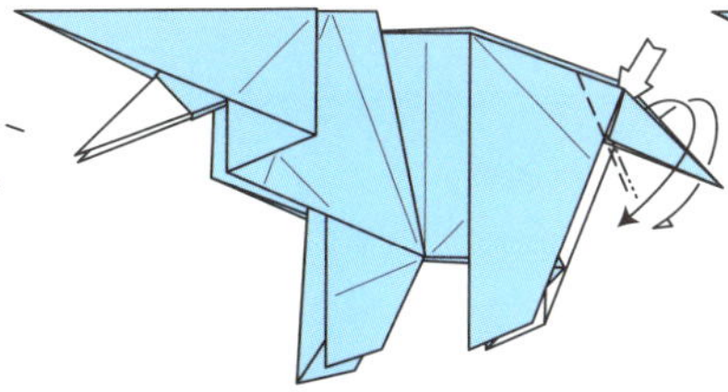

밖으로 뒤집어 접기를 한다

88

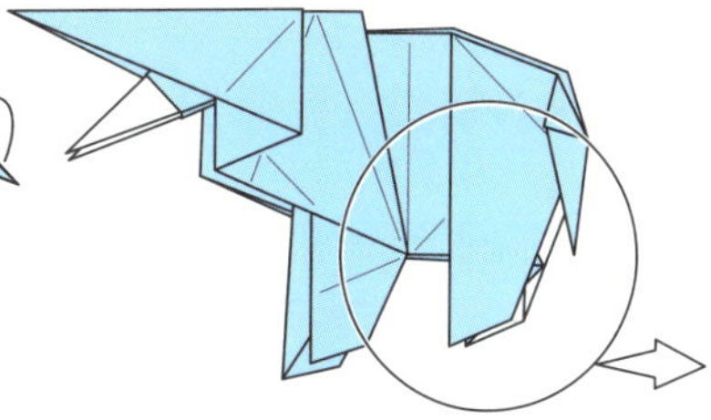

87을 접은 모양

89

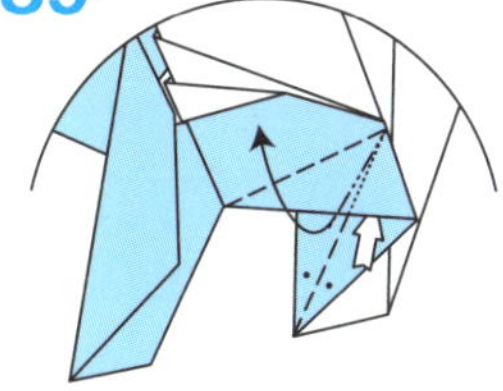

내부를 본 그림
당겨서 접는다

90

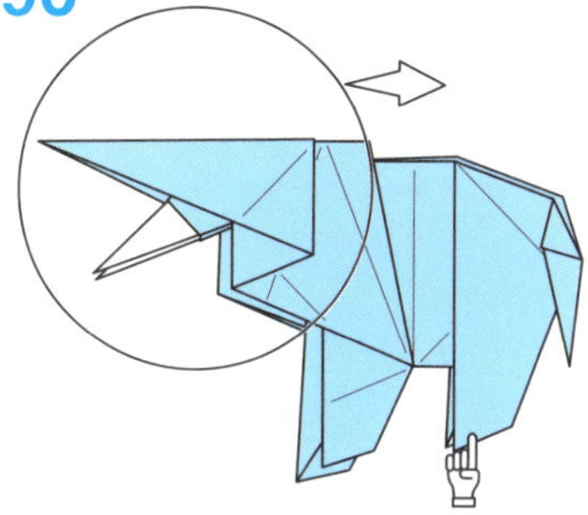

앞쪽도 89와 같은 방법으로 접는다

91

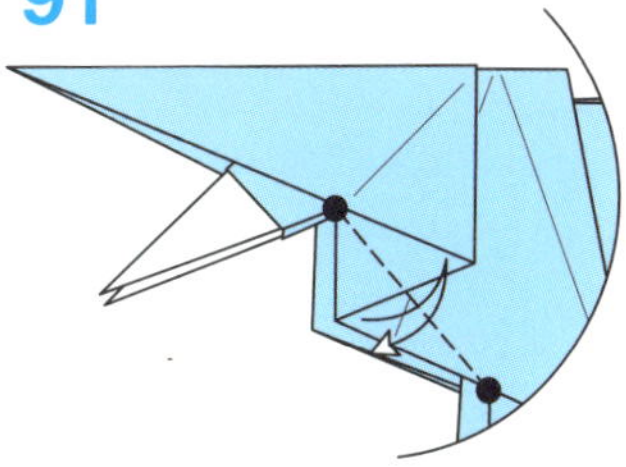

●을 기준으로 접었다 편다
[반대쪽도 같은 방법으로]

92

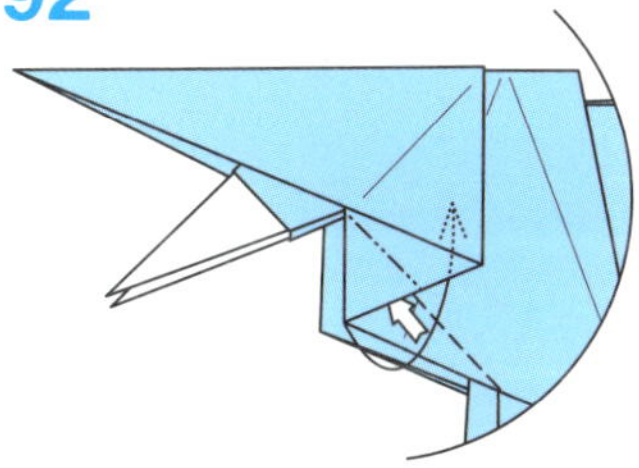

91에서 접은 기준선에 따라
안쪽으로 접기를 한다
[반대쪽도 같은 방법으로]

93

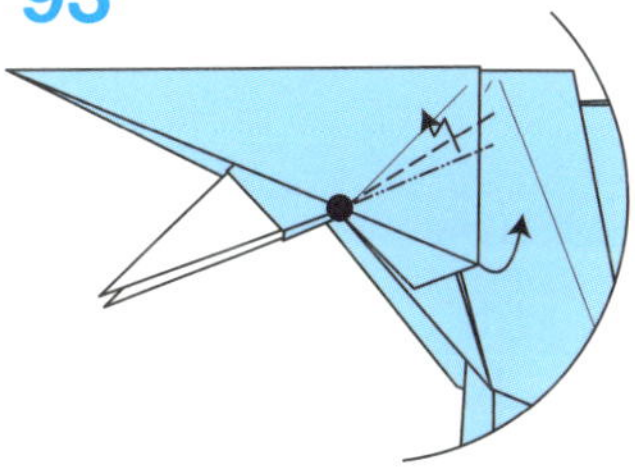

●을 중심으로 회전시켜
계단접기를 하여 귀를 만든다
[반대쪽도 같은 방법으로]

94

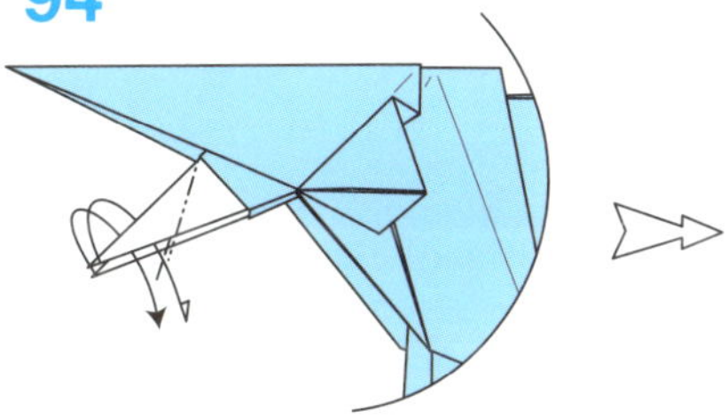

엄니를 안으로 접어준다

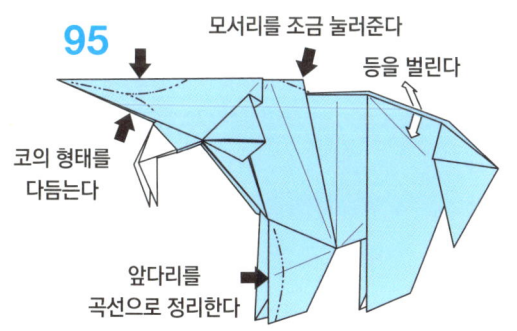

95

모서리를 조금 눌러준다
등을 벌린다
코의 형태를
다듬는다
앞다리를
곡선으로 정리한다

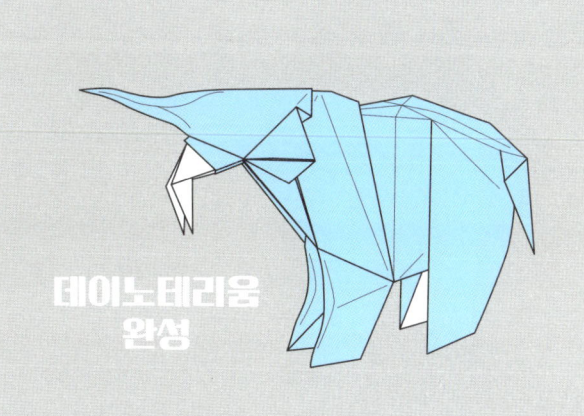

데이노테리움
완성

최상급

스밀로돈
Smilodon

'검치호랑이'로 불리는 대표적인 고양이과 생물로 긴 송곳니가 특징이다.

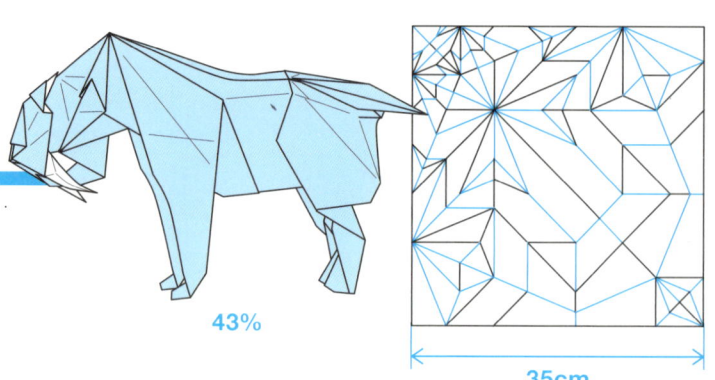

43%
35cm

---

1 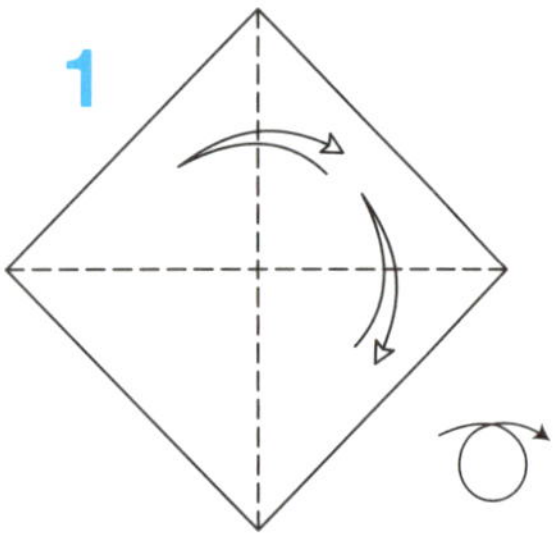 접었다 펴서 중심선을 만든다

2 ○을 맞추어 ◎위치에 표시를 한다

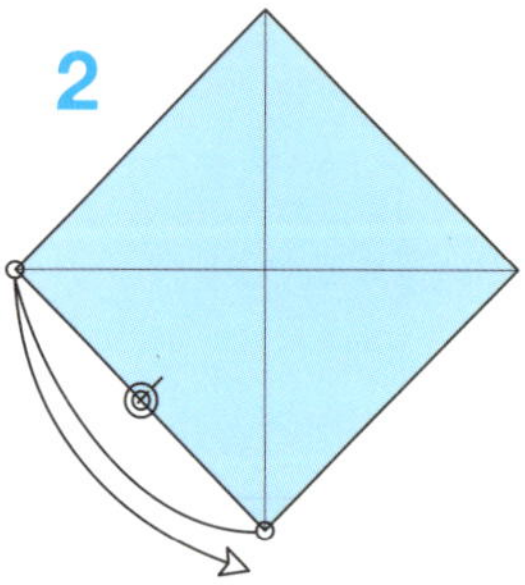

3 ○을 맞추어 ◎위치에 표시를 한다

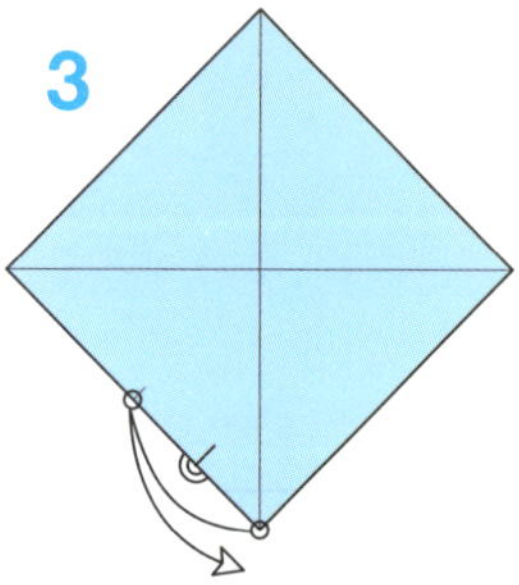

4 ○을 맞추어 ◎위치에 표시를 한다

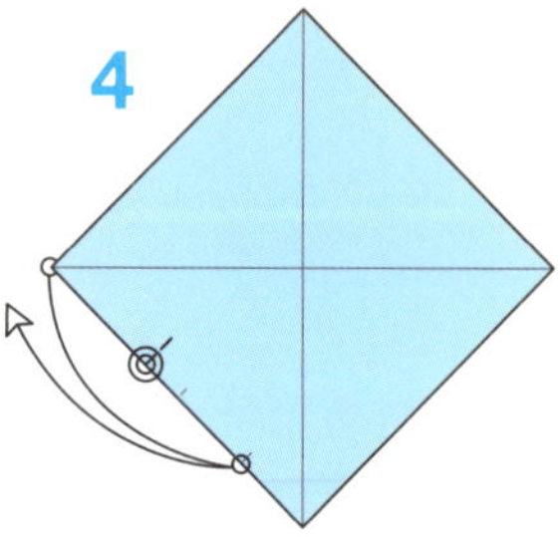

5 ●을 기준으로 ◎위치에 표시를 한다

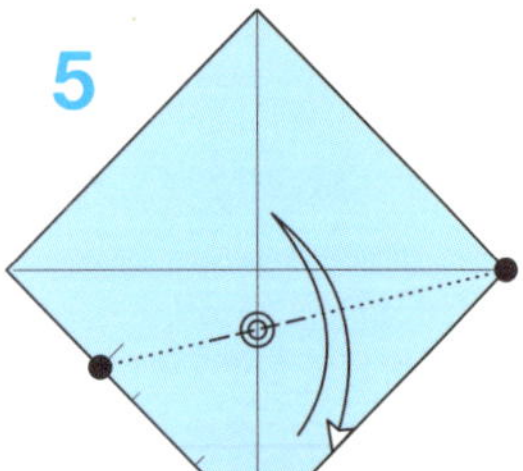

6 ○을 맞추어 ◎위치에 표시를 한다

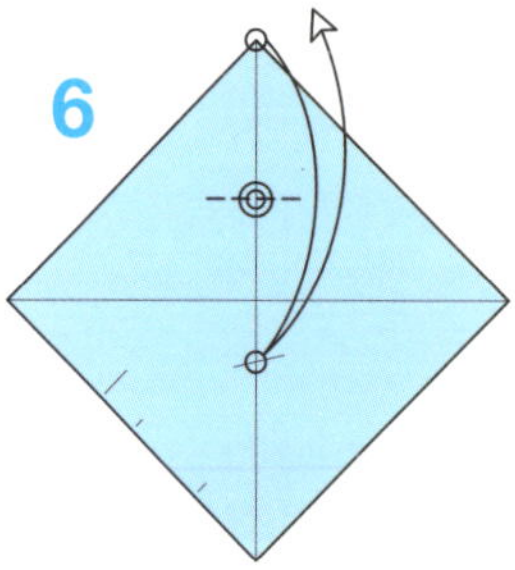

7 ○을 맞추어 ◎위치에 표시를 한다

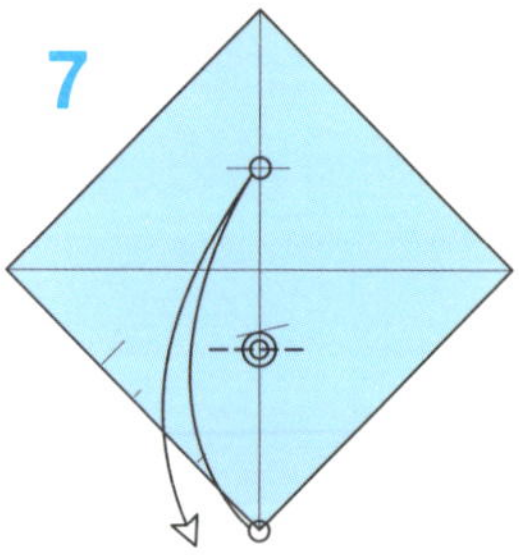

8 ○을 맞추어 ◎위치에 표시를 한다

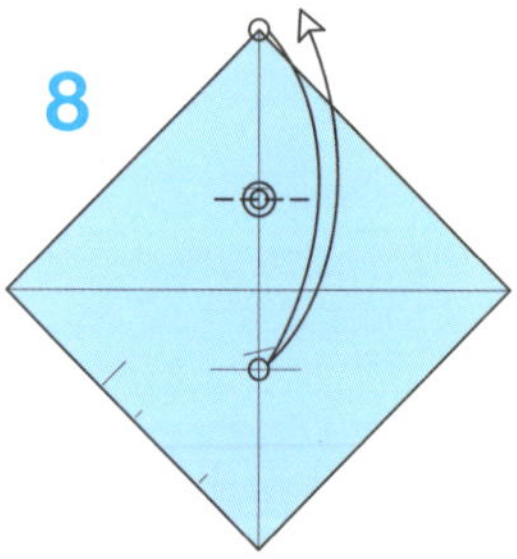

9 ○을 맞추어 정확하게 접는다

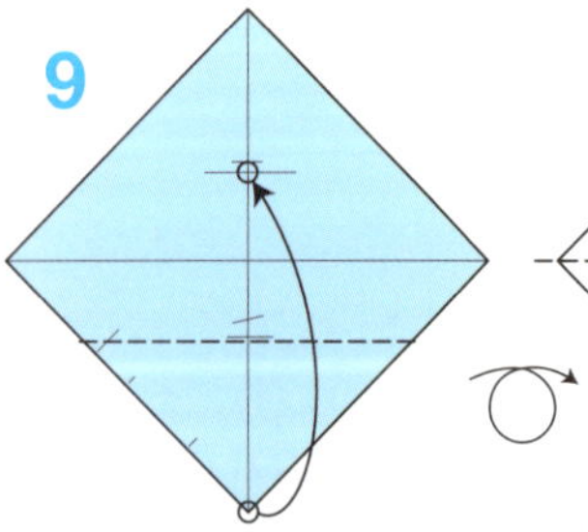

10 접어 내린다 [이하 불필요한 표시는 생략]

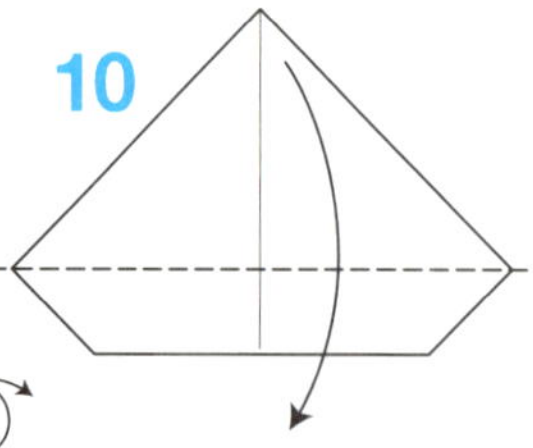

11 ○을 맞추어 접는다

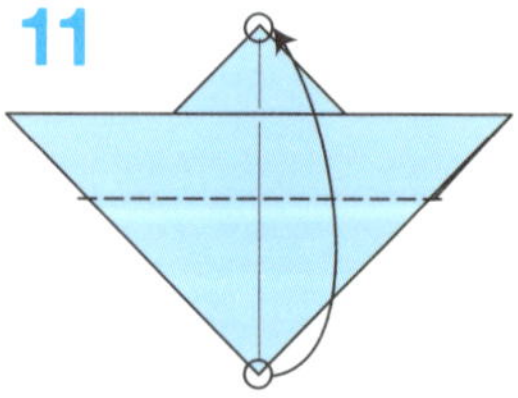

12 모두 펼친다

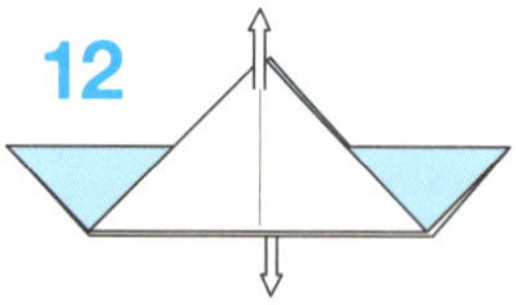

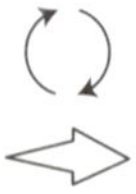

122 최상급

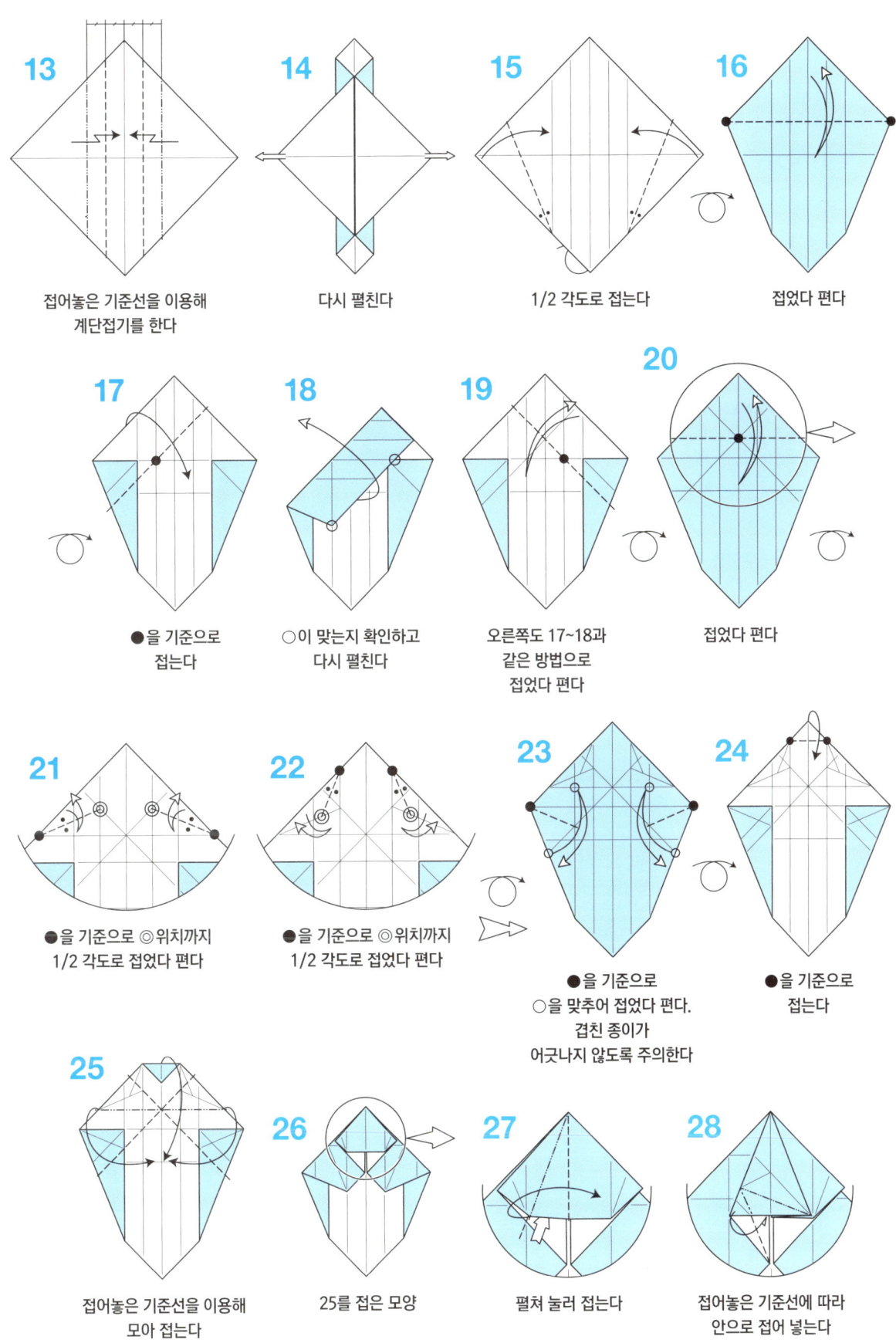

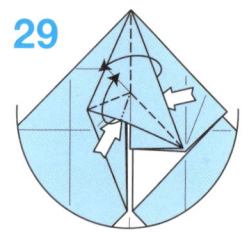
표시선처럼 모아 접으면서
왼쪽으로 넘긴다

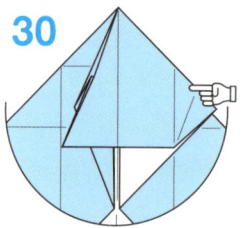
오른쪽도 27~29와
같은 방법으로 접는다

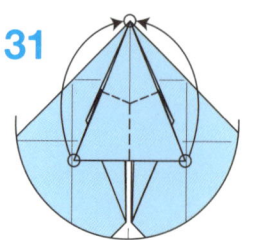
○의 모서리를 맞추어
좌우 동시에 모아 접는다

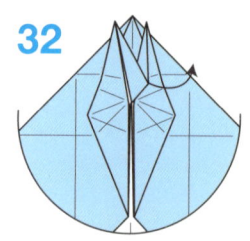
중간 그림
앞으로 나오는 삼각 부분을
옆으로 넘긴다

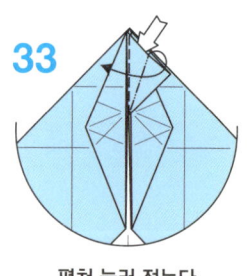
펼쳐 눌러 접는다

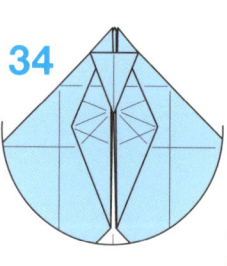
33을 접은 모양

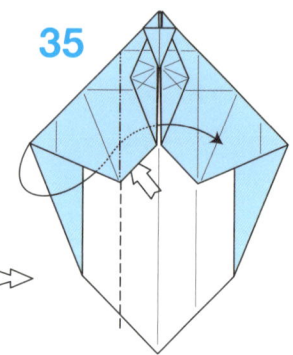
접어놓은 기준선에 따라
안쪽으로 접기를 한다

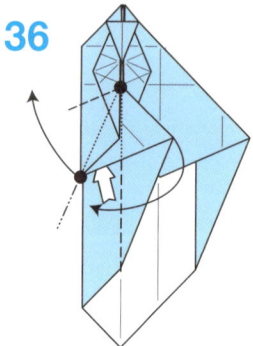
●을 기준으로
23에서 접은 기준선에 따라
모서리를 잡고 당겨서 접는다

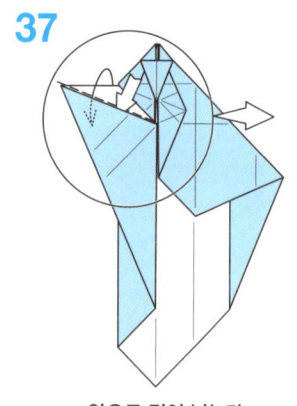
안으로 접어 넣는다

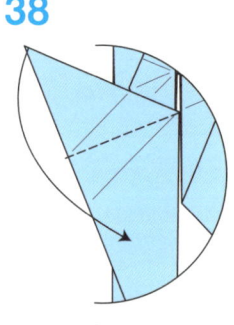
접어 내린다

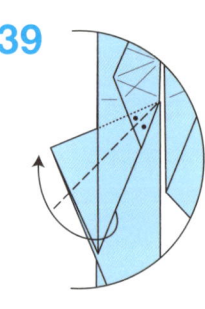
1/2 각도로 접는다

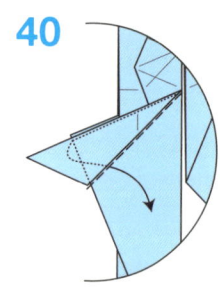
안의 1장을 빼내어 접는다

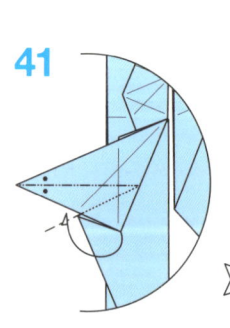
안쪽으로 접기를 한다

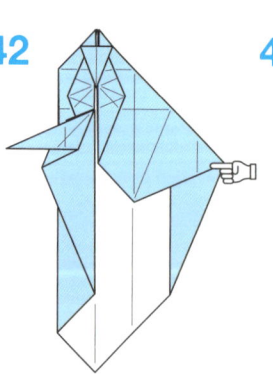
오른쪽도 35~41과
같은 방법으로 접는다

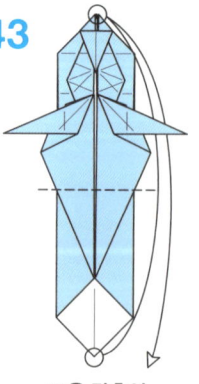
○을 맞추어
접었다 편다

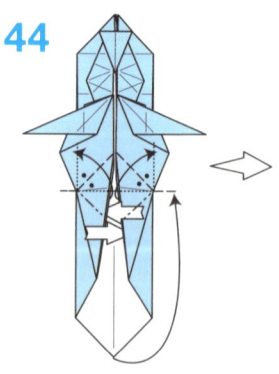
43에서 접은 기준선을 따라
좌우 종이를 2장씩 벌리며 접는다

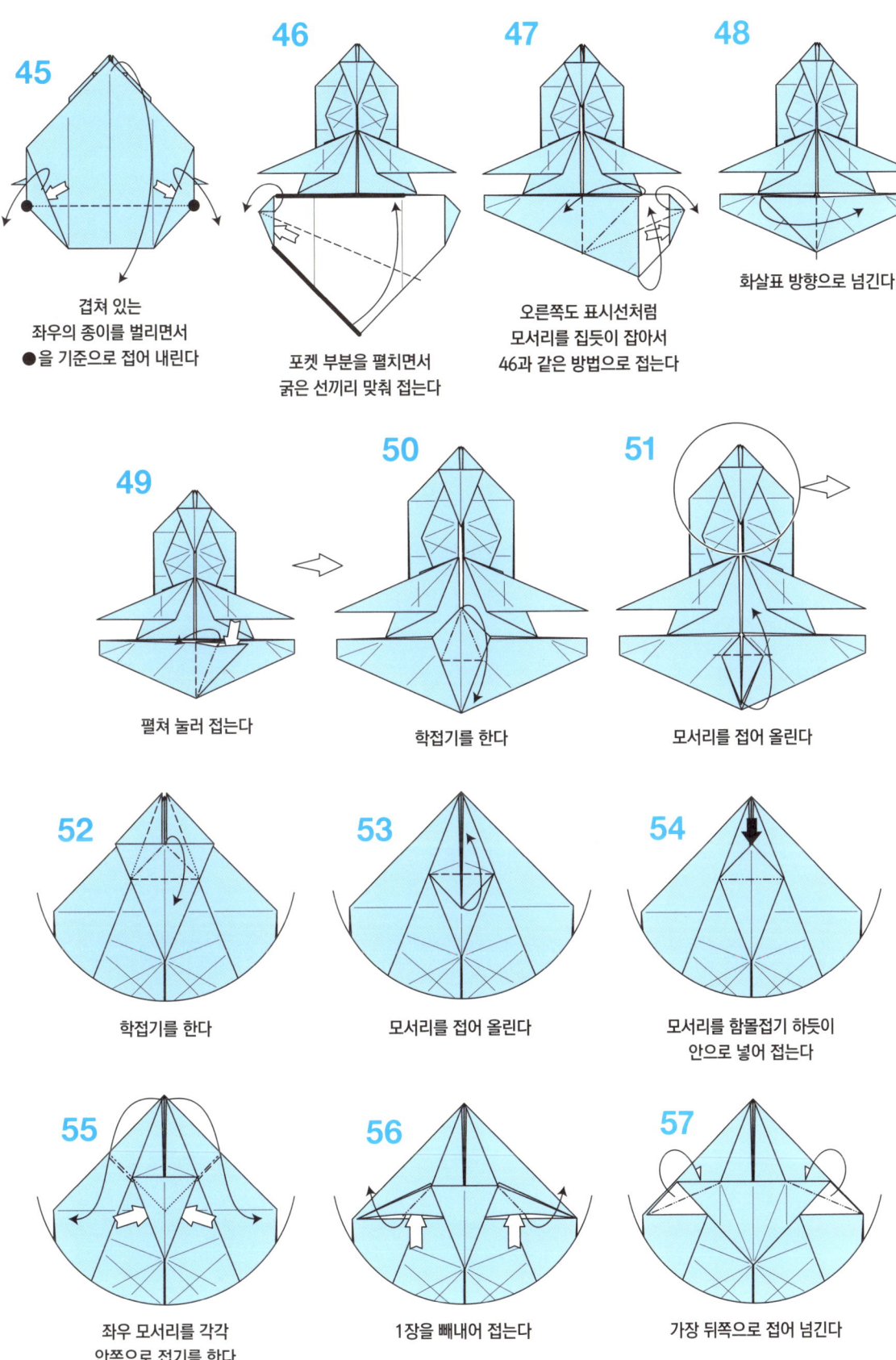

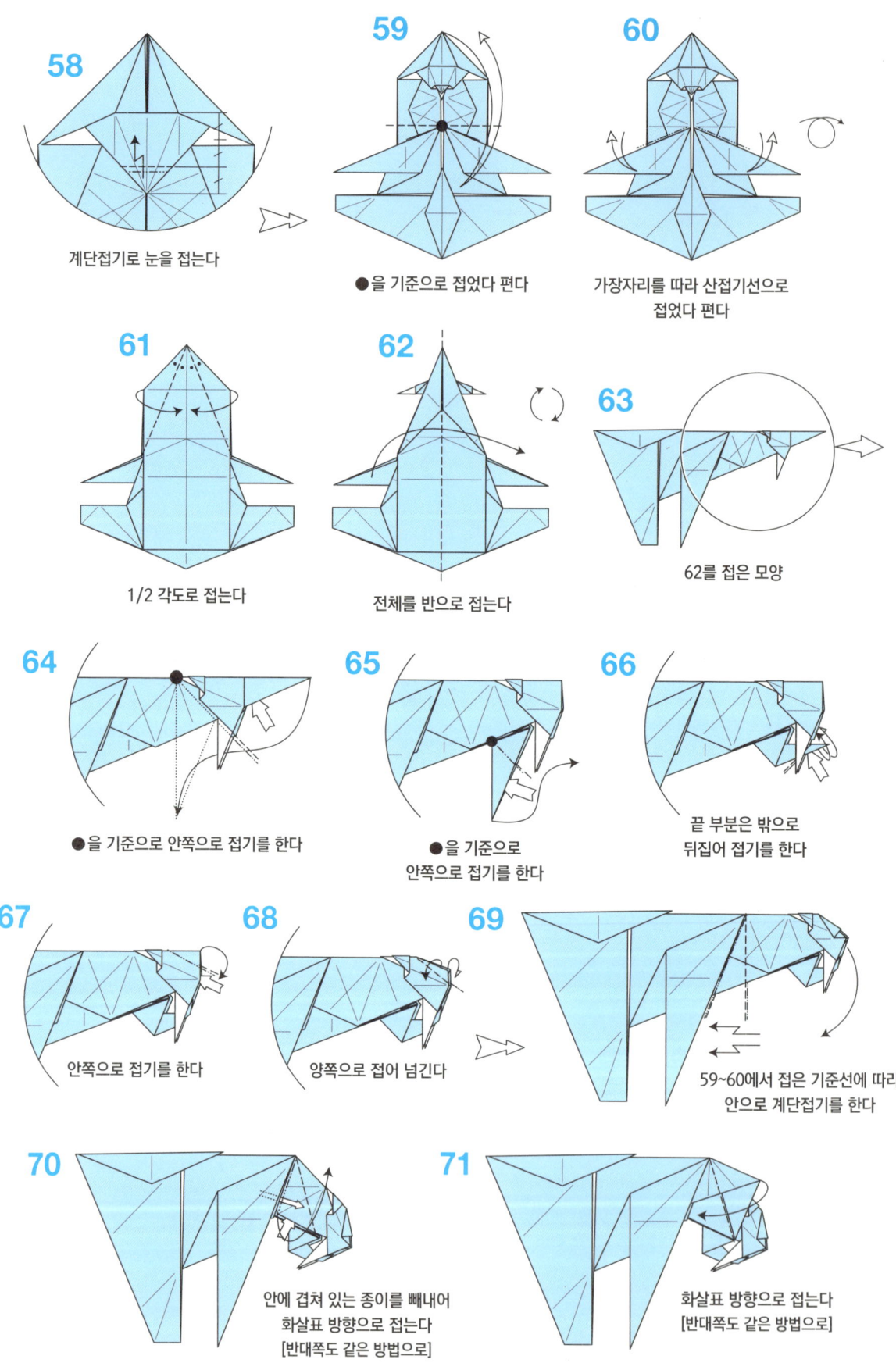

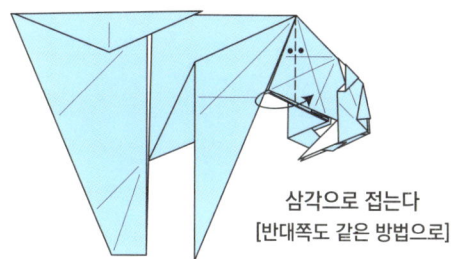

72
삼각으로 접는다
[반대쪽도 같은 방법으로]

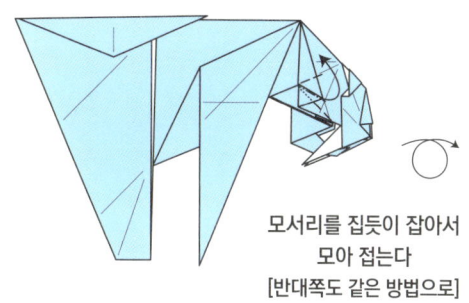

73
모서리를 집듯이 잡아서
모아 접는다
[반대쪽도 같은 방법으로]

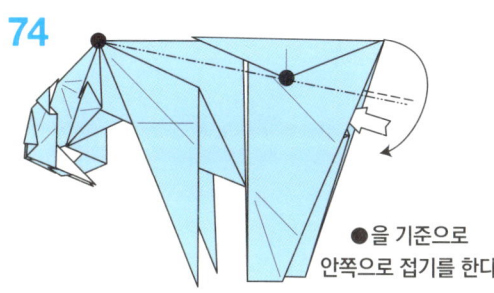

74
●을 기준으로
안쪽으로 접기를 한다

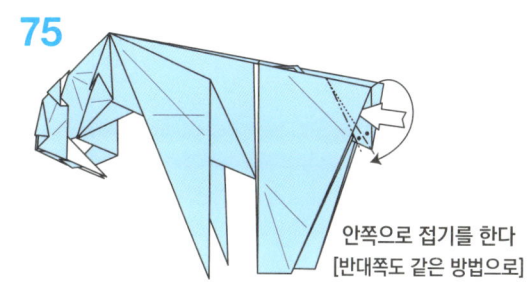

75
안쪽으로 접기를 한다
[반대쪽도 같은 방법으로]

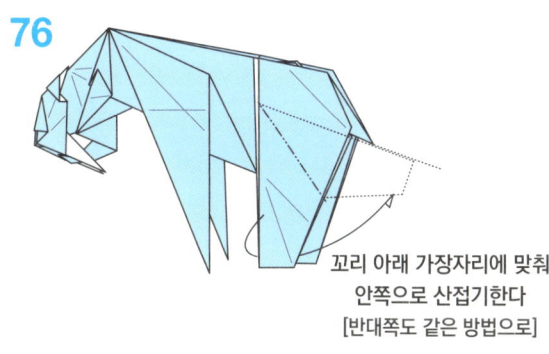

76
꼬리 아래 가장자리에 맞춰
안쪽으로 산접기한다
[반대쪽도 같은 방법으로]

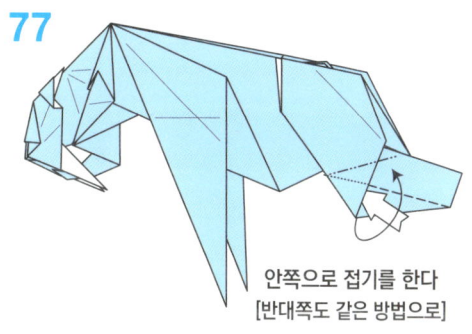

77
안쪽으로 접기를 한다
[반대쪽도 같은 방법으로]

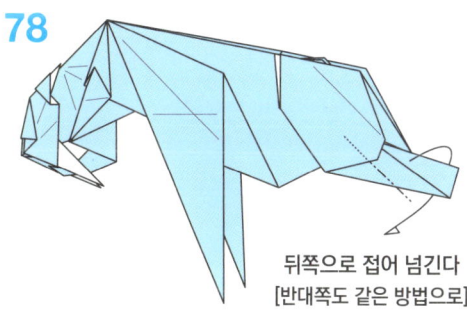

78
뒤쪽으로 접어 넘긴다
[반대쪽도 같은 방법으로]

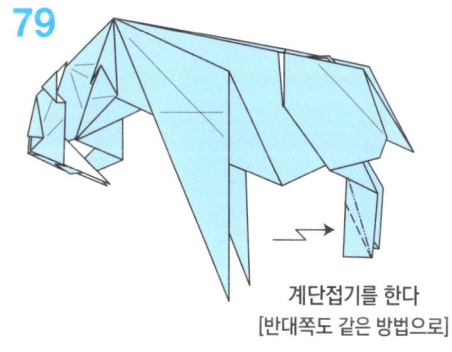

79
계단접기를 한다
[반대쪽도 같은 방법으로]

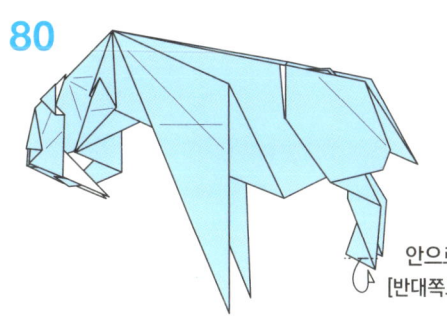

80
안으로 접어 넣는다
[반대쪽도 같은 방법으로]

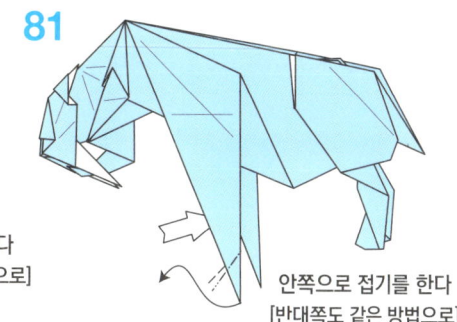

81
안쪽으로 접기를 한다
[반대쪽도 같은 방법으로]

82
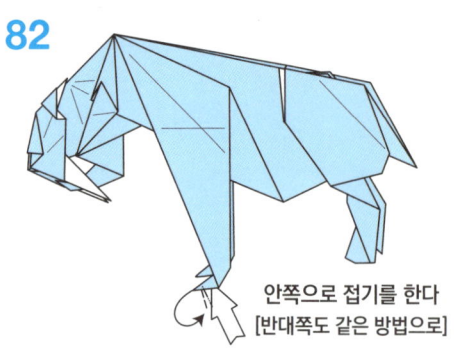
안쪽으로 접기를 한다
[반대쪽도 같은 방법으로]

83
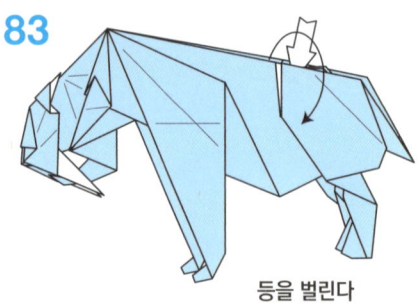
등을 벌린다

84

○을 맞추어
겹친 채로 접는다

85
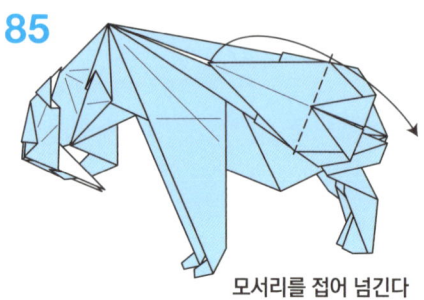
모서리를 접어 넘긴다

86
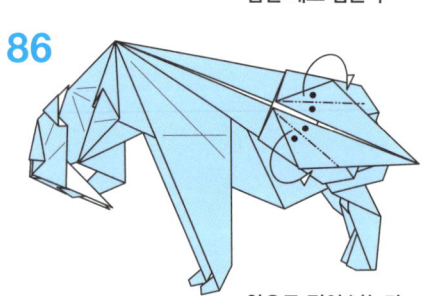
안으로 접어 넣는다

87
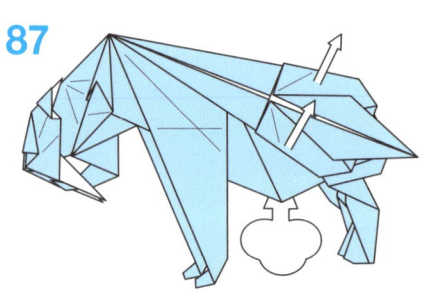
몸을 입체적으로 벌린다

88
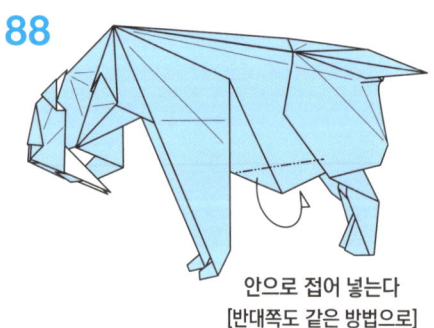
안으로 접어 넣는다
[반대쪽도 같은 방법으로]

89

송곳니를 가늘게 접는다
[반대쪽도 같은 방법으로]

90
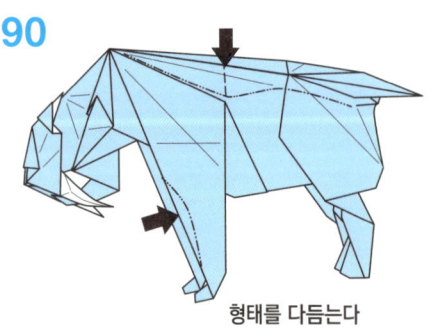
형태를 다듬는다

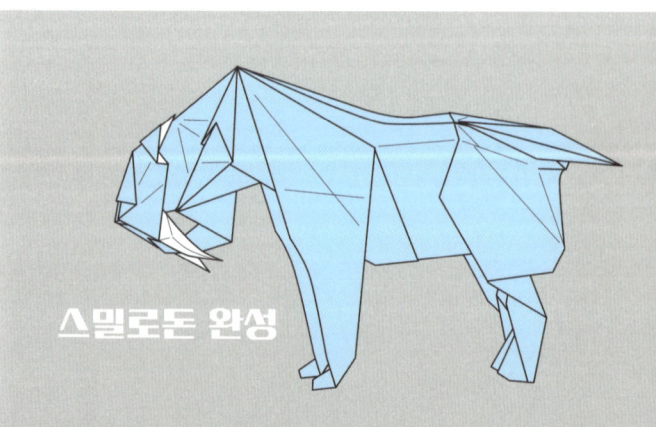
스밀로돈 완성

최상급

사우로펠타
Sauropelta

중형급 공룡으로, 몸을 뒤덮은 뼛조각 성분의 '갑옷'과 어깨 부근에 튀어나와 있는 거대한 가시가 특징이다. 갑옷 부분은 일부러 종이 뒷면이 겉으로 나오게 하여 색의 차이를 주었다.

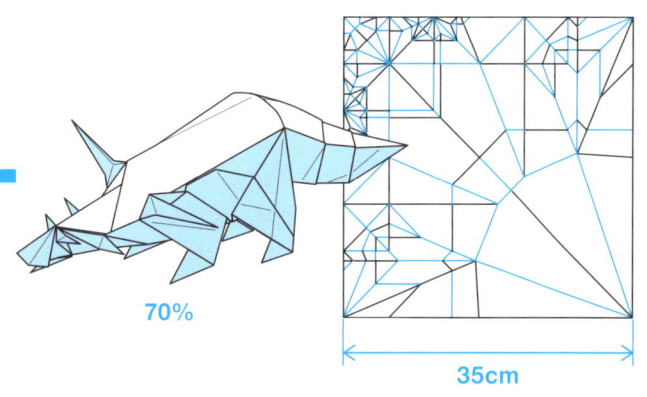

70%

35cm

1 접었다 펴서 중심선을 만든다

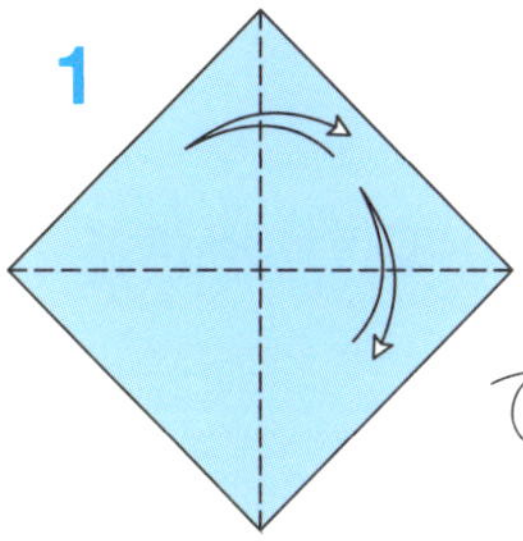

2 ◎ 위치에 표시를 한다

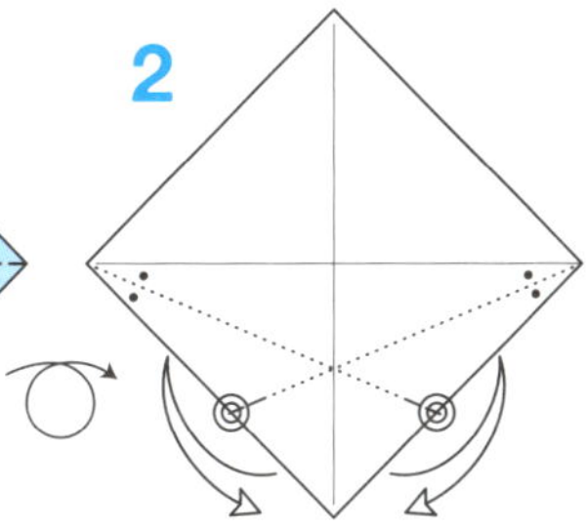

3 ○을 맞추어 ◎ 위치에 표시를 한다

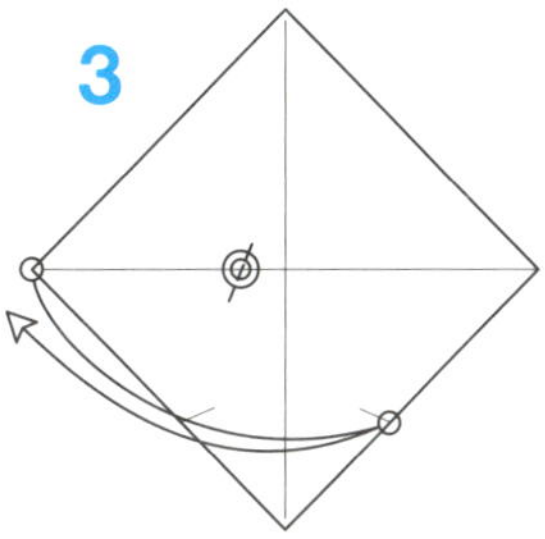

4 ●을 잇는 선에서 부분적으로 기준선을 접었다 편다

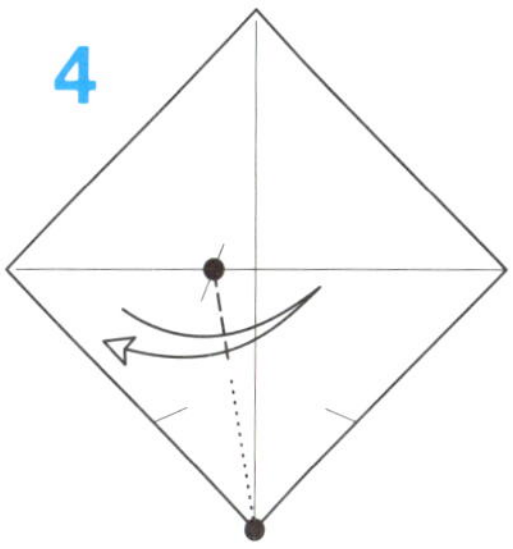

5 ○을 맞추어 ◎ 위치에 표시를 한다

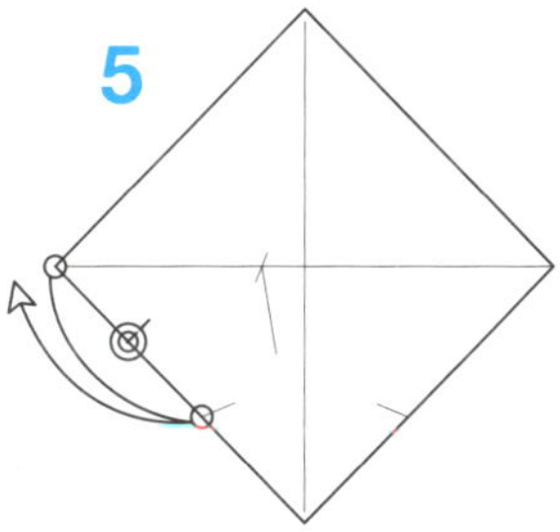

6 ○을 맞추어 ◎ 위치에 표시를 한다

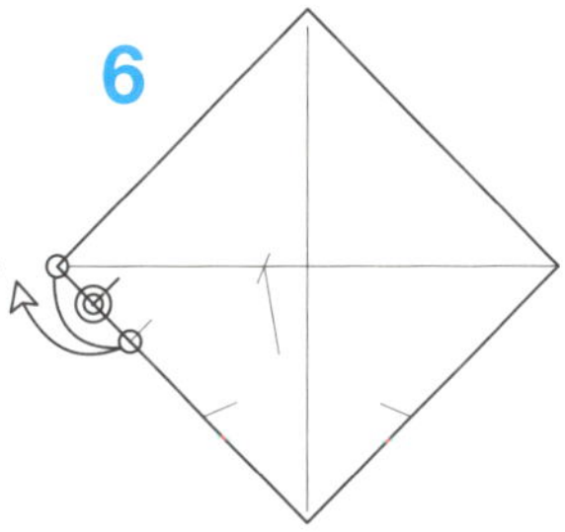

7 ●을 잇는 선에서 ◎ 위치에 표시를 한다

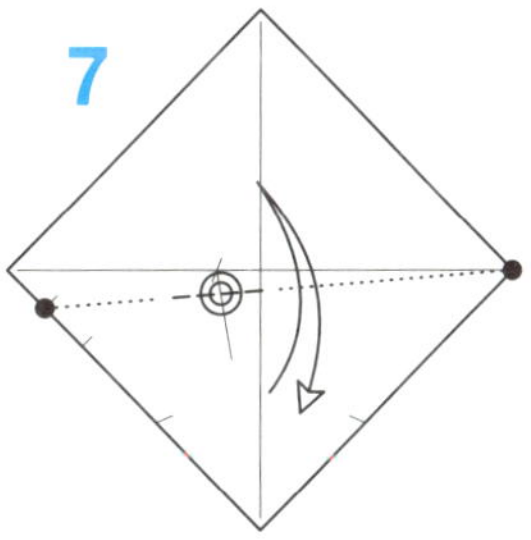

8 ●이 만나는 점을 기준으로 접는다

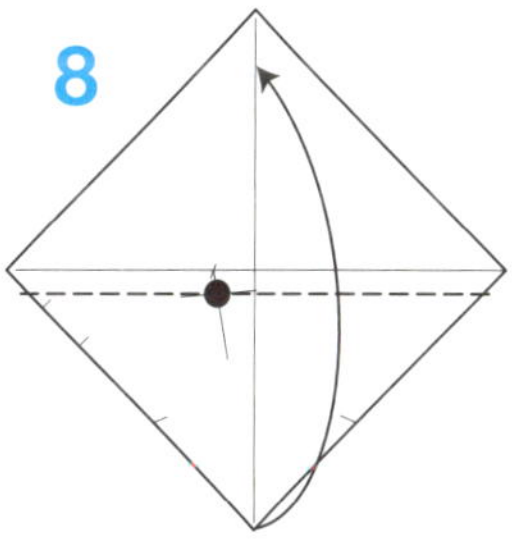

9 뒤쪽으로 접는다 [이하 불필요한 표시는 생략]

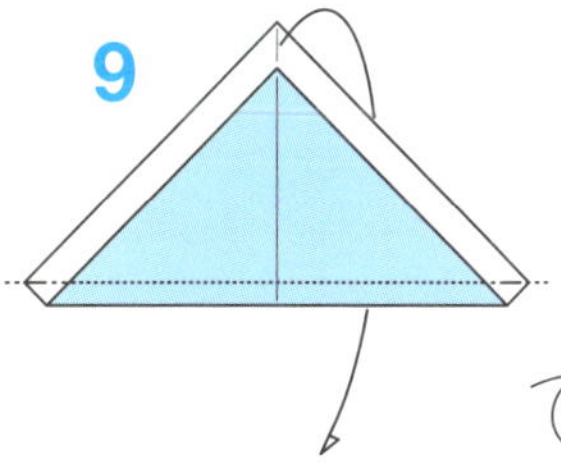

10 ○을 맞추어 접는다

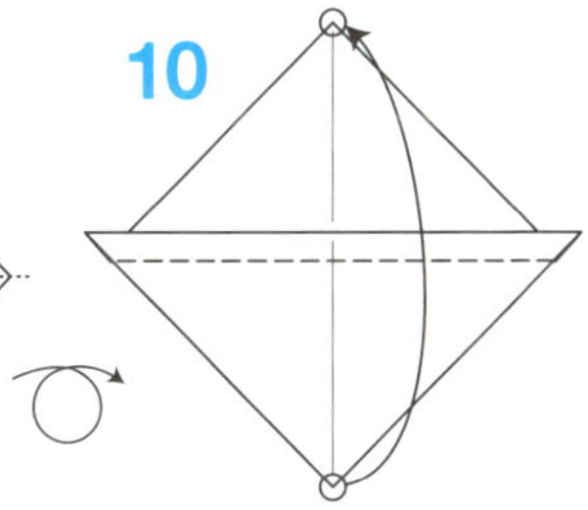

11 모두 펼친다

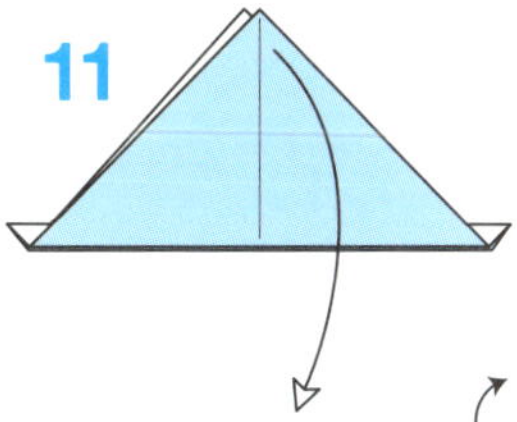

12 ●을 기준으로 1/2 각도로 접는다

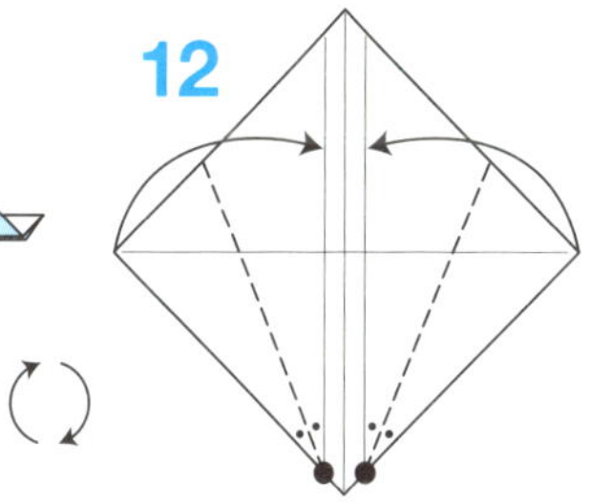

사우로펠타 129

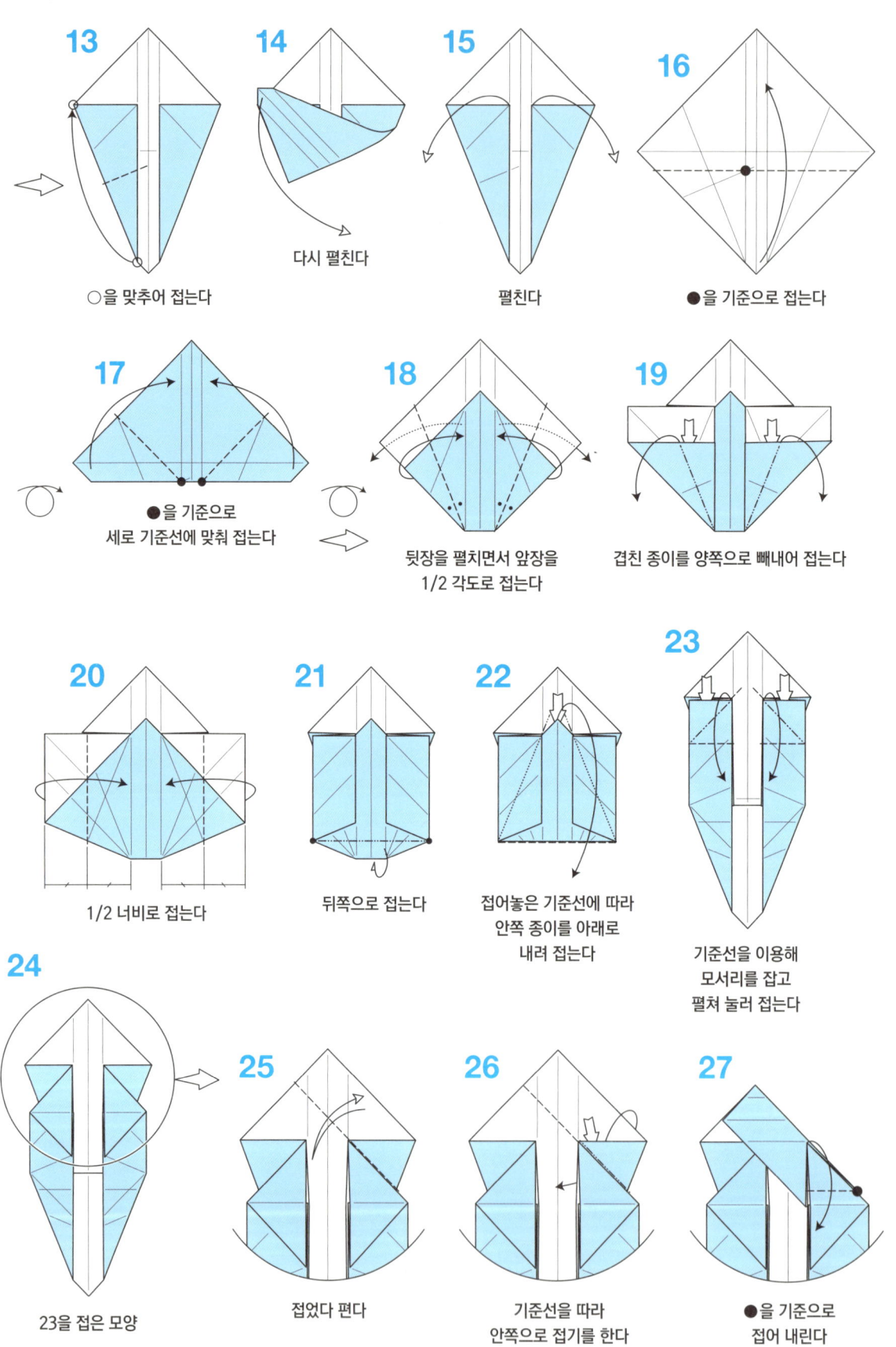

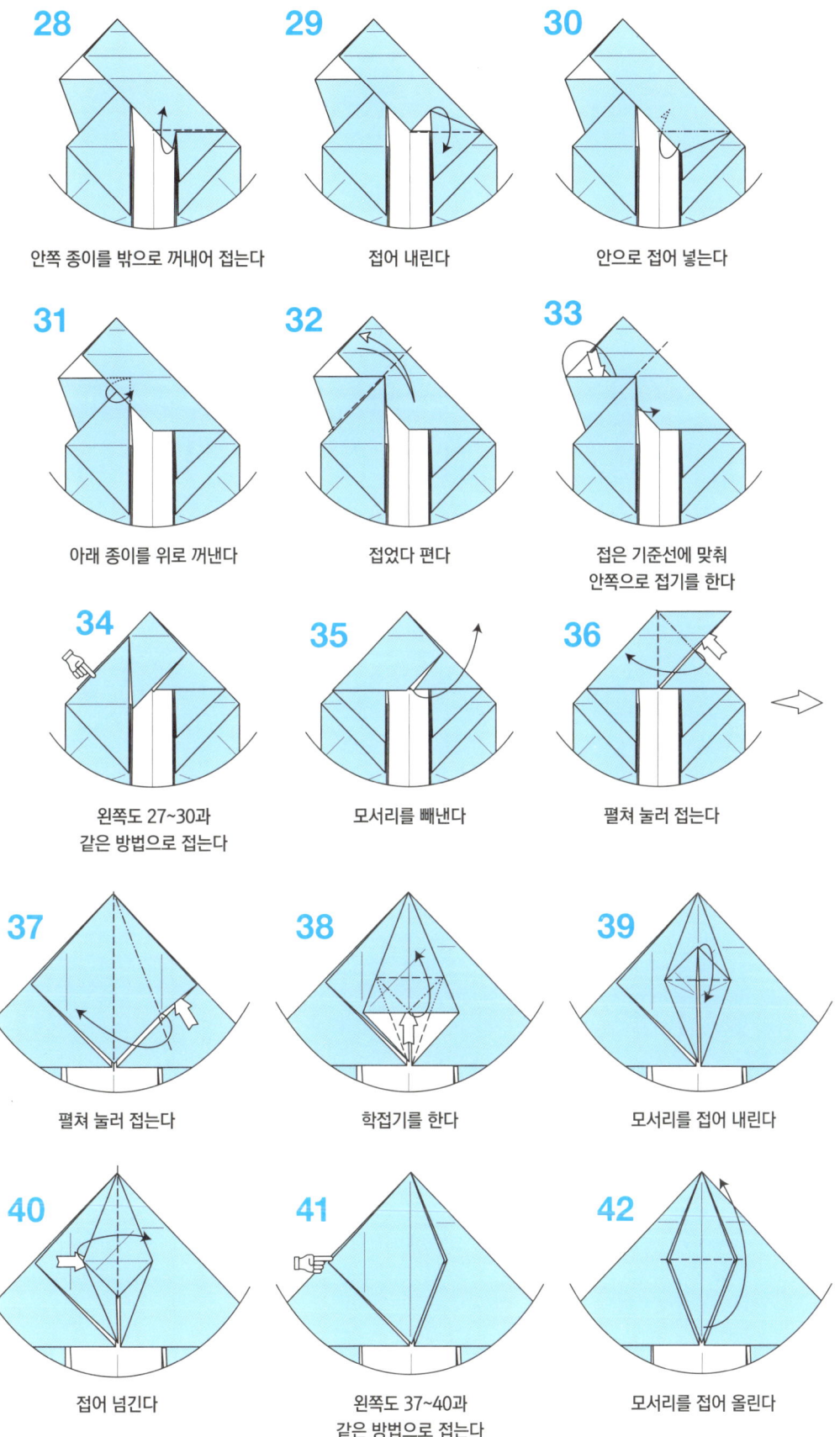

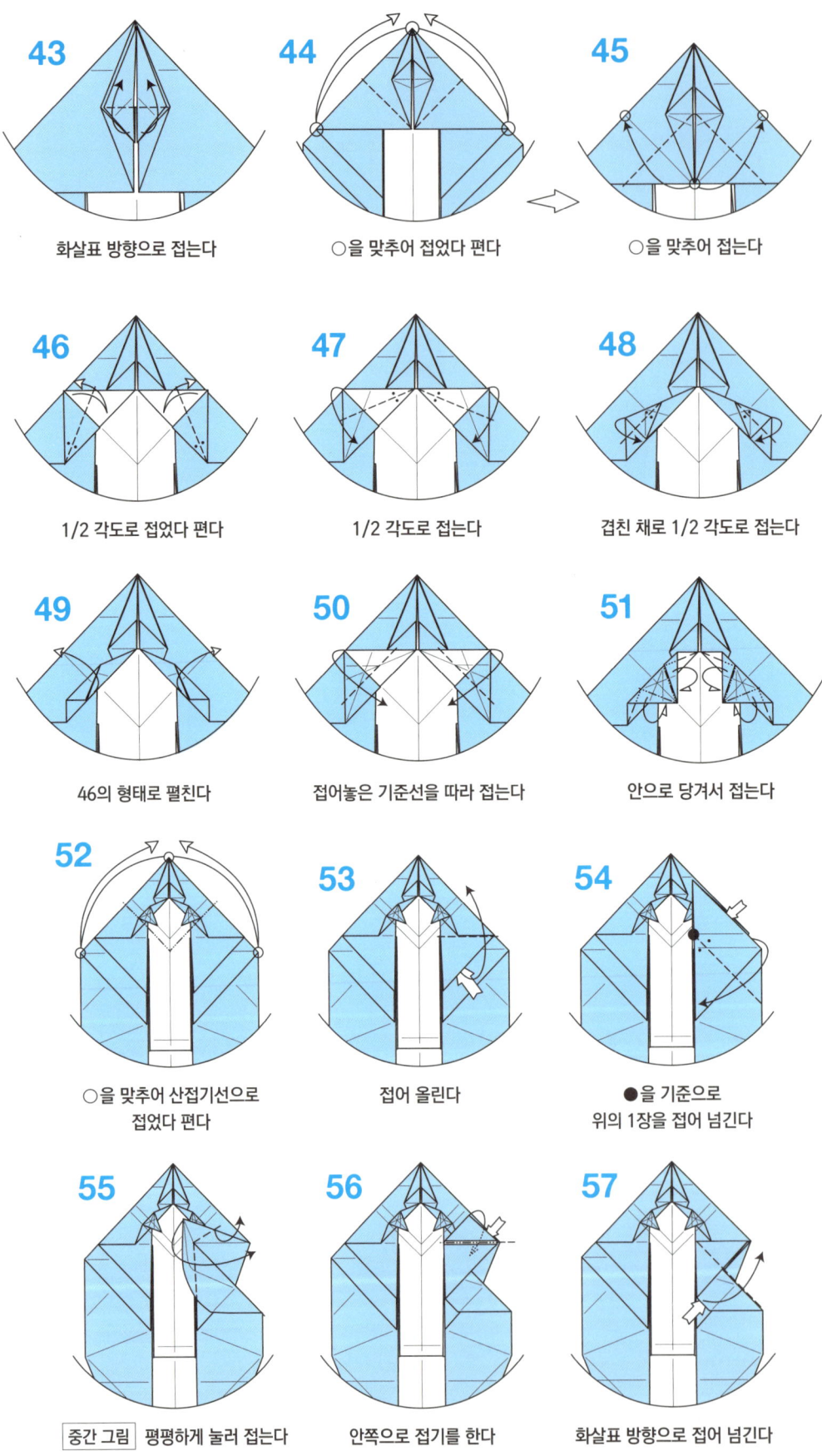

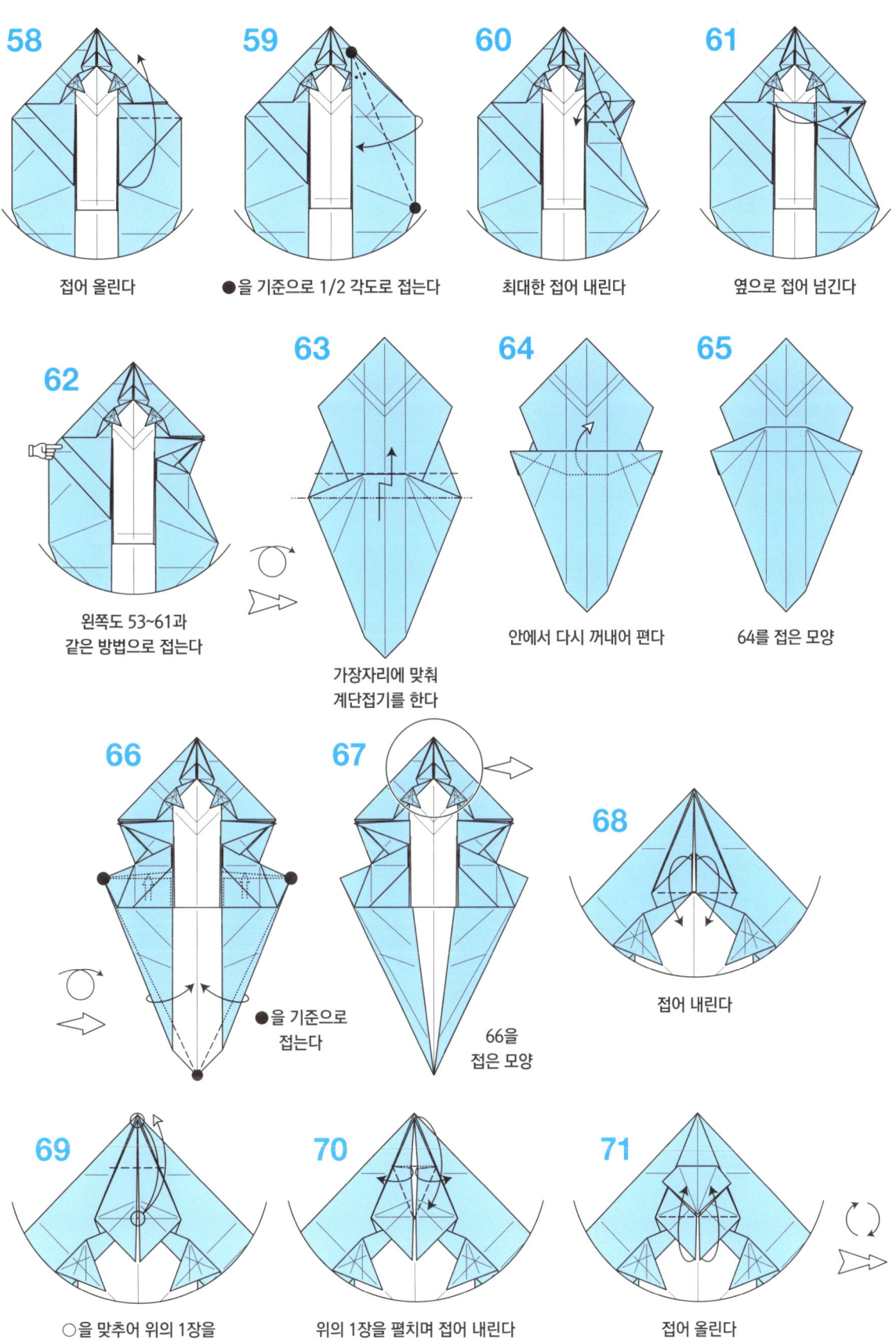

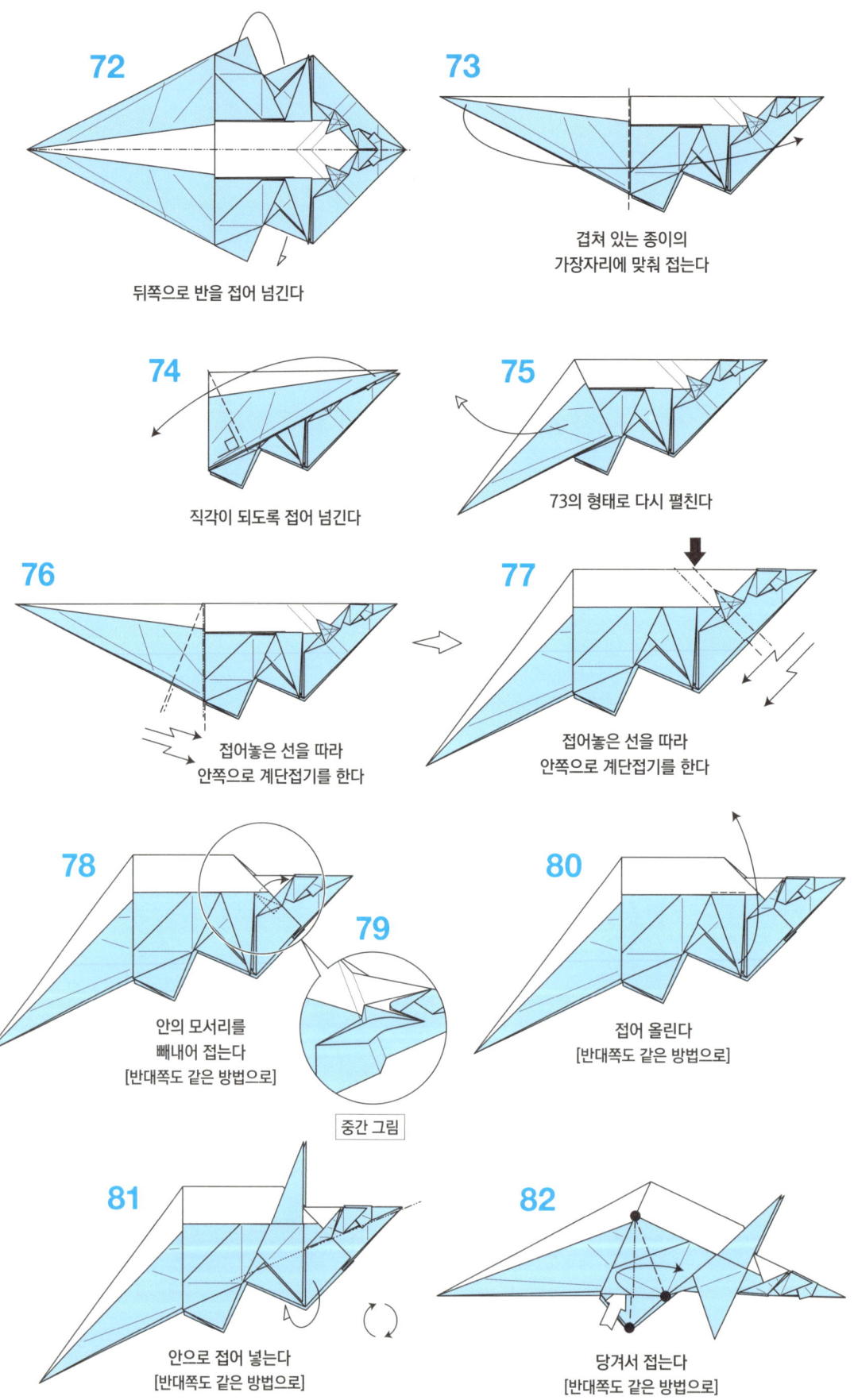

83 겹친 채로
안으로 접어 넣는다
[반대쪽도 같은 방법으로]

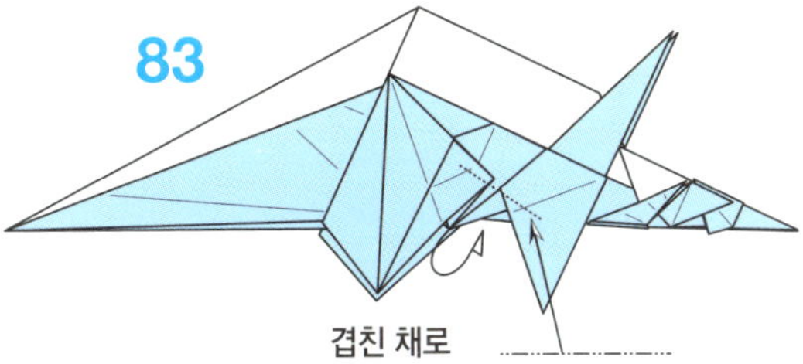

84 안쪽으로 접기를 한다
[반대쪽도 같은 방법으로]

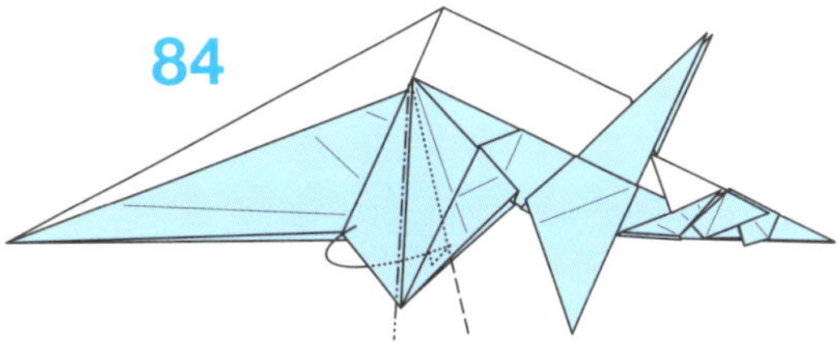

85 내부를 본 그림
접어놓은 기준선에 맞춰 당겨서 접는다
[앞쪽도 같은 방법으로]

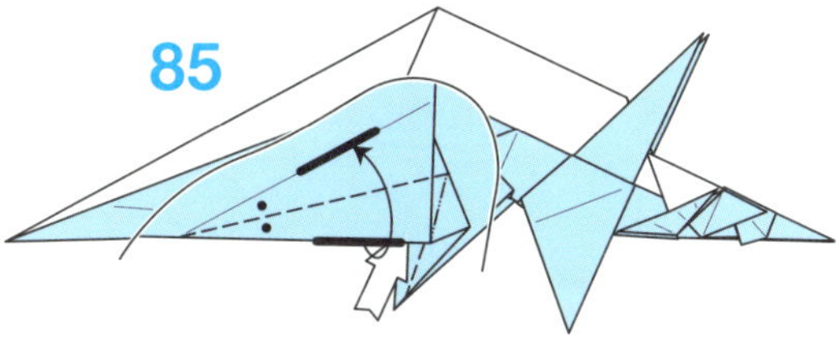

86 안쪽으로 접기를 한다
[반대쪽도 같은 방법으로]

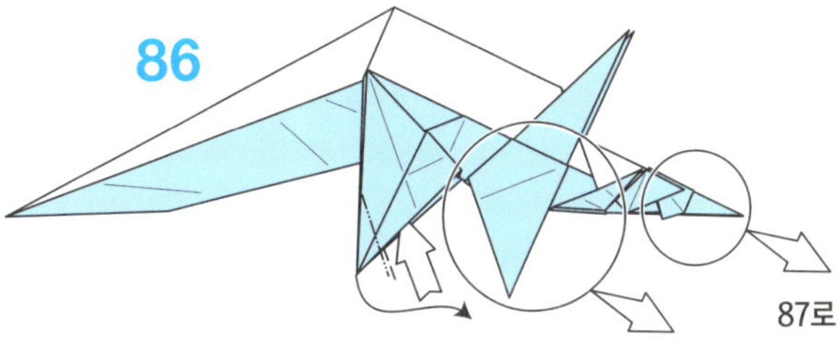

89로   87로

87 안쪽으로 접기를 한다

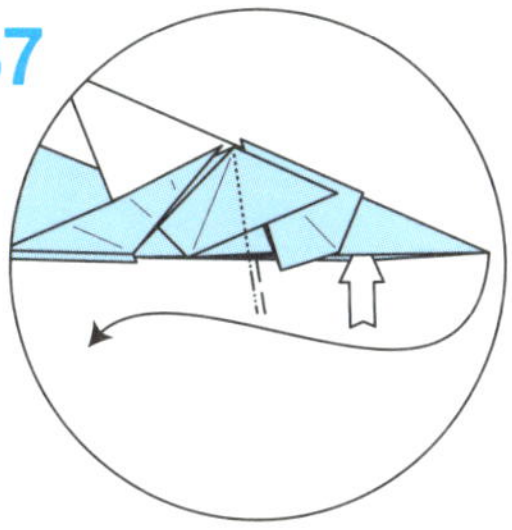

88 안쪽으로 접기를 한다

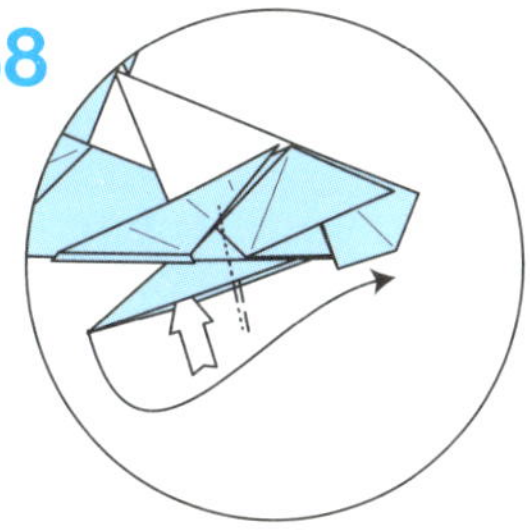

89 1/2 각도로 접는다
[반대쪽도 같은 방법으로]

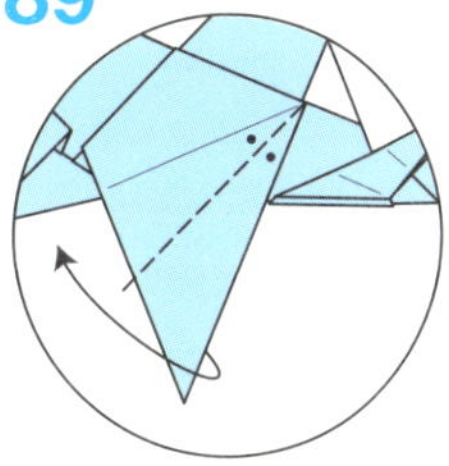

90 접어 넘긴다
[반대쪽도 같은 방법으로]

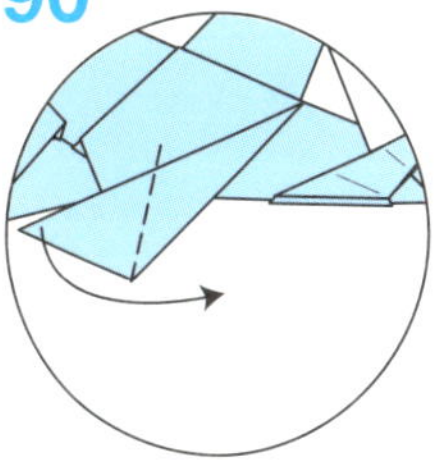

91 다시 펼친다
[반대쪽도 같은 방법으로]

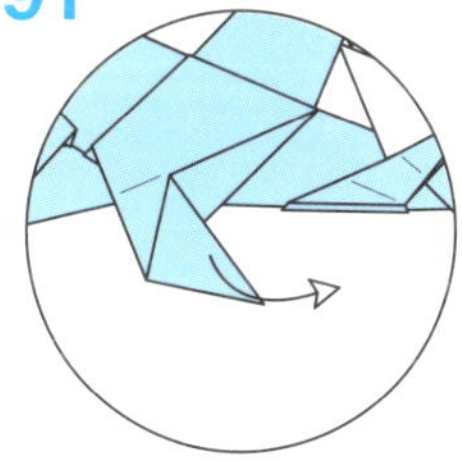

92 기준선에 따라
안쪽으로 계단접기를 한다
[반대쪽도 같은 방법으로]

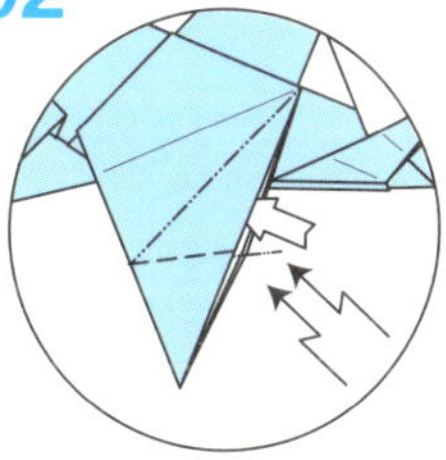

93 계단접기를 하여
꼬리를 다듬는다

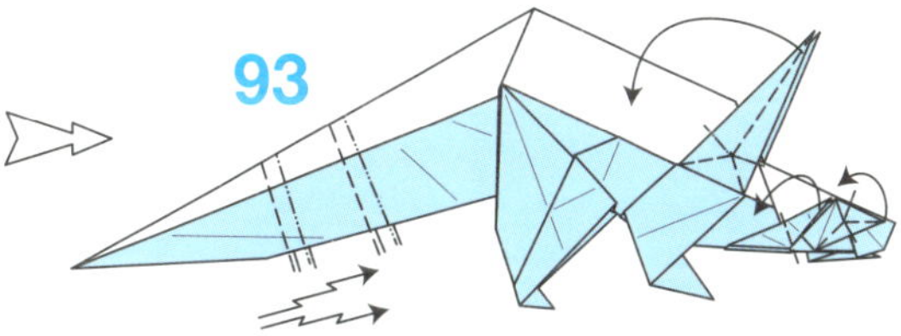

뿔을 잡아 옆으로
세워서 접는다
[반대쪽도 같은 방법으로]

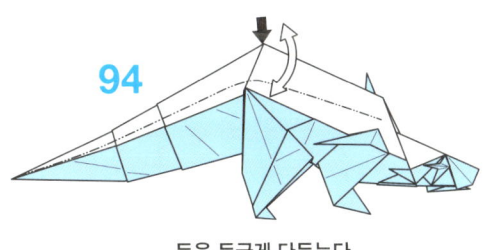

94 등을 둥글게 다듬는다

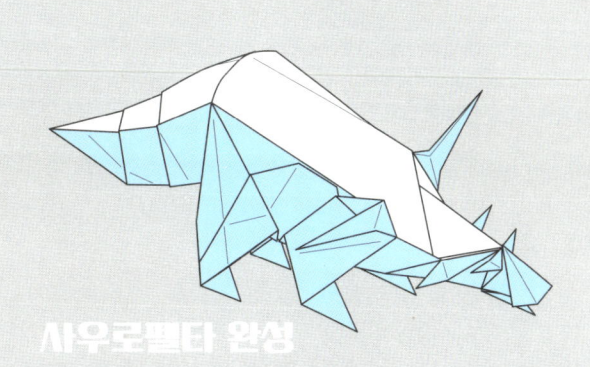

사우로펠타 완성

최상급

포루스라코스
Phorusrhacos

날지 못하는 육식성의 대형 조류이다. 거대한 머리뼈는 60cm나 되었으며 강한 부리는 끝이 고리 모양으로 구부러져 있다. 머리를 접는 과정이 다소 어려울 수 있다.

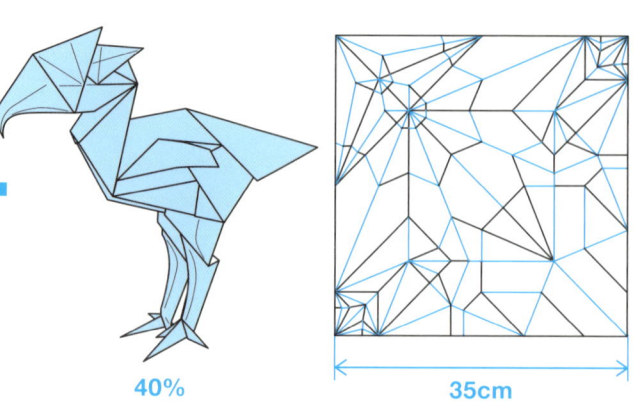

40% 35cm

1
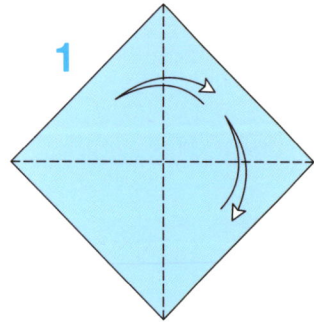
접었다 펴서 중심선을 만든다

2
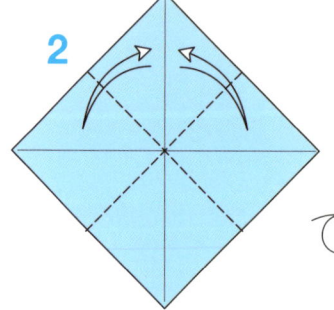
접었다 편다

3
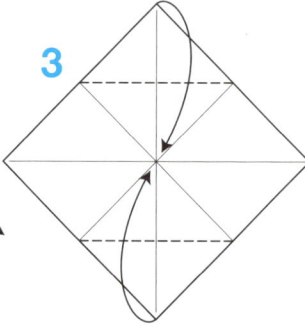
중심에 맞춰 접는다

4
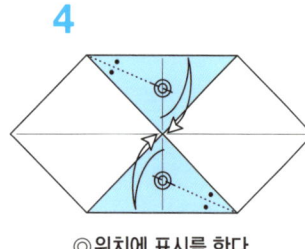
◎ 위치에 표시를 한다

5
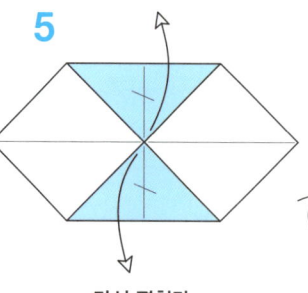
다시 펼친다

6
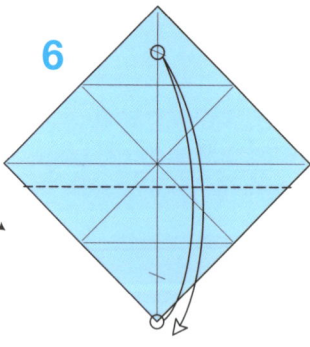
○을 맞추어 접었다 편다

7
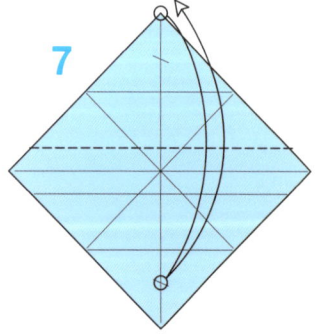
○을 맞추어 접었다 편다

8
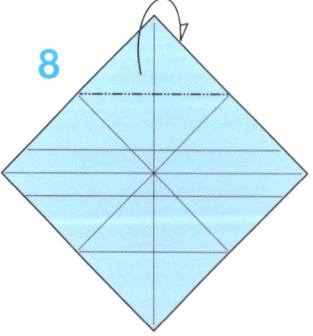
뒤로 접어 넘긴다
[이하 불필요한 표시는 생략]

9
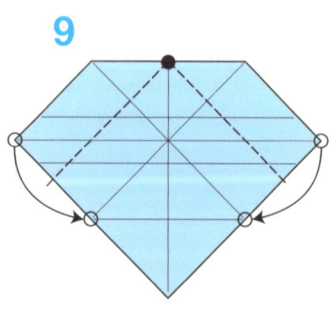
●을 기준으로
○을 맞추어 접는다

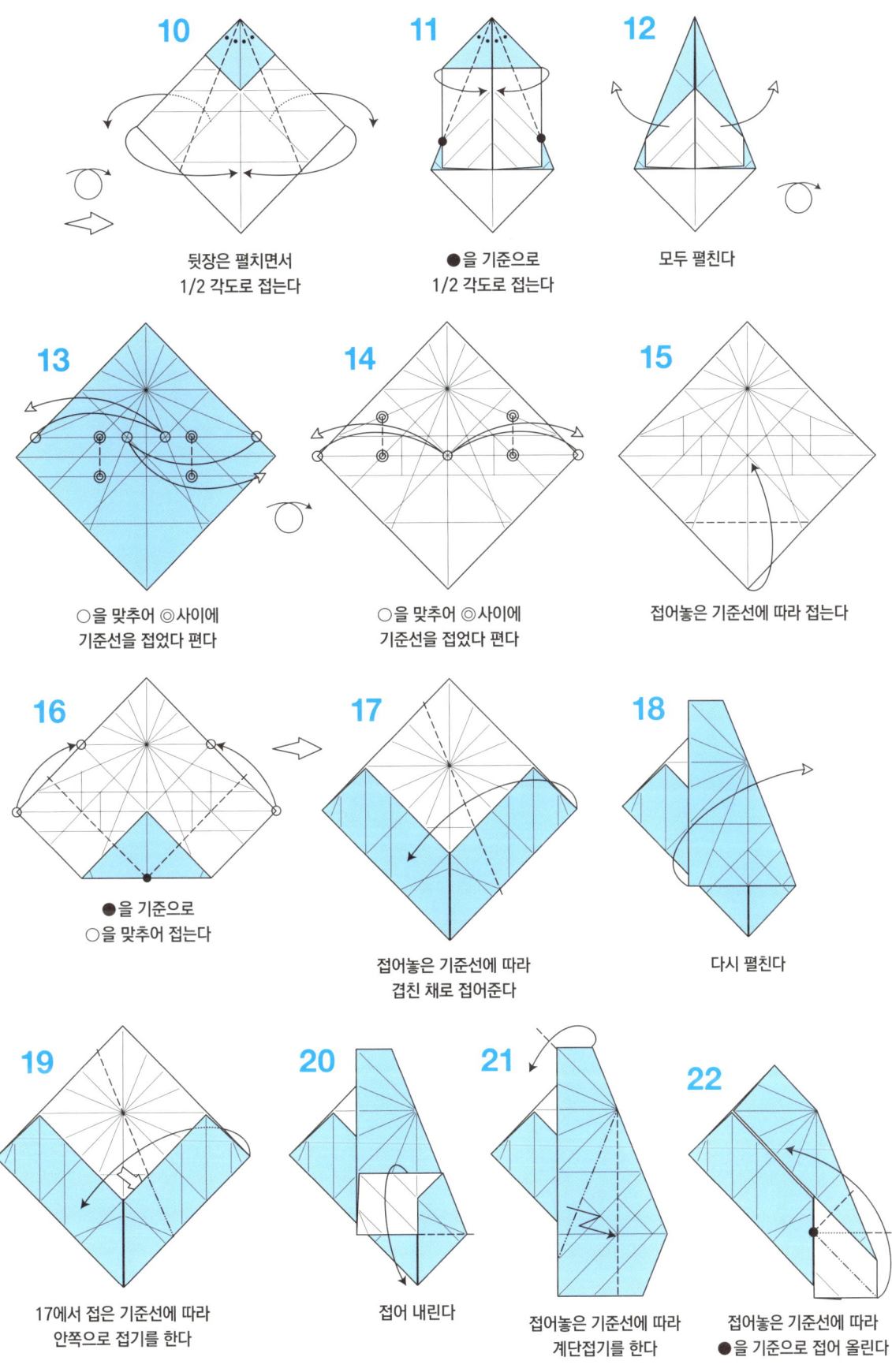

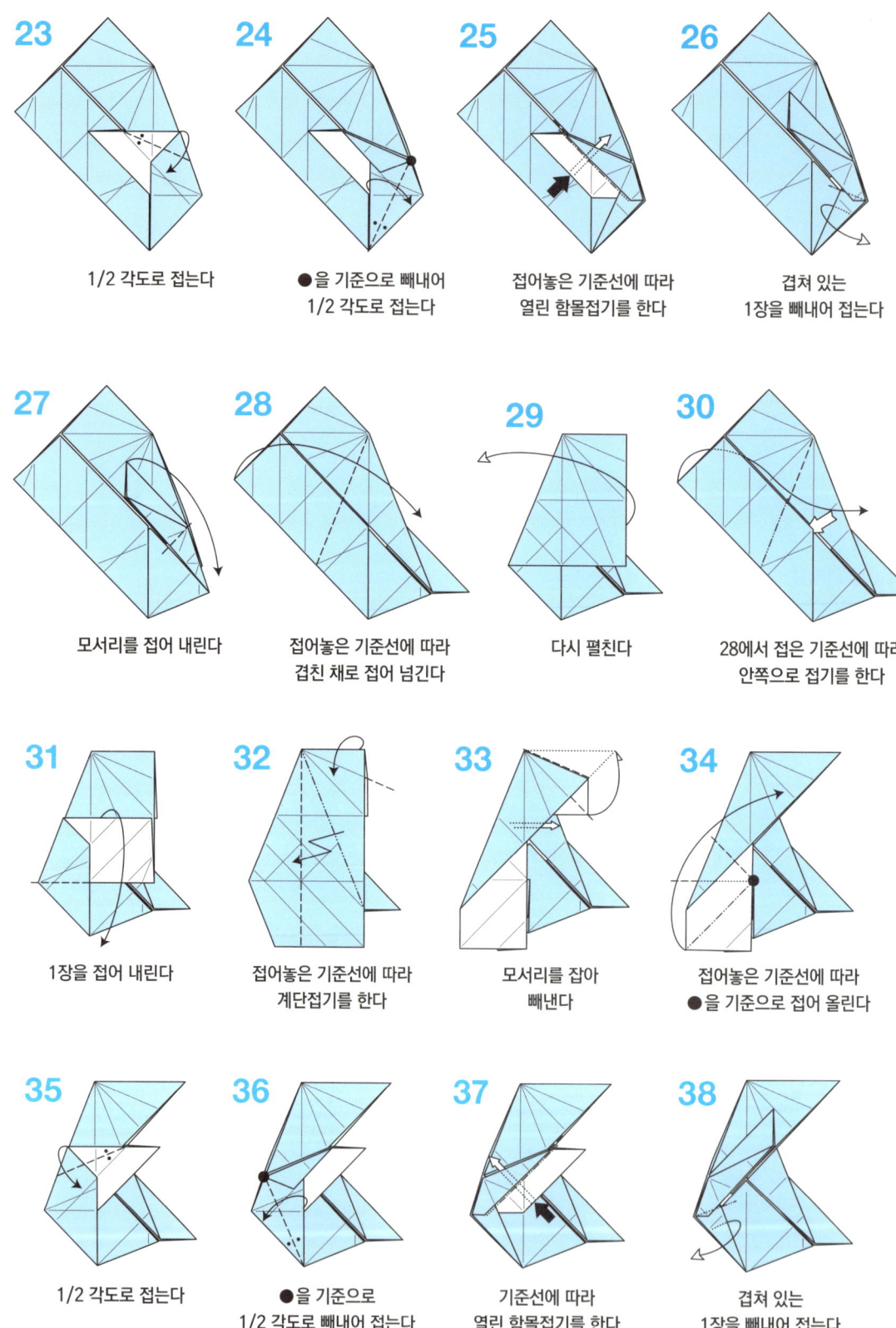

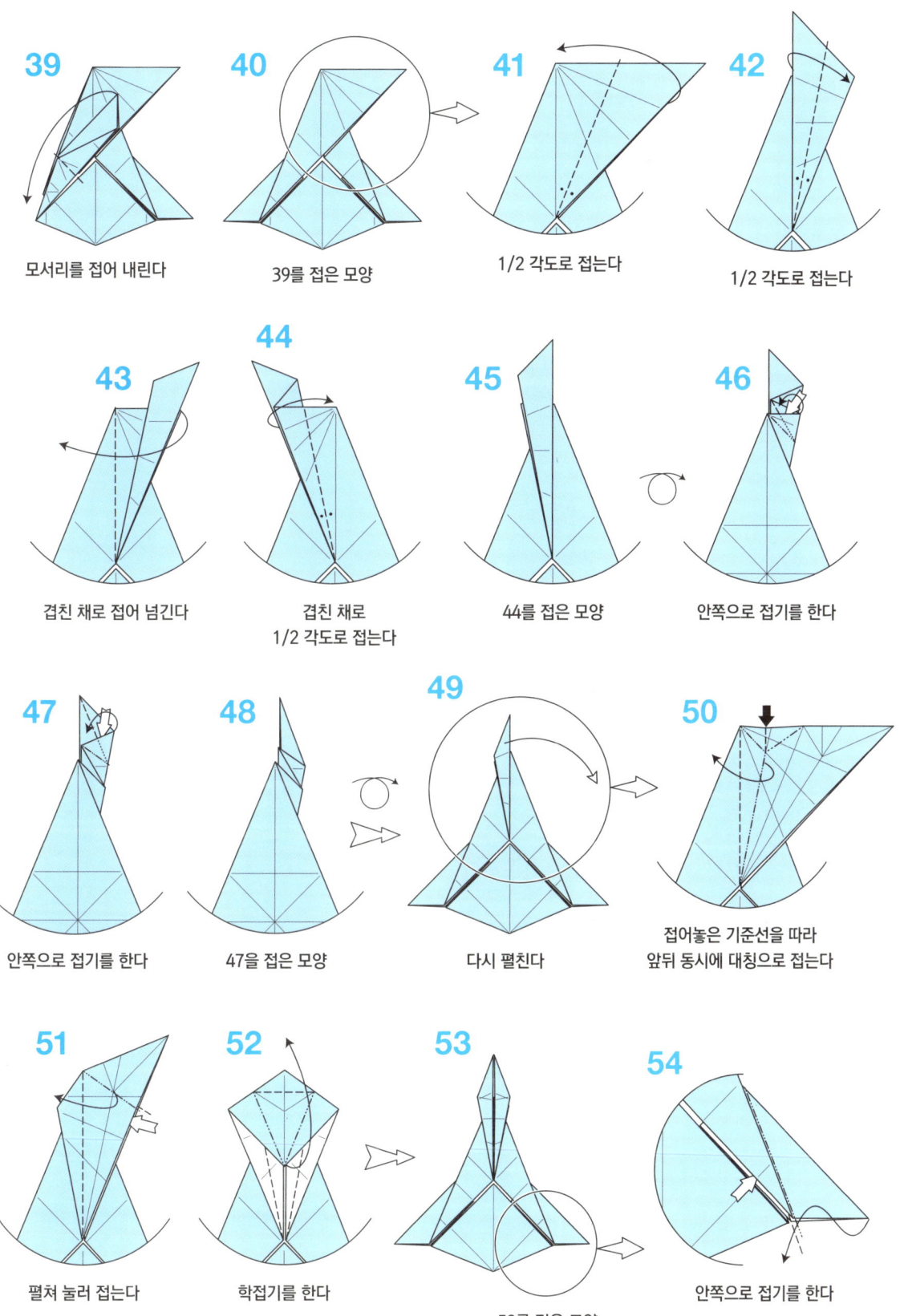

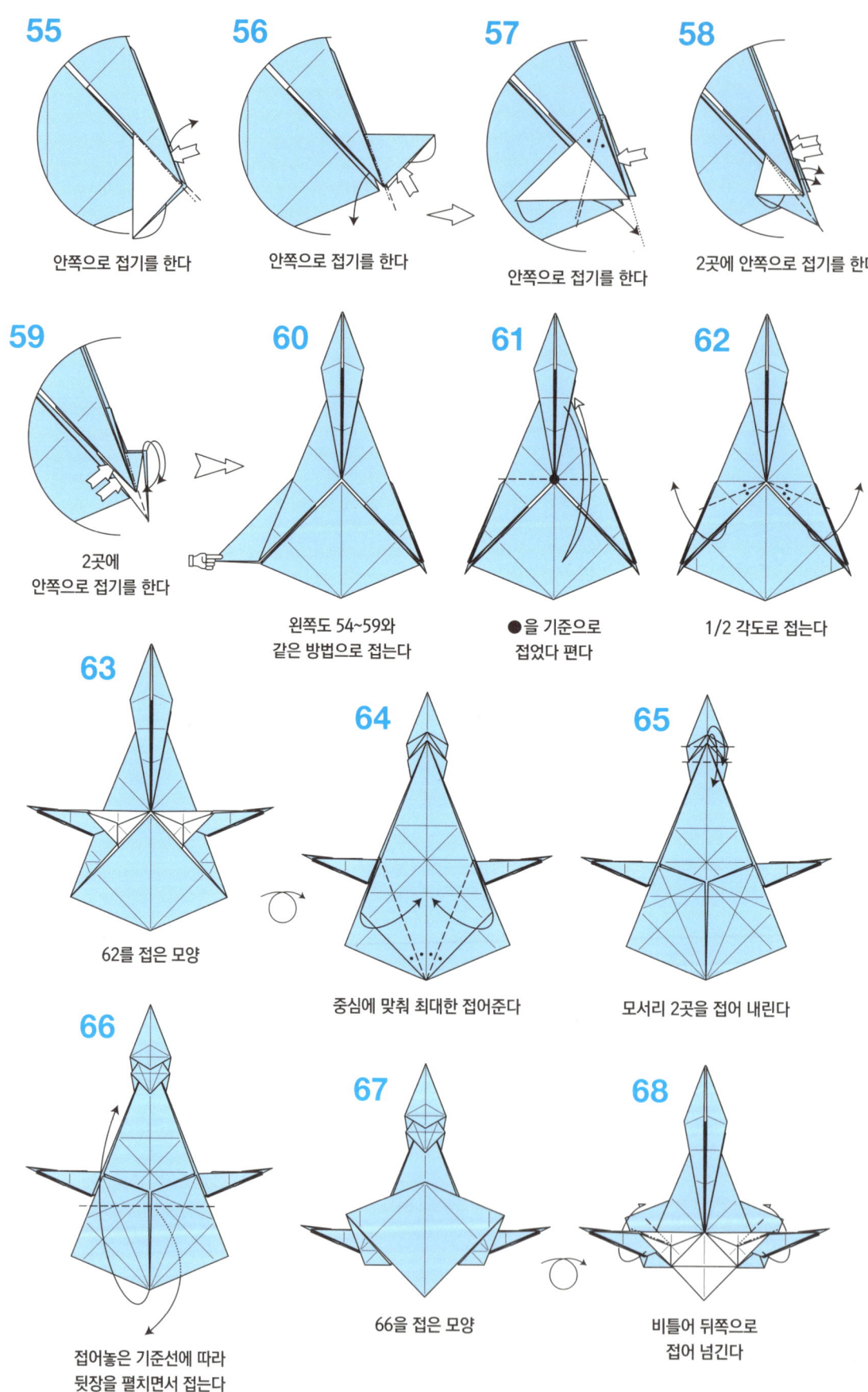

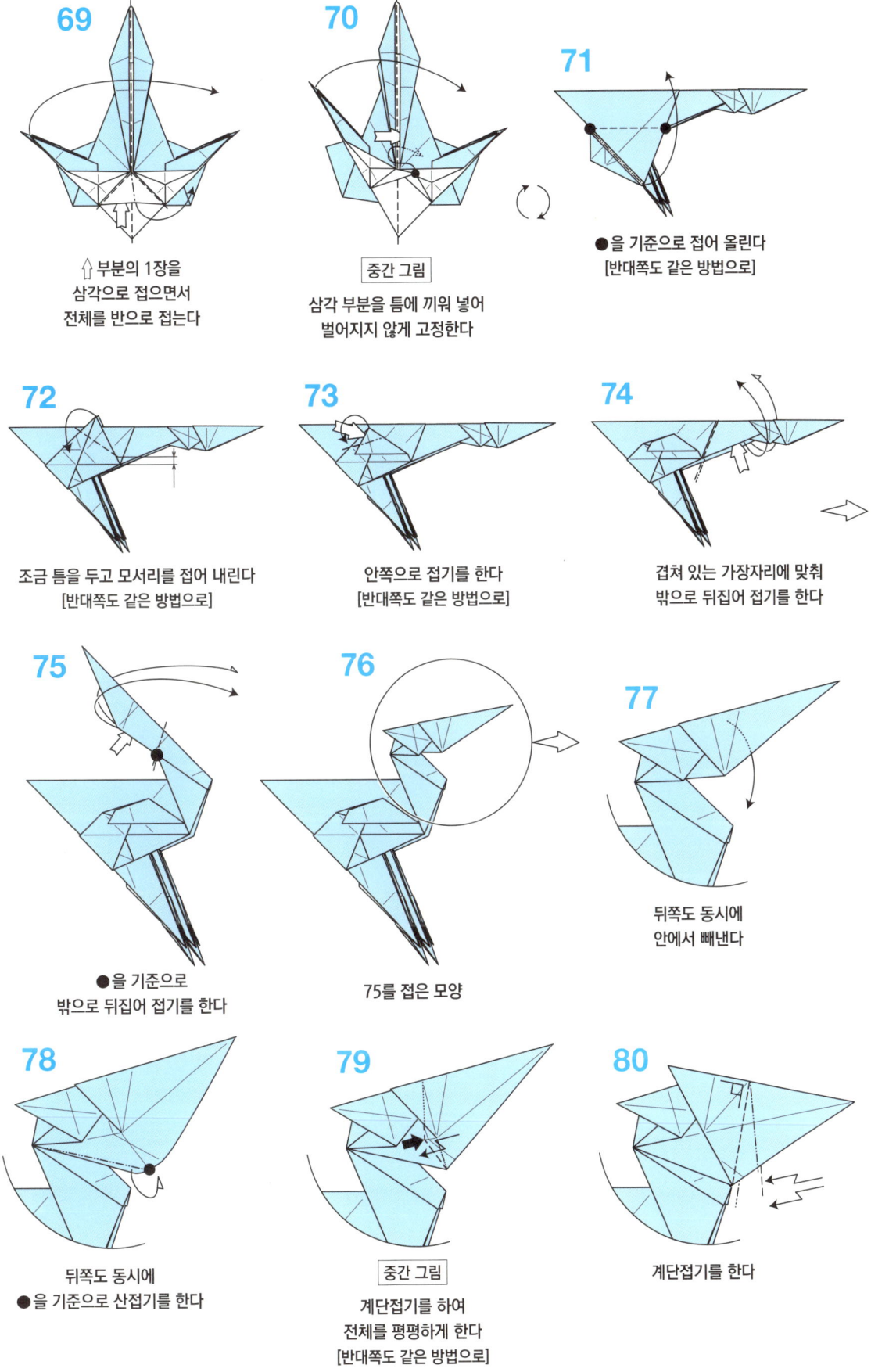

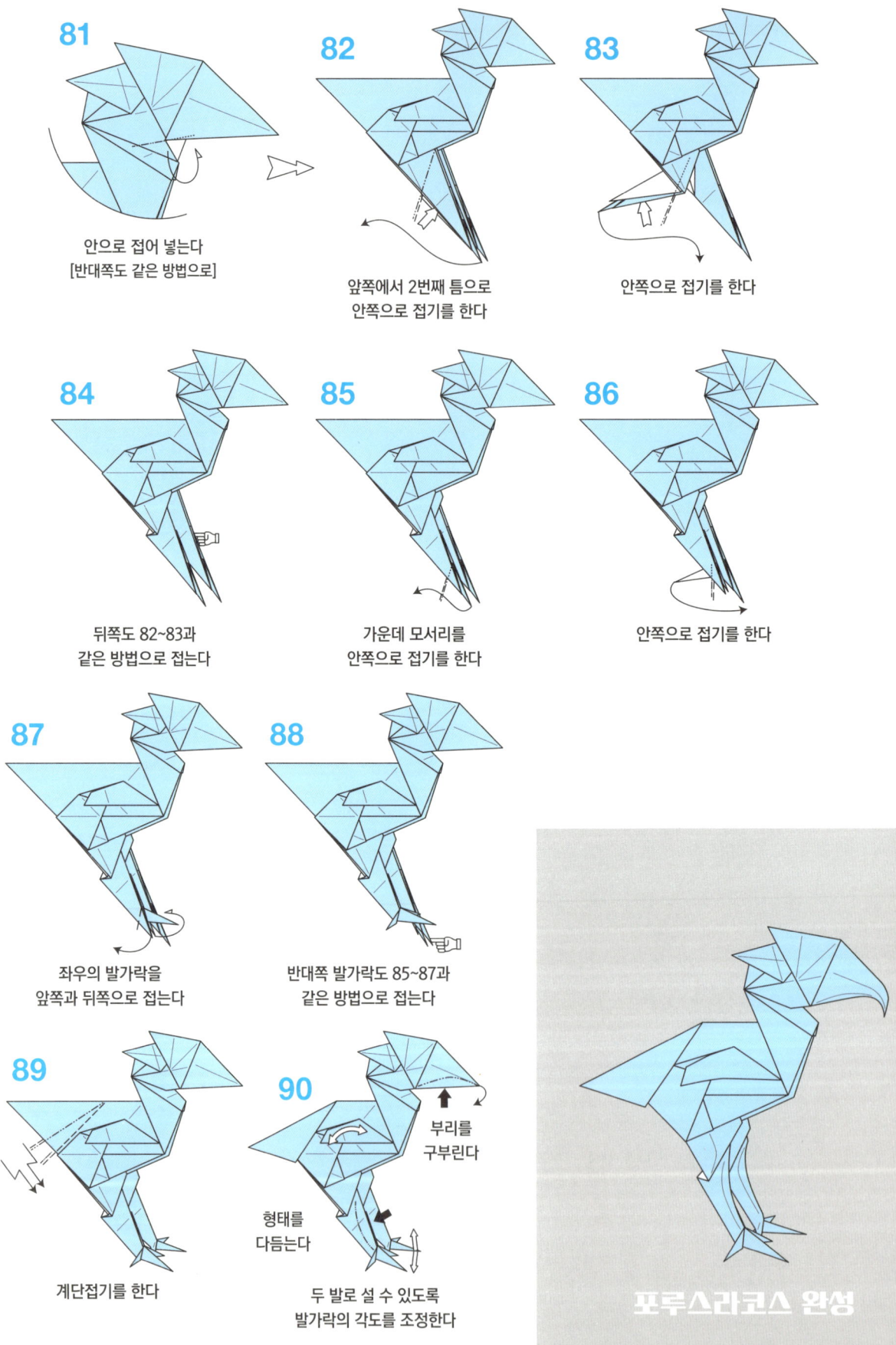

최상급

엘라스모테리움
Elasmotherium

눈 위에 거대한 뿔이 있었을 것으로 추정된다. 과정에 변형이 많으므로 그림을 잘 보고 접도록 한다.

69%　35cm

1 접었다 펴서 중심선을 만든다

2 접었다 편다

3 1/2 각도로 8개의 기준선을 접었다 편다

4 ●을 기준으로 접었다 편다

5 ○을 맞추어 접었다 편다

6 ○을 맞추어 접었다 편다

7 ○을 맞추어 접었다 편다

8 ●을 기준으로 ○을 맞추어 접었다 편다

9 반으로 접는다

10 종이를 겹친 채로 1/2 각도로 접는다

11 다시 펼친다

12 겹친 채로 1/2 각도로 접는다

엘라스모테리움　143

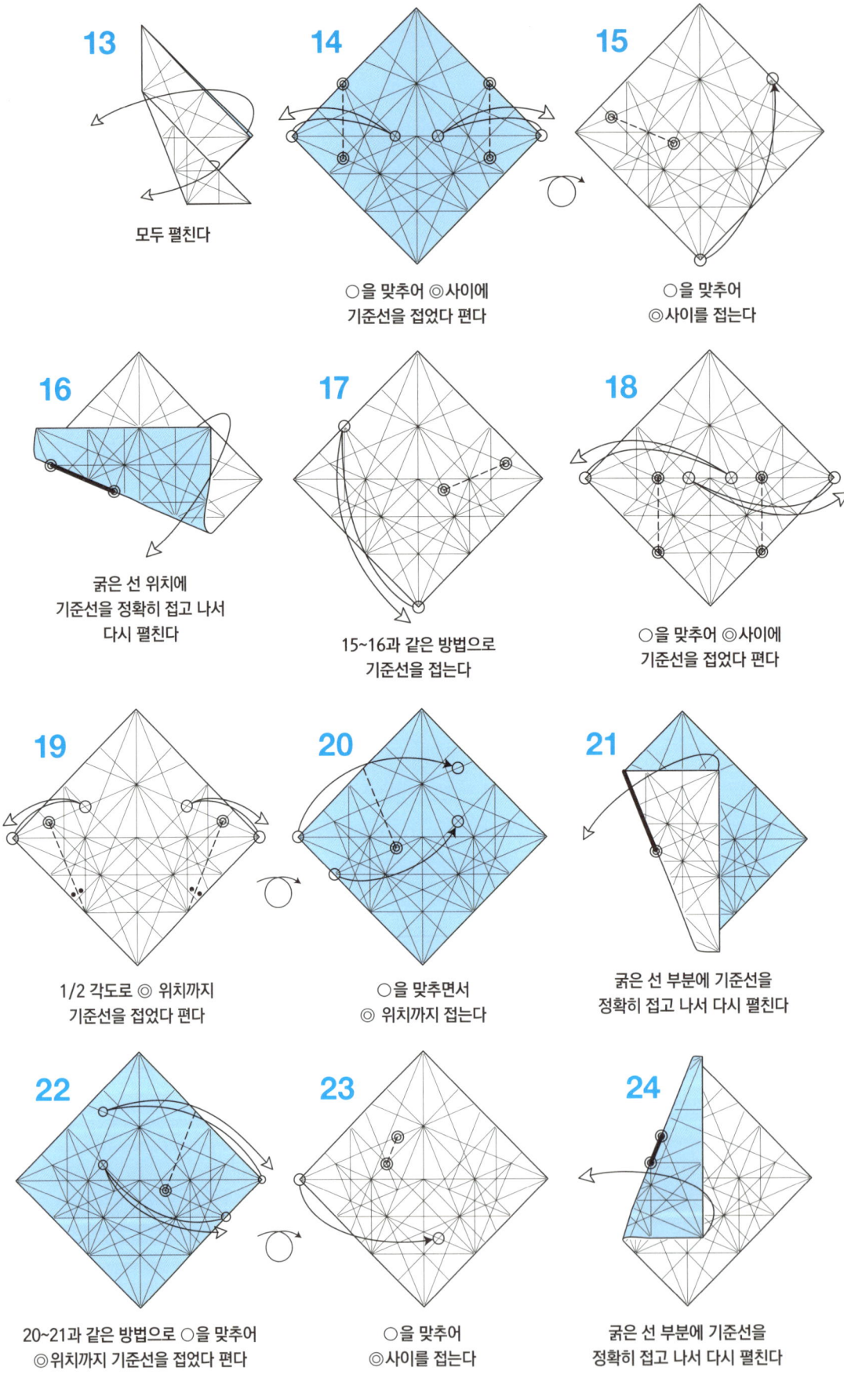

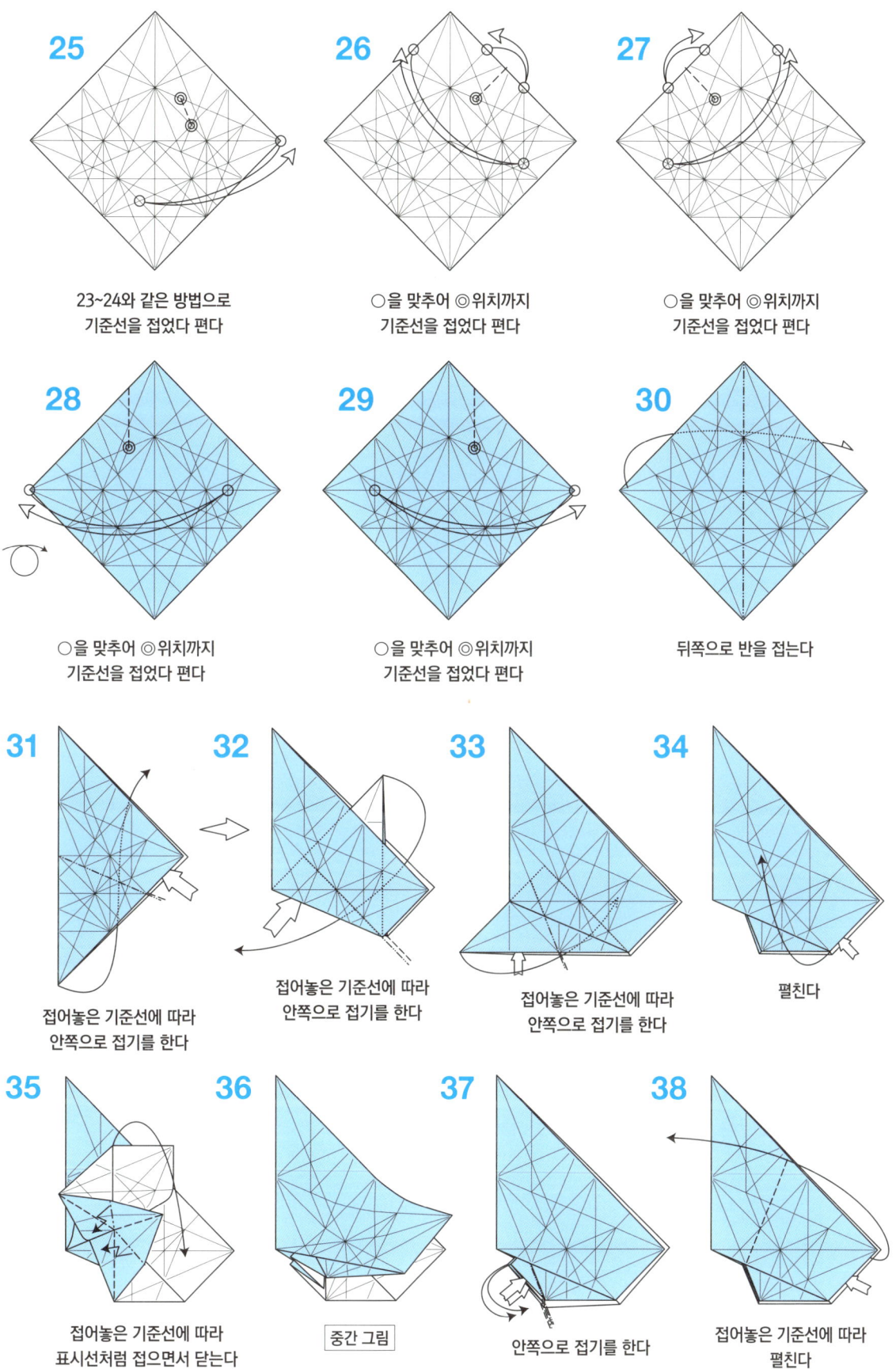

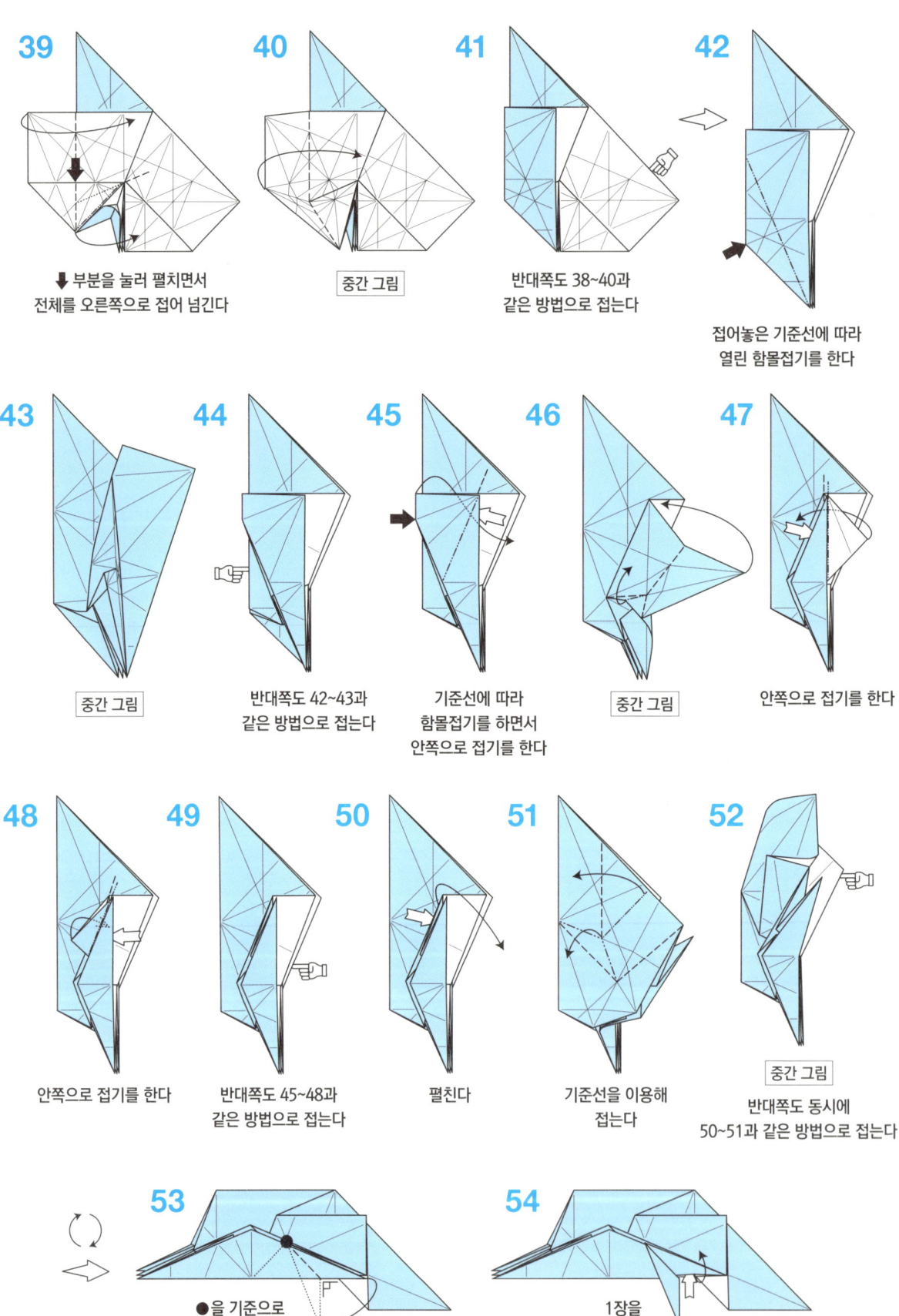

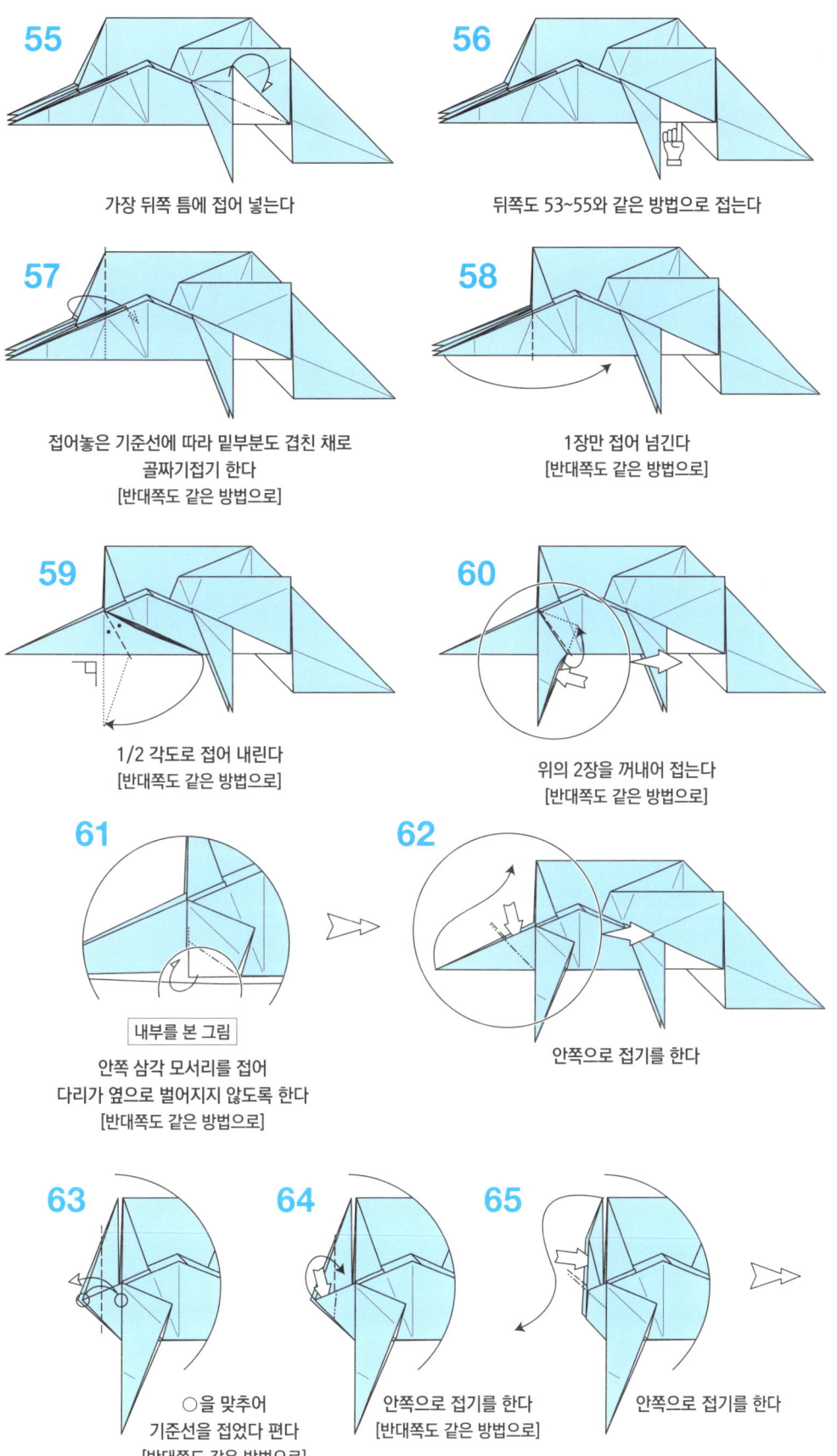

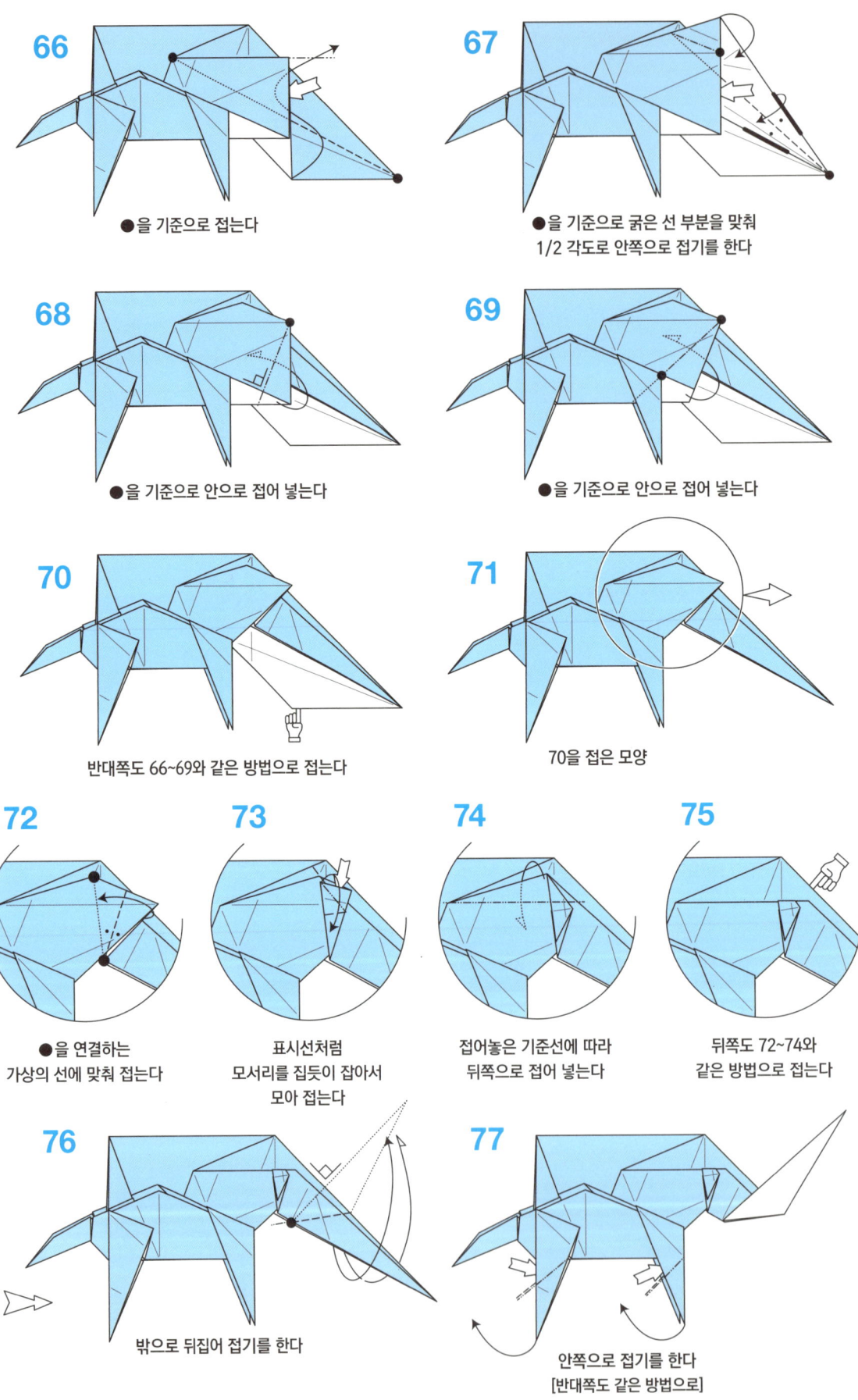

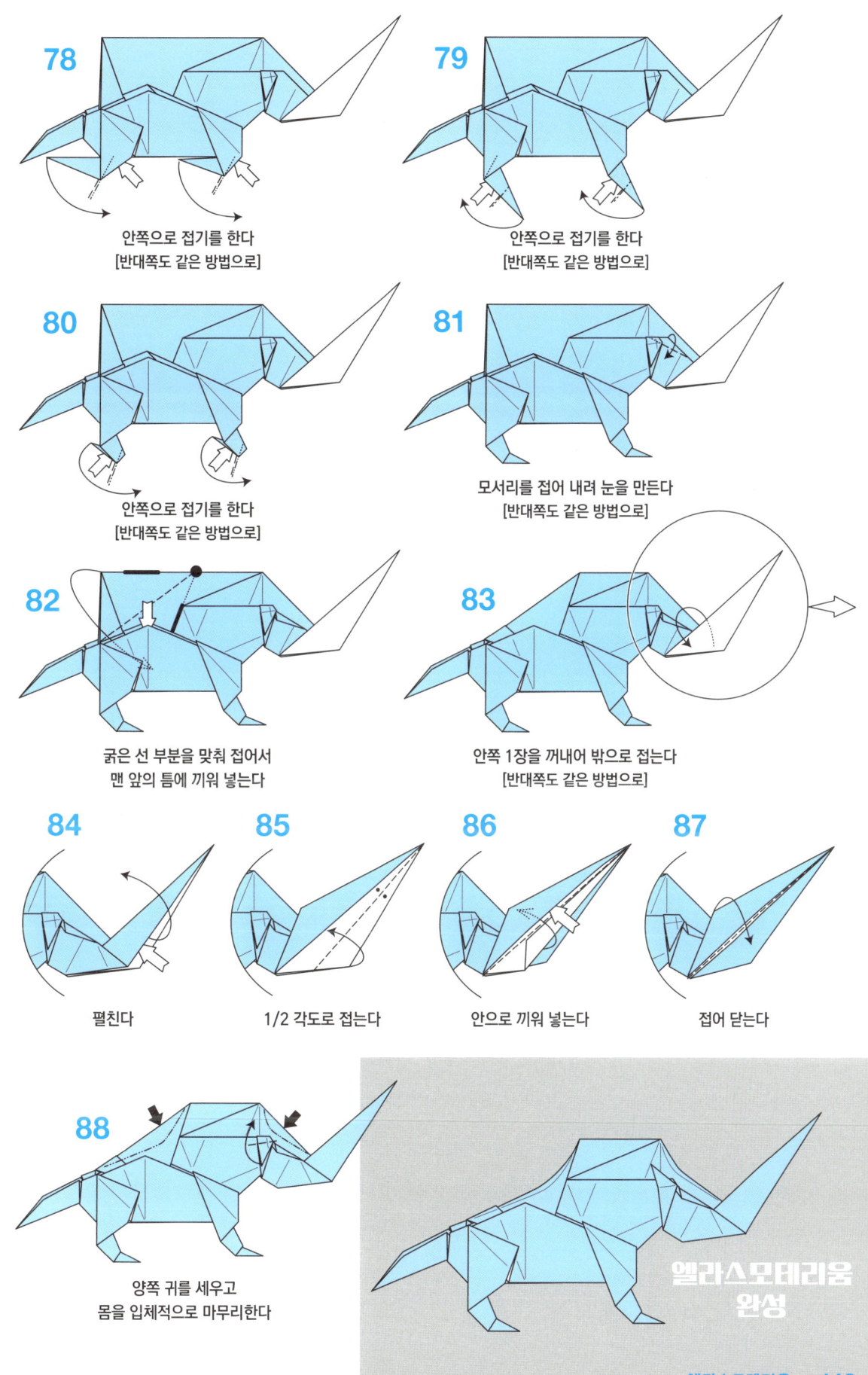

최 상 급

큰뿔사슴
Megaloceros giganteus

오른쪽 뿔에서 왼쪽 뿔까지 가장 큰 것은 3m나 된다. 뿔을 접기 위해 큰 종이가 필요하고 완성되었을 때 크기가 매우 작아지므로 큰 종이를 권장한다.

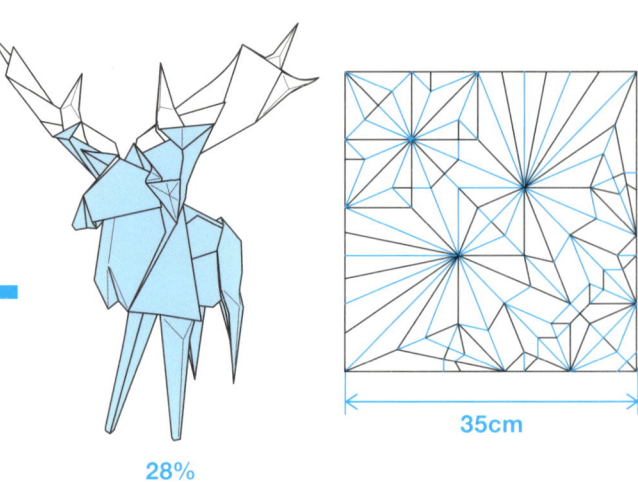

28%

35cm

1 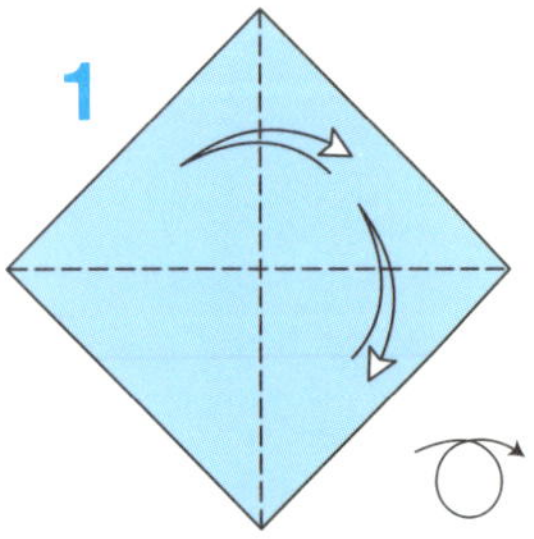 접었다 펴서 중심선을 만든다

2 ○을 맞추어 삼각형 중앙 부근에 기준선을 접었다 편다

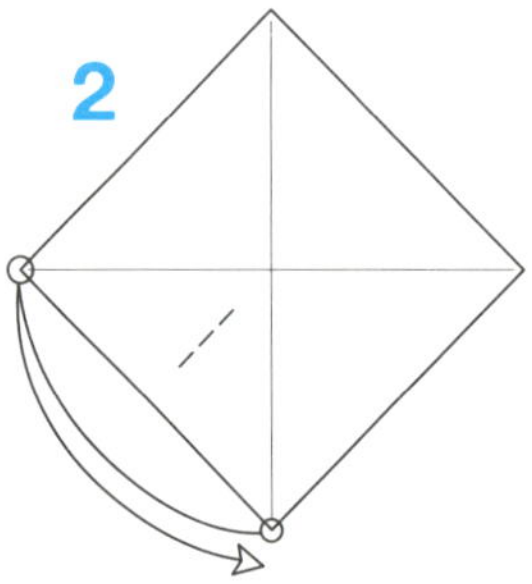

3 1/2 각도로 접어 ◎ 위치에 표시를 한다

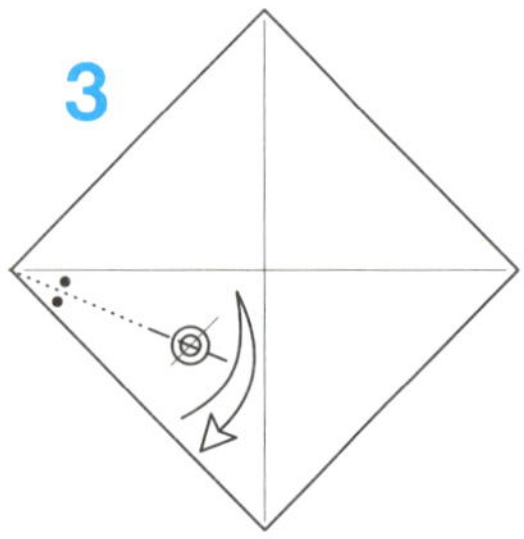

4 ● 을 기준으로 접어 ◎ 위치에 표시를 한다

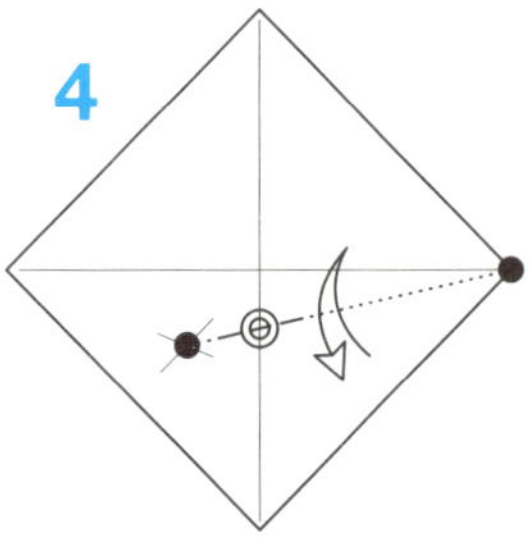

5 ● 을 기준으로 접는다 [이하 불필요한 표시는 생략]

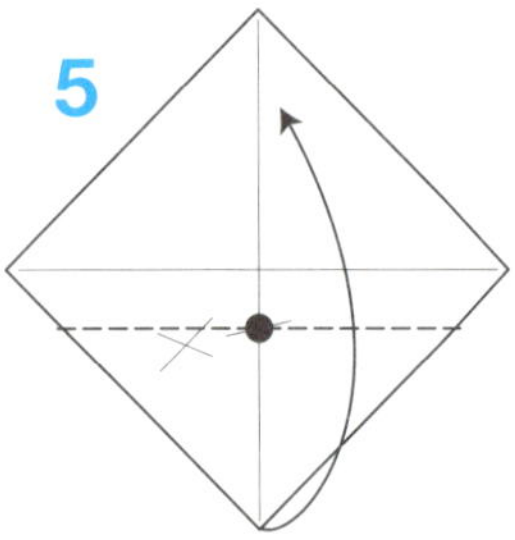

6 뒤쪽으로 반을 접는다

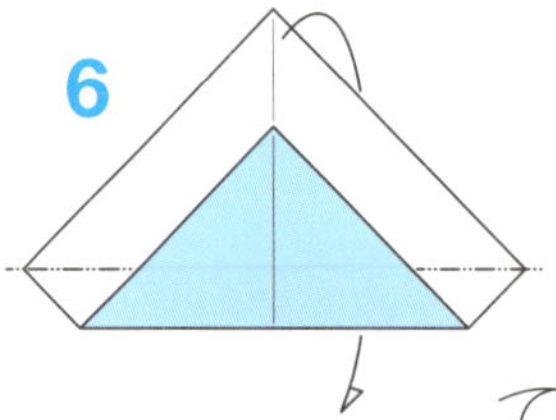

7 ○을 맞추어 접는다

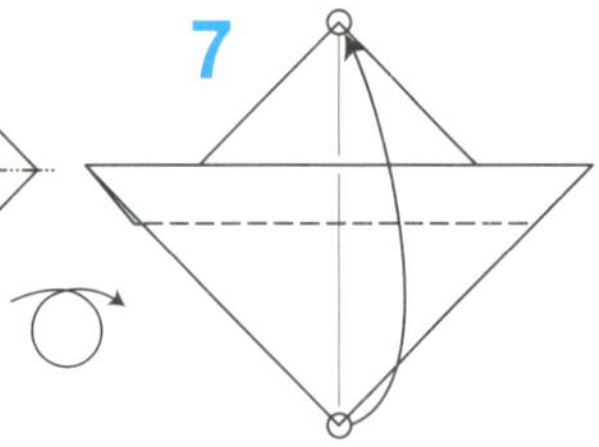

8 겉면을 위로 하여 펼친다

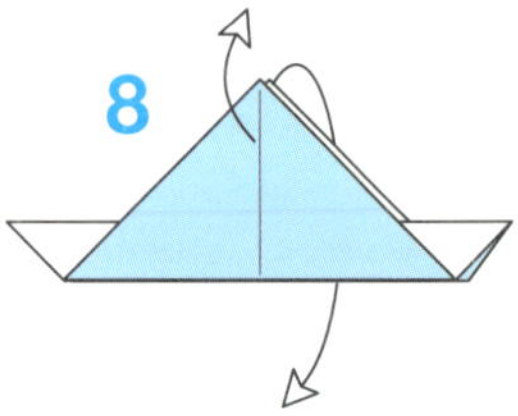

9 반을 접는다

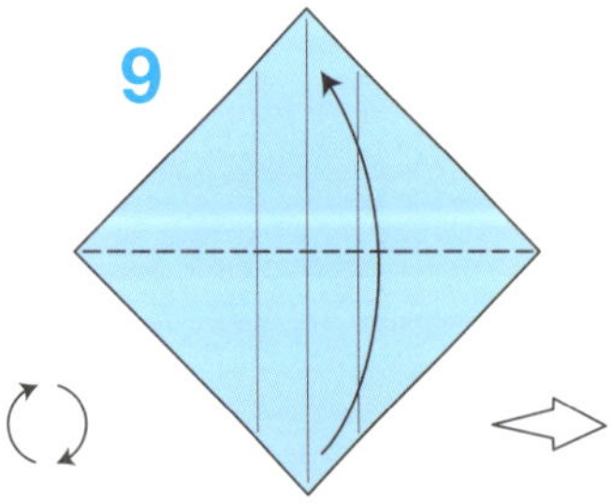

10 펼쳐 눌러 접는다

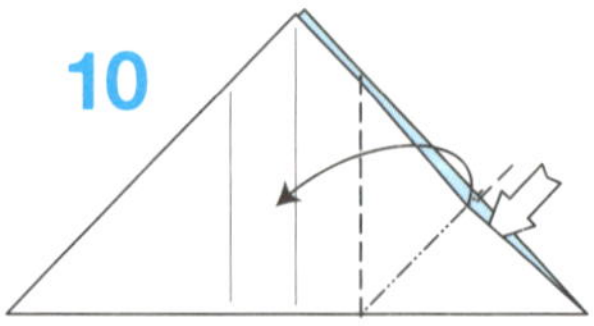

11 펼쳐 눌러 접는다

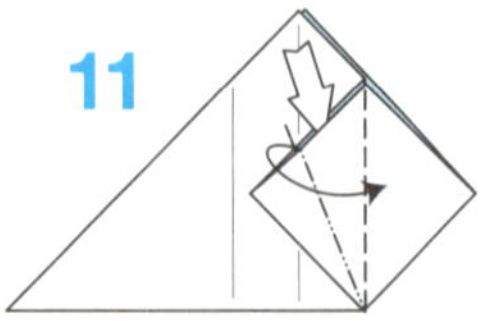

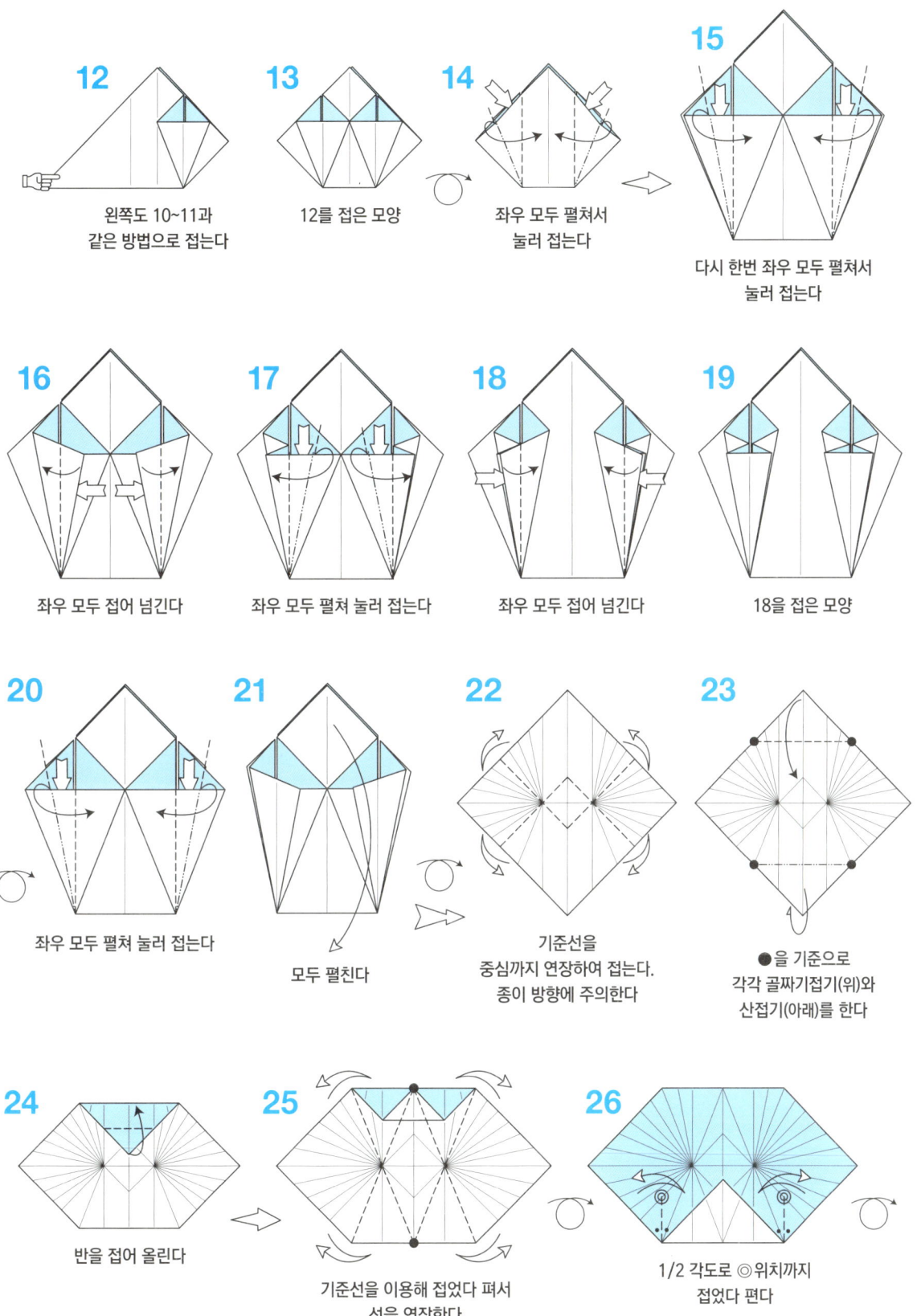

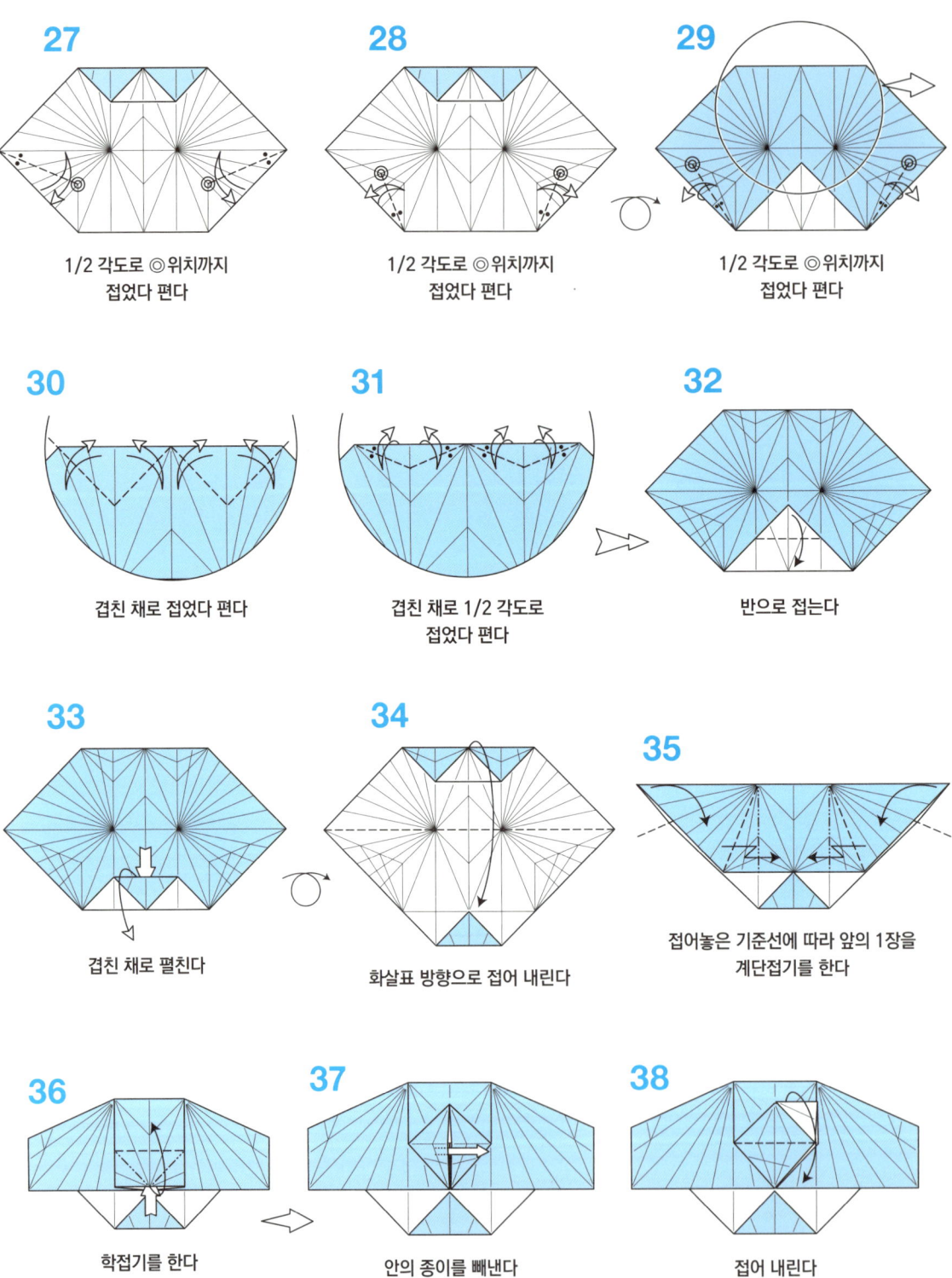

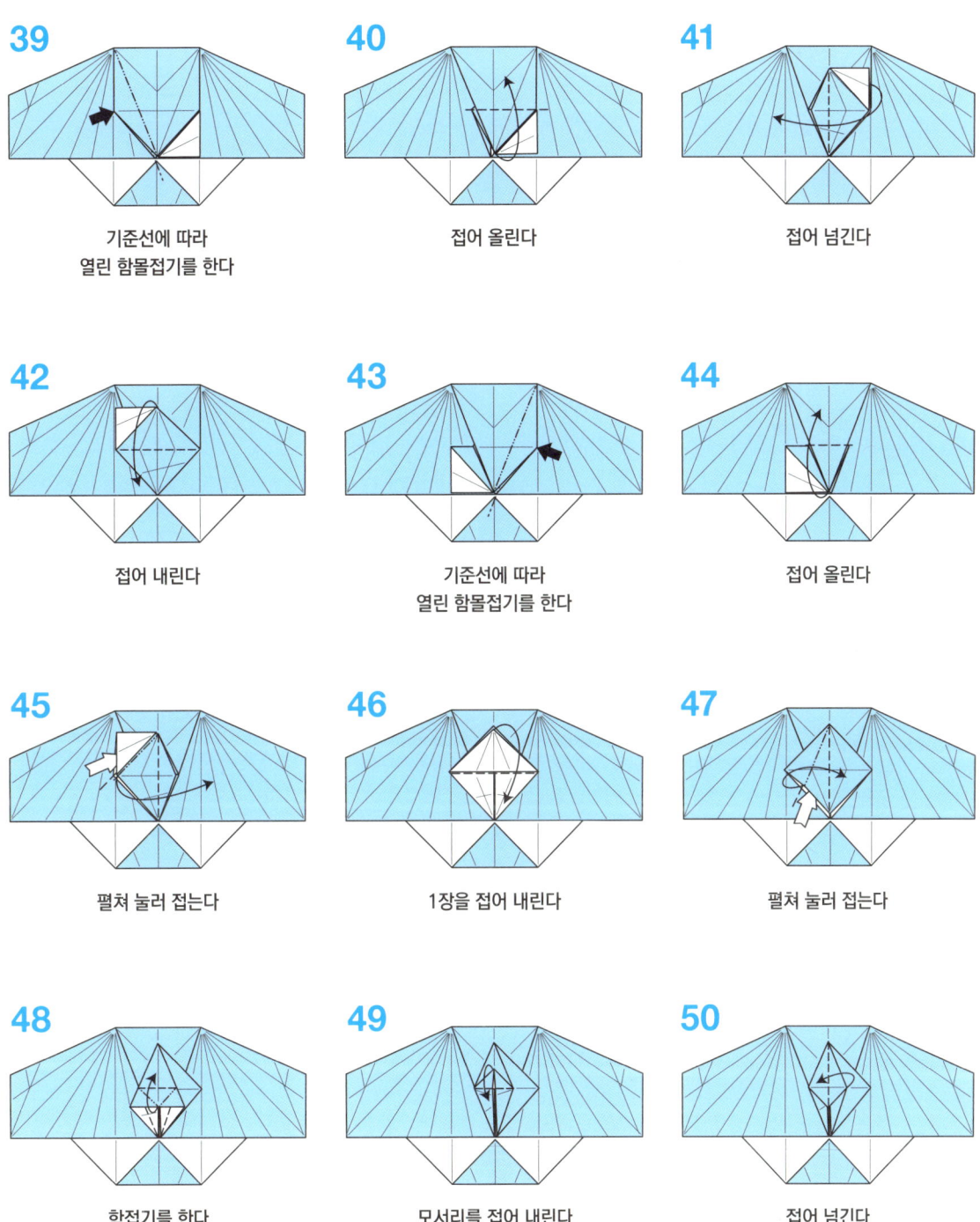

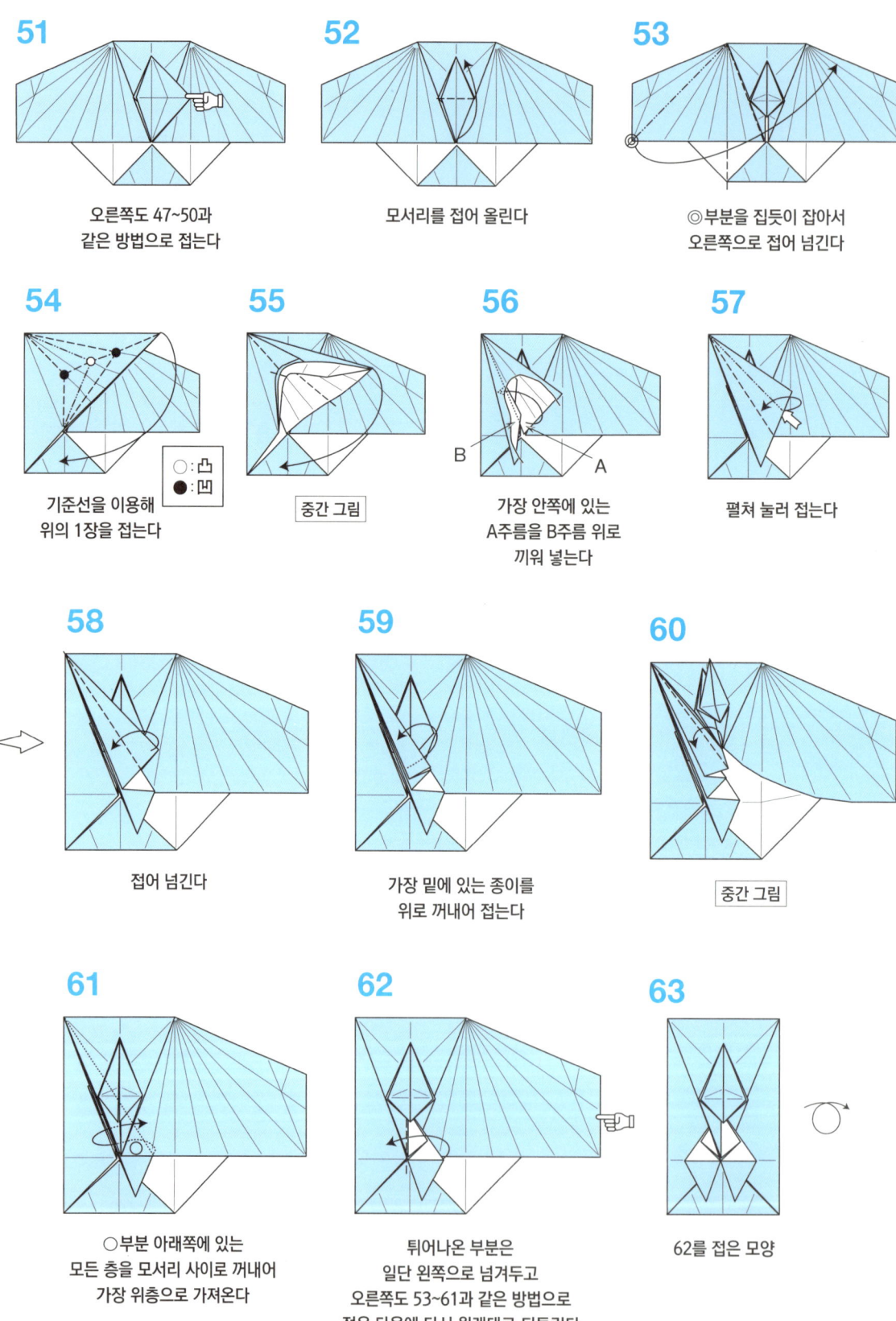

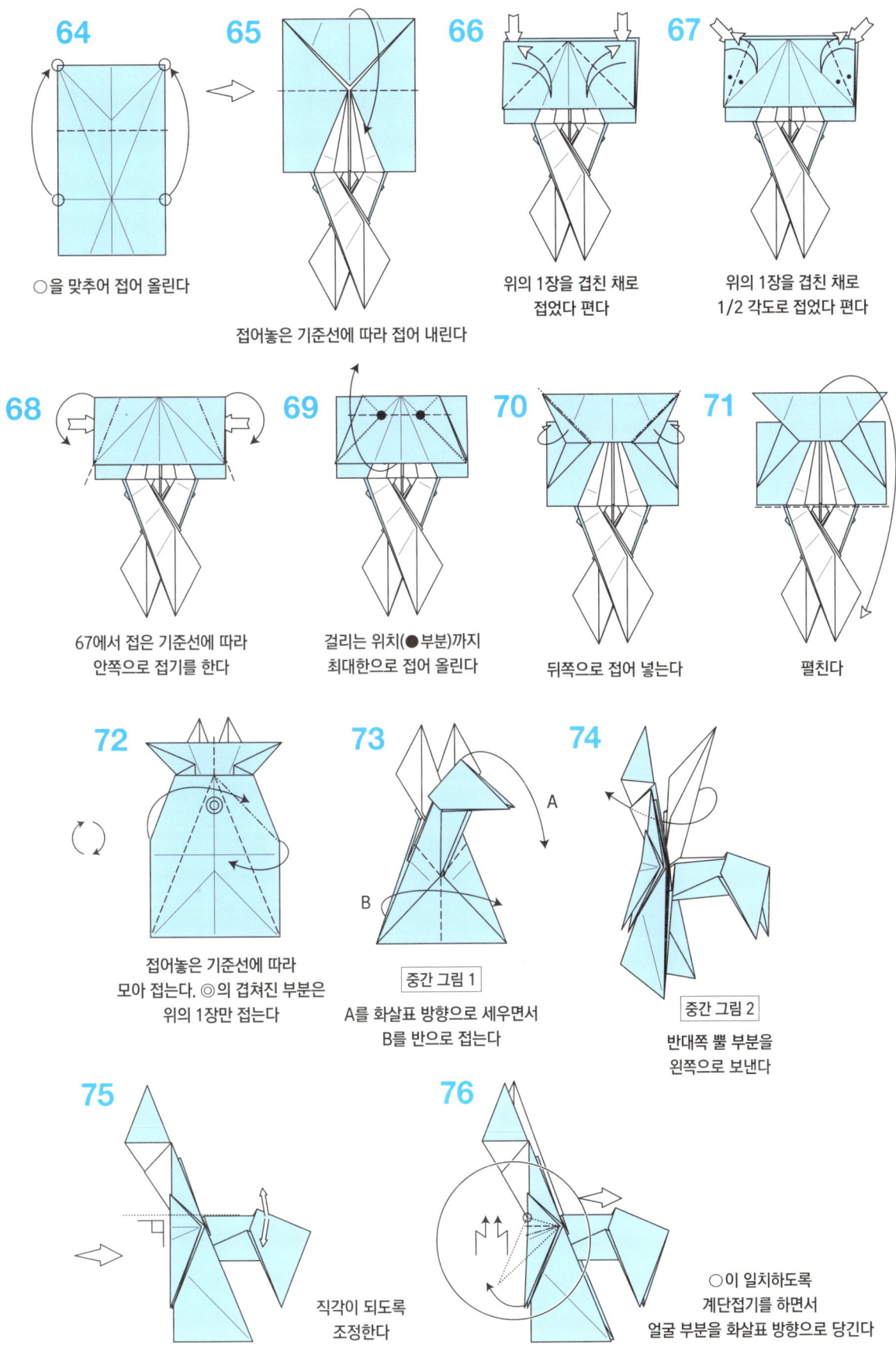

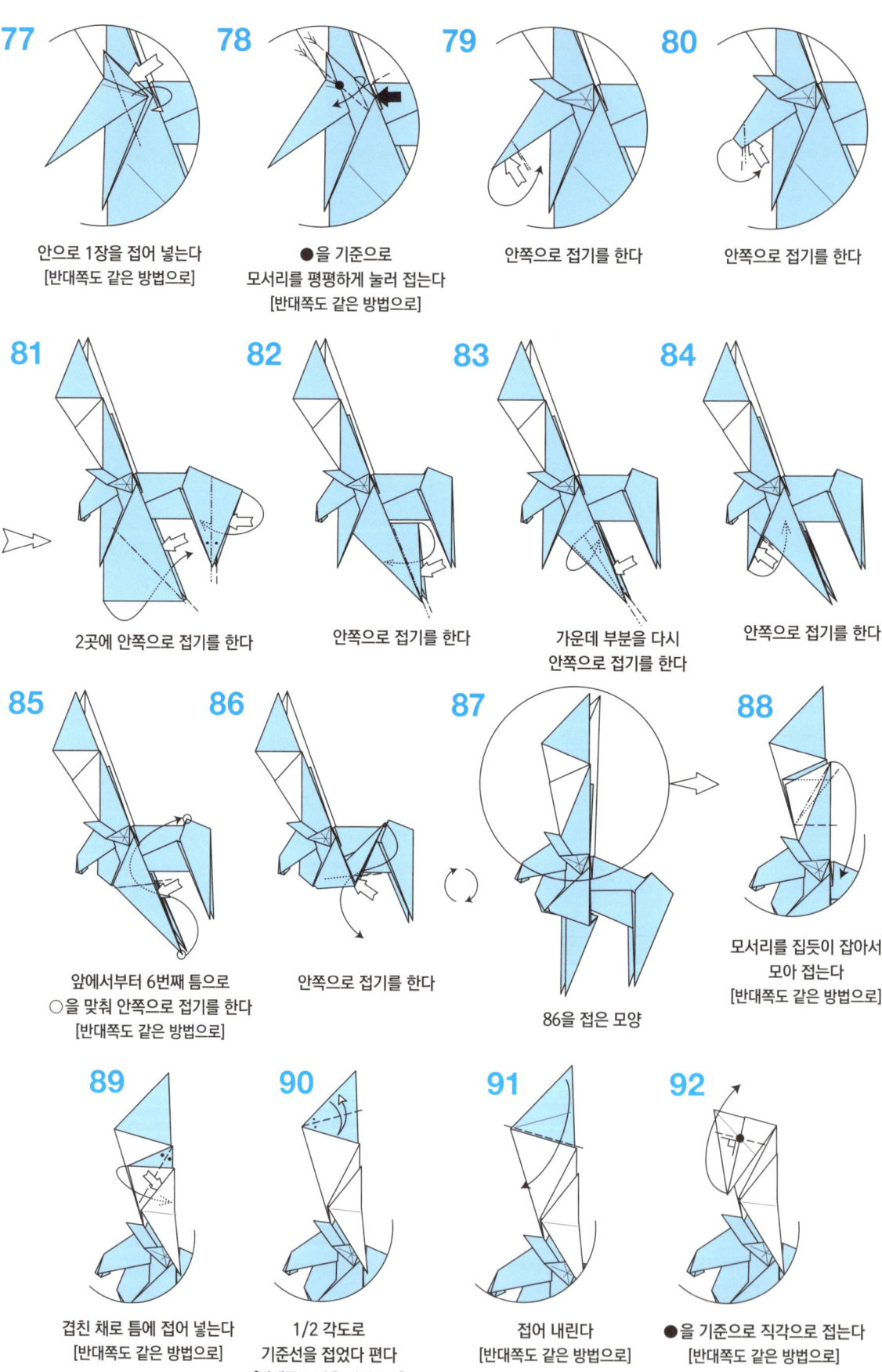

93
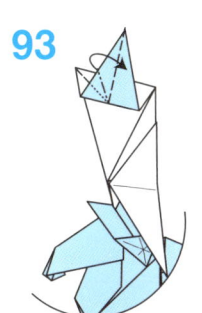
당겨서 접는다
[반대쪽도 같은 방법으로]

94
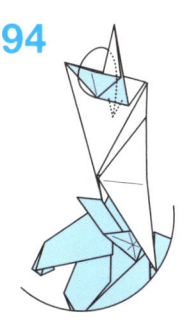
앞장을 뒷장 사이로 끼운다
[반대쪽도 같은 방법으로]

95
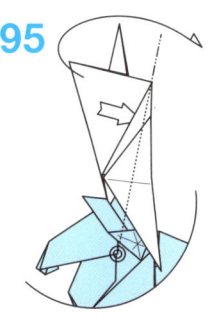
안쪽의 걸리는 곳
(◎ 부근)에서
뒤쪽으로 접어 넘긴다
[반대쪽도 같은 방법으로]

96
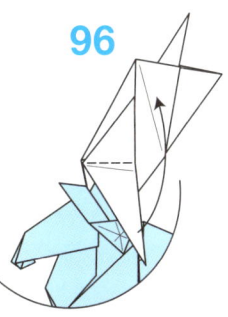
모서리를 접어 올린다
[반대쪽도 같은 방법으로]

97
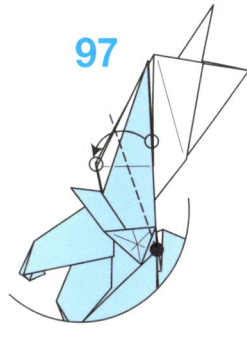
●을 기준으로 앞쪽 모서리와
○을 맞추어 접는다
[반대쪽도 같은 방법으로]

98
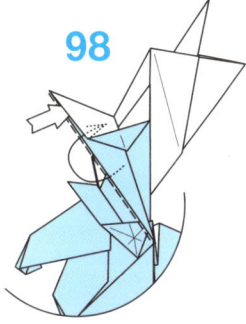
뒤쪽 3장의 종이를
앞쪽으로 꺼내어
윗장의 틈 사이에 끼워 넣는다
[반대쪽도 같은 방법으로]

99
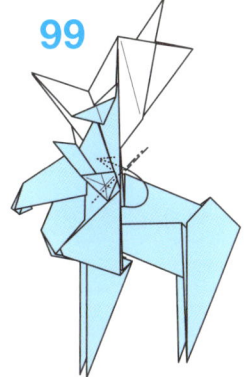
숨어 있는 모서리를
안쪽으로 접기를 한다
[반대쪽도 같은 방법으로]

100
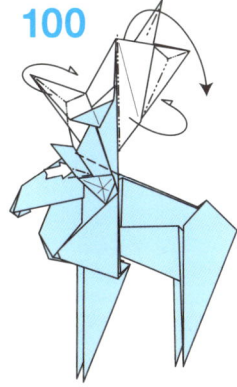
뿔을 좌우로 벌리고
모양을 다듬는다
(머리가 찢어지지 않도록 주의한다)

101
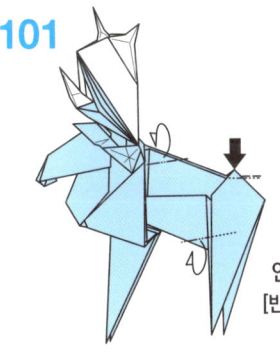
안쪽으로 접어 넣는다
[반대쪽도 같은 방법으로]

102
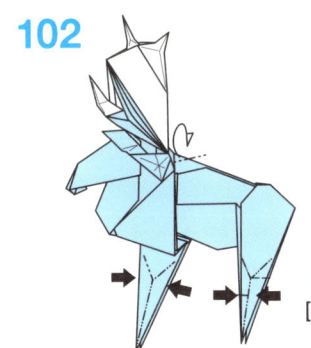
등을 조금 접어 넣고
다리를 가늘게 접는다
[반대쪽도 같은 방법으로]

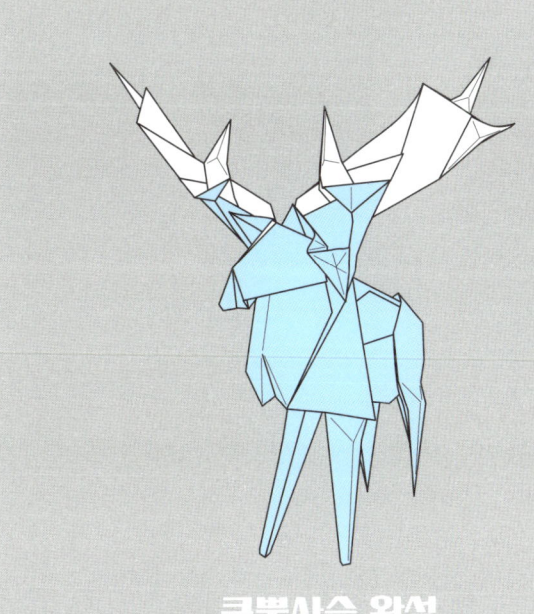

큰뿔사슴 완성

최 상 급

디플로카울루스
Diplocaulus

고생대 페름기의 양서류로, 학명은 '두 개의 돌기'라는 뜻이다. 사전에 여러 개의 기준선을 접는데, 서두르지 않고 정확하게 접는 것이 깔끔하게 접는 요령이다.

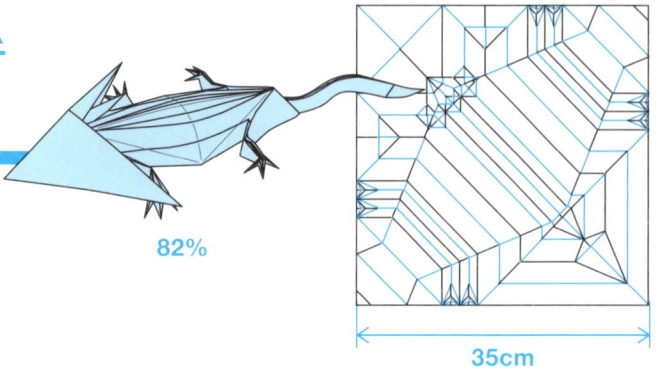

82%

35cm

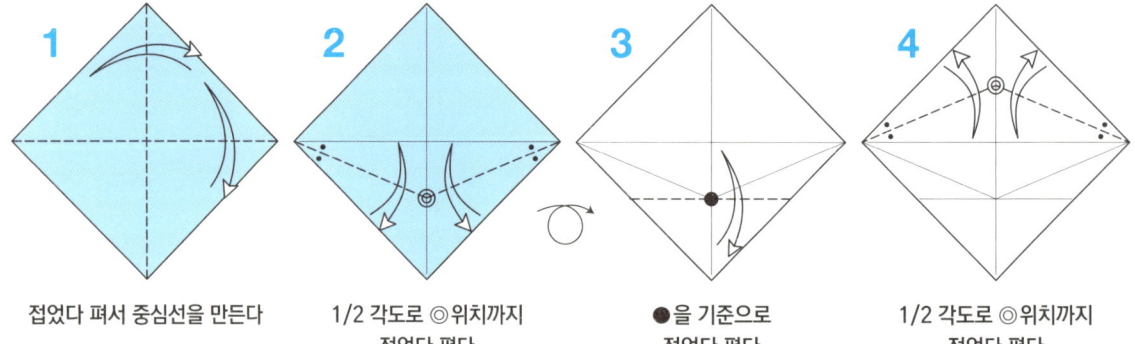

1. 접었다 펴서 중심선을 만든다
2. 1/2 각도로 ◎위치까지 접었다 편다
3. ●을 기준으로 접었다 편다
4. 1/2 각도로 ◎위치까지 접었다 편다

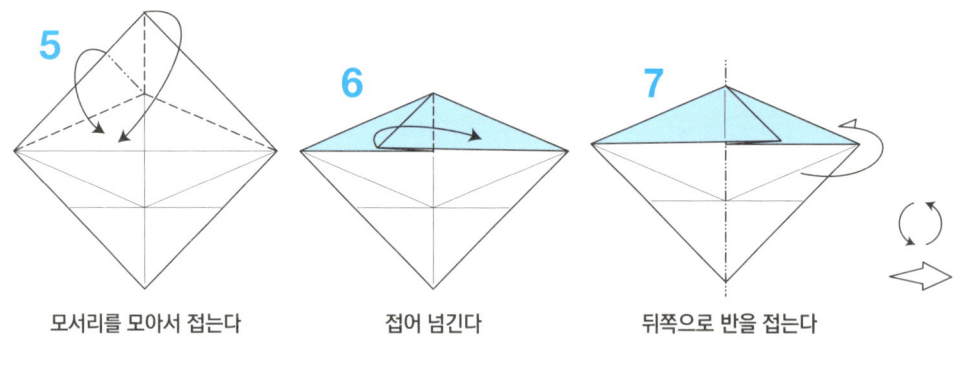

5. 모서리를 모아서 접는다
6. 접어 넘긴다
7. 뒤쪽으로 반을 접는다

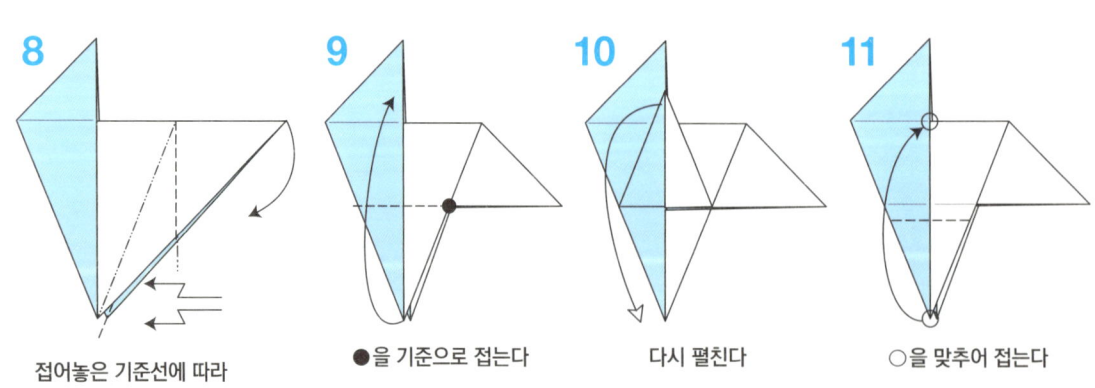

8. 접어놓은 기준선에 따라 안으로 계단접기를 한다
9. ●을 기준으로 접는다
10. 다시 펼친다
11. ○을 맞추어 접는다

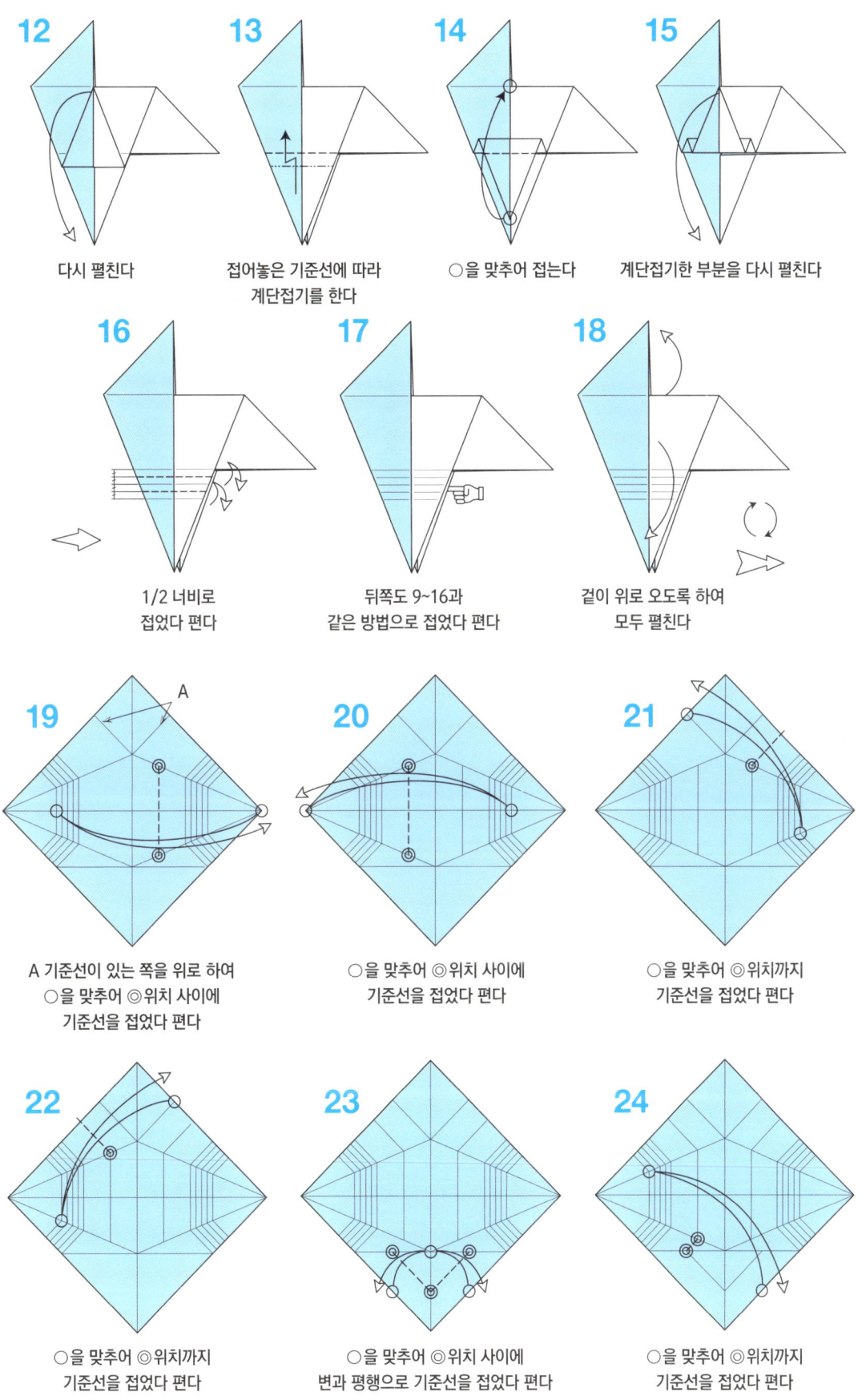

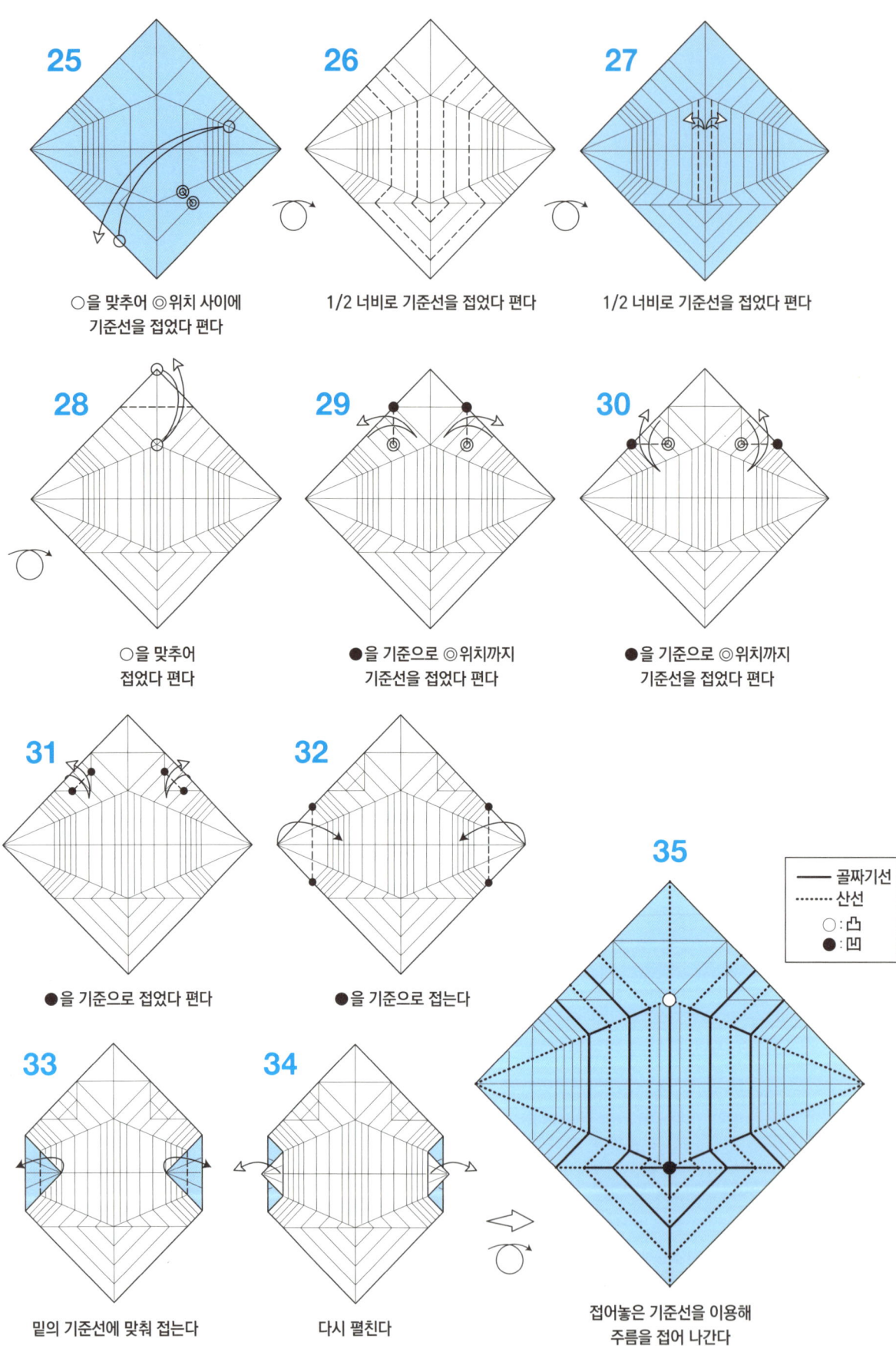

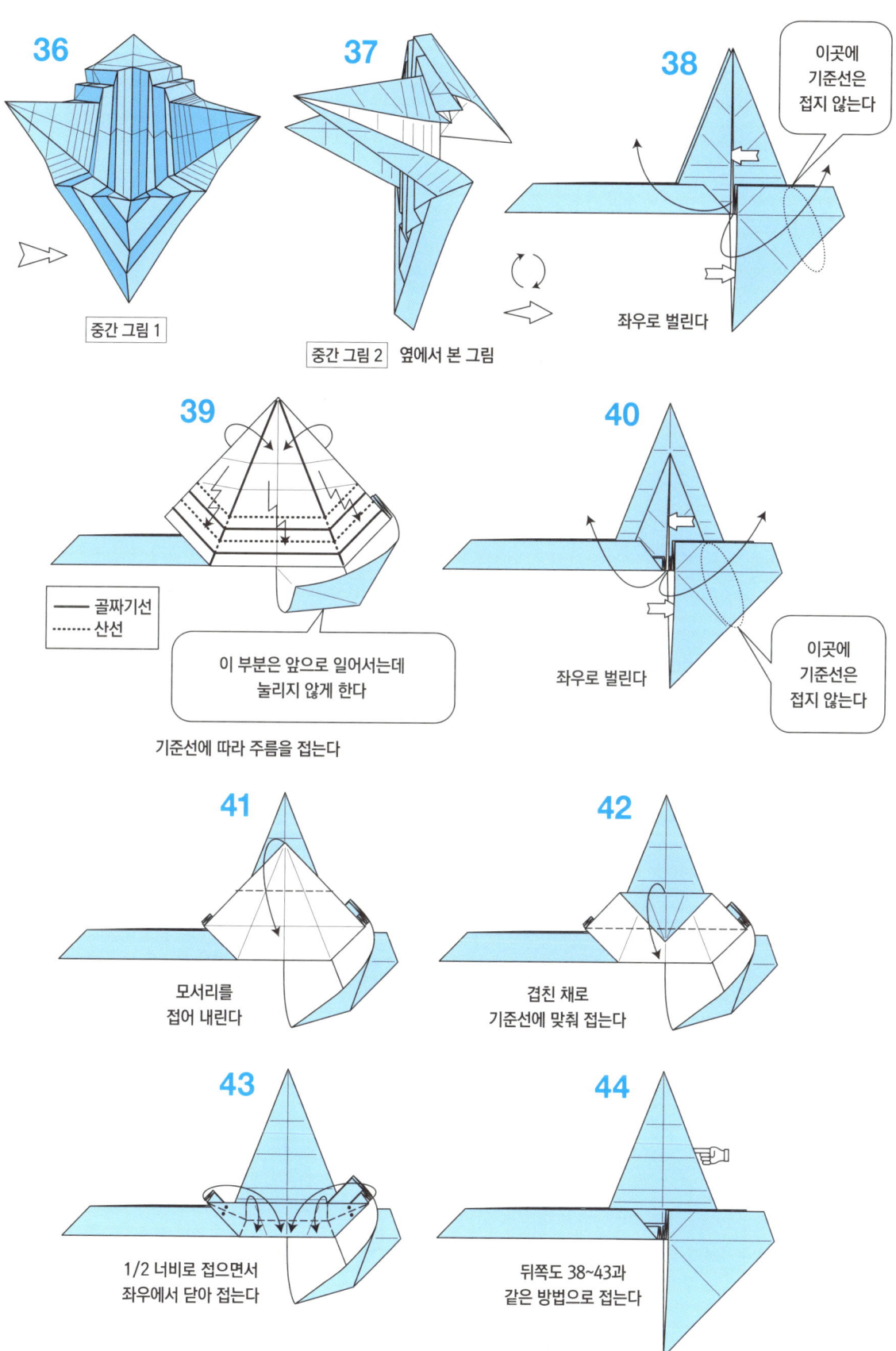

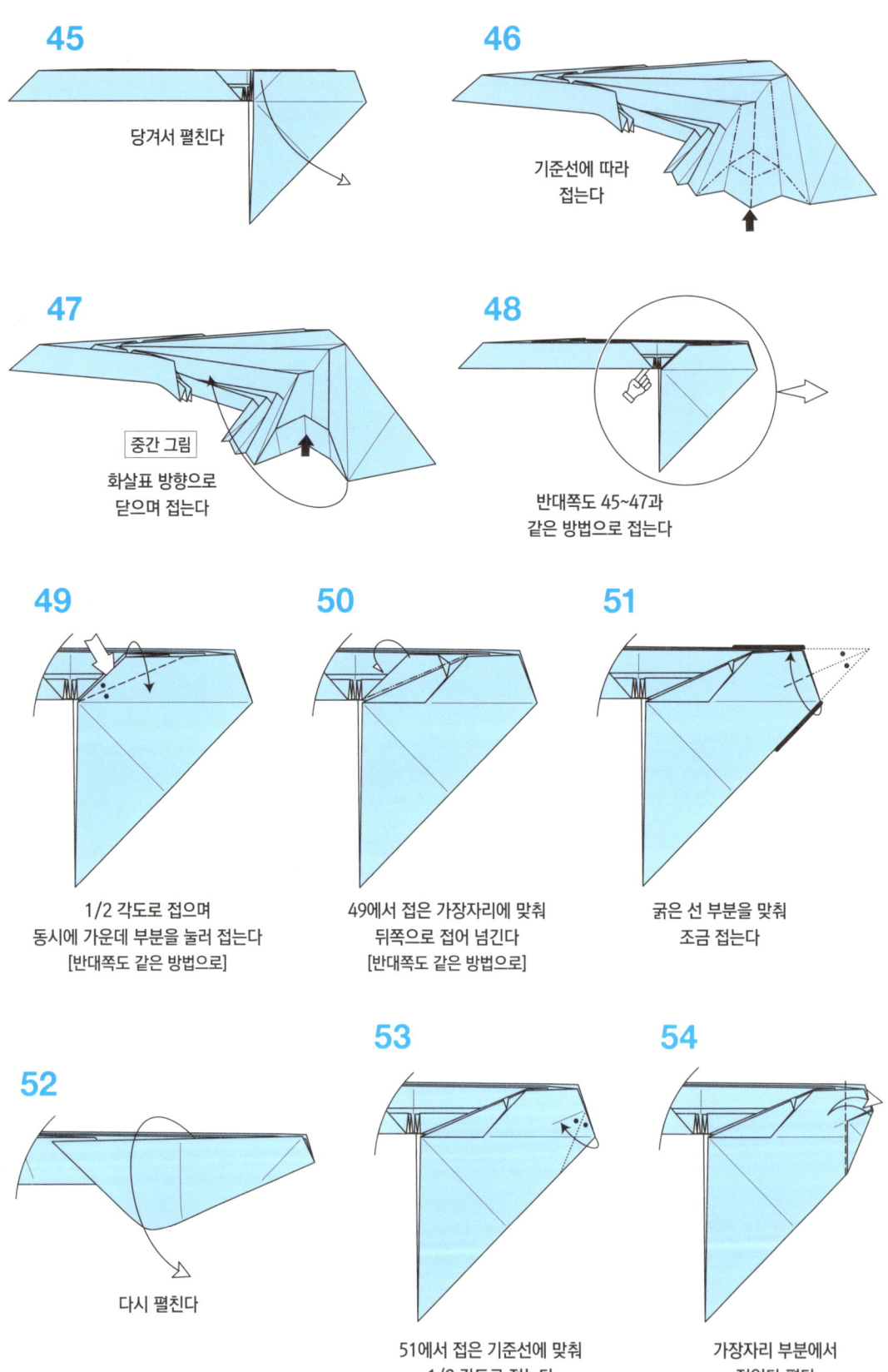

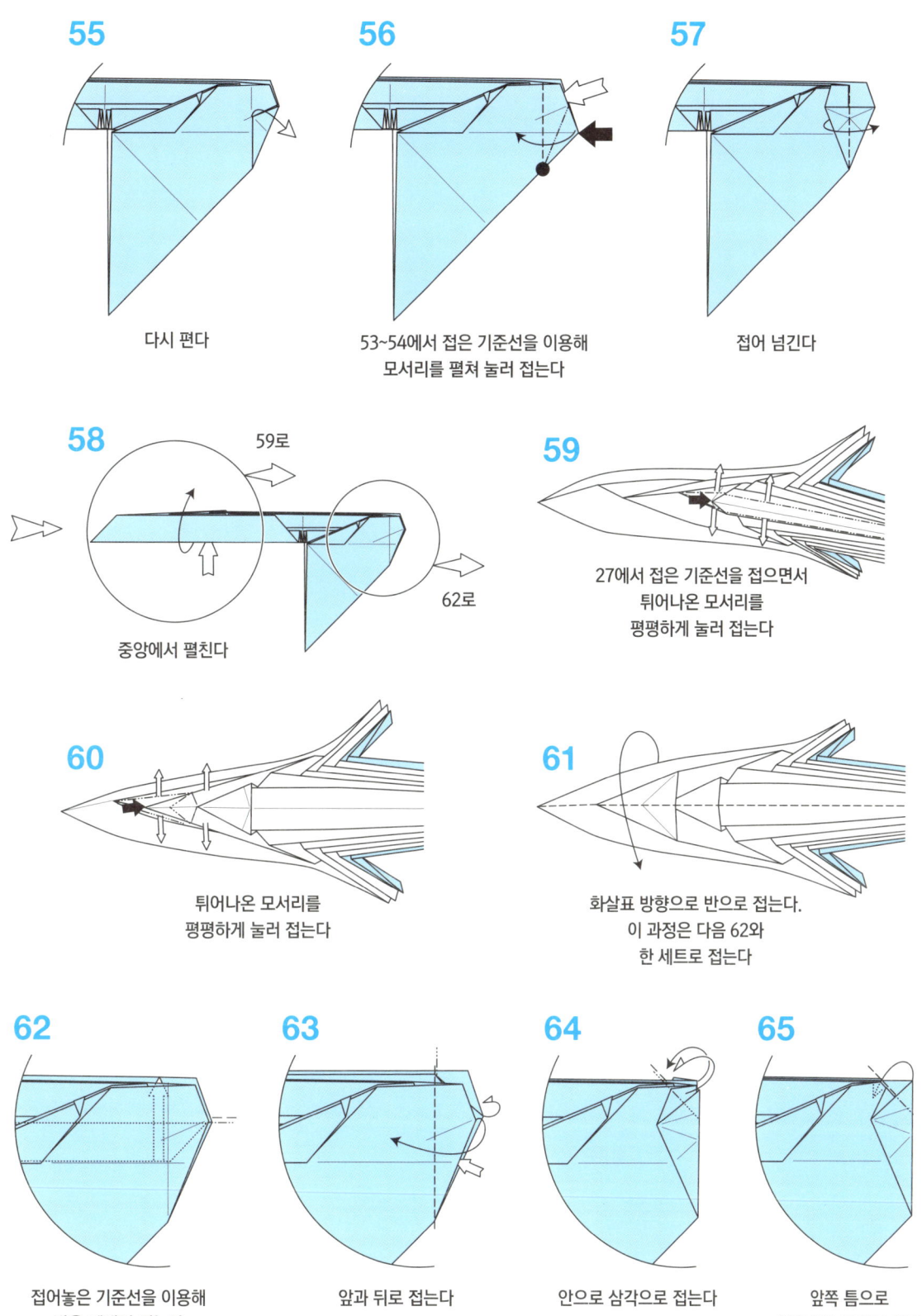

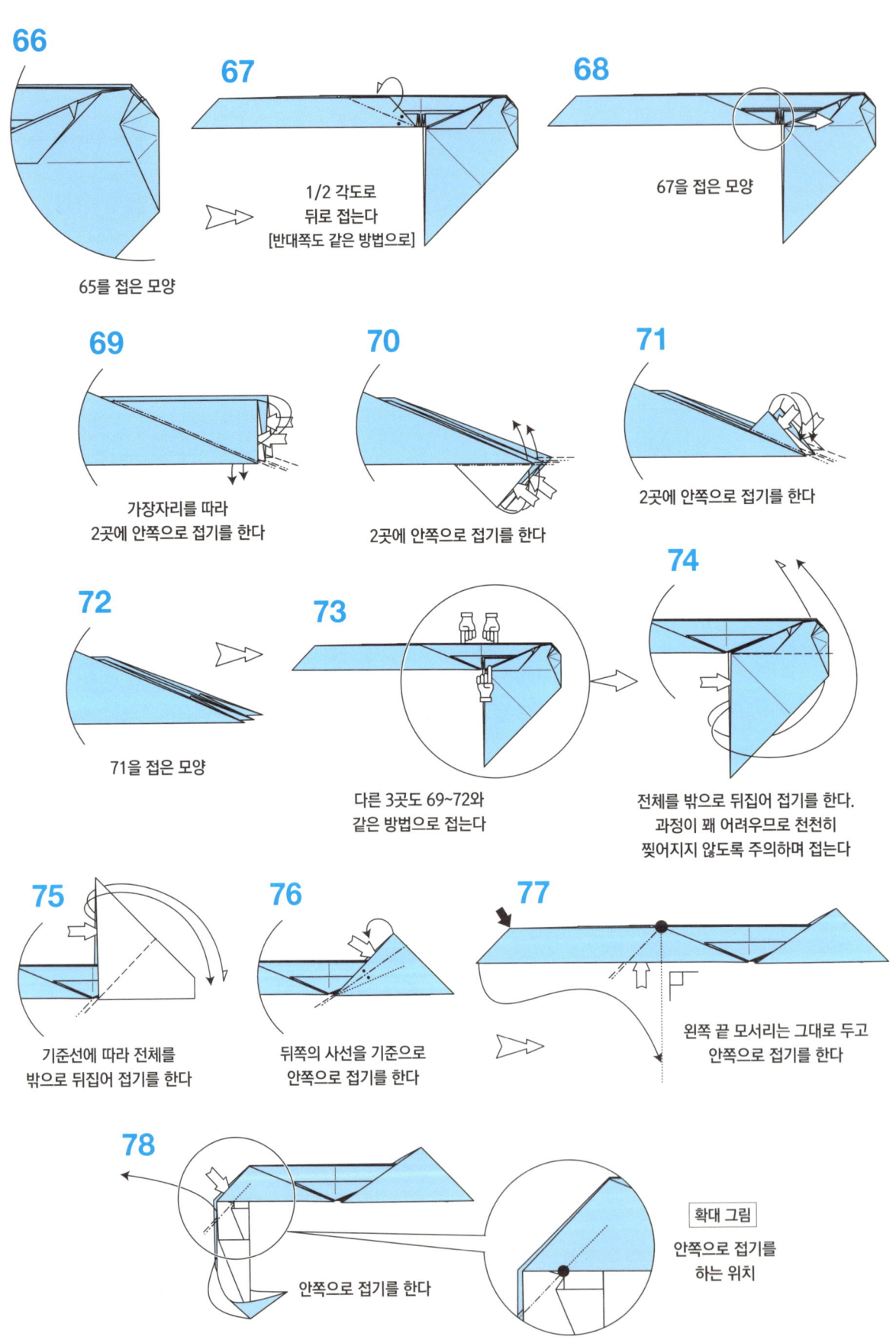

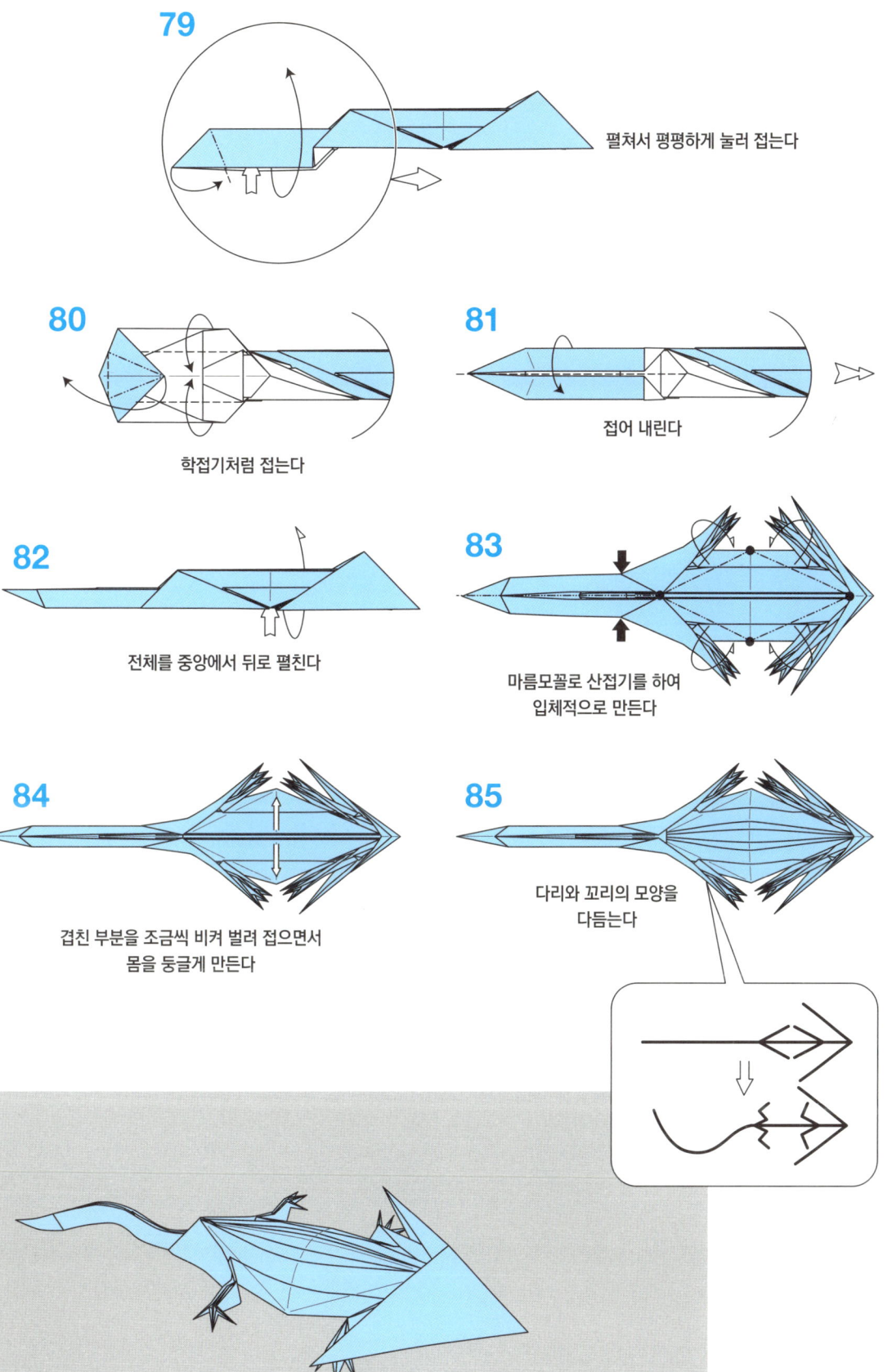

최상급

둔클레오스테우스
Dunkleosteus

데본기에 서식한 최대, 최강의 포식 동물이다. 무서운 형상의 머리 화석이 발견되었다. 나머지 몸통 부분은 발견되지 않았기 때문에 복원도를 바탕으로 디자인해 보았다.

75%

35cm

1 접었다 펴서 중심선을 접는다

2 중심선 윗부분에 기준선을 접었다 편다

3 ◎위치에 표시를 한다

4 반으로 접는다

5 ○을 맞추어 접는다

6 다시 펼친다

7 ○을 맞추어 접는다

8 기준선에 따라 접어 내린다

9 8을 접은 모양

10 계단접기한 부분을 겹친 채로 ○을 맞추어 접는다

11 모두 펼친다

12 기준선에 따라 접는다

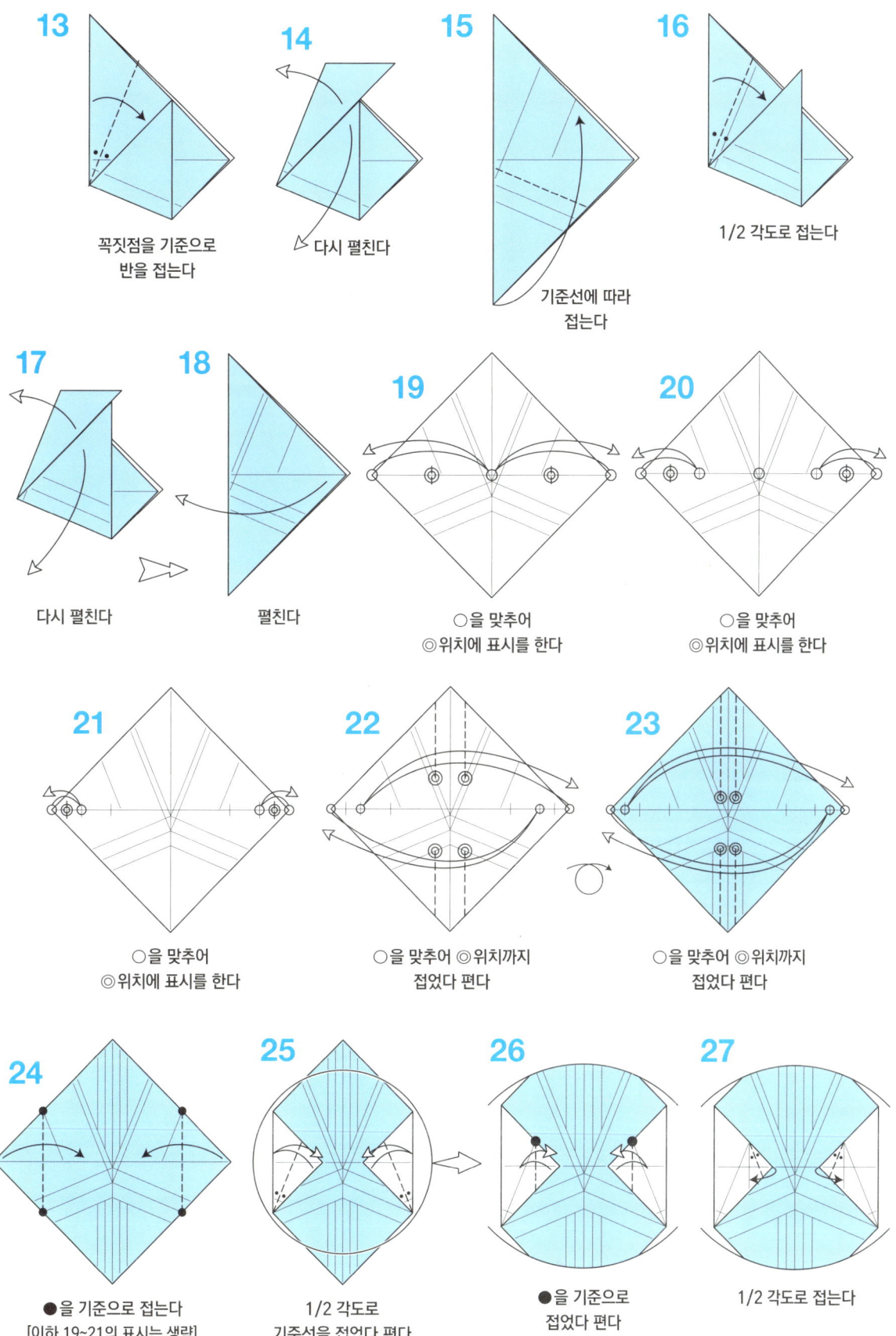

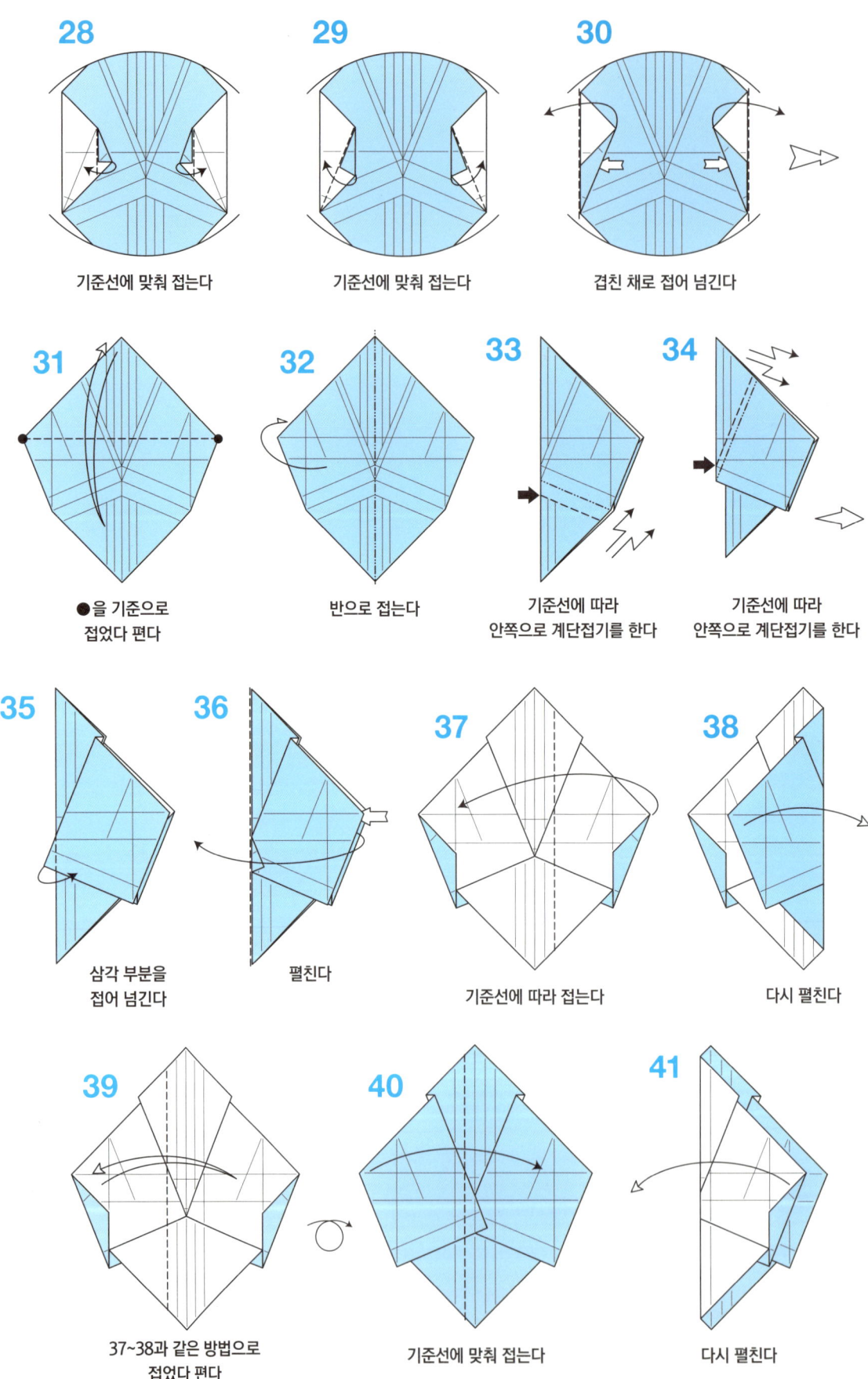

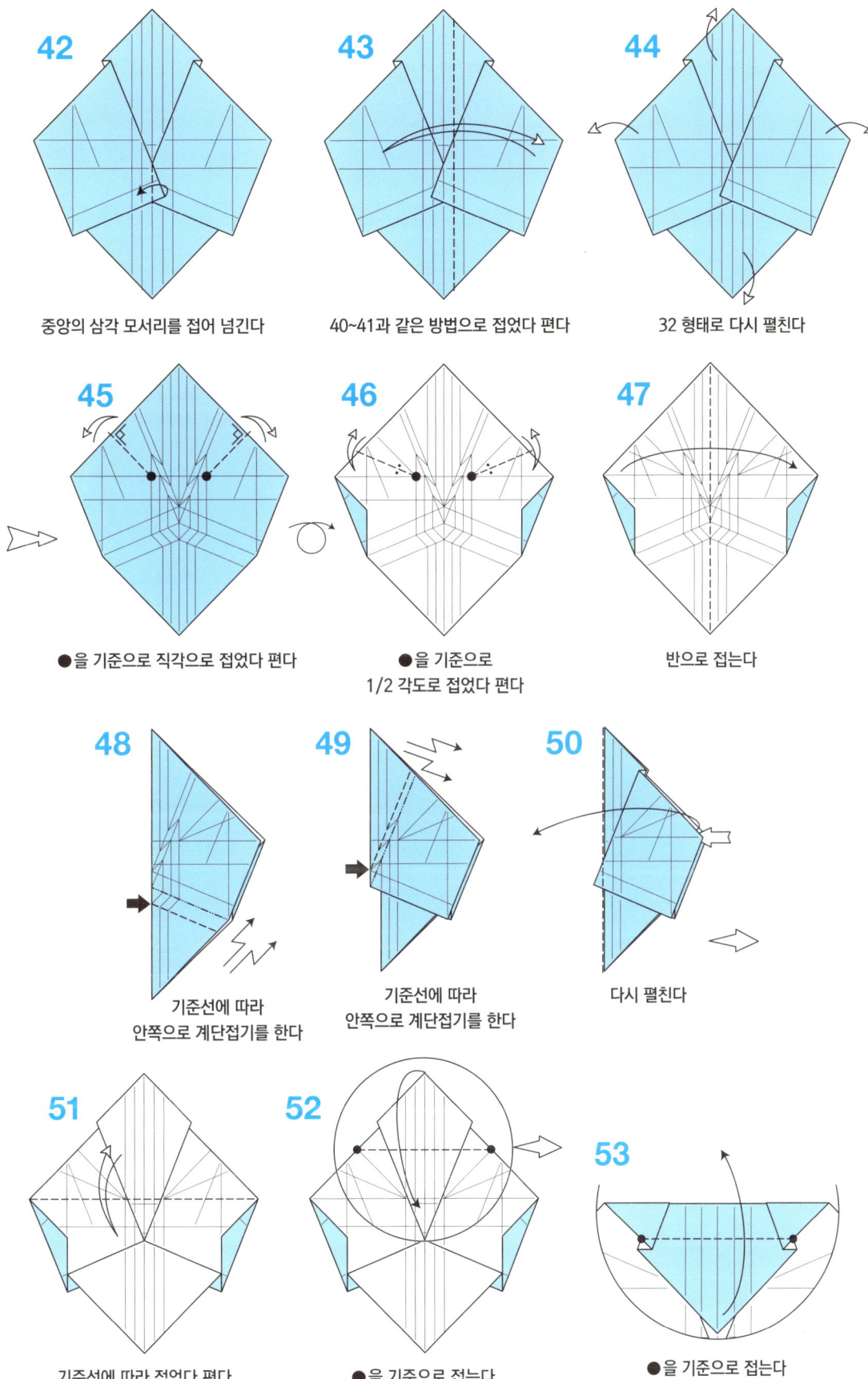

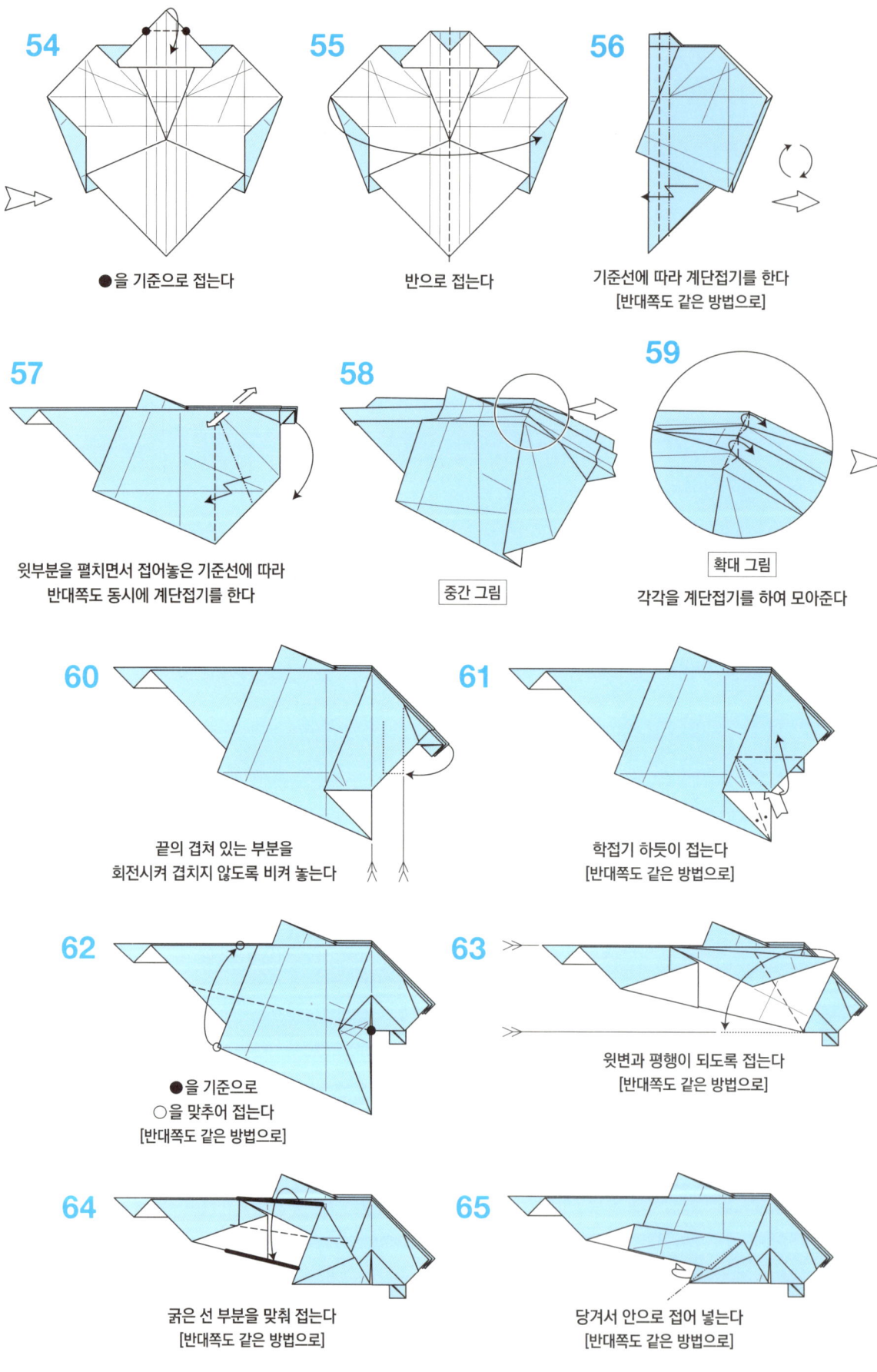

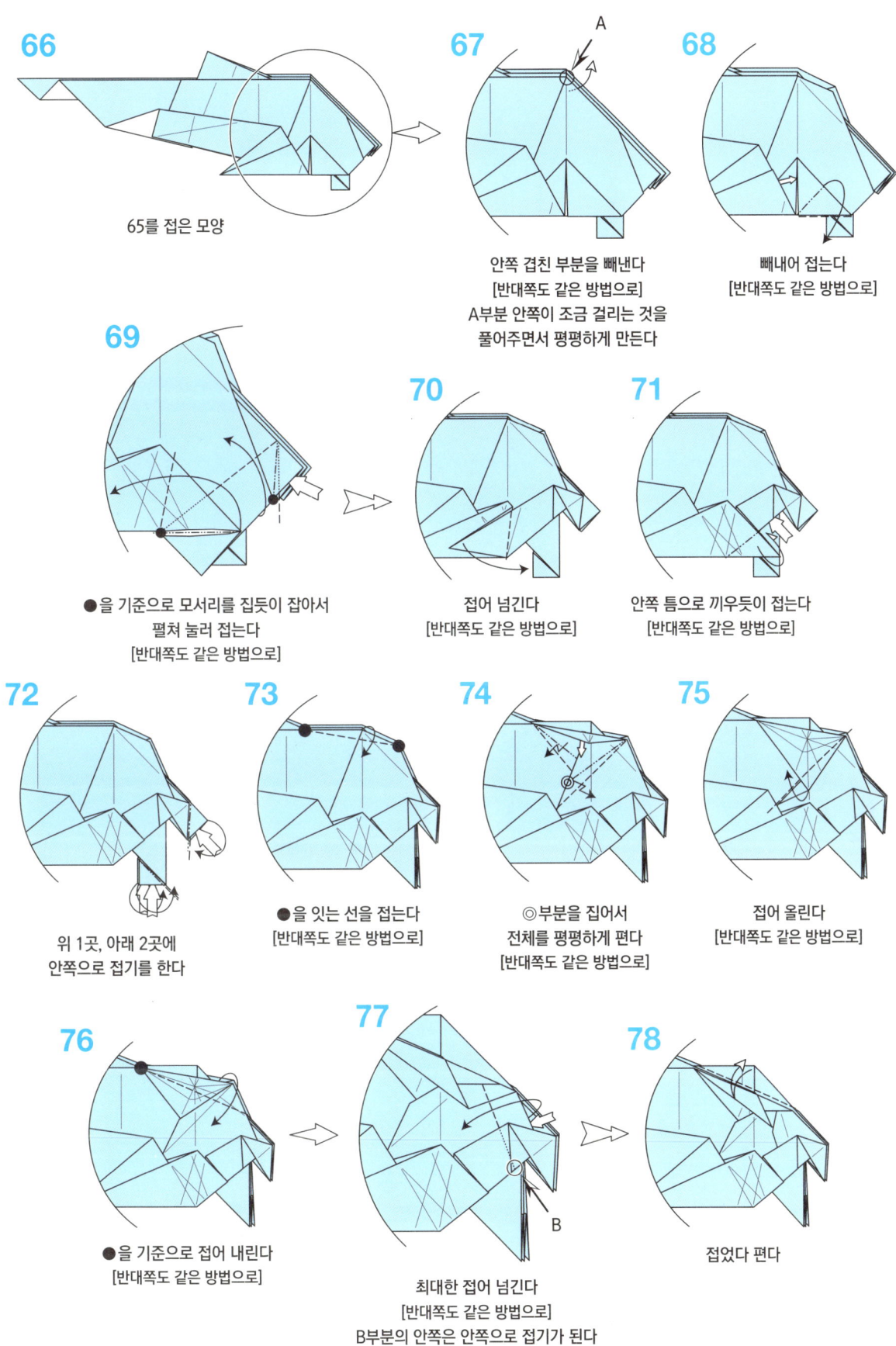

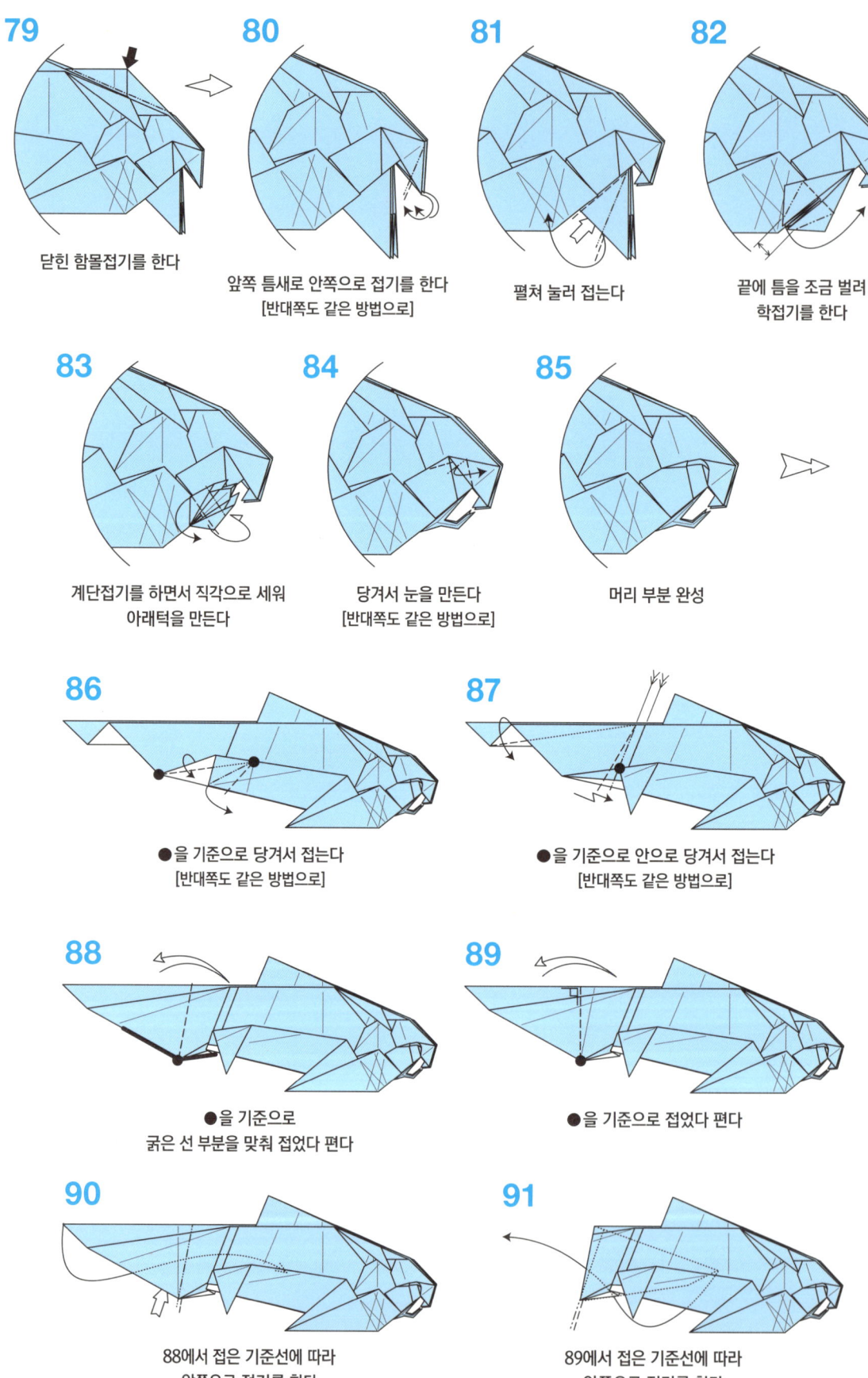

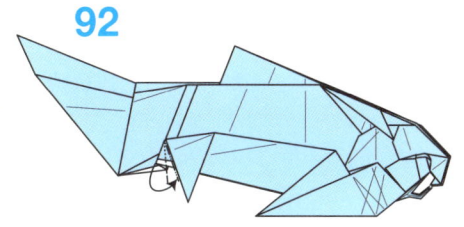

안쪽으로 접기를 한다
[반대쪽도 같은 방법으로]

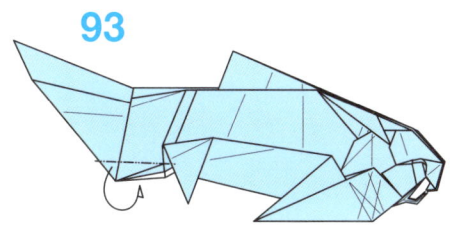

안으로 접어 넣는다
[반대쪽도 같은 방법으로]

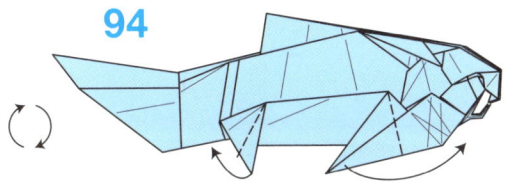

지느러미를 접는다
[반대쪽도 같은 방법으로]

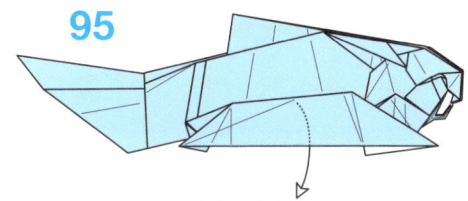

안에서 빼낸다
[반대쪽도 같은 방법으로]

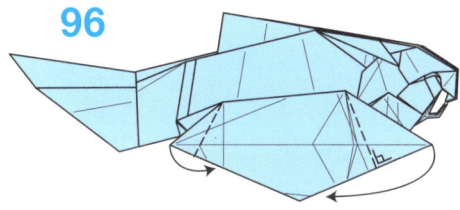

화살표 방향으로 접어 넘긴다
[반대쪽도 같은 방법으로]

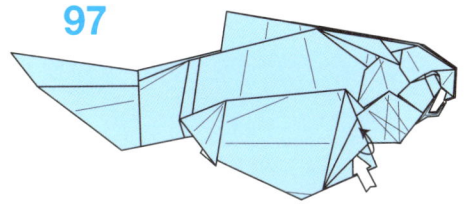

겹쳐 있는 종이를 당겨 위아래를 바꾼다
[반대쪽도 같은 방법으로]

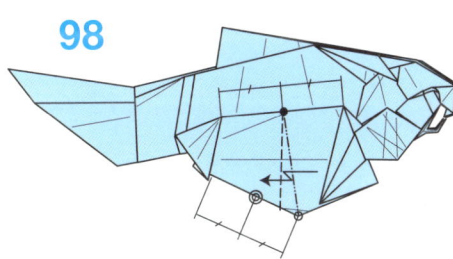

- ◎은 각각 변의 대략적 중심이다.
- ●부분이 볼록해지도록 종이를 겹친 채로 계단접기를 한다.
- ●○으로 접은 산접기선이 ◎위치에서 겹치도록 조정한다
  [반대쪽도 같은 방법으로]

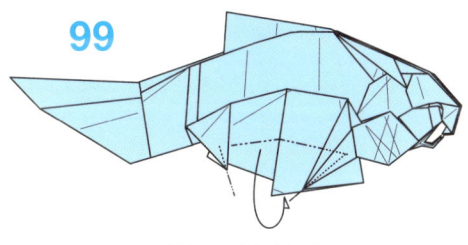

안으로 접어 넣는다
[반대쪽도 같은 방법으로]

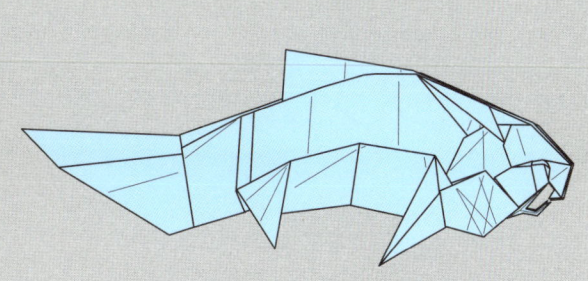

둔클레오스테우스 완성

최상급
아르시노이테리움
Arsinoitherium

코뿔소와 외형은 비슷하지만 다른 그룹의 동물이다. 끝이 갈라진 커다란 뿔을 가졌다. 함몰접기를 많이 이용한 어려운 과정으로 다리의 형태를 멋지게 접을 수 있다.

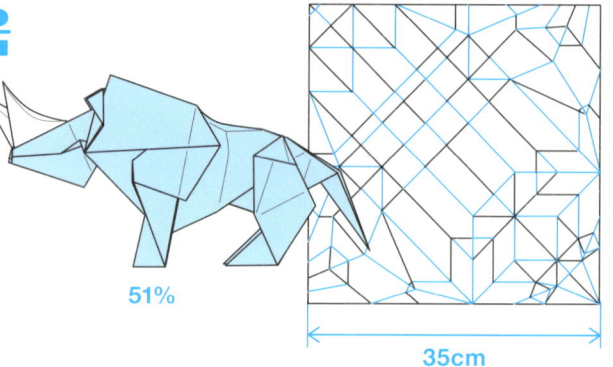

51%
35cm

1 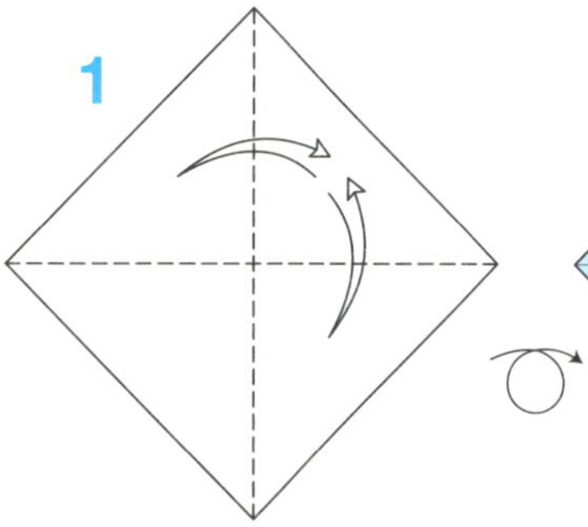 접었다 펴서 중심선을 만든다

2 접었다 편다

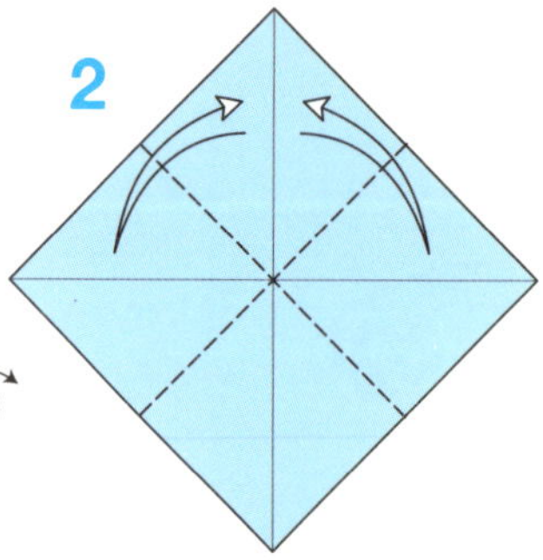

3 ◎위치에 표시를 한다

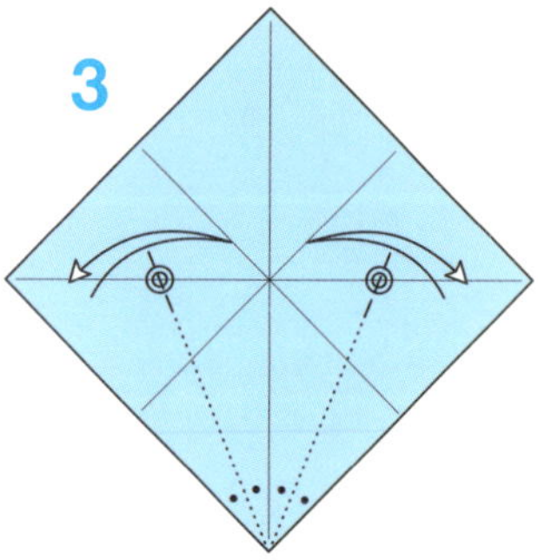

4 ○을 맞추어 접는다

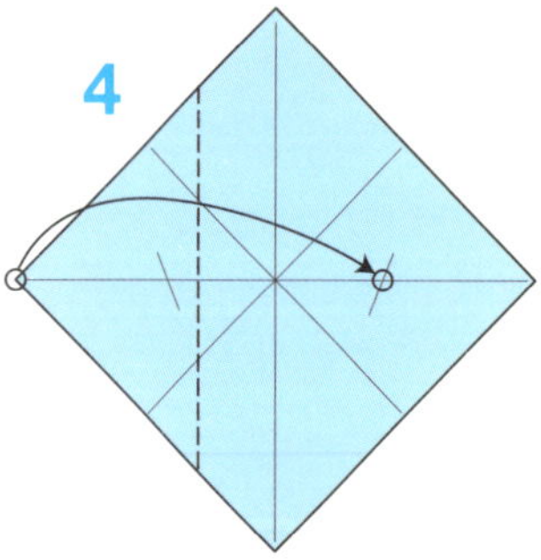

5 4를 접은 모양

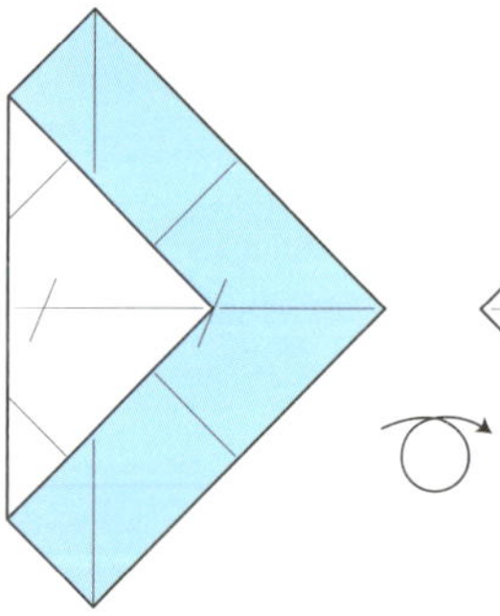

6 뒤쪽 종이를 펼치면서 1/2 너비로 접는다

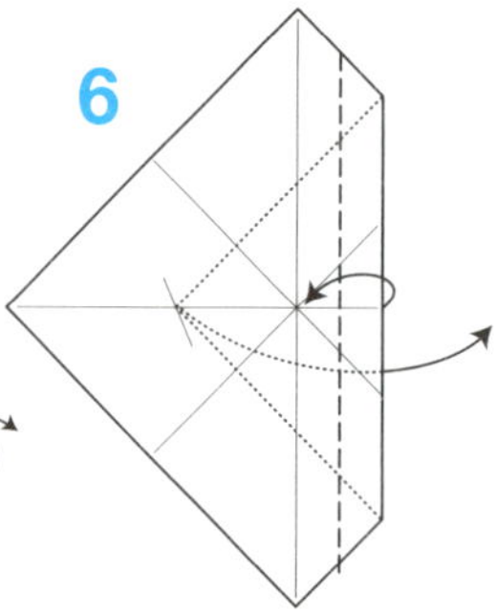

7 ○을 맞추어 접는다

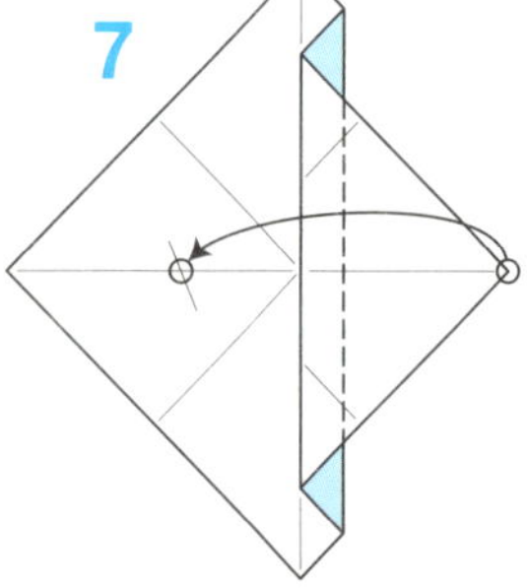

8 모두 펼친다

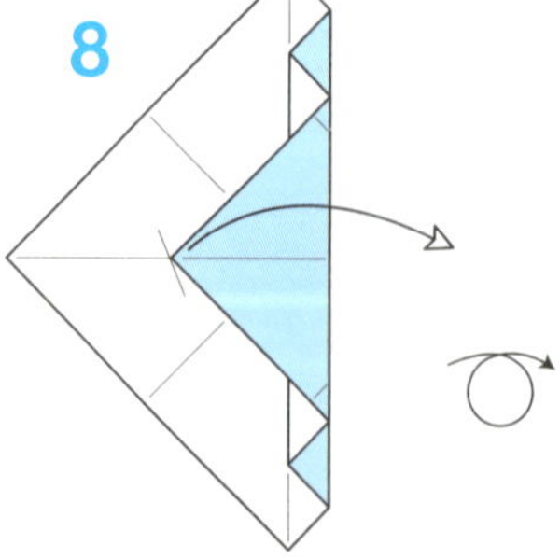

9 오른쪽도 4~8과 같은 방법으로 접는다

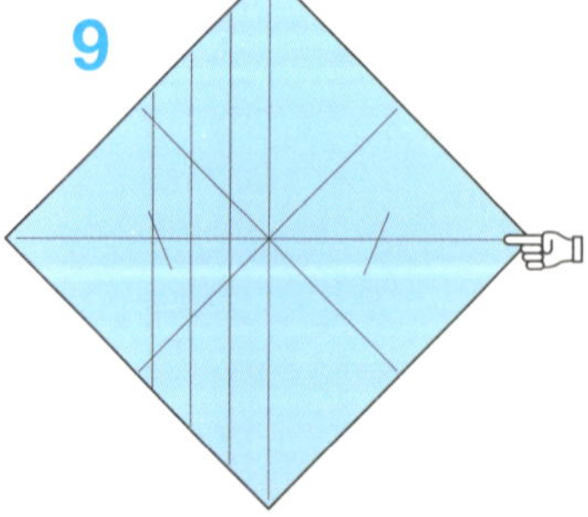

174 최상급

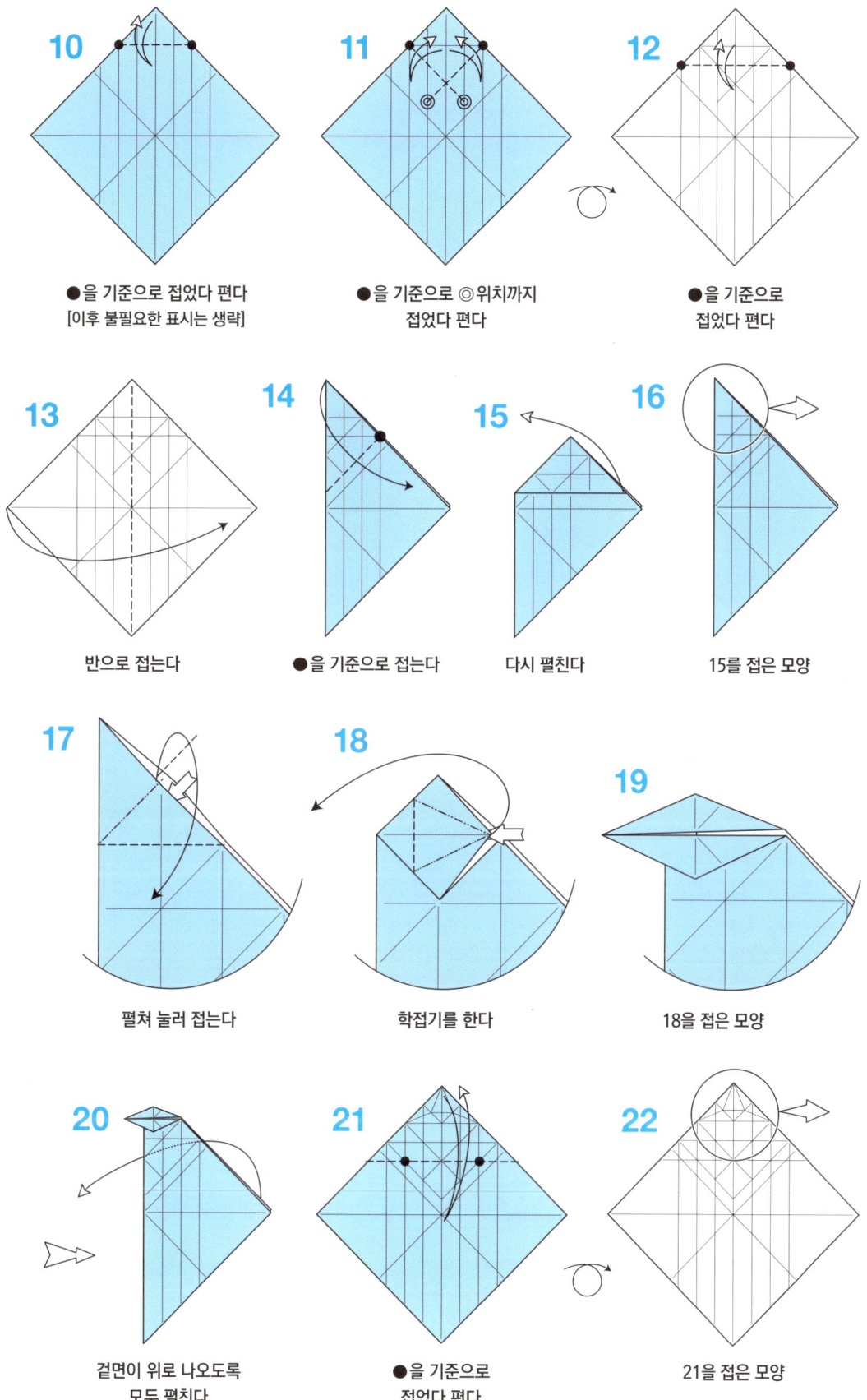

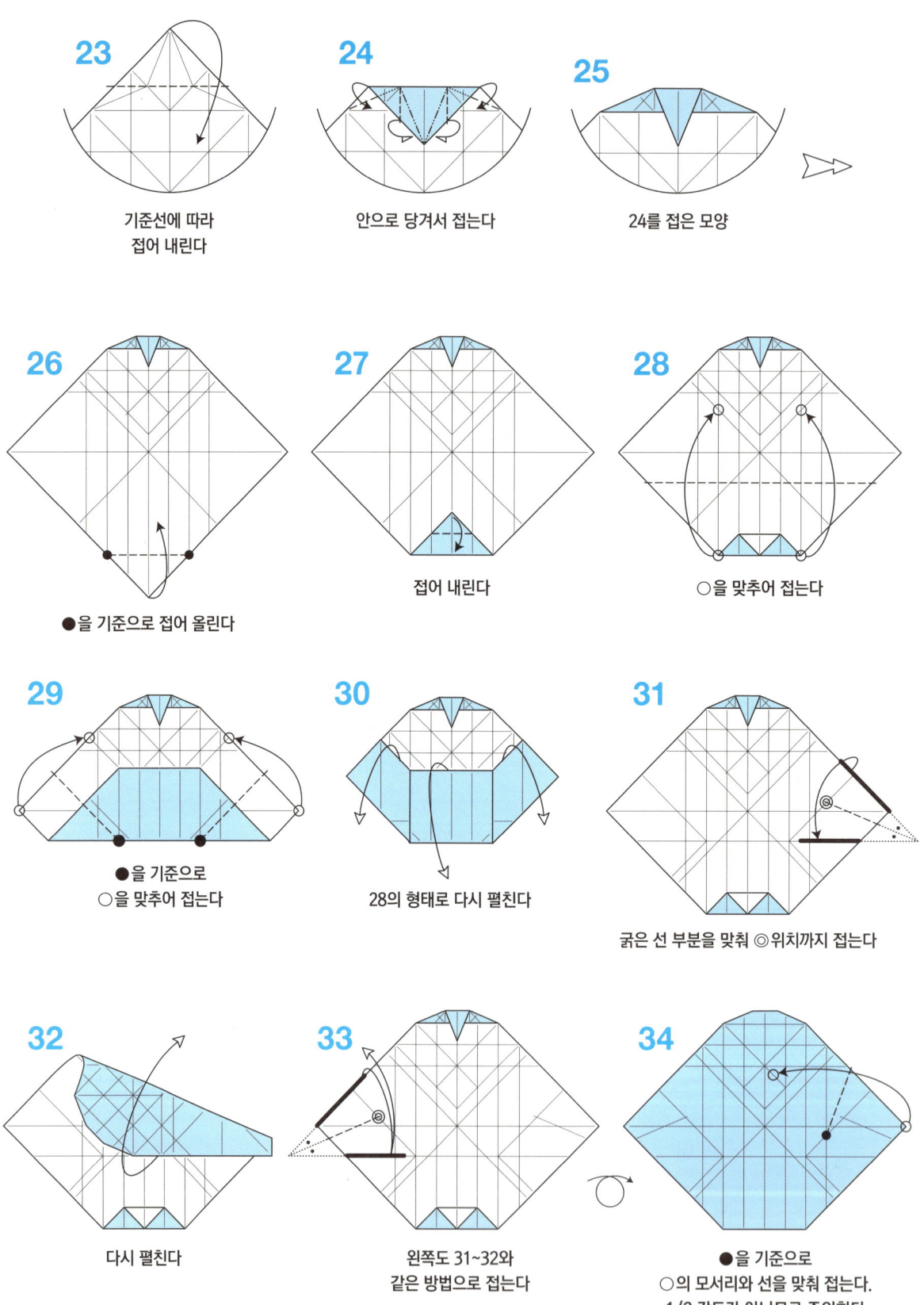

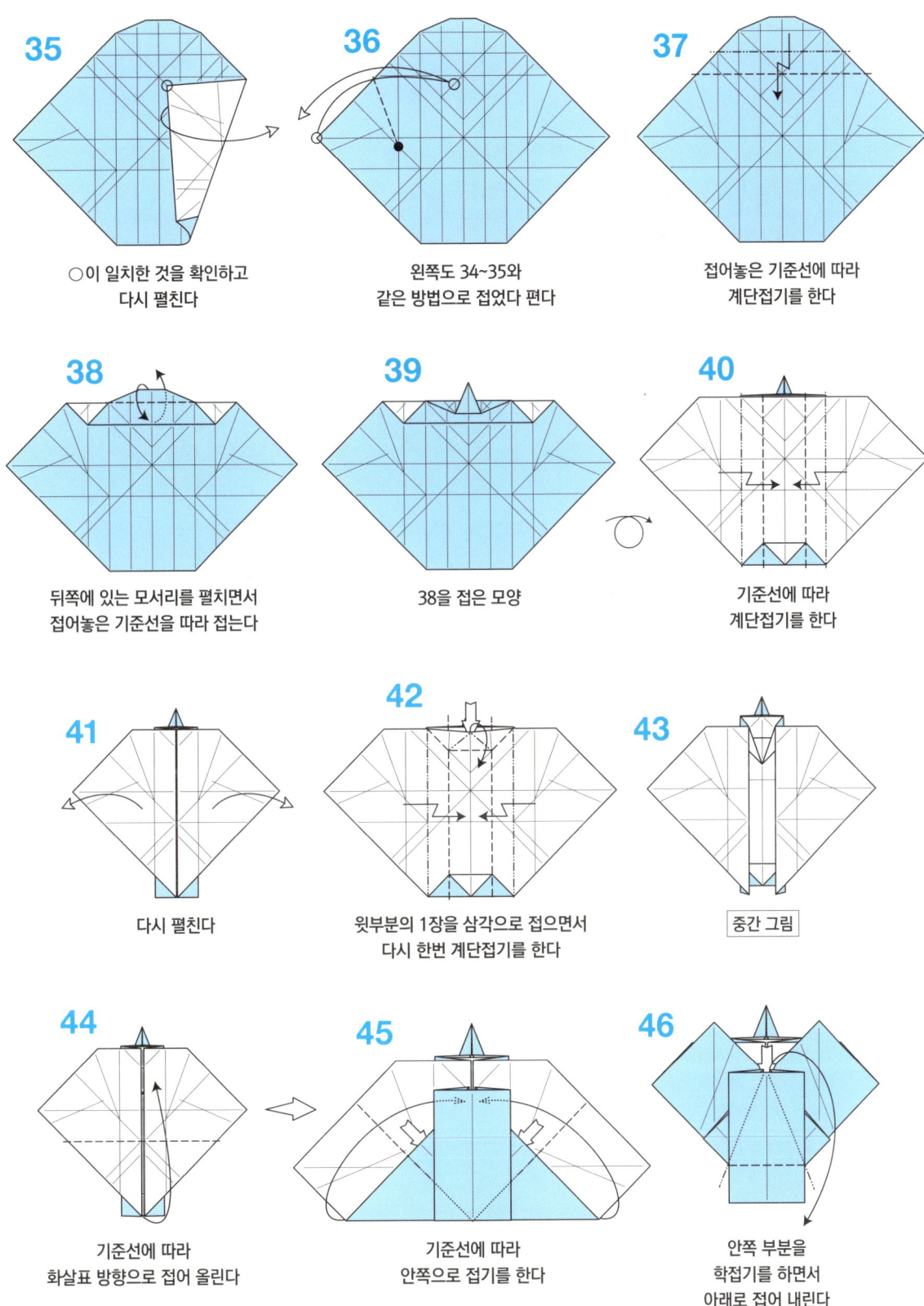

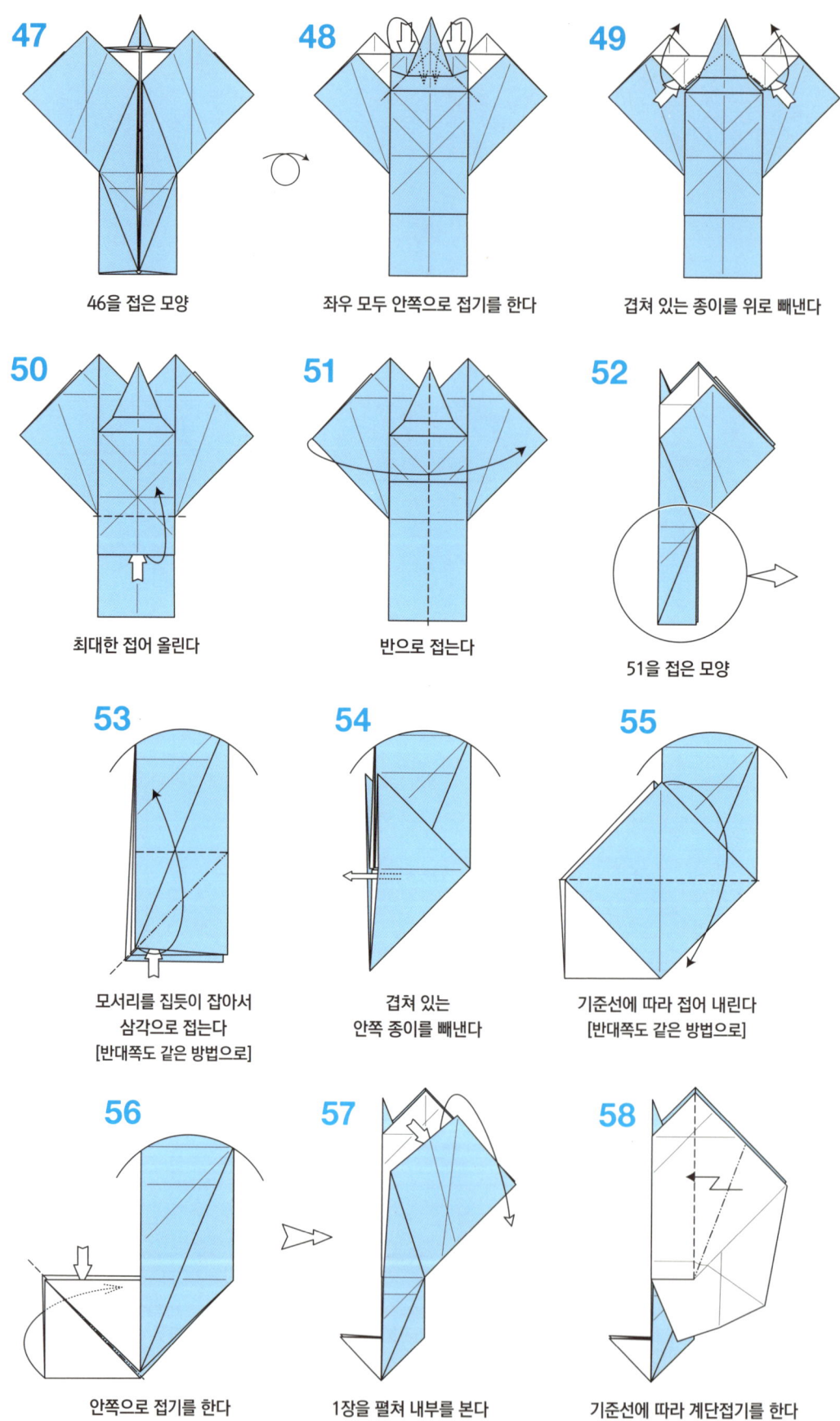

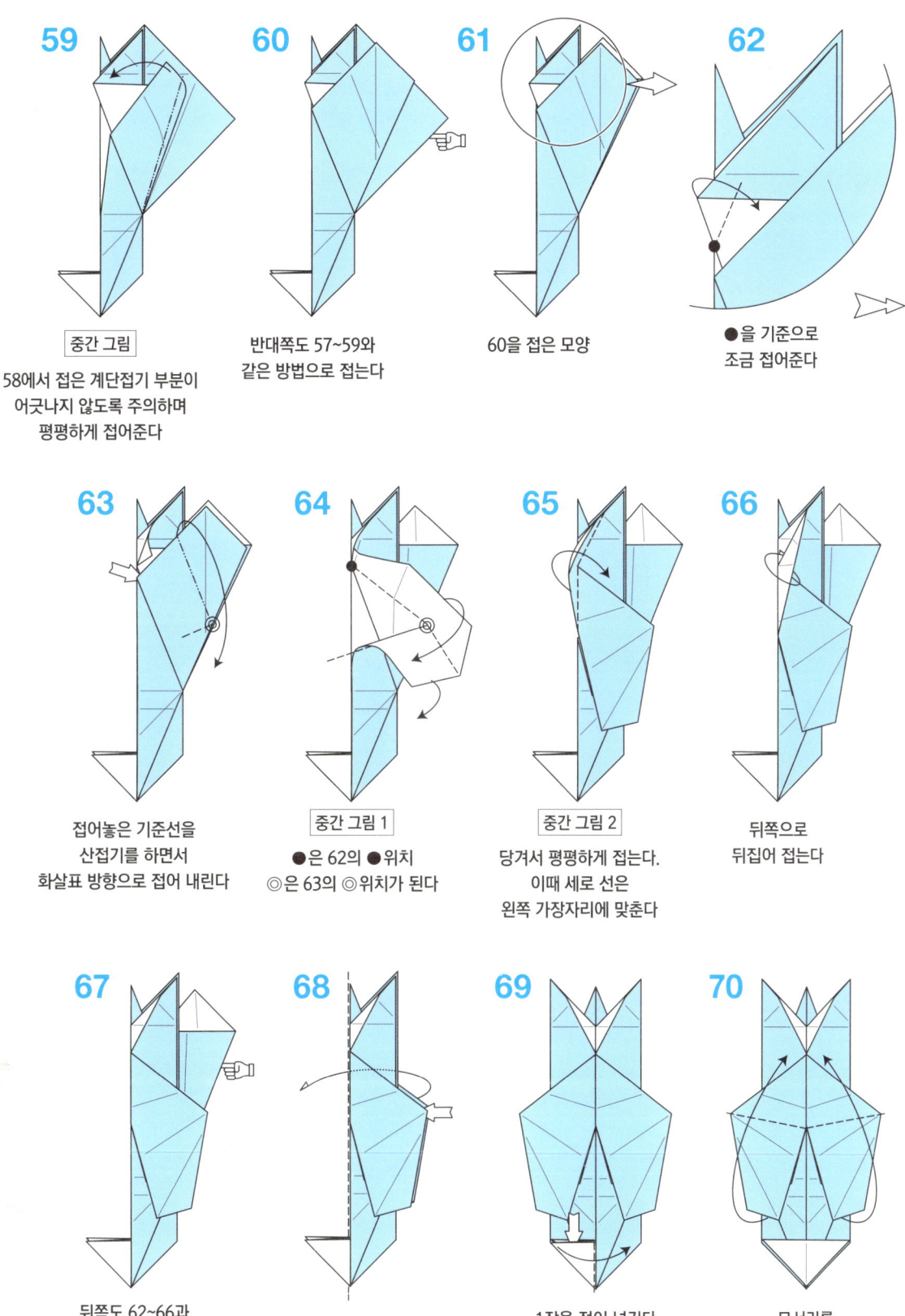

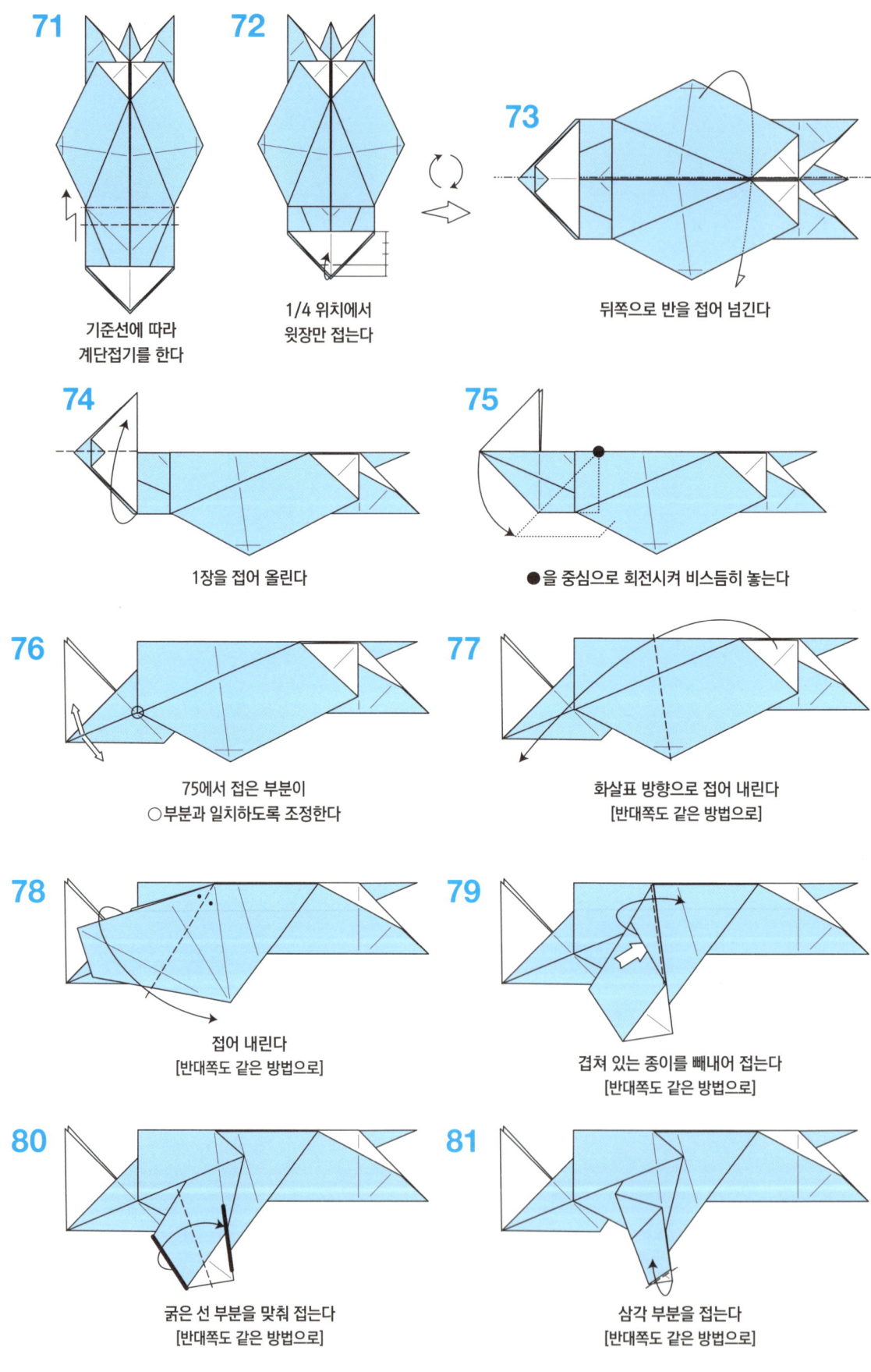

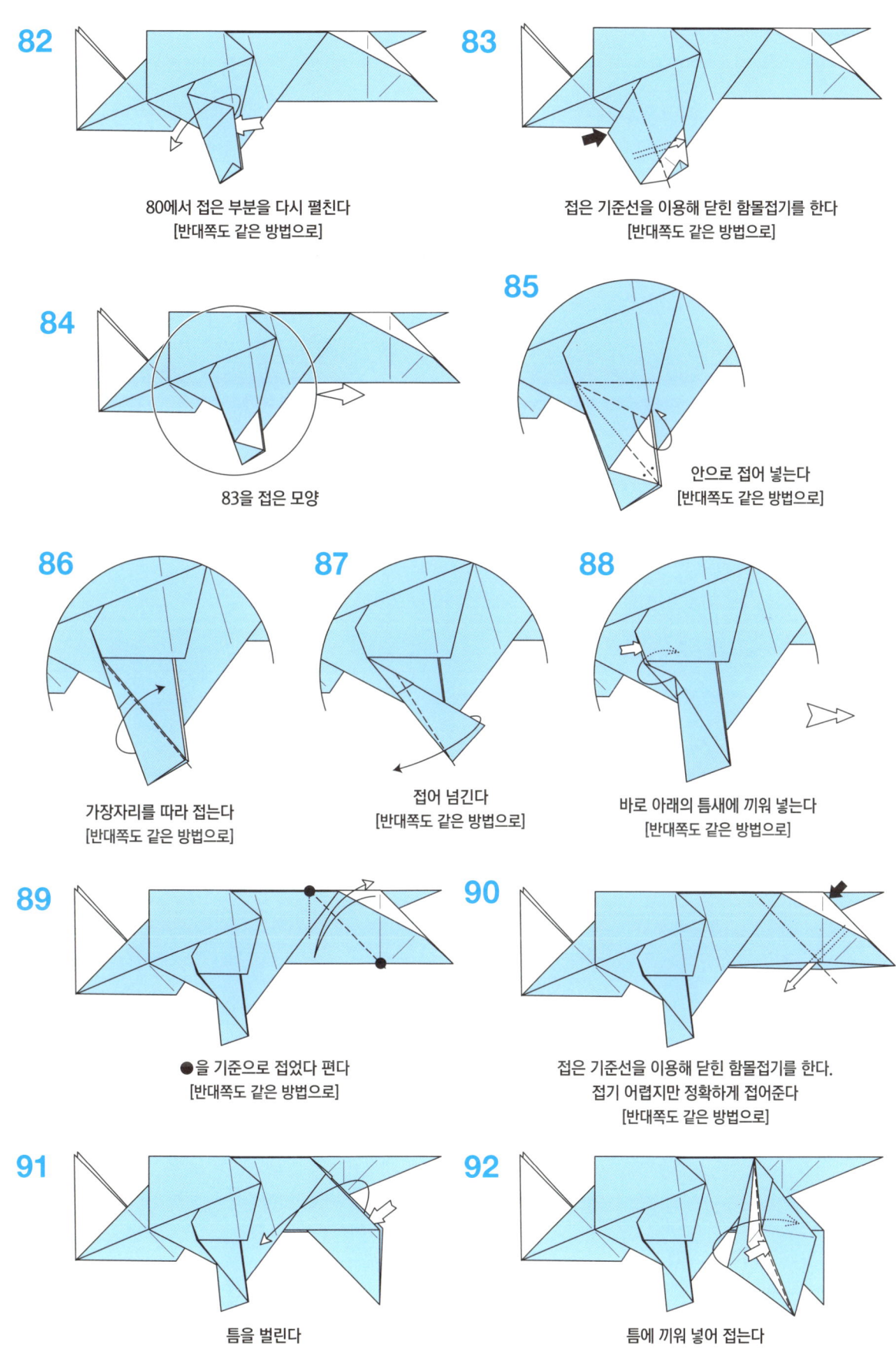

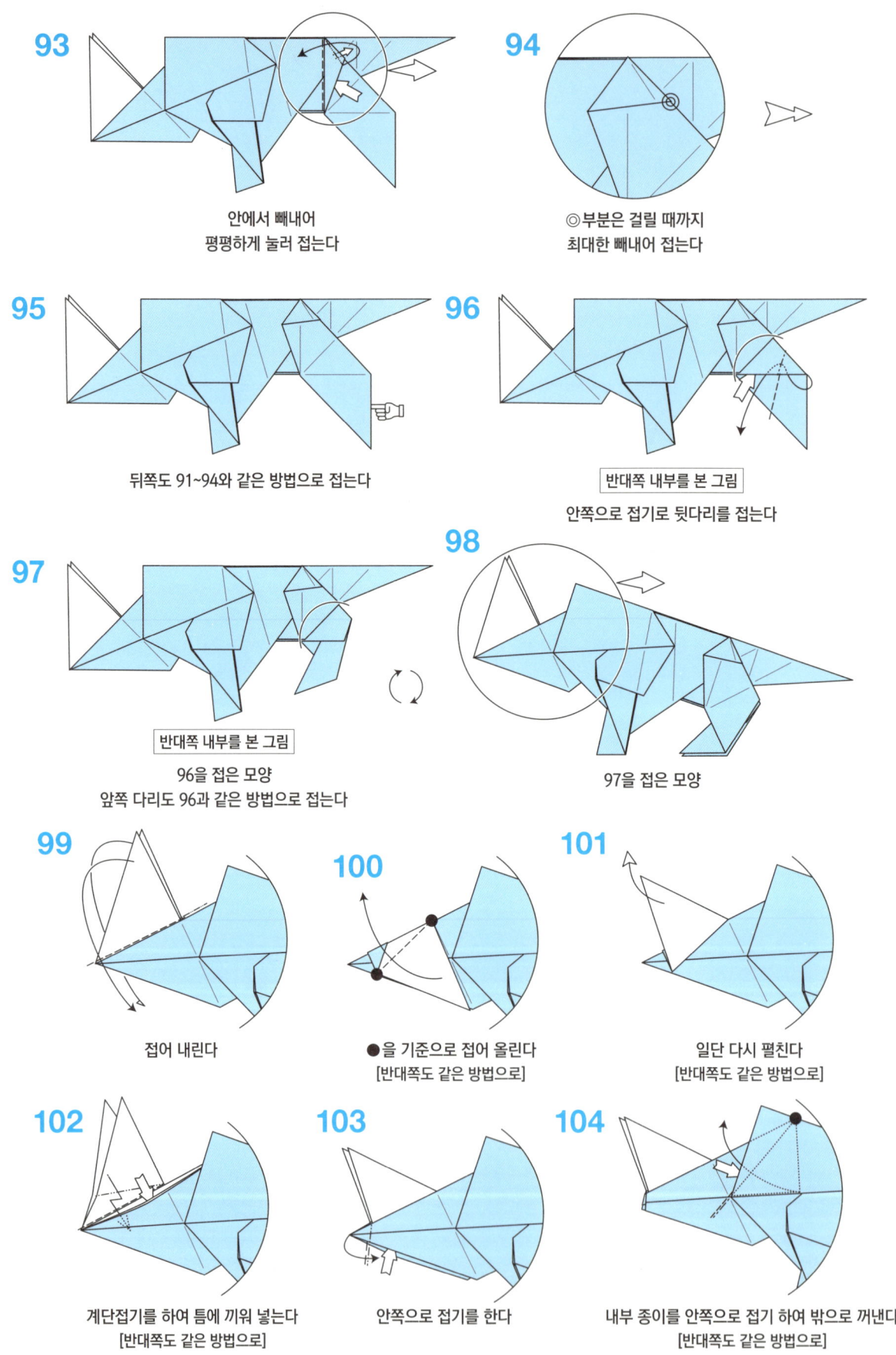

105 계단접기를 한다
[반대쪽도 같은 방법으로]

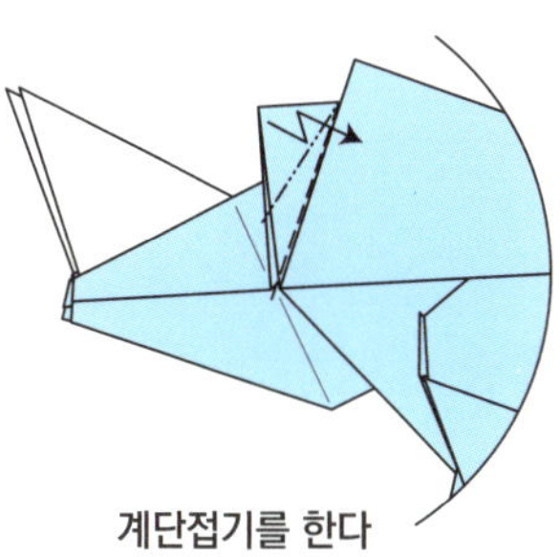

106 안쪽으로 접기를 한다

107 꼬리를 가늘게 접는다
[반대쪽도 같은 방법으로]

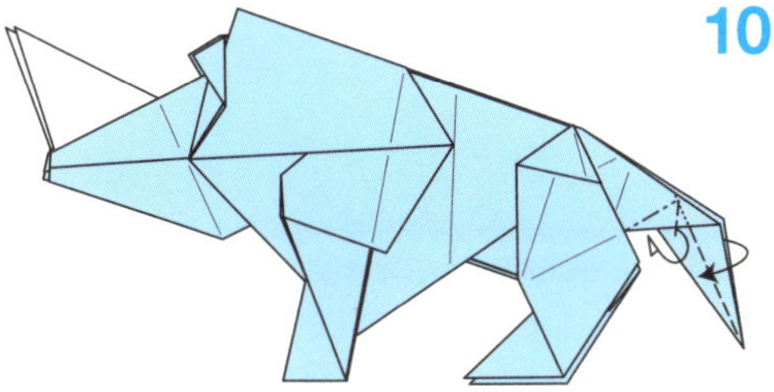

108 안으로 접어 넣는다
[반대쪽도 같은 방법으로]

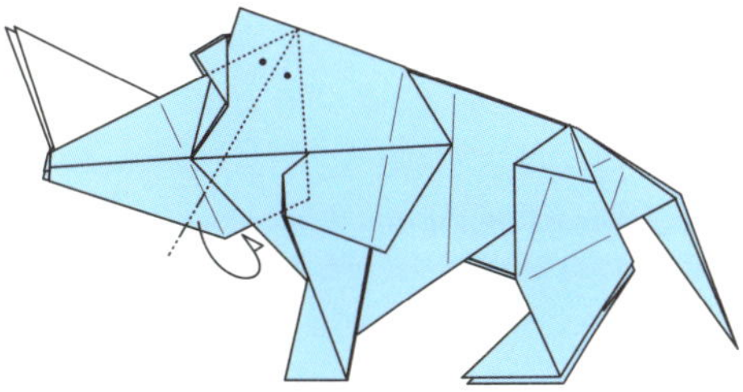

109 내부 모서리를 서로 엇갈리게 접어 넣어
몸통이 벌어지지 않게 한다
(엔텔로돈의 85번 과정 참조)

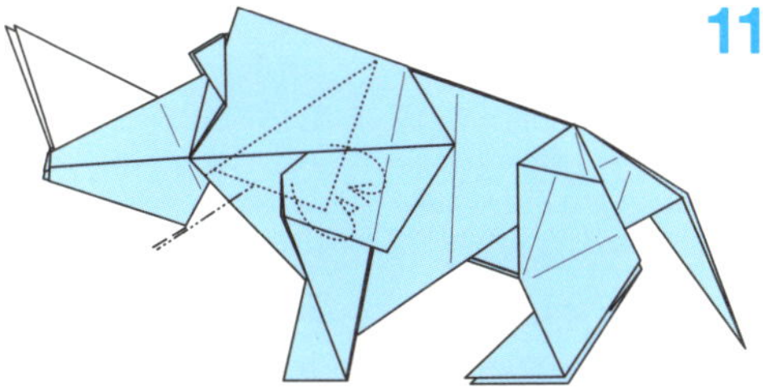

110 안으로 접어 넣는다
[반대쪽도 같은 방법으로]

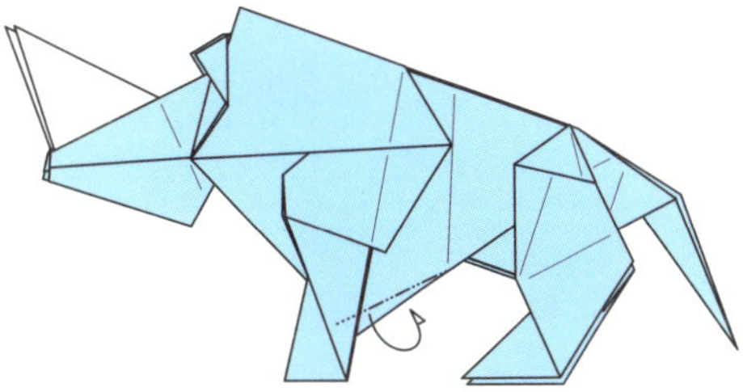

111 조금 접어 올려 눈을 만든다
[반대쪽도 같은 방법으로]

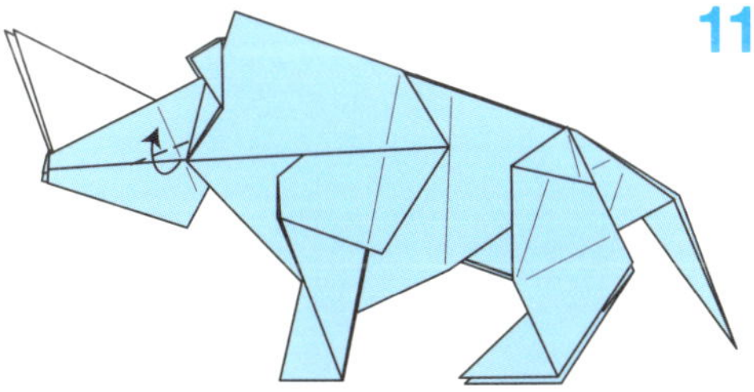

112 몸을 입체적으로 마무리한다

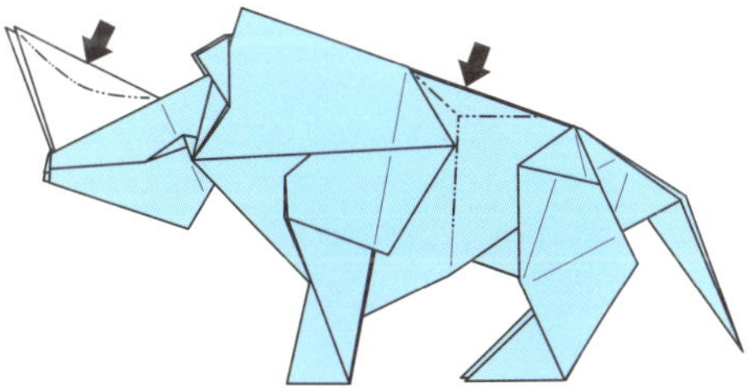

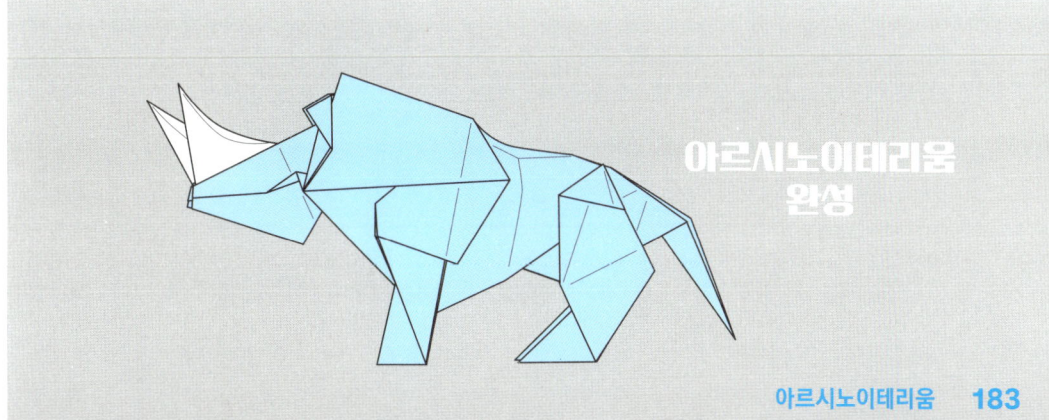

아르시노이테리움 완성

최상급

털매머드
Mammuthus primigenius

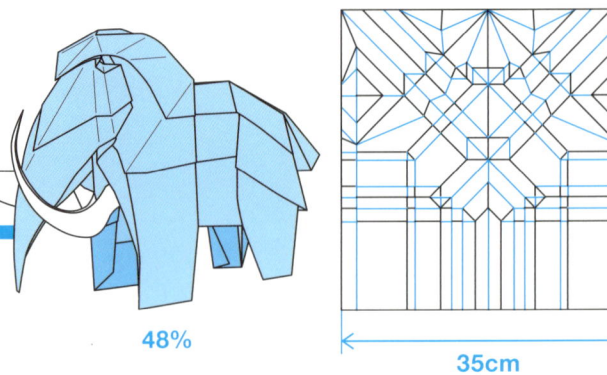

48%   35cm

가장 유명한 고생물 중 하나이다. 긴 털을 표현하기 위해 종이를 여러 겹으로 계단접기를 하여 포개어 접었다. 겹친 부분에서 자연스럽게 엄니가 튀어나오는 구조이다.

1
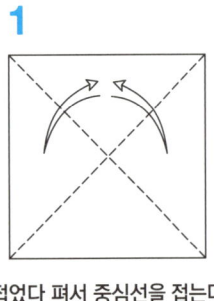
접었다 펴서 중심선을 접는다

2
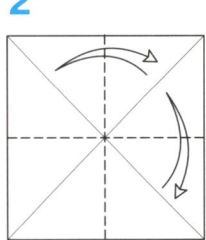
접었다 편다

3
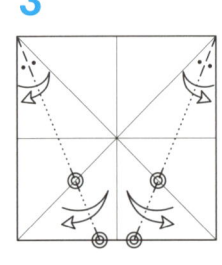
1/2 각도로 접어 윗부분의 부분적인 기준선과 ◎ 위치에 표시를 한다

4
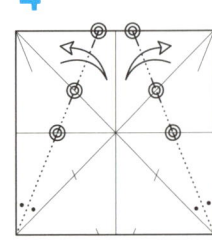
1/2 각도로 접어 ◎ 위치에 표시를 한다

5
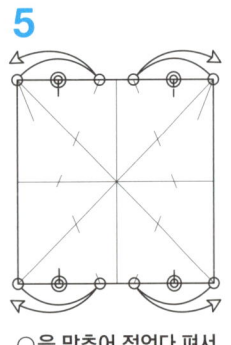
○을 맞추어 접었다 펴서 ◎ 위치에 표시를 한다

6
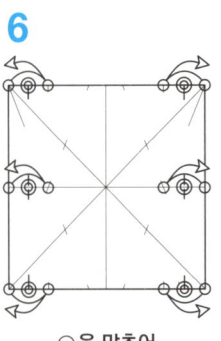
○을 맞추어 ◎ 위치에 표시를 한다

7
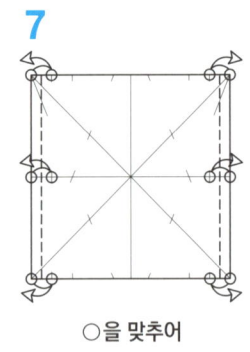
○을 맞추어 접었다 편다

8
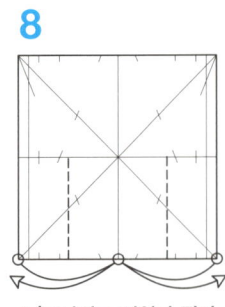
1/2 너비로 접었다 편다

9
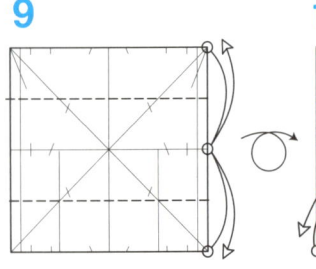
중심선에 맞춰 1/2 너비로 접었다 편다

10
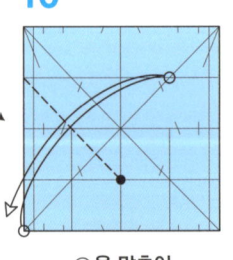
○을 맞추어 ● 부분까지 접었다 편다

11
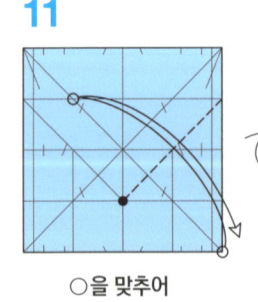
○을 맞추어 ● 부분까지 접었다 편다

12
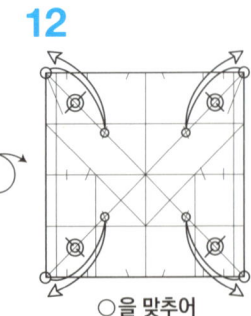
○을 맞추어 ◎ 위치에 표시를 한다

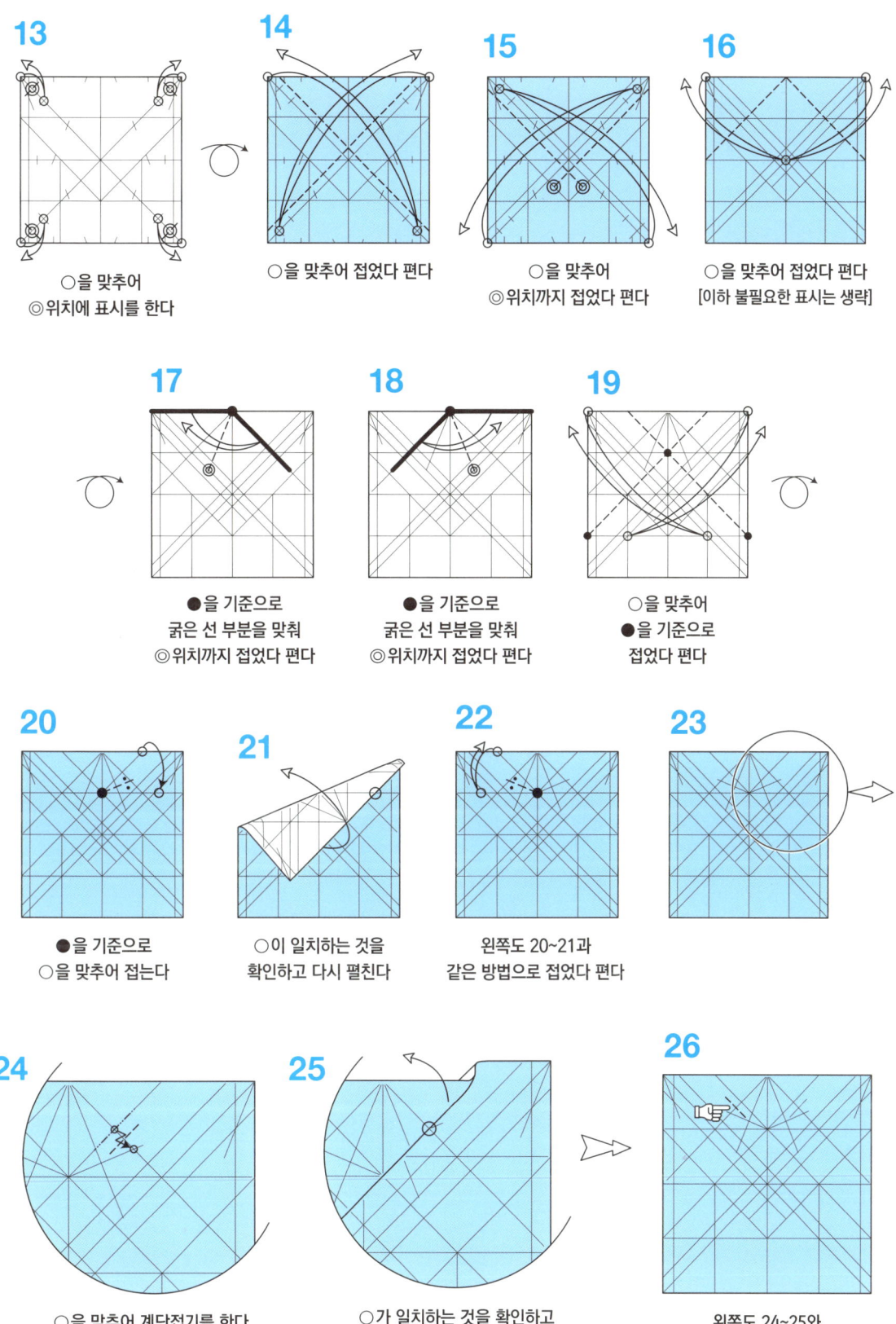

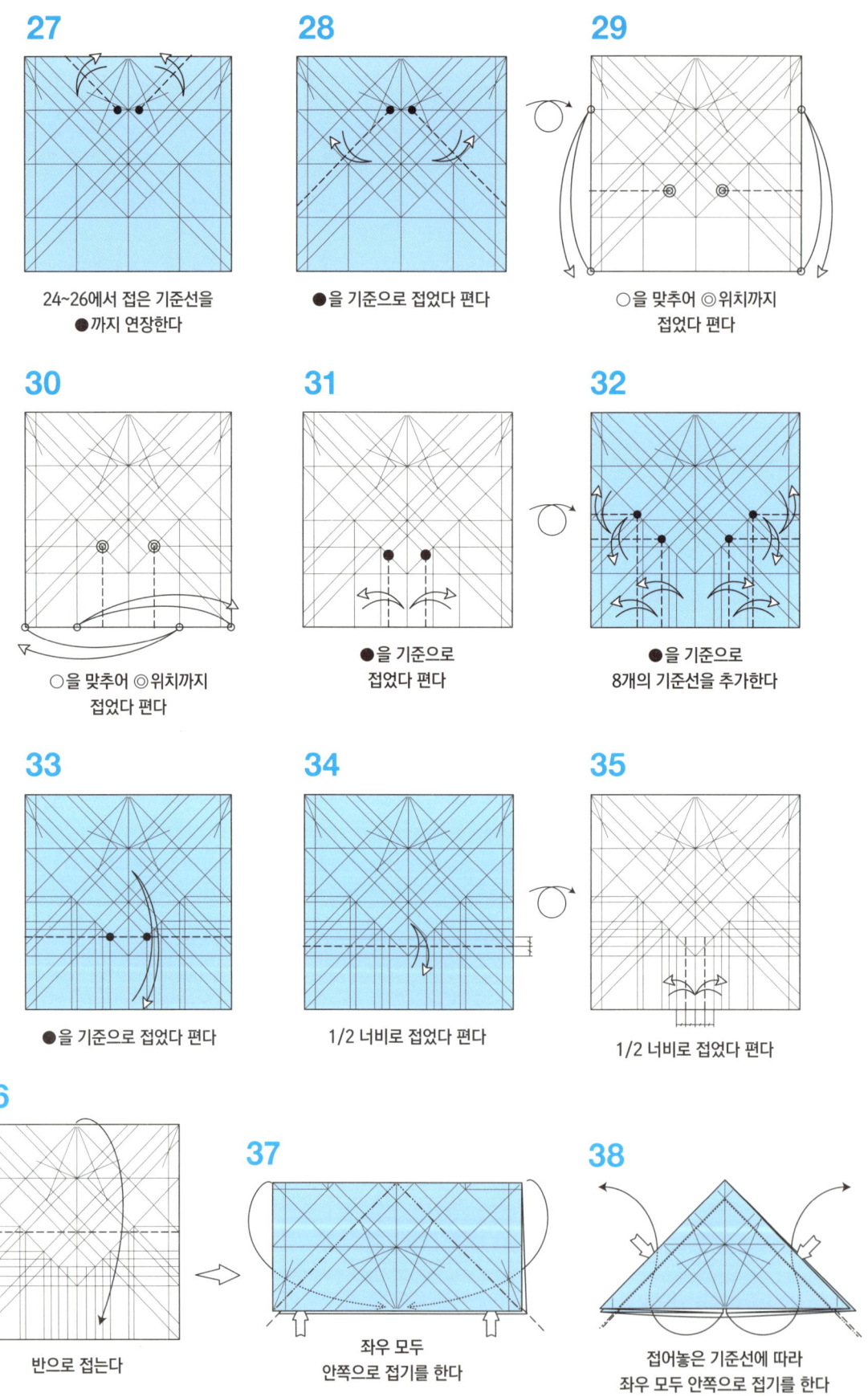

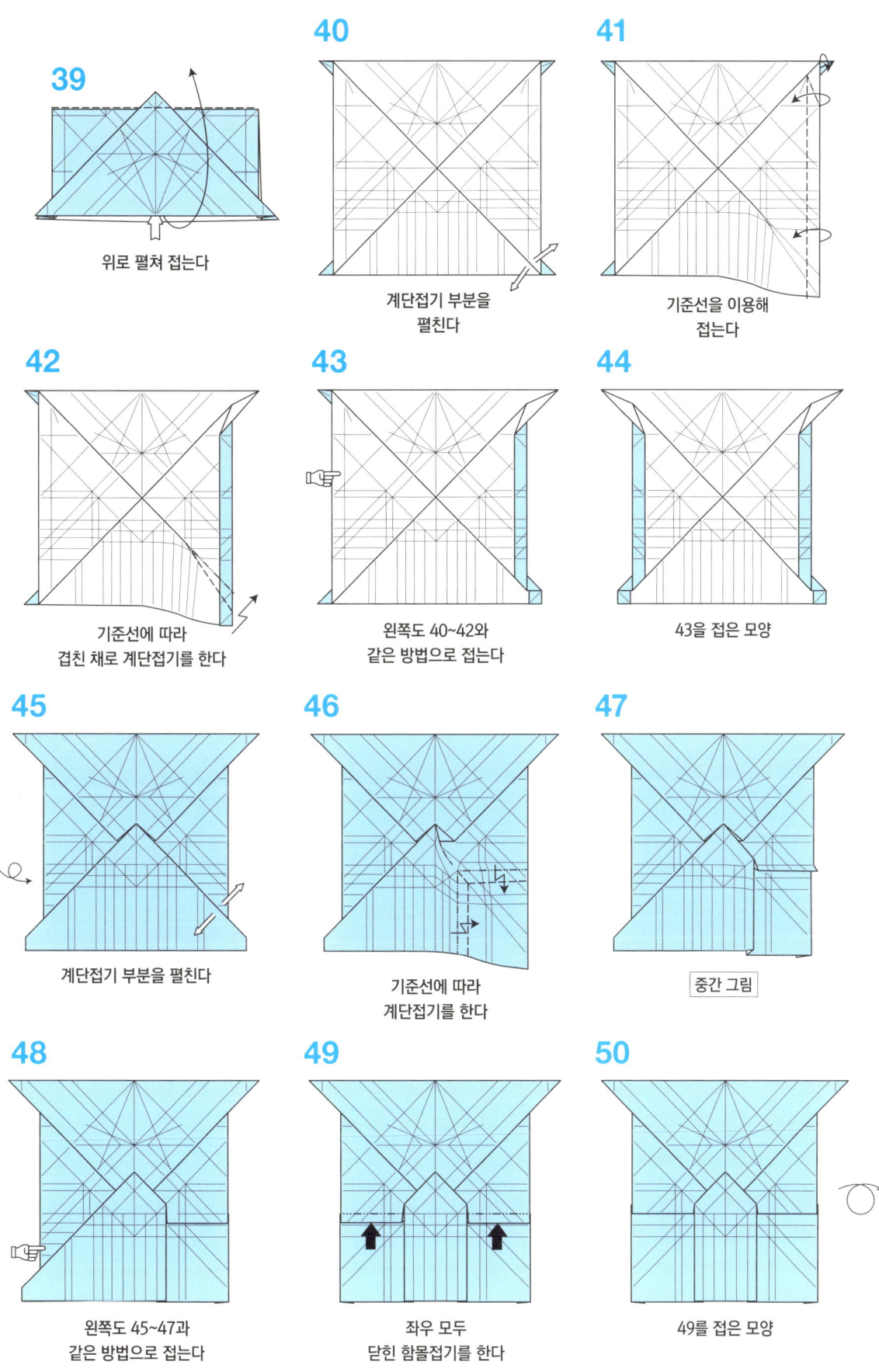

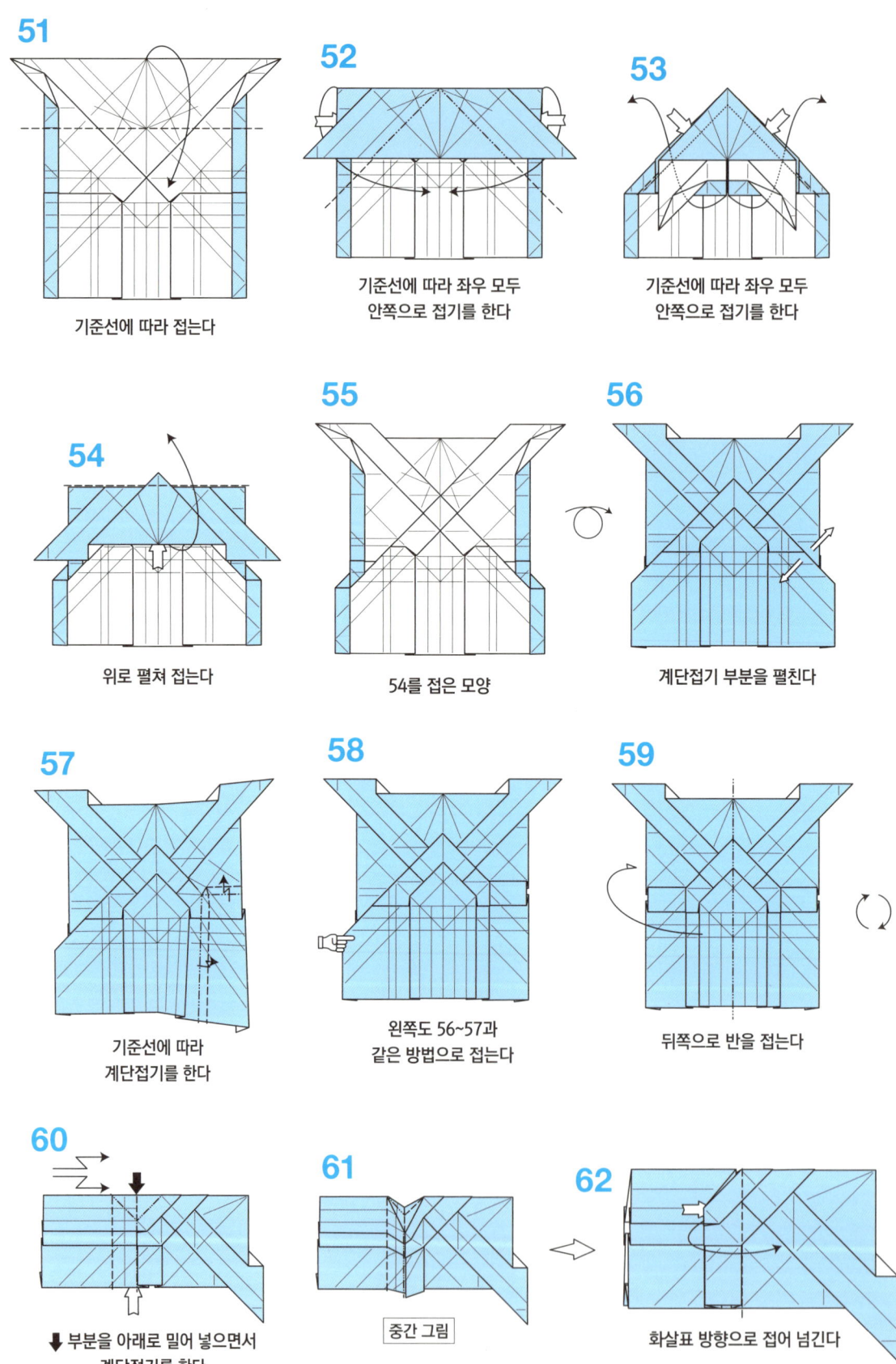

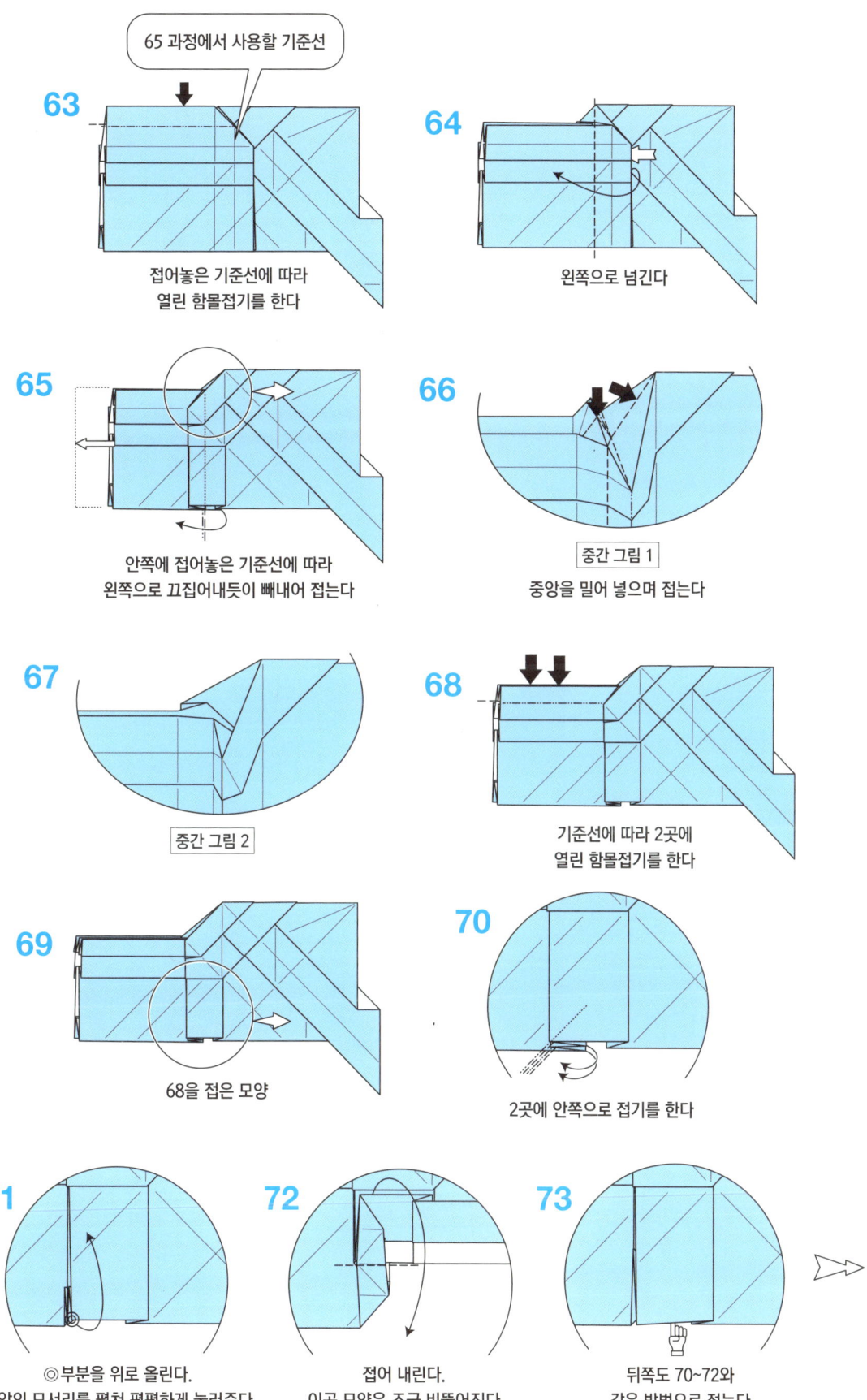

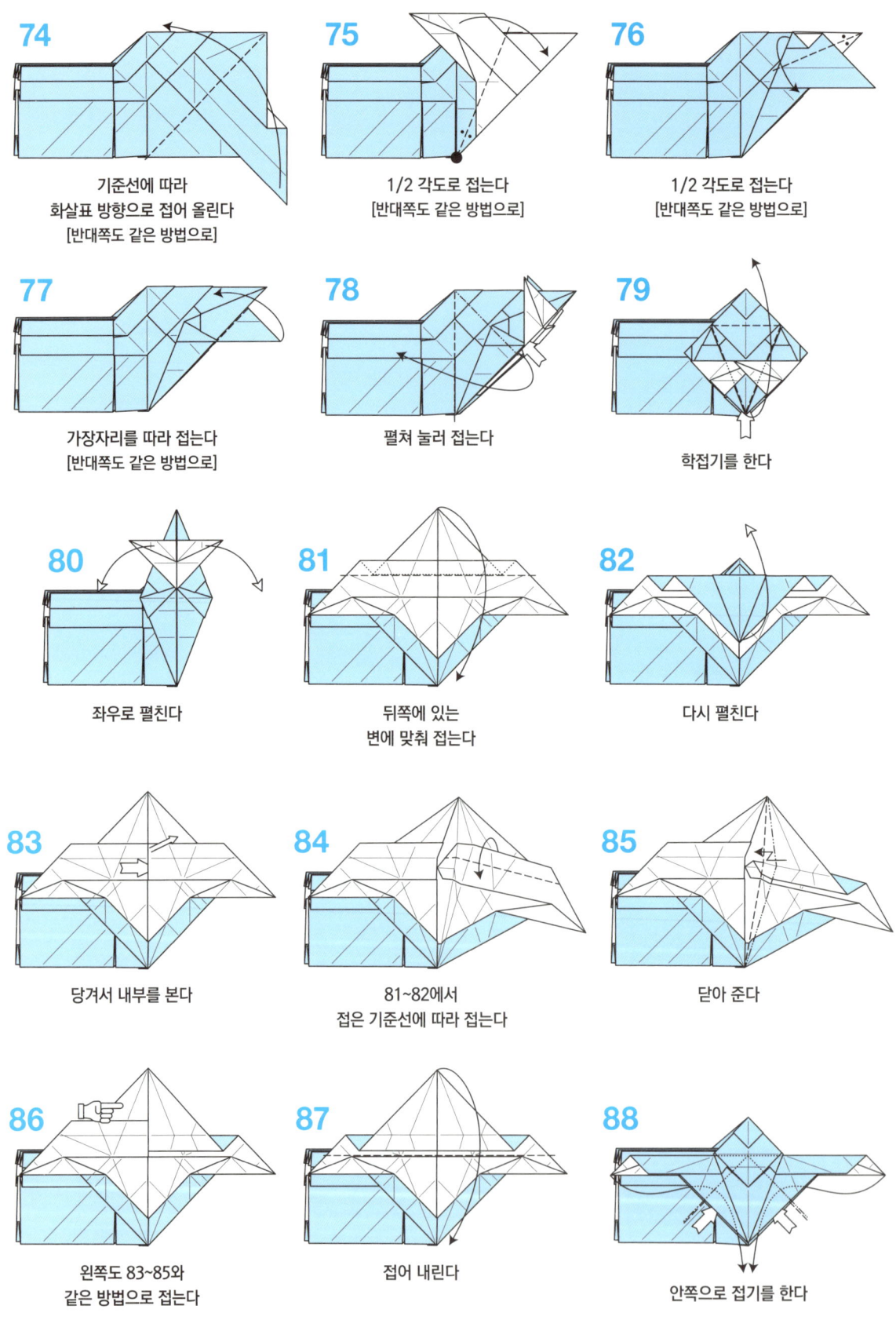

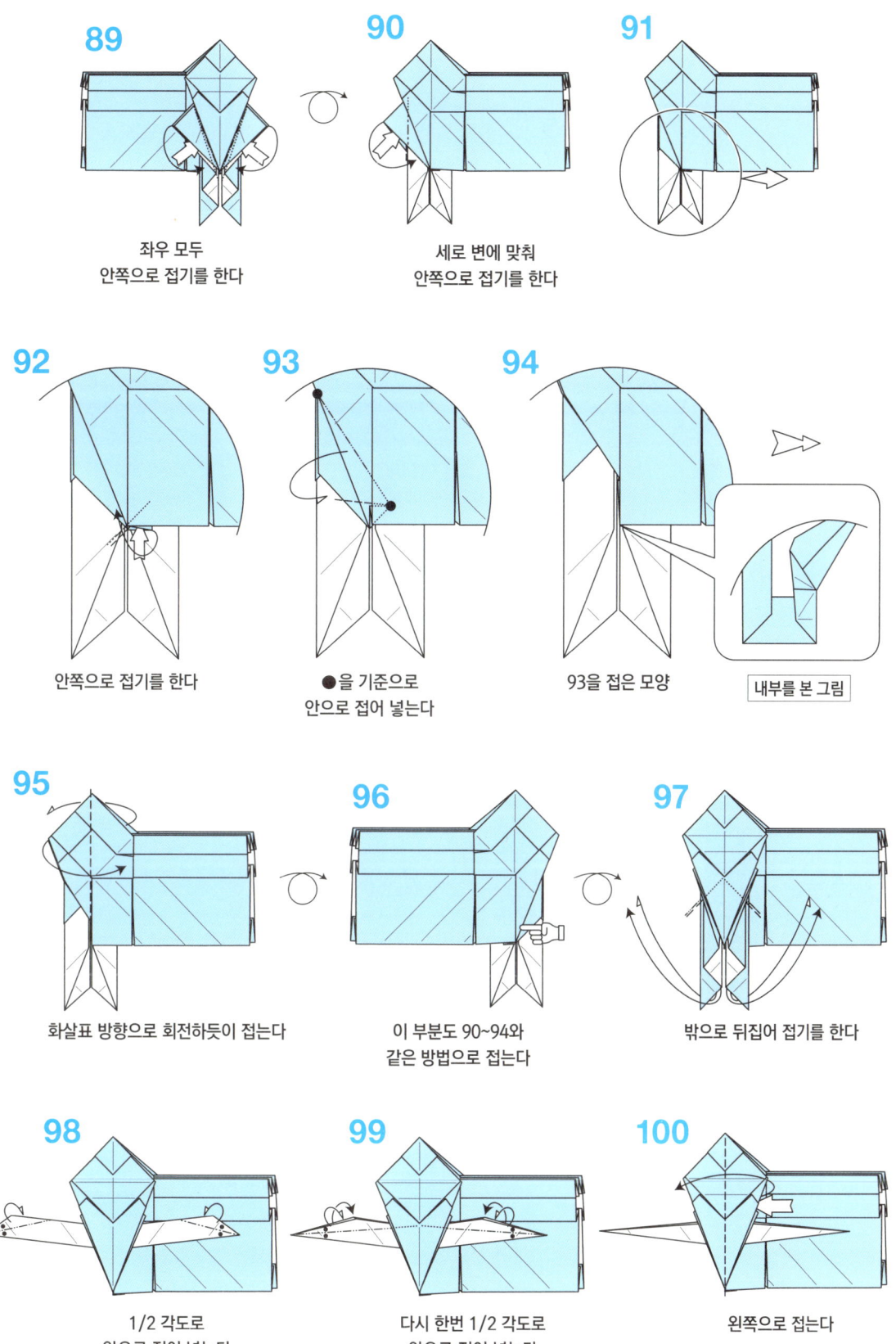

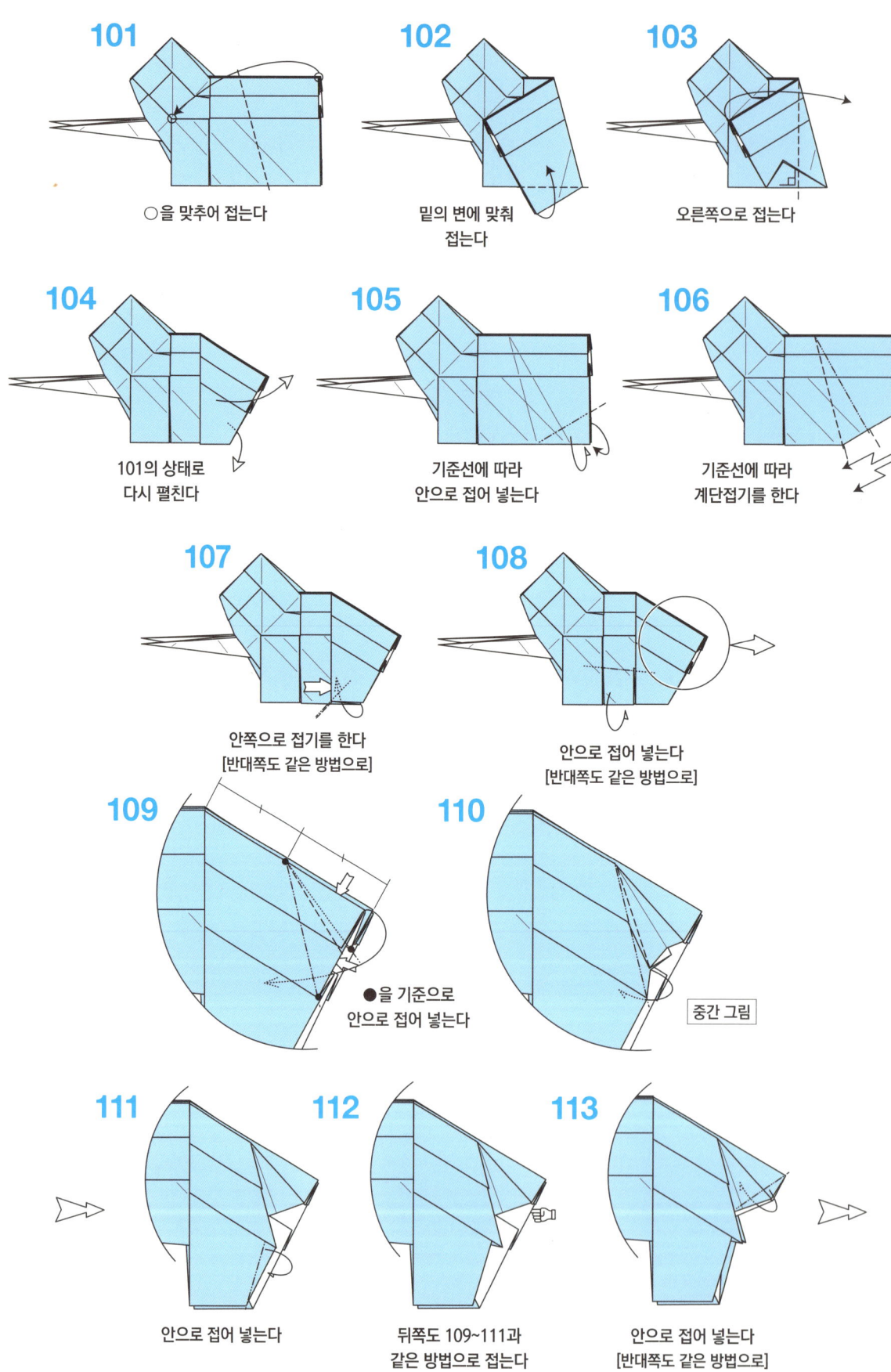

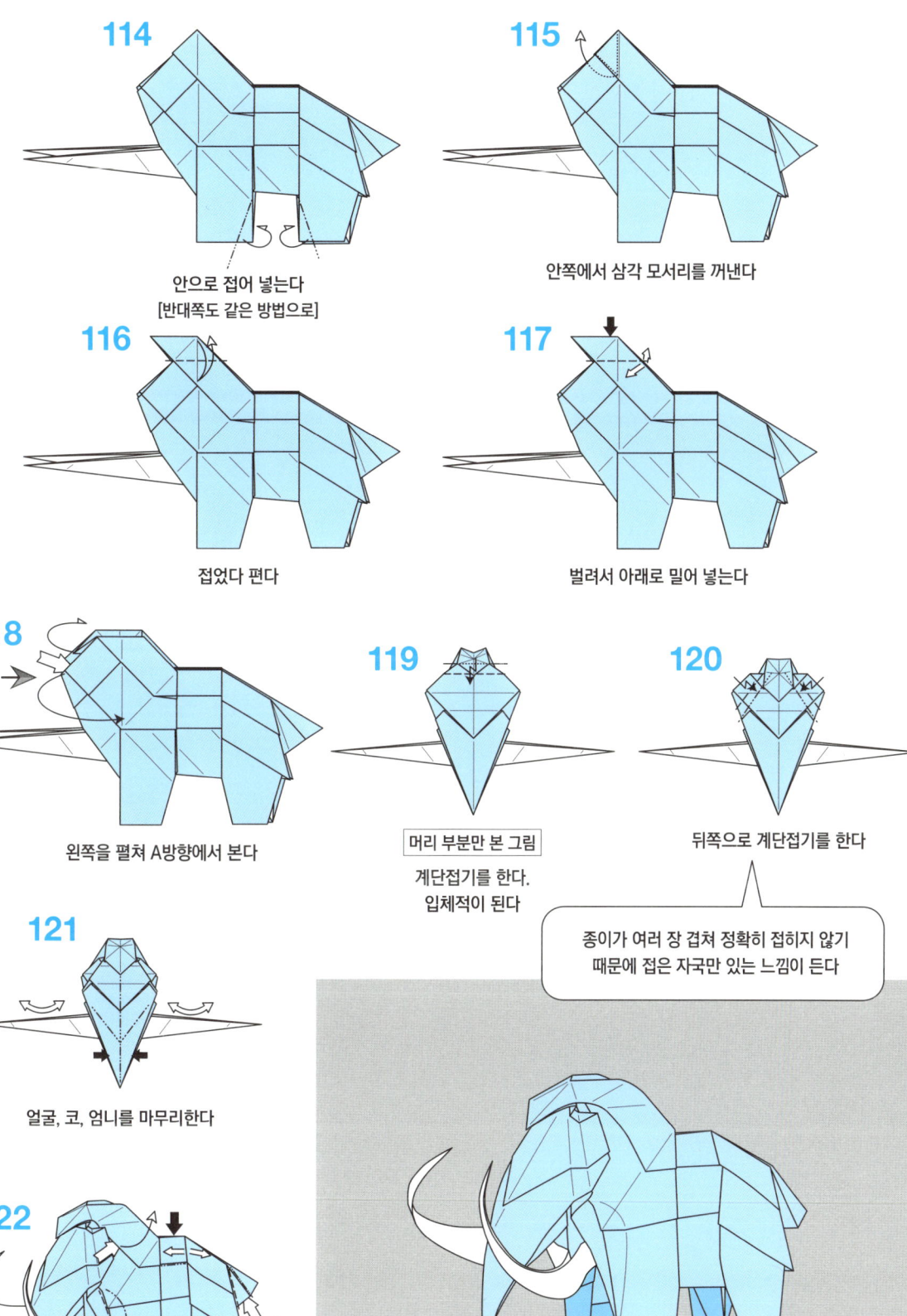

도면이 친절한 리얼 종이접기 2_멸종 생물 편

1판 1쇄 발행 | 2022년 10월 11일
1판 3쇄 발행 | 2026년 1월 2일

지은이 | 가와하타 후미아키
옮긴이 | 이진원
감수자 | 오경란

촬영 | Gottingham
디자인 | ido(이다 쇼헤이+오카지마 유키)
도면 교정 | 도쿄대학 종이접기 서클 Orist
생물 소개문 교정 | 쓰치야 가오리

발행인 | 김기중
주간 | 신선영
편집 | 민성원, 백수연
경영지원 | 홍운선

펴낸곳 | 도서출판 에밀
주소 | 서울특별시 영등포구 당산로41길 11, E동 1410호 (07217)
전화 | 02-3141-8301
팩스 | 02-3141-8303
이메일 | info@theforestbook.co.kr
페이스북 | @forestbookwithu
인스타그램 | @theforest_book
출판등록 | 2012년 10월 10일 제2025-000115호

ISBN | 979-11-86706-15-2 (13630)

* 에밀은 도서출판 더숲의 실용지식 브랜드입니다.
* 이 책은 도서출판 에밀이 저작권자와의 계약에 따라 발행한 것이므로
  본사의 서면 허락 없이는 어떠한 형태나 수단으로도 이 책의 내용을 이용하지 못합니다.
* 잘못된 책은 구입하신 곳에서 바꾸어 드립니다.
* 책값은 뒤표지에 있습니다.
* 여러분의 원고 투고를 기다리고 있습니다. 출판하고 싶은 원고가 있는 분은
  info@theforestbook.co.kr로 기획 의도와 간단한 개요를 적어 연락처와 함께 보내주시기 바랍니다.